高等职业教育"十三五"精品规划教材（汽车制造类专业群）

汽车性能与检测技术

主　编　刁立福　赵修强

副主编　周长峰　赵玉灵　曲佳佳

中国水利水电出版社
www.waterpub.com.cn
·北京·

内 容 提 要

本书内容涵盖汽车整车性能以及不解体检测技术，包括汽车发动机性能与检测、汽车动力性与检测、汽车燃料经济性与检测、汽车环保性与检测、汽车制动性与检测、汽车操纵稳定性与检测、汽车平顺性与检测、汽车通过性与检测、汽车车速表与前照灯检测九个项目，共 38 个任务。全书注重理论与实际相结合，每个项目前设有项目导读，每个项目有若干个任务，每个任务设有任务描述、相关知识、任务实施等内容，每个项目后附有项目总结、项目训练。

本书可作为高等学校汽车类专业师生教学用教材，也可供相关人员学习和参考。

本书配有电子教案，读者可以从中国水利水电出版社网站和万水书苑免费下载，网址为：http://www.waterpub.com.cn/softdown/和 http://www.wsbookshow.com。

图书在版编目（CIP）数据

汽车性能与检测技术 / 刁立福, 赵修强主编. -- 北京 : 中国水利水电出版社, 2017.3
 高等职业教育"十三五"精品规划教材. 汽车制造类专业群
 ISBN 978-7-5170-5148-0

Ⅰ. ①汽… Ⅱ. ①刁… ②赵… Ⅲ. ①汽车-性能检测-高等职业教育-教材 Ⅳ. ①U472.9

中国版本图书馆CIP数据核字(2017)第022034号

策划编辑：祝智敏　　责任编辑：李 炎　　加工编辑：高双春　　封面设计：李 佳

书　名	高等职业教育"十三五"精品规划教材（汽车制造类专业群） **汽车性能与检测技术** QICHE XINGNENG YU JIANCE JISHU
作　者	主　编　刁立福　赵修强 副主编　周长峰　赵玉灵　曲佳佳
出版发行	中国水利水电出版社 （北京市海淀区玉渊潭南路1号D座　100038） 网址：www.waterpub.com.cn E-mail：mchannel@263.net（万水） 　　　　sales@waterpub.com.cn 电话：（010）68367658（营销中心）、82562819（万水）
经　售	全国各地新华书店和相关出版物销售网点
排　版	北京万水电子信息有限公司
印　刷	北京泽宇印刷有限公司
规　格	184mm×240mm　16开本　18.25印张　399千字
版　次	2017年3月第1版　2017年3月第1次印刷
印　数	0001—3000 册
定　价	39.00 元

凡购买我社图书，如有缺页、倒页、脱页的，本社营销中心负责调换

版权所有·侵权必究

高等职业教育"十三五"精品规划教材（汽车制造类专业群）

丛书编委会

主　　任　于明进
副主任　祝智敏
委　　员　（按姓氏笔画）

刁立福　王　磊　王林超　王国林

王宝安　叶　芳　田秋荣　冉广仁

白秀秀　刘家琛　刘照军　孙　菲

李清民　吴芷红　何全民　张玉斌

张玉斌　陈　聪　郑　磊　赵长利

赵培全　郭荣春　曾　鑫　颜　宇

潘　毅

前言

本书内容涵盖汽车整车性能以及不解体检测技术，包括汽车发动机性能与检测、汽车动力性与检测、汽车燃料经济性与检测、汽车环保性与检测、汽车制动性与检测、汽车操纵稳定性与检测、汽车平顺性与检测、汽车通过性与检测、汽车车速表与前照灯检测等九个项目，共 38 个任务。全书注重理论与实际相结合，每个项目前设有项目导读，每个项目有若干个任务，每个任务设有任务描述、相关知识、任务实施，每个项目后附有项目总结、项目训练。

本书由刁立福、赵修强担任主编，周长峰、赵玉灵、曲佳佳担任副主编。编写人员还有王林超、衣丰艳、陈雯、陈德阳、邱绪云、李鹏、李厚玉、胡永建、沈宝和，刁立福对全书内容进行了统稿。编写过程中，参阅了许多作者的文献资料。在此，对他们表示衷心的感谢。

本书可作为高等学校汽车类专业师生教学用教材，也可供相关人员学习和参考。

由于作者的学识、水平所限，书中的错误和不足之处在所难免，敬请使用本书的师生和读者批评指正，以便再版时修正。

刁立福
2016 年 12 月

目 录

前言
项目一　汽车发动机性能与检测 …………… 1
　【项目导读】 …………………………………… 1
　　任务一　汽车发动机的性能指标 ……………… 2
　　　【任务描述】 ………………………………… 2
　　　【相关知识】 ………………………………… 2
　　　　一、指示性能指标 ………………………… 2
　　　　二、有效性能指标 ………………………… 4
　　　【任务实施】 ………………………………… 7
　　任务二　汽车发动机特性 ……………………… 7
　　　【任务描述】 ………………………………… 7
　　　【相关知识】 ………………………………… 7
　　　　一、发动机的速度特性 …………………… 7
　　　　二、发动机的负荷特性 …………………… 8
　　　　三、发动机的万有特性 …………………… 11
　　　【任务实施】 ………………………………… 11
　　任务三　汽车发动机功率检测 ………………… 13
　　　【任务描述】 ………………………………… 13
　　　【相关知识】 ………………………………… 13
　　　　一、汽车发动机功率检测方法 …………… 13
　　　　二、汽车发动机无负荷测功原理 ………… 14
　　　　三、汽车发动机功率检测诊断标准 ……… 15
　　　【任务实施】 ………………………………… 15
　　　【知识拓展】 ………………………………… 16

　【项目总结】 …………………………………… 16
　【项目训练】 …………………………………… 17
项目二　汽车动力性与检测 …………………… 19
　【项目导读】 …………………………………… 19
　　任务一　汽车动力性评价指标 ………………… 20
　　　【任务描述】 ………………………………… 20
　　　【相关知识】 ………………………………… 20
　　　【任务实施】 ………………………………… 20
　　任务二　汽车行驶受力与行驶条件 …………… 21
　　　【任务描述】 ………………………………… 21
　　　【相关知识】 ………………………………… 21
　　　　一、汽车驱动力的产生 …………………… 21
　　　　二、汽车驱动力图 ………………………… 23
　　　　三、滚动阻力 ……………………………… 24
　　　　四、空气阻力 ……………………………… 28
　　　　五、上坡阻力 ……………………………… 29
　　　　六、加速阻力 ……………………………… 30
　　　【任务实施】 ………………………………… 31
　　任务三　汽车动力性分析 ……………………… 35
　　　【任务描述】 ………………………………… 35
　　　【相关知识】 ………………………………… 35
　　　　一、汽车驱动力平衡 ……………………… 35
　　　　二、汽车动力平衡 ………………………… 39

三、汽车功率平衡 …………… 43
　【任务实施】………………… 45
任务四　汽车整车动力性检测 ………… 49
　【任务描述】………………… 49
　【相关知识】………………… 49
　　一、底盘测功机结构 …………… 49
　　二、汽车驱动轮输出功率检测
　　　　诊断标准 …………… 54
　【任务实施】………………… 55
　【知识拓展】………………… 56
【项目总结】………………… 57
【项目训练】………………… 58

项目三　汽车燃料经济性与检测 …………… 63
【项目导读】………………… 63
任务一　汽车燃料经济性的评价指标 …… 64
　【任务描述】………………… 64
　【相关知识】………………… 64
　　一、等速行驶百公里燃料消耗量 …… 64
　　二、循环行驶试验工况百公里
　　　　燃料消耗量 …………… 65
　【任务实施】………………… 67
任务二　汽车燃料经济性计算与分析 …… 68
　【任务描述】………………… 68
　【相关知识】………………… 68
　　一、汽车等速行驶工况燃料消耗量
　　　　的计算 …………… 68
　　二、汽车等加速行驶工况燃料消耗量
　　　　的计算 …………… 69
　　三、汽车等减速行驶工况燃料消耗量
　　　　的计算 …………… 71
　　四、汽车怠速停车工况燃料消耗量
　　　　的计算 …………… 71
　　五、整个循环工况百公里燃料消耗量
　　　　的计算 …………… 71
　【任务实施】………………… 72

任务三　汽车燃料经济性检测 ………… 79
　【任务描述】………………… 79
　【相关知识】………………… 79
　　一、汽车油耗仪工作原理 ………… 80
　　二、常见油耗仪的使用方法 ……… 82
　　三、汽车油耗仪的维护 …………… 82
　　四、油路的连接与油路中空气泡排除 … 83
　　五、油耗测量数据的重复性及其修正 … 83
　　六、汽车燃料经济性检测注意事项 … 84
　【任务实施】………………… 85
　【知识拓展】………………… 87
【项目总结】………………… 87
【项目训练】………………… 88

项目四　汽车环保性与检测 ………… 90
【项目导读】………………… 90
任务一　汽车排放污染物 ………… 91
　【任务描述】………………… 91
　【相关知识】………………… 91
　　一、汽车排放污染物来源 ………… 91
　　二、汽车排放污染物的形成与危害 … 91
　　三、汽车排放污染物的影响因素 …… 94
　【任务实施】………………… 99
任务二　汽车噪声 ………… 105
　【任务描述】………………… 105
　【相关知识】………………… 106
　【任务实施】………………… 109
任务三　汽车车内空气污染 ………… 113
　【任务描述】………………… 113
　【相关知识】………………… 113
　　一、汽车车内空气污染分析 ……… 113
　　二、汽车车内空气污染形成原因 …… 114
　【任务实施】………………… 114
任务四　汽车排放污染物检测 ………… 115
　【任务描述】………………… 115
　【相关知识】………………… 116

一、废气检测原理 …………… 116
　　二、废气分析仪 ……………… 117
　　三、滤纸式烟度计 …………… 119
　　四、不透光烟度计 …………… 121
　【任务实施】 …………………… 122
　【知识拓展】 …………………… 125
　　一、简易瞬态工况法试验运转循环 … 125
　　二、简易瞬态工况法检测系统组成 … 125
　　三、简易瞬态工况法排气污染物
　　　　限值标准 ………………… 126
　任务五　汽车噪声检测 ………… 127
　【任务描述】 …………………… 127
　【相关知识】 …………………… 127
　【任务实施】 …………………… 129
　【知识拓展】 …………………… 134
【项目总结】 ……………………… 135
【项目训练】 ……………………… 136

项目五　汽车制动性与检测 ……… 138
【项目导读】 ……………………… 138
　任务一　汽车制动时车轮受力 … 140
　【任务描述】 …………………… 140
　【相关知识】 …………………… 140
　　一、汽车地面制动力 ………… 140
　　二、汽车制动器制动力 ……… 140
　【任务实施】 …………………… 141
　任务二　汽车的制动效能 ……… 141
　【任务描述】 …………………… 141
　【相关知识】 …………………… 142
　　一、汽车制动距离 …………… 142
　　二、汽车制动减速度 ………… 143
　【任务实施】 …………………… 144
　任务三　汽车制动效能的恒定性 … 145
　【任务描述】 …………………… 145
　【相关知识】 …………………… 146
　　一、汽车制动效能的热衰退 … 146

　　二、汽车制动效能的水衰退 … 146
　【任务实施】 …………………… 146
　任务四　汽车制动时的方向稳定性 … 147
　【任务描述】 …………………… 147
　【相关知识】 …………………… 147
　　一、汽车制动跑偏 …………… 147
　　二、汽车制动侧滑 …………… 148
　【任务实施】 …………………… 148
　任务五　汽车制动器制动力的轴间分配 … 150
　【任务描述】 …………………… 150
　【相关知识】 …………………… 151
　　一、前、后车轮的法向反力 … 151
　　二、制动器制动力分配曲线与同步
　　　　附着系数 ………………… 152
　【任务实施】 …………………… 155
　任务六　汽车理想的制动系统 … 159
　【任务描述】 …………………… 159
　【相关知识】 …………………… 159
　【任务实施】 …………………… 161
　任务七　汽车制动性检测 ……… 163
　【任务描述】 …………………… 163
　【相关知识】 …………………… 163
　　一、制动试验台类型 ………… 163
　　二、单轴反力式滚筒制动试验台结构
　　　　与工作原理 ……………… 163
　【任务实施】 …………………… 166
　【知识拓展】 …………………… 169
【项目总结】 ……………………… 169
【项目训练】 ……………………… 170
项目六　汽车操纵稳定性与检测 … 173
【项目导读】 ……………………… 173
　任务一　汽车稳定性与检测 …… 174
　【任务描述】 …………………… 174
　【相关知识】 …………………… 174
　　一、汽车行驶的纵向稳定性 … 174

二、汽车行驶的横向稳定性 …………… 175
【任务实施】……………………………… 177
任务二　汽车轮胎侧偏特性 ……………… 179
　【任务描述】……………………………… 179
　【相关知识】……………………………… 179
　　一、轮胎坐标系与术语 ………………… 179
　　二、轮胎的侧偏现象 …………………… 180
　　三、轮胎的侧偏特性 …………………… 182
　【任务实施】……………………………… 184
任务三　汽车稳态转向特性与瞬态响应 … 185
　【任务描述】……………………………… 185
　【相关知识】……………………………… 185
　　一、汽车稳态转向特性 ………………… 185
　　二、汽车瞬态响应 ……………………… 190
　【任务实施】……………………………… 192
任务四　汽车转向轮的摆振与稳定效应 … 195
　【任务描述】……………………………… 195
　【相关知识】……………………………… 195
　　一、汽车转向轮的摆振 ………………… 195
　　二、汽车转向轮的稳定效应 …………… 197
　【任务实施】……………………………… 200
任务五　汽车转向盘自由行程与转向力
　　　　 检测 …………………………… 202
　【任务描述】……………………………… 202
　【相关知识】……………………………… 203
　　一、转向盘自由行程 …………………… 203
　　二、转向盘转向力 ……………………… 203
　【任务实施】……………………………… 203
任务六　汽车车轮侧滑量检测 …………… 204
　【任务描述】……………………………… 204
　【相关知识】……………………………… 204
　　一、侧滑试验台结构 …………………… 204
　　二、双板联动侧滑试验台侧滑量的
　　　　检测原理 …………………………… 206
　　三、单板侧滑试验台侧滑量的

检测原理 ……………………………… 207
　　四、车轮侧滑量检测标准 ……………… 207
　【任务实施】……………………………… 208
任务七　汽车车轮定位检测 ……………… 208
　【任务描述】……………………………… 208
　【相关知识】……………………………… 208
　　一、车轮定位检测参数 ………………… 208
　　二、车轮定位静态检测原理 …………… 211
　【任务实施】……………………………… 214
任务八　汽车车轮平衡检测 ……………… 217
　【任务描述】……………………………… 217
　【相关知识】……………………………… 217
　　一、车轮不平衡知识 …………………… 217
　　二、车轮平衡机分类 …………………… 218
　　三、车轮平衡机结构 …………………… 219
　　四、车轮不平衡检测原理 ……………… 220
　【任务实施】……………………………… 221
【项目总结】………………………………… 222
【项目训练】………………………………… 224
项目七　汽车平顺性与检测 ……………… 226
【项目导读】………………………………… 226
任务一　人体对振动的反应与平顺性
　　　　 的评价 …………………………… 227
　【任务描述】……………………………… 227
　【相关知识】……………………………… 227
　　一、人体对振动的反应 ………………… 227
　　二、汽车行驶平顺性的评价方法 ……… 228
　【任务实施】……………………………… 229
任务二　汽车振动系统的振动分析 ……… 231
　【任务描述】……………………………… 231
　【相关知识】……………………………… 231
　　一、汽车振动系统的简化 ……………… 231
　　二、汽车车身单质量振动系统分析 …… 234
　【任务实施】……………………………… 236
任务三　汽车悬架性能检测 ……………… 241

【任务描述】……………………… 241
　　【相关知识】……………………… 241
　　　　一、汽车悬架性能检测方法……… 241
　　　　二、汽车悬架性能检测台分类与
　　　　　　检测原理……………………… 241
　　　　三、悬架性能检测参数…………… 242
　　　　四、悬架性能检测诊断标准……… 243
　　【任务实施】……………………… 243
　　【知识拓展】……………………… 245
　【项目总结】………………………… 245
　【项目训练】………………………… 246
项目八　汽车通过性与检测………… 247
　【项目导读】………………………… 247
　任务一　汽车通过性与改善措施…… 248
　　【任务描述】……………………… 248
　　【相关知识】……………………… 248
　　　　一、汽车牵引支承通过性的评价指标… 248
　　　　二、汽车几何通过性的评价指标… 248
　　【任务实施】……………………… 252
　任务二　汽车几何通过性的检测…… 255
　　【任务描述】……………………… 255
　　【相关知识】……………………… 255
　　【任务实施】……………………… 255
　【项目总结】………………………… 256
　【项目训练】………………………… 257
项目九　汽车车速表与前照灯检测… 258

　【项目导读】………………………… 258
　任务一　汽车检测站基础…………… 259
　　【任务描述】……………………… 259
　　【相关知识】……………………… 259
　　　　一、汽车检测站的任务…………… 259
　　　　二、汽车检测站的类型…………… 259
　　　　三、汽车检测站的组成…………… 261
　　　　四、汽车检测线的组成与工位布置… 261
　　【任务实施】……………………… 263
　任务二　汽车车速表检测…………… 267
　　【任务描述】……………………… 267
　　【相关知识】……………………… 267
　　　　一、汽车车速表误差形成原因…… 267
　　　　二、汽车车速表误差检测原理…… 267
　　　　三、汽车车速表误差检测标准…… 268
　　【任务实施】……………………… 268
　任务三　汽车前照灯检测…………… 270
　　【任务描述】……………………… 270
　　【相关知识】……………………… 271
　　　　一、汽车前照灯组成……………… 271
　　　　二、汽车前照灯特性……………… 271
　　　　三、汽车前照灯检测标准………… 273
　　【任务实施】……………………… 274
　【项目总结】………………………… 279
　【项目训练】………………………… 280
参考文献……………………………… 281

项目一
汽车发动机性能与检测

【项目导读】　　发动机是汽车动力的来源。发动机的动力性、燃油经济性、环保性、可靠性、耐久性等性能对汽车使用有直接的影响。通过本项目的学习,掌握发动机的性能指标、发动机的特性、发动机功率检测等基本知识与技能。

任务一　汽车发动机的性能指标

【任务描述】

汽车发动机的性能指标是评定汽车发动机性能好坏的各种物理量的总称,按指标体系建立的基础不同,发动机的性能指标可分为指示性能指标和有效性能指标两大类。另外,还有关系到人类生存的环保性指标,如排气品质(排出的有害气体、排气微粒)和噪声。这些性能指标分别从不同角度反映汽车发动机的性能。

【相关知识】

一、指示性能指标

指示性能指标是以工质在气缸内对活塞做功为基础建立起来的指标体系,用来评定发动机循环进行的好坏。指示性能指标主要包括指示功、平均指示压力、指示功率、指示燃油消耗率及指示热效率。

1. 指示功

实际发动机在运转时,必须由进气、压缩、燃烧、膨胀及排气过程连续不断地重复进行,使燃油在气缸内燃烧,将化学能转变为热能,再将热能转变为机械能。将这些过程用压力 p 与容积 V 的变化关系表示在坐标图上,就得到 p-V 坐标图。如图 1-1 所示,图中的横坐标代表活塞位移或气缸容积,纵坐标代表气缸内的气体压力,封闭曲线的面积代表气体循环中做功的多少,所以 p-V 图又称为示功图。示功图可以分析发动机实际循环,可以很方便地测量出实际循环功(即指示功 W_i)的大小及其他参数。

2. 平均指示压力

指示功难以评价各类发动机工作循环进行的好坏,因为它们的气缸工作容积不同,因此引入另一指示性能指标——平均指示压力。

平均指示压力 p_{mi}(kPa)是指发动机单位气缸工作容积在每一循环内所做的指示功,即

$$p_{mi} = \frac{W_i}{V_s} \tag{1-1}$$

式中:V_s—气缸工作容积,L。

平均指示压力越大,表示气缸工作容积的利用程度越高,发动机的工作循环进行得越好。
由上式计算指示功 W_i(kJ)得

$$W_i = p_{mi} V_s \tag{1-2}$$

因此,平均指示压力可假想为一个不变的压力,它推动活塞在一个膨胀行程所做的功等

于一个工作循环的指示功 W_i，如图 1-2 所示。

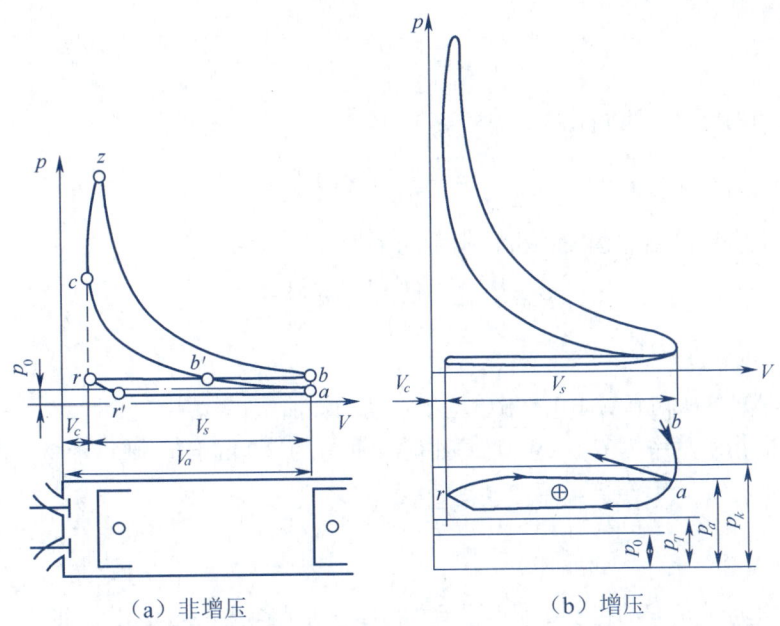

（a）非增压　　　　　　　　　　（b）增压

V_c—压缩终了气缸容积；V_s—气缸工作容积；V_a—气缸总工作容积；
p_k—增压压力；p_T—排气压力；p_0—大气压力

图 1-1　四冲程发动机的 p-V 图

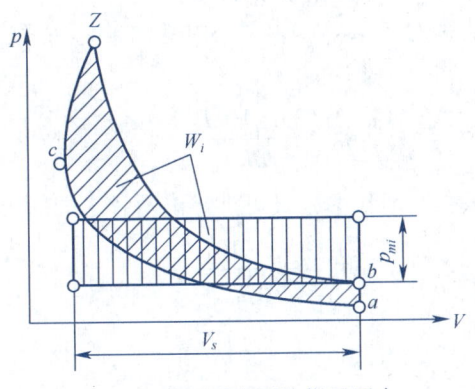

图 1-2　指示功与平均指示压力

3. 指示功率

指示功率 P_i（kW）是指发动机单位时间内所做的全部指示功。

设某发动机气缸数为 i，转速为 n（r/min），冲程数为 τ（四冲程 τ=4，二冲程 τ=2），气缸工作容积为 V_s（L），平均指示压力为 p_{mi}（kPa），则发动机（i 个气缸）每循环所做的指示功为

$$W_i = ip_{mi}V_s \quad (1\text{-}3)$$

发动机每工作循环所用的时间 μ 为

$$\mu = \frac{\tau}{2}\frac{60}{n} \quad (1\text{-}4)$$

按指示功率的定义,可得出

$$P_i = \frac{W_i}{\mu} = \frac{p_{mi}V_s in}{30\tau} \times 10^{-3} \quad (1\text{-}5)$$

对于汽车上常用的四冲程发动机,指示功率为

$$P_i = \frac{W_i}{\mu} = \frac{p_{mi}V_s in}{120} \times 10^{-3} \quad (1\text{-}6)$$

4. 指示燃油消耗率

指示燃油消耗率 b_i[g/(kW·h)]是指单位指示功的耗油量。

设发动机的指示功率为 P_i(kW),每小时耗油量为 B(kg/h),则指示燃油消耗率 b_i 为

$$b_i = \frac{B}{P_i} \times 10^3 \quad (1\text{-}7)$$

5. 指示热效率

指示热效率 η_i 是指发动机实际循环指示功 W_i 与所消耗热量 Q_1 之比,即

$$\eta_i = \frac{W_i}{Q_1} \quad (1\text{-}8)$$

所消耗的热量按所消耗的燃料量与燃料的热值来计算,燃料的热值是指单位质量的燃料燃烧后放出的热量,其数值取决于燃料本身的性质。

若已知发动机的指示功率为 P_i(kW),每小时耗油量为 B(kg/h),所用燃料的低热值为 h_u(kJ/kg),则

$$\eta_i = \frac{3.6 \times 10^3 P_i}{B h_u} \quad (1\text{-}9)$$

根据指示热效率和指示燃油消耗率公式可推导出两者之间的关系

$$\eta_i = \frac{3.6 \times 10^6}{b_i h_u} \quad (1\text{-}10)$$

二、有效性能指标

以发动机曲轴对外输出的功率为基础的性能指标称为发动机的有效性能指标,用以评定整机的性能。有效性能指标主要包括有效功率、有效转矩、平均有效压力、有效燃油消耗率和有效热效率。

1. 有效功率

有效功率是指从发动机曲轴上输出的功率。有效功率 P_e 等于指示功率 P_i 与机械损失功率

P_m 的差值,即

$$P_e = P_i - P_m \tag{1-11}$$

机械损失功率是指动力在发动机内部传递过程中损失的功率,主要包括摩擦损失、驱动附件的损失和泵气损失。发动机工作中,机械损失是不可避免的,机械损失功率和有效功率均可通过试验方法测定。

机械效率 η_m 是有效功率 P_e 与指示功率 P_i 之比,用于比较发动机机械损失所占比例的大小。η_m 越接近于 1,即 P_e 越接近于 P_i,说明机械损失所占的比例小,使实际循环得到的功尽可能多地转变为对外输出的有效功,发动机的性能好。

2. 有效转矩

有效转矩是指发动机曲轴上输出的转矩。

在实际中,一般通过台架试验直接测量发动机的有效转矩 T_{tq} 和转速 n,并按下式计算出发动机的有效功率 P_e

$$P_e = T_{tq}\frac{2\pi n}{60} \times 10^{-3} = \frac{T_{tq}n}{9550} \tag{1-12}$$

式中:T_{tq} — 有效转矩,N·m;n — 发动机转速,r/min。

3. 平均有效压力

平均有效压力 p_{me} 是指发动机单位气缸工作容积输出的有效功,即

$$p_{me} = \frac{W_e}{V_s} \tag{1-13}$$

式中:W_e — 单个气缸的循环有效功,J;V_s — 气缸工作容积,L。

与平均指示压力和指示功率的关系类似,平均有效压力和有效功率的关系为

$$P_e = \frac{p_{me}V_s in}{30\tau} \times 10^{-3} \tag{1-14}$$

对汽车上常用的四冲程发动机

$$P_e = \frac{p_{me}V_s in}{120} \times 10^{-3} \tag{1-15}$$

由上述公式不难看出,发动机的排量(即总气缸工作容积 $V_s i$)一定时,发动机的有效功率与平均有效压力成正比。平均有效压力越高,有效功率越大,发动机的动力性越好。

4. 升功率、比质量和强化系数

升功率、比质量和强化系数是评定发动机结构和强化程度的指标。

(1) 升功率

升功率是指发动机在标定工况下,每升气缸工作容积所发出的有效功率,用符号 P_L 表示,单位为 kW/L,按定义则

$$P_L = \frac{P_{eB}}{V_s i} \tag{1-16}$$

式中：P_{eB}—发动机的标定功率，即在标定工况下的有效功率，kW；V_s—气缸工作容积，L；i—缸数。

将平均有效压力与有效功率的关系式代入上式，并整理可得

$$P_L = \frac{p_{me}n}{30\tau} \times 10^{-3} \tag{1-17}$$

由式可见，升功率与平均有效压力和转速的乘积成正比，升功率标志着发动机气缸工作容积的利用程度，可反映发动机结构的紧凑性。在发动机有效功率一定时，升功率越高，意味着发动机的体积越小。提高平均有效压力和转速是提高升功率的有效措施。

（2）比质量

比质量是指发动机的干质量与标定功率的比值，用符号 m_e 表示，单位是 kg/kW，即

$$m_e = \frac{m}{P_{eB}} \tag{1-18}$$

式中：m—发动机的干质量，kg；P_{eB}—发动机的标定功率，kW。

比质量标志着发动机质量的利用程度，比质量越小，说明在发动机标定功率一定时，其质量越轻。

（3）强化系数

强化系数是指平均有效压力 p_{me} 与活塞平均速度 C_m 的乘积，也就是活塞顶部单位面积上的有效功率。

强化系数越大，意味着发动机的机械负荷和热负荷越大。随着发动机制造技术的不断进步，各机件承受机械负荷和热负荷的能力增强，强化系数越来越高，所以强化系数也是发动机技术进步的标志。

5. 有效燃油消耗率

有效燃油消耗率是指单位有效功的耗油量。

设发动机的有效功率为 P_e（kW），每小时耗油量为 B（kg/h），则有效燃油消耗率 b_e 为

$$b_e = \frac{B}{P_e} \times 10^3 \tag{1-19}$$

6. 有效热效率

有效热效率 η_e 是指发动机实际循环有效功与所消耗热量之比，即

$$\eta_e = \frac{W_e}{Q_1} \tag{1-20}$$

与指示热效率类似，若已知发动机的有效功率为 P_e（kW），每小时耗油量为 B（kg/h），所用燃料的低热值为 h_u（kJ/kg），则

$$\eta_e = \frac{3.6 \times 10^3 P_e}{B h_u} \tag{1-21}$$

由有效热效率和有效燃油消耗率公式可推导出两者之间的关系

$$\eta_e = \frac{3.6 \times 10^6}{b_e h_u} \tag{1-22}$$

【任务实施】

查阅网络和相关资料，找出不同车型（乘用车、载客汽车、载货汽车）配置的发动机，比较它们的性能指标有什么不同。

任务二 汽车发动机特性

【任务描述】

汽车发动机特性是指发动机性能指标随发动机调整情况及运转工况而变化的关系。其中，汽车发动机性能指标随发动机调整情况而变化的关系，称为发动机调整特性；汽车发动机性能指标随发动机运转工况而变化的关系，称为发动机性能特性。发动机特性常用曲线来表示，这类曲线称为特性曲线，它是评价汽车发动机性能的一种简单、方便、必不可少的形式。根据各种特性曲线，可以合理地选用发动机，使发动机性能得到充分发挥。发动机特性种类很多，其中主要有速度特性、负荷特性、万有特性。

【相关知识】

一、发动机的速度特性

发动机的性能指标随发动机转速而变化的关系，称为发动机的速度特性。汽车在行驶过程中，若变速器挡位一定、加速踏板位置固定不动，由于路面阻力不同，汽车的行驶速度也会变化，汽车上坡时速度会降低，汽车下坡时速度会增加，这时发动机即按照速度特性工作。

1. 汽油机的速度特性

汽油机节气门（油门）开度一定，其有效功率 P_e、有效转矩 T_{tq}、有效燃油消耗率 b_e、小时耗油量 B 等性能指标随转速 n 变化的关系，称为汽油机的速度特性。

节气门（油门）全开时的速度特性称为外特性，外特性表示该发动机在使用中所能达到的最高动力性能。节气门（油门）部分开启时的速度特性称为部分负荷速度特性，由于节气门（油门）的开启可以连续变化，所以部分负荷速度特性有无数个。

汽油机的速度特性曲线如图 1-3 所示，部分负荷速度特性曲线的变化趋势与外特性大致相同。

节气门开度减小，节流损失增大，进气终了压力下降，充气效率下降；且随转速的增加，充气效率下降程度加大，故节气门开度越小，发动机有效转矩、有效功率随转速增加而下降得越快，发动机最大有效转矩、最大有效功率点均向低速方向移动。

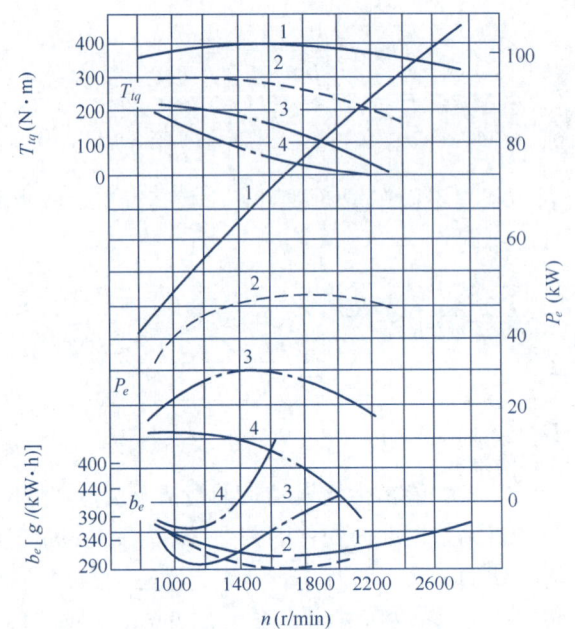

1—全负荷；2—75%负荷；3—50%负荷；4—25%负荷

图 1-3 25Y-6100Q 型车用汽油机的速度特性

节气门开度 75%左右，有效燃油消耗率最小。大于该节气门开度，混合气较浓，不完全燃烧增加，指示热效率减小，有效燃油消耗率较高；小于该节气门开度，气缸内残余废气系数增加，燃烧速率下降，指示热效率减小，有效燃油消耗率亦较高。

2. 柴油机的速度特性

柴油机喷油泵的油量调节机构（油门）位置一定，其有效功率 P_e、有效转矩 T_{tq}、有效燃油消耗率 b_e、小时耗油量 B 等性能指标随转速 n 变化的关系，称为柴油机的速度特性。

柴油机喷油泵的油量调节机构固定在标定（最大）循环供油量位置时的速度特性，称为柴油机的外特性。柴油机喷油泵的油量调节机构固定在小于标定（最大）循环供油量位置时的速度特性，称为柴油机的部分负荷速度特性。6135 型车用柴油机的部分负荷速度特性，如图 1-4 所示。

二、发动机的负荷特性

发动机转速不变，其经济性指标（有效燃油消耗率 b_e、小时耗油量 B）随负荷（有效功率 P_e 或有效转矩 T_{tq} 或平均有效压力 p_{me}）而变化的关系，称为发动机的负荷特性。汽车在行驶过程中，若变速器挡位一定，汽车以恒定的车速行驶时，由于路面阻力不同，必须通过改变发动机的油门来调整有效转矩，以适应外界阻力矩的变化，保持发动机的转速不变，这时发动机就按照负荷特性工作。

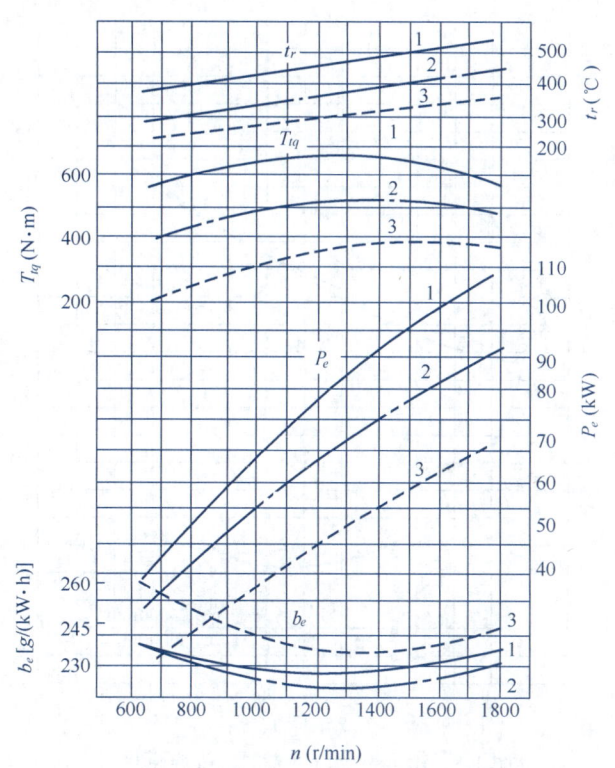

1—90%负荷；2—75%负荷；3—55%负荷

图1-4　6135型车用柴油机的部分负荷速度特性

1. 汽油机的负荷特性

汽油机的负荷调节是通过改变节气门开度来直接改变进入气缸的混合气量来进行的，过量空气系数变化不大，这种调节方式称为"量调节"。图1-5为BN489型汽油机的负荷特性曲线。

（1）小时耗油量 B 曲线

汽油机转速一定时，小时耗油量 B 主要取决于节气门开度与混合气浓度。汽油机的"量调节"方式使得节气门开度变化影响到混合气量变化，而混合气浓度除怠速与全负荷较浓外，大部分情况变化不大。节气门开度由小逐渐加大时，进入气缸的混合气量逐渐增多，小时耗油量 B 也随之增加，几乎随节气门开度成线性关系，直至混合气变浓后，B 增加更快一些。

（2）有效燃油消耗率 b_e 曲线

发动机怠速时，指示功率全部用于克服机械损失，有效功率为零，有效燃油消耗率 b_e 为无穷大。随负荷增大，节气门开度增大，燃烧过程得以改善，指示热效率、机械效率逐步提高，有效燃油消耗率 b_e 逐渐减小。但当负荷增至大负荷时，供给浓混合气，燃烧不完全程度增加，指示热效率下降，有效燃油消耗率 b_e 又有所增加。

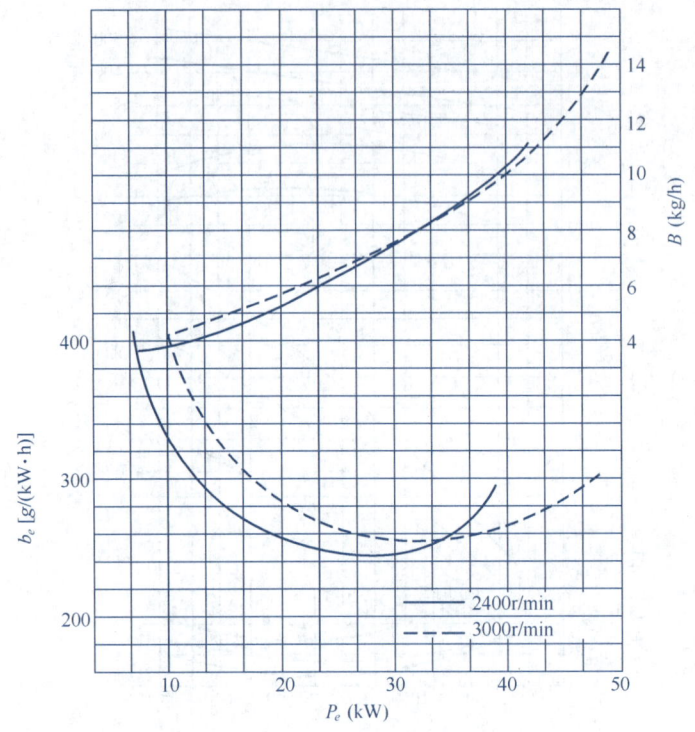

图 1-5 BN489 型汽油机的负荷特性曲线

2. 柴油机的负荷特性

柴油机的负荷调节是通过改变循环供油量来实现,而进入气缸的空气量不变,使混合气浓度发生变化,这种调节方式称为"质调节"。图 1-6 为 6135Q 型柴油机的负荷特性曲线。

(1) 小时耗油量 B 曲线

柴油机转速一定时,小时耗油量 B 主要取决于循环供油量。随负荷增加,循环供油量增加,小时耗油量 B 也随之增加;当负荷接近烟度限值之后,由于燃烧的恶化,B 增加更快一些。

(2) 有效燃油消耗率 b_e 曲线

柴油机怠速时,指示功率全部用于克服机械损失,有效功率为 0,有效燃油消耗率 b_e 为无穷大。随负荷增大,机械效率逐步提高,有效燃油消耗率 b_e 逐渐减小。但当有效燃油消耗率达到最低之后,再增加供油量,也会使燃烧恶化,燃烧不完全程度和补燃增加,指示热效率大大下降,有效燃油消耗率 b_e 又有所增加。

3. 负荷特性曲线的特点

每条负荷特性曲线最后一点都是外特性上的点;低负荷,有效燃油消耗率高,发动机燃油经济性差;同一转速下,最低有效燃油消耗率越小,曲线变化越平坦,发动机燃油经济性越好。柴油机的曲线变化较汽油机平坦而且最低有效燃油消耗率也低,因此柴油机燃油经济性比汽油机好。

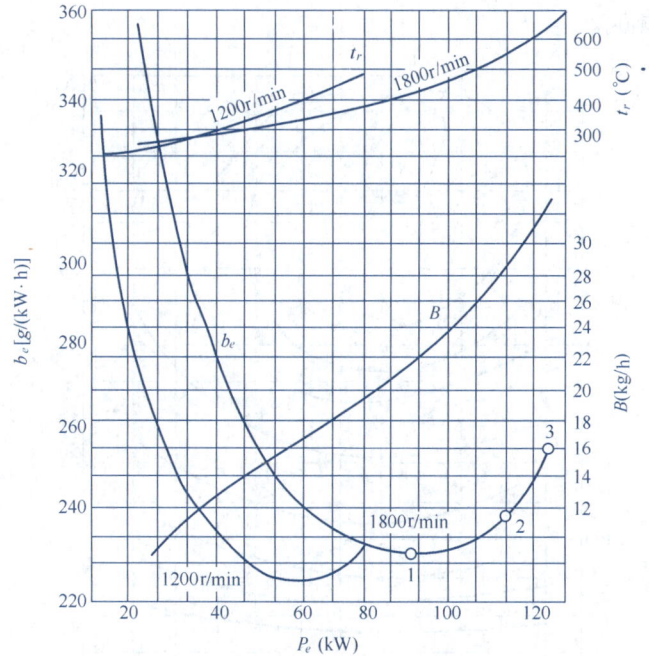

图 1-6 6135Q 型柴油机的负荷特性曲线

三、发动机的万有特性

发动机的速度特性和负荷特性分别只能表示某一节气门（油门）开度或某一转速时，发动机性能指标间的变化规律。而汽车发动机的工况（转速、负荷）变化范围很广，要分析各种工况下发动机的性能就需要若干幅速度特性图或负荷特性图，这样做既不方便，也不清楚。为了能够在一幅图上较全面地表示出汽车发动机的性能，经常应用多参数特性曲线，即万有特性曲线。应用最广的万有特性曲线是以转速为横坐标，以转矩或平均有效压力为纵坐标，在图上画出许多类似地图上等高线那样互不交叉的曲线，即等有效燃油消耗率曲线；同时，还把等功率曲线一同表示出来。CA6102 型汽油机万有特性、EQD6102-1 型柴油机万有特性分别如图 1-7、图 1-8 所示。

【任务实施】

1. 万有特性作图方法

（1）将不同转速的负荷特性转换为以有效燃油消耗率为横坐标，平均有效压力或转矩为纵坐标的负荷特性。在万有特性图的横坐标轴上以一定比例标出发动机转速数值，纵坐标轴上平均有效压力或转矩的比例应与负荷特性平均有效压力或转矩的比例相同。从负荷特性曲线的某一油耗处，如图 1-9 中 $b_e=230g/(kW·h)$ 处，引一垂直线与各种转速的曲线有两个或一个交点。再从交点处引水平线，与从万有特性横坐标相对应转速处引出的垂线相交，将交点连成光滑的曲线，即得到一定燃油消耗率时的等有效燃油消耗率曲线。其余有效燃油消耗率时的等有效燃油消耗率曲线作法相同。

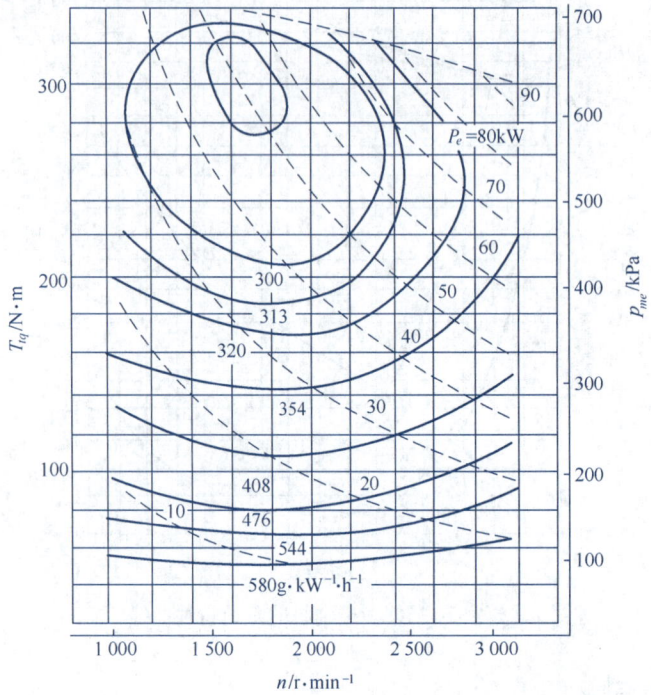

图 1-7　CA6102 型汽油机万有特性

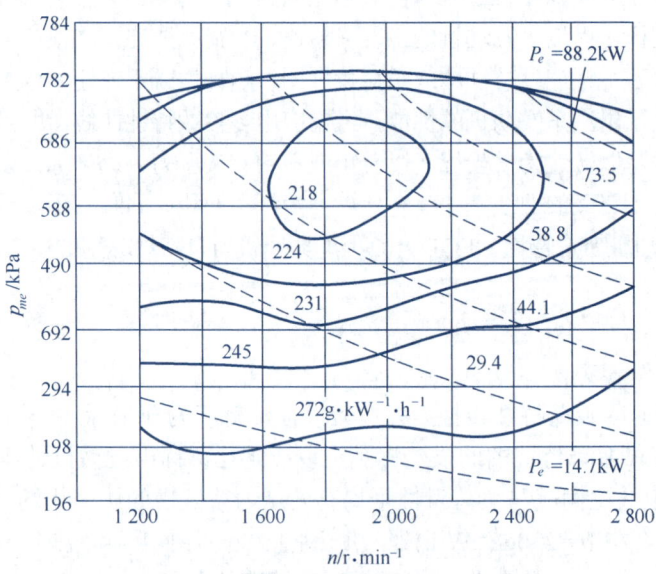

图 1-8　EQD6102-1 型柴油机万有特性

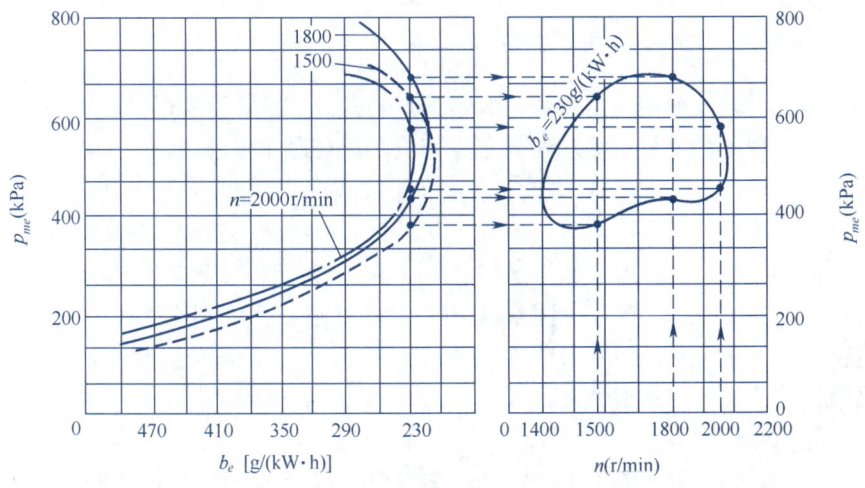

图 1-9 万有特性图等有效燃油消耗率的画法

（2）等功率曲线可根据公式 $P_e=T_{tq}n/9550=kp_{me}n$ 画出，是一组双曲线。

（3）将外特性中的 $T_{tq}\sim n$ 或 $p_{me}\sim n$ 曲线画在万有特性图上，构成上边界线。

2. 万有特性图分析

在万有特性图中，最内层的等有效燃油消耗率曲线是最经济的区域，耗油率最低。曲线越往外，燃油经济性越差，从中便很容易找出最经济的负荷和转速。若等有效燃油消耗率曲线横向较长，表示发动机在负荷变化不大而转速变化较大的情况下油耗较小；若等有效燃油消耗率曲线纵向较长，表示发动机在负荷变化较大而转速变化不大的情况下油耗较小。

任务三　汽车发动机功率检测

【任务描述】

汽车发动机点火系统、燃料供给系统、冷却系统、润滑系统等技术状况不良或机件磨损，都会导致汽车发动机功率下降，故汽车发动机功率是汽车发动机技术状况检测诊断的综合性评价指标。通过本任务的学习，了解汽车发动机功率的检测方法，掌握汽车发动机无负荷测功的原理，会正确使用仪器进行汽车发动机功率的检测。

【相关知识】

一、汽车发动机功率检测方法

发动机功率（有效功率）P_e（kW）、转矩（有效转矩）T_{tq}（N·m）和转速 n（r/min）关系如下

$$P_e = \frac{T_{tq}n}{9549} \tag{1-23}$$

发动机功率可以通过测量发动机转矩和转速，由式（1-23）计算得到。

发动机功率检测有台架稳态测功和就车动态测功两种基本方法。

1. 台架稳态测功

台架稳态测功是指发动机在节气门开度（供油位置）一定、转速一定的稳定运转状态下，测功机施加负荷（阻力矩）测定发动机功率的一种方法。台架稳态测定发动机的额定功率是发动机节气门全开（最大供油位置），利用测功机对发动机施加负荷（阻力矩），使发动机在额定转速稳定运转状态下测定的。该测功方法结果比较准确、可靠，发动机设计、制造部门和科研单位常常采用该方法进行发动机性能试验。

2. 就车动态测功

就车动态测功是指发动机在怠速或某一低转速下，突然全开节气门（或者处于最大供油位置），使发动机克服自身惯性和内部各种运转阻力而加速运转时，其加速性能的好坏直接反映发动机功率大小的一种方法。该测功方法不需要对发动机施加外部载荷，又称无外载测功或无负荷测功，在对测试精度要求较低的汽车使用、维修单位应用较广泛。

二、汽车发动机无负荷测功原理

按测功原理，汽车发动机无负荷测功分为用测定瞬时角加速度的方法检测瞬时功率和用测定加速时间的方法检测平均功率两类。

1. 瞬时功率检测原理

将发动机自身的以及所带动的所有运动部件等效地看作一个绕曲轴中心旋转的旋转体。J 为发动机运转部件对曲轴中心线的当量转动惯量，单位为 $kg \cdot m^2$。

发动机所发出的功率，除一部分用于克服机械阻力矩和压缩气缸内混合气阻力矩被消耗之外，其剩余部分有效功率将全部用来使发动机运动部件加速。发动机无负荷加速过程中

$$T_{tq} = J\frac{d\omega}{dt} = J\frac{\pi}{30}\frac{dn}{dt} \tag{1-24}$$

$$P_e = \frac{T_{tq}n}{9549} = J\frac{\pi}{30}\frac{1}{9549}n\frac{dn}{dt} = C_1 n\frac{dn}{dt} \tag{1-25}$$

$$P_e = KC_1 n\frac{dn}{dt} = Cn\frac{dn}{dt} \tag{1-26}$$

式（1-26）中，系数 $K>1$，是一个修正系数，主要是考虑发动机在瞬态时，混合气形成、燃料燃烧过程、热状态等与稳态测试时不同，其功率值比稳态时小。

加速过程中，发动机在某一转速下的功率与该转速下的瞬时加速度成正比。发动机无负荷测瞬时功率问题，实际上成为测定发动机转速和该转速下的角加速度或曲轴转速变化率的问题。

2. 平均功率检测原理

发动机无负荷加速过程中，其动能增量等于发动机所做的功，即

$$A = \frac{1}{2}J(\omega_2^2 - \omega_1^2)，\text{J} \tag{1-27}$$

发动机曲轴角速度从 ω_1 上升到 ω_2 的时间为 ΔT，则发动机在这段时间内的平均功率为

$$P_{em} = \frac{A}{\Delta T} = \frac{1}{2}J\frac{\omega_2^2 - \omega_1^2}{\Delta T}，\text{W} \tag{1-28}$$

$$P_{em} = \frac{1}{2}J\left(\frac{\pi}{30}\right)^2 \frac{1}{1000}(n_2^2 - n_1^2)\frac{1}{\Delta T} = \frac{C}{\Delta T}，\text{kW} \tag{1-29}$$

发动机无负荷加速过程中，若已知发动机转动惯量 J，检测时的起始转速 n_1（稍高于怠速转速）、终止转速 n_2（额定转速），某一转速范围 $n_1 \sim n_2$ 内的平均功率与加速时间 ΔT 成反比。检测某转速范围的平均功率，实质上就成为检测该转速范围的加速时间。通过无负荷平均功率值与台架稳态检测发动机功率值的关系，即可得知发动机最大功率。

三、汽车发动机功率检测诊断标准

依据《机动车运行安全技术条件》（GB7258－2012）规定，发动机功率应大于等于标牌（或产品使用说明书）标明的发动机功率的 75%。

依据《商用汽车发动机大修竣工出厂技术条件 第 1 部分：汽油发动机》（GB/T3799.1－2005）与《商用汽车发动机大修竣工出厂技术条件 第 2 部分：柴油发动机》（GB/T3799.2－2005）规定，商用汽车发动机大修竣工出厂时，在标准状态下，发动机额定功率和最大转矩不得低于原设计标定值的 90%。

【任务实施】

使用无负荷测功仪，汽车发动机功率检测步骤如下。

（1）调整发动机配气机构、供油系统和点火系统，使之处于技术完好状态；预热发动机至正常工作温度（95℃～105℃）；调整发动机怠速，使之在规定范围内稳定运转。

（2）接通电源，预热仪器并调零，把传感器按要求连接在规定部位。

（3）对测加速时间－平均功率的仪器，应按要求把 n_1、n_2 调好。

（4）需置入转动惯量 J 的仪器，要把被测发动机的转动惯量 J 置入仪器内。若被测发动机的转动惯量未知，则应先测定其转动惯量。其方法为：先选一台已知最大功率 $P_{e\max}$ 的同类型发动机，并设定其转动惯量为 J_1，利用无负荷测功仪对该发动机进行多次功率测量，若测得的最大功率为 P_1，则被测发动机的转动惯量可按下式计算

$$J = \frac{J_1}{P_1}P_{e\max}$$

（5）按下其他必要的键位，如机型（汽油机、柴油机）选择键、缸数选择键和"测试"

键等。

（6）发动机在怠速下稳定运转，然后突然将节流阀（油量调节机构）开到最大位置，发动机转速猛然上升，当转速达到所确定的测试转速（测瞬时功率）或超过终止转速 n_2 时，仪表显示出所测功率值。此后应立即松开加速踏板，以避免发动机长时间高速运转。

（7）记下或打印出读数后，按"复零"键使指示装置复零。

（8）为保证检测结果可靠，一般重复测量3次取其平均值。

（9）为了提高无负荷测功的测试精度，首先加速踏板踏下的速度和力度要均匀，且要求重复性良好。为避免操作上的误差，必须取三次检测结果的平均值，若有野点必须剔除。被测车辆与加速性能有关的机构必须处于正常技术状况。为使检测数据尽量准确并不伤害发动机，检测前必须充分暖车使冷却系统预热到正常温度。

因无负荷测功法简单易行，在没有测功设备或无需严格要求最终检测结果的情况下，例如作为同一台发动机调整前后或维修前后的质量判断，是十分有效的。

【知识拓展】

检查各个气缸的动力是否一致，是发动机动力性检测的重要内容，有以下两种检测方法：

（1）用无负荷测功仪测定单缸功率

利用无负荷测功仪测出各缸都工作时的发动机功率，然后在所测气缸不工作（高压线路短路或高压油管断油）情况下测出发动机功率，两功率之差即为不工作气缸的单缸功率。

（2）用转速表测定发动机转速下降值判断单缸动力性

发动机以某一转速稳定运转时，若交替使各缸不工作，则发动机应出现功率下降，导致发动机转速下降。若各气缸工作状况良好，则每次转速下降的幅度应大致相等。若某缸不工作后，发动机依旧以原来的转速旋转或下降幅度不大，则可以断定该缸不工作或工作状况不良。

一般情况下发动机的气缸数越多，则单缸指示功率占总指示功率的比例越少，加之缸多且工作均匀性良好，所以单缸不工作后转速下降较小。也就是说气缸数越多，用断缸法判断各缸工作性能的难度就越大，仪器测试的误差也就越大。

【项目总结】

1. 汽车发动机的性能指标是评定汽车发动机性能好坏的各种物理量的总称。按指标体系建立的基础不同，发动机的性能指标可分为两大类：指示性能指标和有效性能指标。另外，还有关系到人类生存的环境友好性指标，如排气品质（排出的有害气体、排气微粒）和噪声。这些性能指标分别从不同角度反映汽车发动机的性能。指示性能指标是以工质在气缸内对活塞做功为基础建立起来的指标体系，用来评定发动机循环进行的好坏。指示性能指标主要包括指示功、平均指示压力、指示功率、指示燃油消耗率及指示热效率。以发动机曲轴对外输出的功率为基础的性能指标称为发动机的有效性能指标，用以评定整机的性能。有效性能指标主要包括有效功率、有效转矩、平均有效压力、有效燃油消耗率和有效热效率。

2. 汽车发动机特性是指发动机性能指标随发动机调整情况及运转工况而变化的关系。其中，汽车发动机性能指标随发动机调整情况而变化的关系，称为发动机调整特性；汽车发动机性能指标随发动机运转工况而变化的关系，称为发动机性能特性。发动机的性能指标随发动机转速而变化的关系，称为发动机的速度特性。发动机转速不变，其经济性指标（有效燃油消耗率 b_e、小时耗油量 B）随负荷（有效功率 P_e 或有效转矩 T_{tq} 或平均有效压力 p_{mi}）而变化的关系，称为发动机的负荷特性。应用多个参数描述的发动机特性称为发动机的万有特性。在万有特性图中，最内层的等有效燃油消耗率曲线是最经济的区域，耗油率最低。曲线越向外，燃油经济性越差，从中便很容易找出最经济的负荷和转速。若等有效燃油消耗率曲线横向较长，表示发动机在负荷变化不大而转速变化较大的情况下油耗较小；若等有效燃油消耗率曲线纵向较长，表示发动机在负荷变化较大而转速变化不大的情况下油耗较小。

3. 发动机功率检测有台架稳态测功和就车动态测功两种基本方法。按照测功原理，汽车发动机无负荷测功分为用测定瞬时角加速度的方法检测瞬时功率和用测定加速时间的方法检测平均功率两类。在汽车使用与维修单位，常用无负荷测功仪进行汽车发动机动力性检测与故障诊断。

【项目训练】

1. 选择题

（1）标志发动机质量利用程度的指标是（　　）
　　A. 升功率　　　　B. 比质量　　　　C. 强化系数　　　　D. 平均有效压力

（2）柴油机速度特性指有效功率、（　　）、有效燃油消耗率随转速变化的规律。
　　A. 有效偶矩　　　B. 有效转矩　　　C. 有效弯矩　　　　D. 有效力矩

（3）发动机每小时耗油量大，则（　　）。
　　A. 动力性好　　　B. 经济差　　　　C. 经济性不一定差　　D. 耗油率一定大

（4）柴油机耗油率曲线较汽油机（　　）。
　　A. 平坦　　　　　B. 弯曲　　　　　C. 无法比较　　　　D. 不正确

（5）下列参数与汽车发动机无负荷测功无关的是（　　）。
　　A. 转速　　　　　B. 转动惯量　　　C. 热状态　　　　　D. 怠速

2. 判断题

（1）发动机的指示性能指标只能用来评定发动机工作循环进行的好坏。（　　）
（2）发动机的平均有效压力与气缸的工作容积有关。（　　）
（3）升功率越高，意味着发动机的体积越小。（　　）
（4）汽油发动机的转速越高，功率就越大，转矩也越大。（　　）
（5）节气门全开时的速度特性称为汽油机的外特性。（　　）
（6）若某缸不工作后，发动机依旧以原来的转速旋转，则可以断定该缸不工作。（　　）

3. 填空题

（1）发动机的性能指标包括（　　　　）和（　　　　），此外还有运转性能、工作可靠性、结构工艺性等。

（2）对于不同尺寸的发动机，为了比较它们单位气缸工作容积做功能力的大小，常用的一个指示参数是（　　　　）。

（3）以发动机曲轴输出功率为基础的性能指标称为（　　　　）。

（4）动力在发动机内部传递过程中损失的功率称为（　　　　）。

（5）升功率标志着发动机气缸（　　　　），可反映发动机（　　　　）。

（6）汽车发动机特性是指发动机性能指标随发动机调整情况及运转工况而变化的关系。其中，汽车发动机性能指标随（　　　　）而变化的关系，称为发动机调整特性；汽车发动机性能指标随（　　　　）而变化的关系，称为发动机性能特性。

（7）发动机功率检测有（　　　　）和就车动态两种基本方法。

（8）按测功原理，汽车发动机无负荷测功分为（　　　　）和（　　　　）两类。

4. 简答题

（1）什么是发动机有效性能指标？它包括哪些具体评价指标？

（2）什么是发动机强化系数，其大小反映了发动机哪方面的性能？

（3）什么是发动机的速度特性，画出其特性曲线并加以解释。

（4）什么是发动机的负荷特性，画出其特性曲线并加以解释。

（5）如何绘制发动机的万有特性图，万有特性图的作用是什么？

（6）简述汽车发动机无负荷测功的原理。

5. 讨论题

（1）查询某汽车发动机信息，就该发动机参数进行交流。

（2）汽车发动机在稳态与动态工况下，其性能指标有区别吗？

（3）汽车发动机无负荷测功如何确保检测结果的准确性。

项目二
汽车动力性与检测

【项目导读】　　汽车动力性是汽车最基本的性能，是汽车存在的基础。通过本项目学习，了解汽车动力性的评价指标，熟练掌握汽车驱动力的概念及计算公式，掌握汽车各项行驶阻力的产生原因及计算公式，能够准确说出汽车行驶应满足的条件，掌握汽车动力性三大平衡图的组成，了解汽车动力性的影响因素，掌握汽车底盘测功机的结构组成，了解汽车驱动轮输出功率检测方法。

任务一　汽车动力性评价指标

【任务描述】

汽车动力性是指汽车在良好路面上直线行驶时，由汽车受到的纵向外力所决定的，汽车所能达到的平均行驶速度。汽车的平均行驶车速越高，单位时间内完成的运输量越多，即汽车的运输生产率越高。汽车动力性在很大程度上决定着汽车作为一种高效运输工具的运输效率。汽车只有具备良好的动力性，才有可能提高汽车的平均行驶速度，达到高的运输生产率。因此，汽车动力性是汽车各种性能中最基本、最重要的性能。

从汽车能够达到尽可能高的平均行驶速度的角度考虑，汽车动力性主要有三方面的评价指标。

【相关知识】

1. 汽车的最高车速

汽车的最高车速是指汽车在水平良好的路面（沥青或混凝土）上，满载、高挡行驶时所能达到的最高行驶速度。

2. 汽车的加速时间

汽车的加速时间表示汽车的加速能力，它对汽车的平均行驶速度有很大的影响。常用原地起步加速时间与超车加速时间来表明汽车的加速能力。

原地起步加速时间是指汽车由一挡或二挡起步，以最大的加速度（包括选择适当的换挡时机）逐步换至高挡，并达到某一预定的距离或车速所需的时间。

超车加速时间是指汽车用最高挡或者次高挡由某一较低车速全力加速至某一较高车速所需的时间。汽车超车时，汽车与被超车辆并行，容易发生交通事故，所以超车加速时间越短，两车并行行程就越短，行驶安全性就越高。

3. 汽车的最大爬坡度

通常，汽车的最大爬坡度 i_{max} 是指一挡的最大爬坡度，表示汽车的最大爬坡（上坡）能力。轿车最高车速高，加速时间短，经常在较好的路面上行驶，因此一般不强调它的爬坡能力。而且它的一挡加速能力大，故爬坡能力也强。货车经常在各种路况下行驶，要求它具有足够的爬坡能力，一般 i_{max} 在 30% 或 16.5° 左右。越野汽车在坏路或无路条件下行驶，因而对其爬坡能力有更高要求，它的最大爬坡度可达 60% 或 30°。

【任务实施】

查阅不同类型汽车的说明书，找出汽车动力性的评价指标并进行比较。

任务二　汽车行驶受力与行驶条件

【任务描述】

汽车行驶受力分为驱动力和行驶阻力两大类。汽车驱动力是汽车行驶的动力，汽车行驶阻力包括滚动阻力、空气阻力、上坡阻力和加速阻力。其中，汽车在任何行驶状态下均存在滚动阻力和空气阻力，汽车上坡阻力在有坡道的路面上行驶时才存在，汽车加速阻力在汽车行驶车速变化时才存在。汽车在水平路面上等速行驶时就不存在上坡阻力和加速阻力。克服滚动阻力和空气阻力所消耗的能量是不能回收利用的，而克服上坡阻力和加速阻力所消耗的能量可分别在下坡和滑行时重新利用。汽车行驶过程中有时出现驱动轮打滑现象，汽车满足怎样的条件才能正常行驶？汽车正常行驶应满足驱动条件和附着条件。

【相关知识】

一、汽车驱动力的产生

在汽车行驶中，某瞬时发动机的转速为 n（r/min），转矩为 T_{tq}（N·m），变速器所用挡位的传动比为 i_g，主减速器的传动比为 i_o，传动系的机械效率为 η_T，则驱动轮得到的转矩为 $T_t = T_{tq} i_g i_o \eta_T$。若驱动轮在路面上无滑转现象，驱动轮施加给路面的力为 $F_o = T_t/r$，方向与汽车行驶方向相反，r 是驱动轮的滚动半径（m）。按作用力与反作用力定律，路面将给驱动轮一个反作用力 $F_t = F_o$，如图 2-1 所示，F_t 的作用使汽车前进，被称为汽车驱动力。因此，汽车驱动力的计算公式为

$$F_t = \frac{T_{tq} i_g i_o \eta_T}{r} \tag{2-1}$$

下面将对汽车驱动力计算式中的发动机转矩、传动系机械效率以及车轮半径等做进一步讨论。

1. 发动机转矩 T_{tq}

由发动机的速度特性，可知发动机在相应工况下的转速与转矩之间的关系。发动机制造厂提供的发动机特性曲线通常是在试验台上不带空气滤清器、水泵、风扇、排气消声器、废气净化器、发电机、空气压缩机等附件的条件下测得的；带上全部附件时测出的曲线，称为发动机使用特性曲线。发动机在汽车上使用时要带上全部的附件，因此在进行汽车动力性计算时应采用发动机使用特性曲线上的数据。另外，台架试验是在发动机工况相对稳定，即水温、机油温度在规定范围内，发动机转速稳定的情况下进行测量的。而在实际使用中，车用发动机的工况通常是不稳定的，造成某瞬时转速下的转矩要比稳定工况下的数值要小。但由于对变工况下

发动机特性的研究还不成熟，且与稳态工况下的数值相差不大，故汽车动力性计算时仍沿用发动机使用特性曲线的数据。如果不作特殊说明，后述内容所涉及到的发动机特性数据皆指使用特性数据。

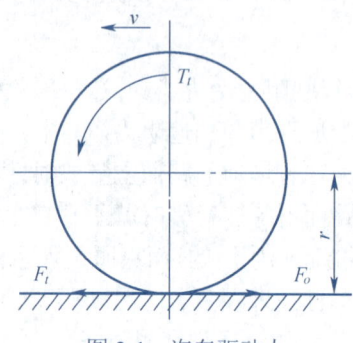

图 2-1 汽车驱动力

2. 传动系机械效率 η_T

发动机的有效功率 P_e、在传动系内损耗的功率为 P_T、驱动轮上得到的功率为 P_e-P_T，则传动系的机械效率（简称传动效率）为

$$\eta_T = \frac{P_e - P_T}{P_e} = 1 - \frac{P_T}{P_e} \tag{2-2}$$

传动系内损耗的功率 P_T 是在离合器、变速器、传动轴、主减速器、驱动轮轴承等处损失的功率的总和，其中变速器及主减速器的功率损失是最主要的部分。损耗的功率包含机械损失功率和液力损失功率。由于齿廓、轴承、油封、摩擦消耗的功率称为机械损失功率，其值决定于齿轮啮合的对数、传递转矩的大小和加工精度的高低；由于旋转零件对润滑油的搅动而消耗的功率称为液力损失功率，其值决定于转速、润滑油粘度、工作温度和油面高度。

高速挡的传动效率较高。这是因为在同样的道路及相同车速下，其阻力所消耗的功率相同，在高速挡上运行，发动机处于低转速、大转矩工况，其机械损失的功率相对减少，液力损失的功率下降，从而使传动效率提高。所以，应尽量用高速挡行驶。如果最高挡是超速挡，其传动效率会低于直接挡，因为直接挡是把第一轴和第二轴连在一起,转矩不经变速器齿廓传递，其机械损失功率大大下降。

齿廓啮合间隙过小、啮合印迹不正确、轴承调整过紧、各部油封过紧、润滑油粘度不当、油面过高过低、制动蹄与制动鼓分离不彻底等，都会使传动效率下降。

变速器和主减速器的油温对传动效率有很大影响。试验表明，在-10℃的油温下，某车要在 40km/h 的车速行驶 20～40min 后，才能使传动效率由开始的 0.60 增至 0.92。通常，变速器和主传动器的油温达到 50℃时，才具有正常的传动效率。

汽车在使用过程中，新车走合期结束时传动效率最高，此后随着行驶里程的增加而缓慢下降；当各部磨损至配合间隙超过允许值后，传动效率迅速下降，大修后又会提高。由于修理厂的工艺水平不如制造厂，大修后的传动效率往往不如新车高。

传动效率因受多种因素的影响而有所变化，但对汽车进行一般的动力性计算时，通常将其视为常数。轿车取 0.9～0.92，单级主减速器的货车取 0.9，双级主减速器的货车取 0.85，4×4 汽车取 0.85，6×6 汽车取 0.8。

3. 车轮半径 r

汽车车轮装有充气轮胎，在径向、切向与横向都有弹性，因此车轮半径会因车轮所处的状态不同而不同。

自由半径 r_o 是指轮胎按规定气压充好气，在无载荷作用时的半径。

静力半径 r_s 是指轮胎按规定气压充好气、在只受车重作用下产生径向变形，车轮中心至车轮支撑面之间的距离。由于径向载荷的作用，轮胎发生显著变形，静力半径小于自由半径。

动力半径 r_d 是指轮胎按规定气压充好气、在车重和转矩作用下，轮胎既有径向变形，也有切向变形，此时车轮中心至车轮支撑面之间的距离。转矩的作用使轮胎沿半径方向的母线产生弯曲变形，具有压低轮心的效果，故动力半径略小于静力半径。

滚动半径 r_r 是指轮胎按规定气压充好气、汽车满载行驶中，以车轮转动圈数 n 与车轮实际滚动距离 s（m）之间的关系计算得出的车轮半径。即

$$r_r = \frac{s}{2\pi n} \tag{2-3}$$

显然，对汽车作动力学分析时，应该用静力半径 r_s；而作运动学分析时，应该用滚动半径 r_r。但在一般的分析中常不计它们的差别，统称为车轮半径 r，即 $r=r_s=r_d=r_r$。

二、汽车驱动力图

在各个挡位上，以各种不同的速度行驶时，汽车可能产生的驱动力所连成的曲线，即各挡的 F_t-V 曲线，称为汽车驱动力图。它直观地显示变速器处于各挡位时，驱动力随车速变化的规律。

在已知发动机使用外特性曲线、变速器各挡传动比 i_g、主减速器传动比 i_o、传动效率 η_T、车轮半径 r 等参数的条件下，按下列步骤作汽车的驱动力图。

1. 计算驱动力 F_t

对每个挡位分别计算。从发动机的使用外特性曲线上至少取 6 个点（这些点应包括最低稳定转速点和最高稳定转速点），得到相应各点的 (T_{tq},n) 值，用公式（2-1）计算出驱动力 F_t 值。

2. 计算相应车速 V

按下式计算相应的车速 V（km/h）

$$V = \frac{n}{i_g i_o}\left(60 \times \frac{2\pi r}{1000}\right) \tag{2-4}$$

整理，得

$$V = 0.377 \frac{nr}{i_g i_o} \qquad (2-5)$$

3. 画汽车驱动力图

建立 F_t-V 坐标，选好比例尺，对每个挡位，将计算出的 (F_t, V) 值分别描点并连成圆滑曲线，即得到汽车在该挡位的驱动力曲线。

某 5 挡汽车的驱动力图，如图 2-2 所示。

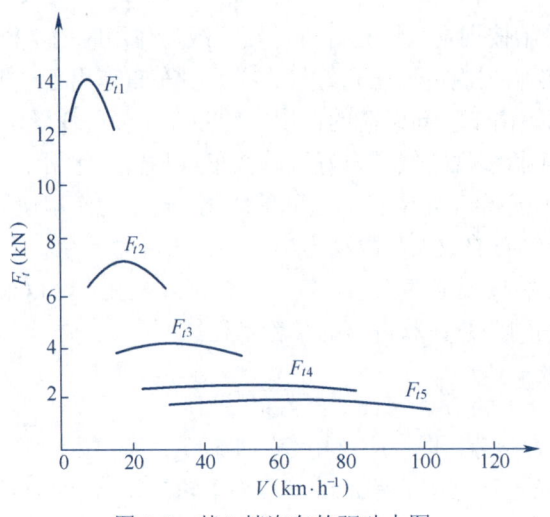

图 2-2 某 5 挡汽车的驱动力图

由图 2-2 可见，每一个挡位对应有一条驱动力曲线；挡位低，因传动比大，相应的车速低而驱动力大；驱动力曲线表示在该挡上，以不同车速等速行驶时，汽车可能产生的驱动力；当发动机油门部分开度时，驱动力会相应减小，因此驱动力曲线之下的广泛范围内的点，都可能是汽车行驶的实际工作点。

三、滚动阻力

汽车行驶时，车轮在地面上滚动，车轮与地面在接触区域的径向、切向和侧向均产生相互作用力，轮胎与地面亦存在相应的变形，车轮与地面的相对刚度决定了变形的特点。当车轮在硬路面（沥青路面、混凝土路面）上滚动时，轮胎的变形是主要的；当车轮在松软路面（砂土路面、积雪路面、土壤）上滚动时，路面的变形是主要的。无论是轮胎还是路面，其变形过程必然伴随着一定的能量损失。这些能量损失是使车轮滚动时产生滚动阻力的根本原因。另外，汽车悬架的变形与悬挂零件间的摩擦，从动轮轴承和油封处的摩擦等都会因能量损失而表现出滚动阻力。

1. 轮胎的迟滞损失

当汽车车轮在水平路面上行驶且不受侧向力作用时,车轮与路面间将产生径向和切向的相互作用力。轮胎在硬路面上的径向变形曲线,如图2-3所示。

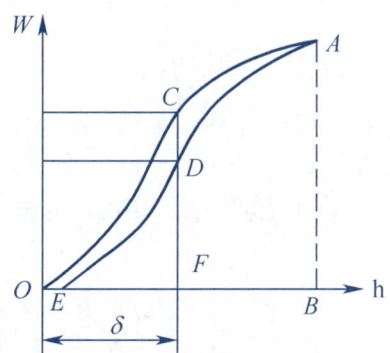

图2-3　轮胎在硬路面上的径向变形曲线

由图2-3可见,加载变形曲线 OCA 与卸载变形曲线 ADE 并不重合,则可知加载与卸载不是可逆过程,存在着能量损失。面积 $OCABO$ 为加载过程中对轮胎所做的功,面积 $ADEBA$ 为卸载过程中轮胎恢复变形时释放的功,两面积之差 $OCADEO$ 即为加载与卸载过程的能量损失。这一部分能量消耗在轮胎各组成部分相互间的摩擦以及橡胶、帘线等物质分子间的摩擦,最后转化为热能而消失在大气中,这种损失称为弹性物质的迟滞损失。

在同样变形量的情况下,处于加载过程的载荷较大,即图中 $FC>FD$。这说明当车轮在径向载荷作用下滚动时,由于弹性迟滞现象,使地面对车轮的垂直反力为不对称分布,其垂直反力的合力作用线,相对于车轮中心线前移了一段距离,因而形成了阻碍车轮滚动的力偶矩。

2. 从动轮在硬路面上的滚动

在水平硬路面等速直线滚动的汽车从动轮受力情况,如图2-4所示。

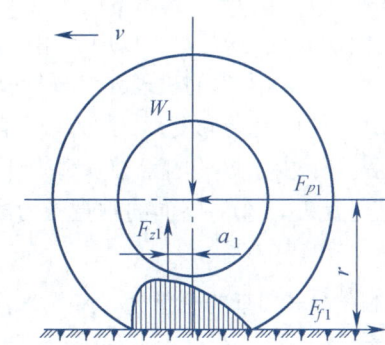

图2-4　汽车从动轮在水平硬路面上等速直线滚动时的受力

其地面垂直反力的分布呈前大后小状，地面总的垂直反力 F_{z1} 相对于车轮垂直中心线向前偏移了一段距离 a_1，形成阻止车轮滚动的力偶矩 $F_{z1}a_1=W_1a_1$。为了克服它，在轮心处转向节会给车轮一个推力 F_{p1}，并有 $F_{p1}r=W_1a_1$。同时车轮所受的地面切向反力为 F_{f1}，$F_{f1}=F_{p1}$。故

$$F_{f1} = \frac{W_1 a_1}{r} = W_1 f_1 \tag{2-6}$$

式中：F_{f1}—从动轮的滚动阻力；$f_1=a_1/r$—从动轮的滚动阻力系数。

3. 驱动轮在硬路面上的滚动

在水平硬路面等速直线滚动的汽车驱动轮受力情况，如图2-5所示。

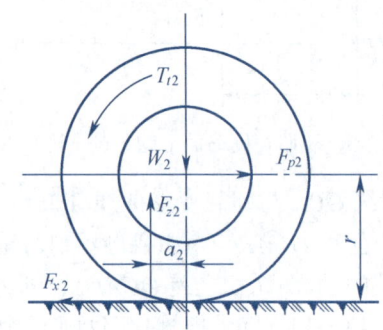

图2-5 汽车驱动轮在水平硬路面上等速直线滚动时的受力

由于地面垂直反力的分布前大后小，驱动轮总的地面垂直反力 F_{z2} 相对于车轮垂直中心线向前偏移了一段距离 a_2，地面给出的切向反力为 F_{x2}，轮心受车桥的反推力为 F_{p2}，$F_{p2}=F_{x2}$。对轮心取力矩平衡方程式，有

$$T_{t2} - F_{x2}r - F_{z2}a_2 = 0 \tag{2-7}$$

$$F_{x2} = \frac{T_{t2}}{r} - \frac{F_{z2}a_2}{r} = F_t - \frac{W_2 a_2}{r} = F_t - W_2 f_2 = F_t - F_{f2} \tag{2-8}$$

式中：F_{f2}—驱动轮的滚动阻力；$f_2=a_2/r$—驱动轮的滚动阻力系数。

上式表明，汽车驱动轮的地面切向反力 F_{x2}，可以用 F_t 和 F_{f2} 为两个力来代替。

以上分析的是轮胎径向变形产生滚动阻力的机理。汽车行驶时，由于车轮的前束和外倾，轮胎有侧向变形；由于转矩的作用，轮胎有切向变形。此外，还有路面变形、悬挂零件的摩擦、减振器损失、从动轮轴承油封损失等。由于这些因素难以精确计算，便引用前面的公式，将汽车在水平路面上的滚动阻力 F_f 表达为与汽车对路面的垂直压力成正比的关系式

$$F_f = Gf \tag{2-9}$$

式中：F_f—汽车滚动阻力，N；G—汽车的总重力，N；f—汽车的滚动阻力系数。

4. 滚动阻力系数的影响因素

滚动阻力系数可通过实验确定，它受很多因素的影响。

(1) 路面种类及其状况

路面种类及其状况对滚动阻力系数有着较大的影响。平坦、硬实、干燥、清洁的路面，滚动阻力系数较小；硬路面的高低不平所导致的轮胎与悬挂的反复变形而产生的迟滞损失，松软路面的塑性变形，都会导致滚动阻力系数增大。表2-1列出了车速为50km/h时，汽车在各种路面上行驶时的滚动阻力系数的一般范围。

表2-1 滚动阻力系数的一般范围

路面类型	滚动阻力系数一般范围
良好的沥青或混凝土路面	0.010～0.018
一般的沥青或混凝土路面	0.010～0.020
碎石路面	0.020～0.025
良好的卵石路面	0.025～0.030
坑洼的卵石路面	0.035～0.050
压紧土路（干燥的）	0.025～0.035
压紧土路（雨后的）	0.050～0.150
泥泞土路（雨季或解冻期）	0.100～0.250
干砂	0.100～0.300
湿砂	0.060～0.150
结冰路面	0.015～0.030
压紧的雪道	0.030～0.050

(2) 轮胎结构和胎压

子午线轮胎与普通斜交轮胎相比，具有较低的滚动阻力系数。减少帘布层可使胎体变薄，从而可相应地降低轮胎的滚动阻力系数。

汽车在硬路面上行驶，轮胎气压低时，轮胎变形较大，滚动时的迟滞损失增大，滚动阻力系数相应增大。随着轮胎气压增高，硬路面上的滚动阻力系数逐渐减小。汽车在松软路面上行驶，轮胎气压低时，轮胎变形大，使轮胎与地面接触面积增大，单位面积压力下降，路面变形小，使滚动阻力系数相应减小。

(3) 汽车车速

当车速在100km/h以下时，滚动阻力系数变化不大；当车速在100km/h以上时，滚动阻力系数随车速提高而增大较快，当车速高到一定数值后，轮胎发生驻波现象，此时轮胎周缘不再是圆形，而是出现明显的波浪状，滚动阻力系数迅速增大，轮胎的温度也迅速升高，致使轮胎帘布层与胎面脱落，几分钟内就会出现爆胎现象。

四、空气阻力

处于空气介质中的汽车，行驶时必将受到空气的作用。汽车直线行驶时所受空气的作用力，在汽车行驶方向上的分力，称为空气阻力 F_w。它由形状阻力、干扰阻力、内循环阻力、诱导阻力和摩擦阻力等五部分组成。

形状阻力与车身主体形状有关，如车头、车尾的形状，车身主体形状的流线型越好，则形状阻力越小；干扰阻力是车身表面突出件，如后视镜、天线、悬挂导向杆、车轴等引起的阻力；内循环阻力是为了发动机冷却和车内通风等所需空气流经车身内部时形成的阻力；诱导阻力是空气流经车身产生的升力在行驶方向上的分力；摩擦阻力是空气流经车身表面产生的摩擦力的合力在行驶方向上的分力。对于一般轿车，这几部分阻力的大致比例为：形状阻力占 58%、干扰阻力占 14%、内循环阻力占 12%、诱导阻力占 7%、摩擦阻力占 9%。可见，空气阻力中，形状阻力占的比重最大，因此改善车身流线形状是减小空气阻力的关键。

空气阻力的计算公式为

$$F_w = \frac{C_D A V^2}{21.15} \qquad (2\text{-}10)$$

式中：F_w—空气阻力，N；C_D—空气阻力系数；A—汽车的迎面面积，m²；V—空气相对于汽车的速度，在无风时即为汽车的行驶速度，km/h。

由上式可见，空气阻力与空气阻力系数和汽车的迎面面积成正比，与汽车车速的平方成正比。车速增加 1 倍，空气阻力是原值的 4 倍，空气阻力所消耗的功率是原值的 8 倍。高速行驶时，空气阻力消耗了发动机的大部分功率。而现代汽车的车速越来越高，所以要降低空气阻力所消耗的功率，关键是降低空气阻力系数和汽车的迎面面积。

空气阻力与汽车的迎面面积成正比。迎面面积是汽车行驶时迎面空气直接冲击的面积，即汽车行驶方向的正投影面积。一般情况下，迎面面积可以按照下列公式计算

$$A = BH \qquad (2\text{-}11)$$

式中：B—汽车轮距，m；H—汽车高度，m。

为了保证汽车必需的乘用空间或装载质量，不能期望过多地减少迎面面积来减少空气阻力，故 A 值不能过小。

降低空气阻力系数是减少空气阻力的主要手段，这就要求汽车外形的流线型好。C_D 值低的轿车具备的特点，如图 2-6 所示。

由于高速公路的发展，货车的外形设计也日益受到重视。驾驶室顶盖、风挡玻璃及前脸在侧视图上具有大的圆弧，特别是整个驾驶室呈楔形的设计，可大幅度减小 C_D 值。除其本身外形外，导流板（罩）、侧裙、扰流器、连接软膜等附加装置也可使 C_D 值大幅减小。半挂车可降低 C_D 值的附加装置，如图 2-7 所示。

应该指出，C_D 值是随着汽车车身底部与路面间隙、车身的俯仰角以及侧向风的大小而变化的，一般给出标定载荷下（轿车为半载），无侧向风时的 C_D 值。目前，轿车的 C_D 值为 0.30～

0.45，大客车的 C_D 值为 0.50～0.80；货车的 C_D 值为 0.60～0.85。

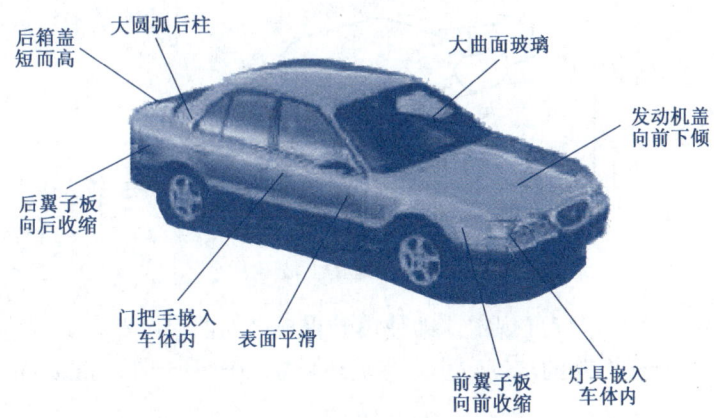

图 2-6　C_D 值低的轿车特点

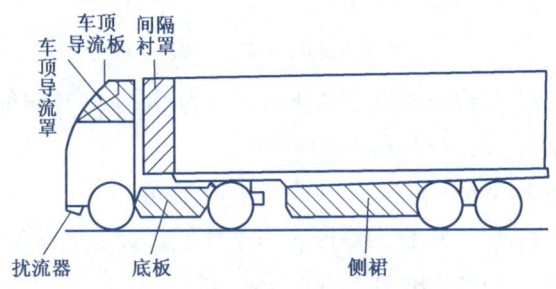

图 2-7　半挂车可降低 C_D 值的附加装置

对于汽车列车的空气阻力，半挂列车可按主车的 1.15 倍计算，全挂列车的空气阻力可按每节挂车的空气阻力较主车增加 20%计算。

五、上坡阻力

1. 坡道的表示方法

路面纵坡用坡道角 α 及坡度 i 表示。坡度 i 是坡高与相应的水平距离之比，可以用百分数表示。坡度为 0.05 或 5%，表示该坡道每 100m 的水平距离上升的高度为 5m。坡道角与坡度的换算关系为 $i=\tan\alpha=h/s$。

2. 上坡阻力 F_i 的产生

如图 2-8 所示，汽车上坡行驶时，其重力沿坡道方向的分力表现为对汽车行驶的一种阻力，称为上坡阻力。

上坡阻力的计算公式为

$$F_i = G \sin\alpha \tag{2-12}$$

式中：F_i—上坡阻力，N；G—汽车重力，N；α—道路坡道角（°）。

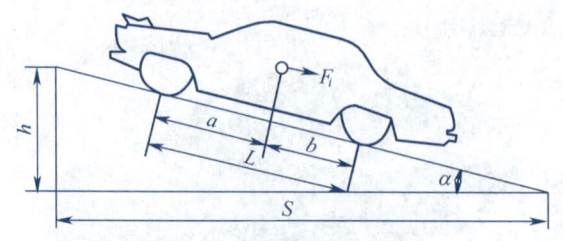

图2-8 汽车的上坡阻力

根据我国公路工程技术标准规定，即使山岭重丘区的四级公路，其最大纵坡也不得超过9%，约5°。因此，一般道路的坡度较小。当坡道角 $\alpha<10°\sim15°$ 时，$\sin\alpha\approx\tan\alpha=i$，有

$$F_i = Gi \tag{2-13}$$

由于滚动阻力和上坡阻力均属于与道路有关的阻力，而且均与汽车重力成正比，常将这两种阻力合在一起，称为道路阻力 F_ψ，即

$$F_\psi = F_f + F_i \tag{2-14}$$

在坡道角为 α 的道路上，汽车对路面的垂直压力为 $G\cos\alpha$，这时的滚动阻力为

$$F_f = Gf\cos\alpha \tag{2-15}$$

$$F_\psi = Gf\cos\alpha + G\sin\alpha = G(f\cos\alpha + \sin\alpha) = G\psi \tag{2-16}$$

式中令 $\psi = f\cos\alpha + \sin\alpha$。$\psi$ 称为道路阻力系数，它表示单位车重的道路阻力。当坡道角 $\alpha<10°\sim15°$ 时，$\cos\alpha\approx1$，$\sin\alpha\approx\tan\alpha=i$，此时有 $\psi = f + i$。

六、加速阻力

汽车加速行驶时，需要克服其质量加速运动时的惯性力，这就是加速阻力 F_j。汽车的质量分为平移的质量和旋转的质量两部分。汽车加速时，不仅平移的质量产生惯性力，旋转的质量还要产生惯性力偶矩。因此，总的加速阻力比平移质量的加速阻力大，在计算时用平移质量的加速阻力乘以一个大于1的旋转质量换算系数 δ 来考虑这一影响，总的加速阻力为

$$F_j = \delta m \frac{dV}{dt} \tag{2-17}$$

式中：δ—汽车旋转质量换算系数，$\delta>1$；m—汽车质量，kg；$\dfrac{dV}{dt}$—汽车加速度，m/s²。

δ 主要与发动机飞轮的转动惯量、车轮的转动惯量以及传动系的传动比有关。δ 的计算公式为

$$\delta = 1 + \frac{1}{m}\frac{I_f i_g^2 i_O^2 \eta_T}{r^2} + \frac{1}{m}\frac{\sum I_W}{r^2} \tag{2-18}$$

式中：I_f——飞轮的转动惯量，$kg·m^2$；I_W——车轮的转动惯量，$kg·m^2$。

对某一确定的汽车，m、I_f、i_O、η_T、r、$\sum I_W$ 等均为定值，

令 $\delta_1 = \dfrac{1}{m}\dfrac{I_f i_O^2 \eta_T}{r^2}$，$\delta_2 = \dfrac{1}{m}\dfrac{\sum I_W}{r^2}$，则

$$\delta = 1 + \delta_1 i_g^2 + \delta_2 \tag{2-19}$$

由上式可见，汽车不同挡位的旋转质量换算系数是不同的。如 CA1091 货车各挡的旋转质量换算系数 δ 分别为：一挡 $\delta_I = 2.17$，二挡 $\delta_{II} = 1.35$，三挡 $\delta_{III} = 1.14$，四挡 $\delta_{IV} = 1.06$，五挡 $\delta_V = 1.05$。汽车空挡滑行时，$\delta = 1 + \delta_2$。

【任务实施】

汽车正常行驶应满足驱动条件和附着条件。

一、汽车行驶的驱动条件

若 $F_t = F_\psi + F_W$，则汽车将等速行驶；若 $F_t > F_\psi + F_W$，则汽车将加速行驶；若 $F_t < F_\psi + F_W$，则静止的汽车将无法起步，正在行驶中的汽车将减速直至停车。因此，汽车正常行驶应满足的第一个条件是驱动力不小于道路阻力和空气阻力之和，即

$$F_t \geqslant F_\psi + F_W \tag{2-20}$$

或

$$F_t \geqslant F_f + F_i + F_W \tag{2-21}$$

此条件为汽车行驶的驱动条件，也是汽车行驶的必要条件，但它不是汽车行驶的充分条件。

二、汽车行驶的附着条件

汽车驱动力可按式（2-1）计算得到，但这个驱动力只有在驱动轮与路面不发生滑转的条件下才能发挥出来。当驱动力增大到使驱动轮在地面上滑转时，汽车不能前进，此后再增加发动机的转矩或增大传动比，只能加速驱动轮旋转，而地面给车轮的切向反作用力不会再增大，这说明使汽车行驶的驱动力还受轮胎与路面附着条件的制约。

路面对车轮切向反作用力的极限值，称为附着力 F_φ，用下式表示

$$F_\varphi = F_Z \varphi \tag{2-22}$$

式中：F_Z——路面给车轮的法向反力，N；φ——车轮与路面间的附着系数。

应当明确，附着力并不是汽车所受到的力，只是路面给车轮切向力的极限值。

当驱动轮滑转时，汽车不能正常行驶。因此，汽车行驶应满足的第二个条件是驱动力不大于附着力，即

$$F_t \leqslant F_\varphi \tag{2-23}$$

或
$$F_t \leqslant F_Z\varphi \quad (2\text{-}24)$$
此为汽车正常行驶的附着条件。

下面将对汽车附着力计算式中的路面给车轮法向反力 F_Z、附着系数 φ 作进一步分析讨论。

1. 路面给车轮法向反力 F_Z

（1）汽车在水平路面上静止

汽车在水平路面上静止时的受力图，如图 2-9 所示。

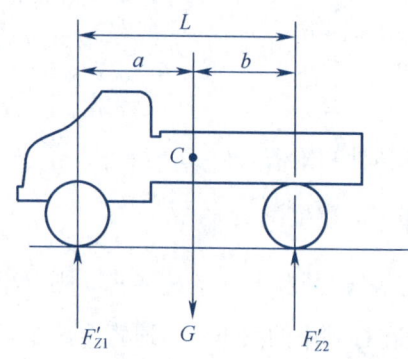

图 2-9　汽车水平路面上静止时的受力图

由力矩平衡，得
$$F'_{Z1} = \frac{Gb}{L} \quad (2\text{-}25)$$
$$F'_{Z2} = \frac{Ga}{L} \quad (2\text{-}26)$$

（2）汽车在水平路面上行驶

汽车在水平路面上匀速行驶时的受力图，如图 2-10 所示。

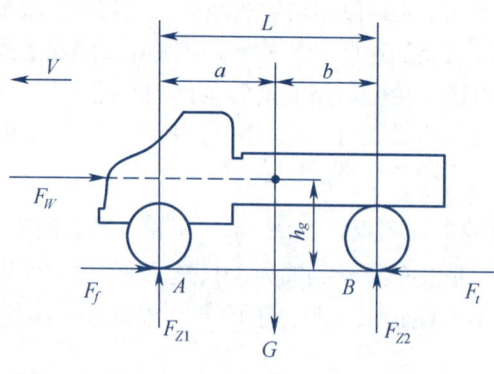

图 2-10　汽车水平路面上匀速行驶时的受力图

在此假定空气阻力为作用在汽车正面风压中心上的集中力，且其作用线通过汽车重心；汽车的上坡阻力和加速阻力都作用在汽车的重心。

对 B 点取力矩，由力矩平衡方程式，有

$$F_{Z1}L + F_W h_g - Gb = 0 \qquad (2\text{-}27)$$

$$F_{Z1} = \frac{Gb}{L} - \frac{F_W h_g}{L} \qquad (2\text{-}28)$$

同理，对 A 点取力矩，解得

$$F_{Z2} = \frac{Ga}{L} + \frac{F_W h_g}{L} \qquad (2\text{-}29)$$

由于 $F_W = F_t - F_f$，将其代入上面两式，得

$$F_{Z1} = \frac{Gb}{L} - \frac{(F_t - F_f)h_g}{L} \qquad (2\text{-}30)$$

$$F_{Z2} = \frac{Ga}{L} + \frac{(F_t - F_f)h_g}{L} \qquad (2\text{-}31)$$

另外，还可用上述的方法推导，汽车在水平路面上加速行驶时车轮法向反力的表达式。所得的表达式分别与式（2-27）(2-28) 相同。但应注意，此时式中的 $F_t - F_f = F_W + F_j$。

（3）汽车加速上坡行驶

汽车加速上坡行驶时的受力图，如图 2-11 所示。

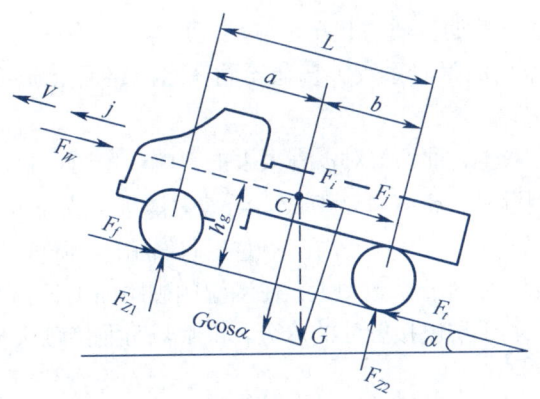

图 2-11 汽车加速上坡行驶时的受力图

各力对 C 点取力矩，由力矩平衡方程式，有

$$F_{Z1}a + (F_t - F_f)h_g - F_{Z2}b = 0 \qquad (2\text{-}32)$$

由垂直于路面方向的力平衡方程式，有

$$F_{Z1} + F_{Z2} = G\cos\alpha \qquad (2\text{-}33)$$

由式（2-29）(2-30)联立后，可解得

$$F_{Z1} = \frac{Gb\cos\alpha}{L} - \frac{(F_t - F_f)h_g}{L} \qquad (2\text{-}34)$$

$$F_{Z2} = \frac{Ga\cos\alpha}{L} + \frac{(F_t - F_f)h_g}{L} \qquad (2\text{-}35)$$

当 $\alpha = 0$ 时，上述两式与平路行驶的表达式相同。

从前述 3 种情况的分析可见，汽车行驶时路面给车轮的法向反力，即轴荷，与静止时不同，这称为汽车的轴荷重新分配现象。

通常用汽车的轴荷重新分配系数 m 来表示汽车的轴荷重新分配程度。汽车前、后轴的轴荷分配系数是指汽车在某一行驶状态时前、后轴的轴荷分别与静止状态时的前、后轴的轴荷之比，即

$$前轴 \qquad m_1 = \frac{F_{Z1}}{F'_{Z1}} \qquad (2\text{-}36)$$

$$后轴 \qquad m_2 = \frac{F_{Z2}}{F'_{Z2}} \qquad (2\text{-}37)$$

一般，汽车前轴的轴荷分配系数 $m_1 = 0.8 \sim 1.4$，汽车后轴的轴荷分配系数 $m_2 = 1.2 \sim 0.7$。汽车加速行驶、上坡行驶时，前轴轴荷 F_{Z1} 减小，后轴轴荷 F_{Z2} 增加。

式（2-20）中的 F_Z，对于前轮驱动的汽车，$F_Z = F_{Z1}$；对于后轮驱动的汽车，$F_Z = F_{Z2}$；对于全轮驱动的汽车，$F_Z = G\cos\alpha$。

2. 附着系数 φ

附着系数 φ 主要取决于路面性质与状况、轮胎气压与花纹等。

不同性质的路面有不同的附着系数。普通轮胎在水泥路面上 $\varphi = 0.7 \sim 0.8$，在结冰路面上 $\varphi = 0.1 \sim 0.2$。

路面状况（干、湿、灰尘、油污）对 φ 有很大的影响。普通轮胎在干燥、清洁的水泥路面上 $\varphi = 0.7 \sim 0.8$；当路面潮湿时，$\varphi = 0.45 \sim 0.55$；当被大量灰尘或油污污染时，$\varphi = 0.25 \sim 0.40$。

轮胎气压对附着系数有较大的影响。在干燥的硬路面上，降低轮胎气压，轮胎与路面微观不平处的啮合面积增大，使附着系数加大。在潮湿的硬路面上，适当提高轮胎气压，可以提高对路面的单位压力，有利于挤出接触处的水分，轮胎与路面接触状况得到改善，使附着系数提高。

行驶速度对附着系数也有影响。在硬路面上，车速增加时，轮胎来不及与路面微小凸起部分很好啮合，附着系数下降。雨天在硬路面上行驶，车速提高，很容易产生轮胎在路面上的滑转，这是因为高速时，轮胎转动形成的水楔作用增强，轮胎与路面接触状况大大变差，附着系数严重下降。

在沥青或渣油路面上，当大气温度由 18℃ 上升到 32℃ 时，附着系数下降约 15%。

长期使用，受磨损和风化作用的路面，附着系数减少。例如，使用了 15 年的路面，由于

压实和磨光的原因，附着系数比新建时减少25%～30%。

三、汽车行驶的驱动附着条件

将汽车行驶的驱动条件与附着条件写在一起，有

$$F_f + F_i + F_W \leq F_t \leq F_\varphi \tag{2-38}$$

此即为汽车行驶的驱动与附着条件。由此可见，汽车正常行驶，除动力装置产生足够大的驱动力外，还需要良好的路面附着条件作保障。如果驱动力太小，不足以克服汽车的行驶阻力，汽车不能正常行驶；如果路面的附着力太小，不足以使所需的驱动力发挥出来，汽车也不能正常行驶，出现驱动轮滑转，还会影响汽车操纵稳定性。

任务三　汽车动力性分析

【任务描述】

汽车动力性分析常用到三大平衡，即驱动力平衡、动力平衡、功率平衡。通常采用图解分析法，应用汽车的驱动力行驶阻力平衡图、动力平衡图和功率平衡图三种方法求解汽车动力性的评价指标，为评价和改善汽车动力性提供科学的依据。

【相关知识】

一、汽车驱动力平衡

1. 驱动力平衡方程式

驱动力平衡方程式，表示驱动力在各项行驶阻力上的分配，有

$$F_t = F_f + F_i + F_W + F_j \tag{2-39}$$

驱动力平衡方程式的详细表达式为

$$\frac{T_{tq} i_g i_o \eta_T}{r} = Gf\cos\alpha + G\sin\alpha + \frac{C_D A V^2}{21.15} + \delta \frac{G}{g} \frac{\mathrm{d}V}{\mathrm{d}t} \tag{2-40}$$

2. 驱动力行驶阻力平衡图

将汽车驱动力在行驶阻力上的分配关系用图形表示，该图即为驱动力行驶阻力平衡图。它由两部分组成：一部分是汽车各挡的驱动力曲线，即 $F_t - V$ 曲线，其作图方法在前文中已介绍；另一部分是汽车在平直良好的沥青或水泥路面上等速行驶的总阻力曲线，即 $(F_f + F_W) - V$ 曲线。在已知 G、f、$C_D A$ 的条件下，假设汽车以不同车速等速行驶，按式 $\left(Gf + \dfrac{C_D A V^2}{21.15}\right)$ 计算出等速行驶的总阻力值（应考虑 f 随 V 的提高而增大），将所得的结果在驱动力图上描点，连

成曲线,即得等速行驶总阻力曲线。某4挡汽车的驱动力行驶阻力平衡图,如图2-12所示。

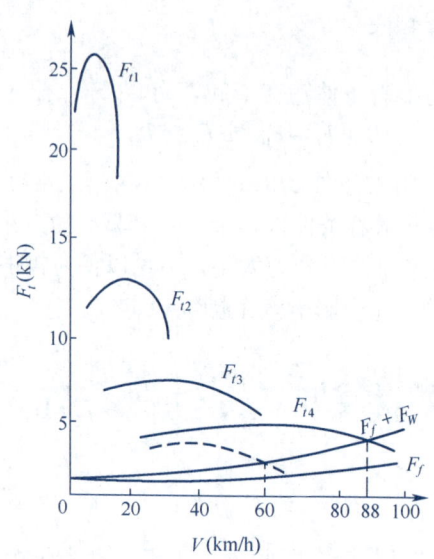

图2-12 某4挡汽车的驱动力行驶阻力平衡图

3. 驱动力行驶阻力平衡图的应用

（1）确定汽车的最高车速

汽车的最高车速是指汽车满载、用高速挡、在平直良好的水泥或沥青路面上,可以达到的最高稳定车速。从图2-12可以看出,F_{t4}曲线与$(F_f + F_W)$曲线的交点便是最高车速。因为此时驱动力与行驶阻力相等,汽车处于稳定的平衡状态。图中汽车的最高车速为88km/h。

从图2-12中还可以看出,当汽车的行驶车速低于最高车速时,驱动力大于行驶阻力。驱动力F_t与行驶阻力$(F_f + F_W)$的差值为剩余驱动力,汽车可以利用剩余驱动力$[F_t - (F_f + F_W)]$加速或爬坡。如汽车需要以低于最高车速的速度行驶时（图2-12中为60km/h）,驾驶员可以适当地减小油门开度,发动机只用部分负荷特性工作,相应的驱动力曲线如图2-12中虚线所示,使产生的驱动力等于以该车速等速行驶所需要的驱动力即可。此时,驱动力与行驶阻力得到新的平衡。

（2）确定汽车的加速能力

汽车的加速能力直接影响汽车平均行驶速度和汽车的行驶安全。通常用加速时间来表示汽车的加速能力。加速时间有原地起步加速时间和超车加速时间。

计算汽车的加速时间,先要计算汽车的加速度。利用驱动力平衡,可以求出汽车在平直良好的水泥或沥青路面上,满载,在各个挡位上,不同瞬时速度下,可能产生的加速度,从而作出各挡的加速度曲线。

当坡道角$\alpha = 0$时,由驱动力平衡方程式可得

$$\frac{\mathrm{d}V}{\mathrm{d}t} = \frac{1}{\delta m}[F_t - (F_f + F_W)] \tag{2-41}$$

上式表明，各挡剩余驱动力全部用来使汽车加速。显然，各挡不同车速下的剩余驱动力可从驱动力行驶阻力平衡图中找出，再利用上式计算出相应的加速度，便可得到各挡油门全开时的加速度曲线。

计算时注意，式（2-38）中的 δ 是计算挡位的旋转质量计算系数。一般汽车的最大加速度出现在一挡，但有的汽车一挡的 δ 值过大，二挡的加速度可能比一挡的加速度还大。

某 4 挡汽车的行驶加速度曲线，如图 2-13 所示。

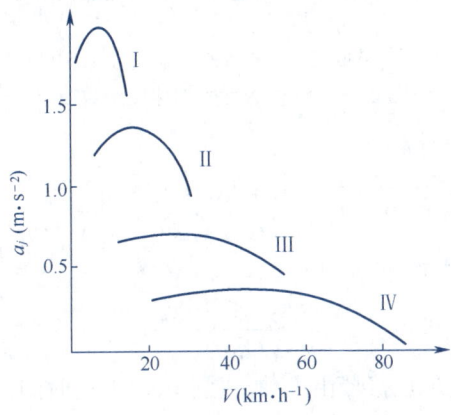

图 2-13　某 4 挡汽车的行驶加速度曲线

因为

$$a_j = \frac{\mathrm{d}V}{\mathrm{d}t} \Rightarrow \mathrm{d}t = \frac{1}{a_j}\mathrm{d}V \tag{2-42}$$

故有

$$t = \int_{V_1}^{V_2} \frac{1}{a_j}\mathrm{d}V \tag{2-43}$$

式中：a_j —汽车的加速度，m/s²。

加速时间可用计算机进行积分计算，也可以用图解积分法计算。用图解积分法计算时，将图 2-13 的 $a_j - V$ 曲线转换成 $\frac{1}{a_j} - V$ 曲线，如图 2-14（a）所示。曲线下两个速度区间的面积就是通过此速度区间的加速时间。

下面以直接挡加速度倒数曲线为例，如图 2-14（b）所示，将加速过程中的速度区间分为若干间隔（常取 5km/h 为一间隔），图中横坐标 1mm=a km/h，纵坐标 1mm=b s²/m，分别求出 Δ_1、Δ_2、…、Δ_n 的面积。则汽车从 V_0 加速到 V_1 的时间 t_1

$$t_1 = \frac{\Delta_1}{3.6ab}, \text{ s} \tag{2-44}$$

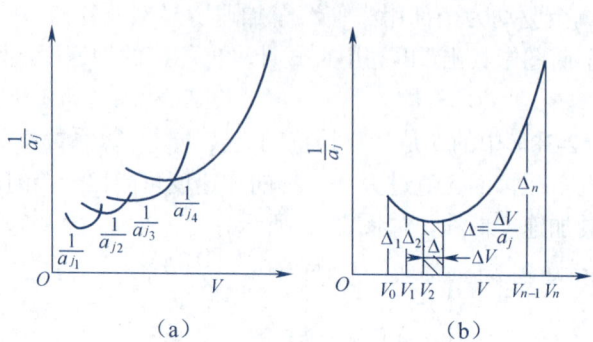

图 2-14 汽车的行驶加速度倒数曲线

汽车从 V_o 加速到 V_2 的时间 t_2

$$t_2 = \frac{\Delta_1 + \Delta_2}{3.6ab}, \text{ s} \tag{2-45}$$

一直计算到从 V_o 加速到 V_n 的时间 t_n

$$t_n = \frac{\Delta_1 + \Delta_2 + \cdots + \Delta_n}{3.6ab}, \text{ s} \tag{2-46}$$

根据计算结果,作出汽车直接挡由 V_o 加速到 V_n 的加速时间曲线,如图 2-15 所示。

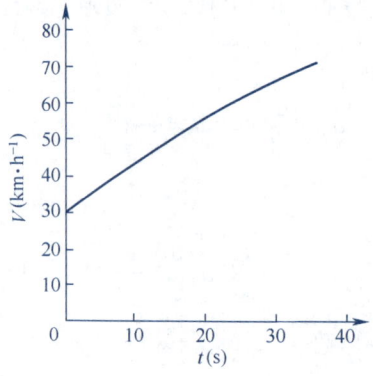

图 2-15 某汽车直接挡的加速时间曲线

需要注意的是,计算汽车原地起步加速时间时,为了使问题简化,往往忽略原地起步时离合器打滑的过程,并忽略换挡操作的时间损失。计算中假定在加速度倒数曲线对应的车速处换挡(这是理论上最佳的换挡时机,此时曲线下包围的面积最小,加速时间最短),或在各挡加速度倒数曲线上最后的一点处换挡(当各挡加速度倒数曲线没有交点时),如图 2-14(a) 所示。用前述相同的方法,即可得在这种情况下的加速度曲线。

（3）确定汽车的爬坡能力

汽车的爬坡能力指汽车满载、在良好的水泥或沥青路面上，各挡所能爬过的最大坡度或最大坡度角。

爬最大坡道时，加速度为 0，此时有

$$F_t = F_f + F_i + F_W \tag{2-47}$$

即

$$F_i = F_t - (F_f + F_W) \tag{2-48}$$

式中 $F_f = Gf\cos\alpha$，但 F_f 的数值本来就较小，且 $\cos\alpha \approx 1$，故可认为 $F_f = Gf$。

则有

$$G\sin\alpha = F_t - (F_f + F_W) \tag{2-49}$$

即

$$\alpha = \arcsin\frac{F_t - (F_f + F_W)}{G} \tag{2-50}$$

根据驱动力行驶阻力平衡图，找出各挡位下相应车速的剩余驱动力，就可以求出汽车各挡位下相应车速时所能爬过的坡道角 α，再由 $i = \tan\alpha$，算出各挡的爬坡度。

应当指出，当坡道角 α 较大时，用上述公式计算的误差较大。某汽车的爬坡度曲线，如图 2-16 所示。所算出的各挡爬坡度，是汽车等速爬坡值，不包括冲坡过程中，由于汽车动能的减少所爬过的坡度。

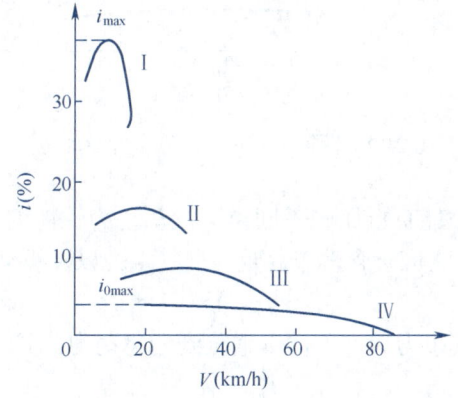

图 2-16 某汽车的爬坡度曲线

在各挡最大爬坡度中，最重要的是汽车头挡最大爬坡度和直接挡最大爬坡度。汽车头挡最大爬坡度，表示汽车的最大通过能力。汽车直接挡最大爬坡度，表示汽车在一般坡道上不必换入低挡的通过能力，这样有利于提高汽车行驶的平均车速并可以减轻驾驶员的疲劳强度。

二、汽车动力平衡

1. 动力因数 D

汽车驱动力平衡研究的是汽车在行驶方向上汽车总体的受力平衡关系，利用汽车的驱动力行驶阻力平衡图，可以确定汽车的最高车速、加速能力和爬坡能力。但是驱动力及驱动力图不能直观地比较不同类型汽车的动力性优劣。因为不同类型汽车的外形、质量不同，直接影响与它们有关的阻力。

图 2-17 是两辆总质量不同汽车的驱动力图，实线为总质量 7000kg 的汽车各挡驱动力曲线，虚线为总质量 3900kg 的汽车各挡驱动力曲线。显然，第一辆汽车各挡的驱动力均较第二辆汽车要大，但并不能据此判断第一辆汽车的动力性一定比第二辆汽车的好。

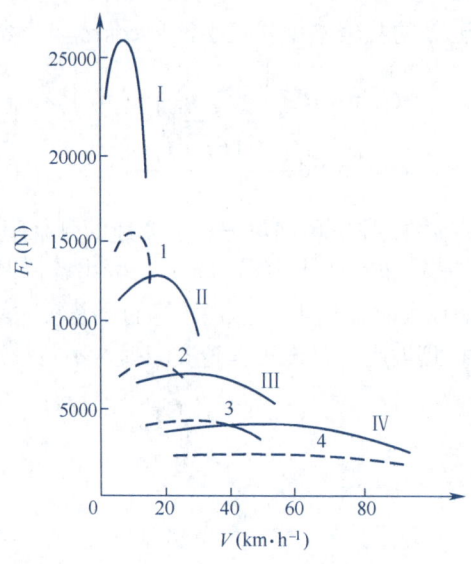

图 2-17 两辆总质量不同汽车的驱动力图

因此，有必要确定一个能直接比较不同类型汽车动力性能的参数，以消除在行驶阻力方面因车型而异的一些因素，它应包含汽车总重、空气阻力以及驱动力诸参数。为此，提出了动力因数的概念。

动力因数表示减去空气阻力后，单位车重分到的驱动力。其定义式为

$$D = \frac{F_t - F_W}{G} \tag{2-51}$$

2. 动力特性图

汽车各挡的动力因数与行驶车速的关系曲线图，称为汽车的动力特性图。某 4 挡汽车的动力特性图，如图 2-18 所示。

3. 动力平衡方程式

动力平衡方程式分析的是单位车重上力的平衡关系。根据驱动力平衡方程式，有

$$F_t - F_W = Gf\cos\alpha + G\sin\alpha + \delta m \frac{dV}{dt} \tag{2-52}$$

两端除以 G,得动力平衡方程式

$$D = f\cos\alpha + \sin\alpha + \frac{\delta}{g}\frac{dV}{dt} \qquad (2\text{-}53)$$

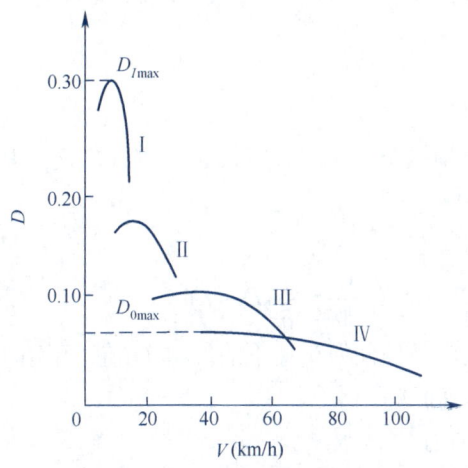

图 2-18 某 4 挡汽车的动力特性图

4. 动力平衡图及其应用

动力平衡图由各挡的动力因数随车速的变化曲线和汽车在平直、良好水泥或沥青路面上的滚动阻力系数随车速的变化曲线所组成。滚动阻力系数与车速的函数关系可参考有关公式计算。某 4 挡汽车的动力平衡图,如图 2-19 所示。

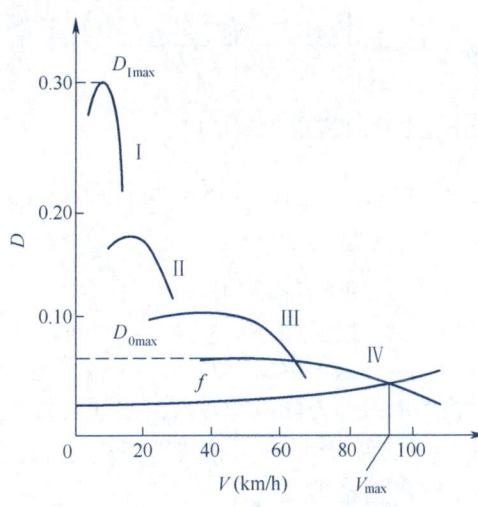

图 2-19 某 4 挡汽车的动力平衡图

（1）确定汽车的最高车速

在最高车速 V_{max} 下，加速度 $\dfrac{dV}{dt}=0$，且因在水平良好路面上，坡道角 $\alpha=0$，故汽车的动力平衡方程式为 $D=f$。即高挡动力因数曲线与滚动阻力系数曲线交点处对应的车速为汽车的最高车速 V_{max}。

（2）确定汽车的加速能力

评价汽车的加速能力是指汽车在水平良好路面上进行加速行驶，坡道角 $\alpha=0$，故汽车的动力平衡方程式为 $D=f+\dfrac{\delta}{g}\dfrac{dV}{dt}$，故有

$$\dfrac{dV}{dt}=\dfrac{g}{\delta}(D-f) \tag{2-54}$$

根据动力平衡图，可找出某挡任何车速下的 $(D-f)$ 值，再用上式计算，即可画出各挡的加速度曲线，然后再计算加速时间。

（3）确定汽车的爬坡能力

在各挡爬最大坡度时，加速度 $\dfrac{dV}{dt}=0$，动力平衡方程式为

$$D_{max}=f\cos\alpha_{max}+\sin\alpha_{max} \tag{2-55}$$

上式表明，在各挡最大动力因数相应的车速下，具有最大爬坡能力。对于头挡有

$$D_{I\,max}=f\cos\alpha_{I\,max}+\sin\alpha_{I\,max} \tag{2-56}$$

解上述三角方程，得头挡能爬过的坡道角

$$\alpha_{I\,max}=\arcsin\dfrac{D_{I\,max}-f\sqrt{1-D^2_{I\,max}+f^2}}{1+f^2} \tag{2-57}$$

然后，再利用 $i_{I\,max}=\tan\alpha_{I\,max}$ 换算成最大爬坡度。

通常，其余挡位能爬过的坡道角小于 $10°\sim15°$，可认为 $\cos\alpha_{max}\approx1$，$\sin\alpha_{max}\approx\tan\alpha_{max}=i_{max}$。故式（2-51）可写成

$$D_{max}=f+i_{max} \tag{2-58}$$

由此得

$$i_{max}=D_{max}-f \tag{2-59}$$

可见，在动力平衡图上各挡最大动力因数与对应的滚动阻力系数之间的距离即为汽车各挡最大爬坡度。只是在头挡上，这样得出的最大爬坡度误差较大。

各类汽车的动力性参数范围，见表 2-2。

表 2-2 各类汽车的动力性参数范围

车型类别		直接挡最大动力因数 D_{omax}	头挡最大动力因数 D_{Imax}	最高车速 V_{max}（km/h）	比功率（kW/t）
货车	小型 总重~2t	0.06~0.10	0.30~0.40	80~120	15~35
	轻型 总重>2~6t	0.05~0.08	0.30~0.40	84~120	9.6~22
	中型 总重>6~14t	0.05~0.06	0.30~0.35	75~110	7.4~12
	重型 总重>14t	0.04~0.06	0.30~0.35	70~120	7.4~13
客车	小型 总重~4t	0.05~0.08	0.20~0.35	80~120	15~23.5
	中、大型 总重>4~19t	0.04~0.06	0.20~0.35	70~100	6.6~8.8
	铰接通道式 总重>18t	0.03~0.04	0.12~0.15	55~85	3.7~8.1
轿车	微型级 排量~0.9L	0.07~0.10	0.30~0.40	90~120	18~51.7
	轻级 排量>0.9~2L	0.08~0.12	0.30~0.45	120~170	37~66
	中级 排量>2~4L	0.10~0.15	0.30~0.50	130~220	44~73.5
	高级 排量>4L	0.14~0.20	0.30~0.50	140~190	52~110
矿用自卸车		0.03~0.05	0.30~0.50	54~70	4.4~5.9

三、汽车功率平衡

在分析发动机特性对汽车动力性的影响、传动系传动比参数的选择以及汽车的燃油经济性等问题时，经常用到汽车的功率平衡。

1. 阻力功率

汽车行驶时，各项阻力都要消耗功率。若车速 V 以 km/h 为单位，功率 P 以 kW 为单位，则滚动阻力 F_f、上坡阻力 F_i、空气阻力 F_W、加速阻力 F_j 所消耗的功率 P_f、P_i、P_W、P_j 的表达式分别为

$$P_f = \frac{F_f V}{3600} = \frac{Gf\cos\alpha V}{3600} \qquad (2\text{-}60)$$

$$P_i = \frac{F_i V}{3600} = \frac{G\sin\alpha V}{3600} \qquad (2\text{-}61)$$

$$P_W = \frac{F_W V}{3600} = \frac{C_D A V^3}{76140} \qquad (2\text{-}62)$$

$$P_j = \frac{F_j V}{3600} = \frac{\delta m \frac{dV}{dt} V}{3600} \qquad (2\text{-}63)$$

2. 功率平衡方程式

汽车行驶时，各项阻力所消耗的功率，折算到发动机曲轴后端，正好与发动机所输出的功率平衡。即

$$P_e = \frac{1}{\eta_T}(P_f + P_i + P_W + P_j) \tag{2-64}$$

功率平衡方程式的详细表达式为

$$P_e = \frac{1}{\eta_T}\left(\frac{Gf\cos\alpha V}{3600} + \frac{G\sin\alpha V}{3600} + \frac{C_D A V^3}{76140} + \frac{\delta m \frac{dV}{dt} V}{3600}\right) \tag{2-65}$$

3. 功率平衡图

功率平衡图由各挡的汽车功率曲线 $P_e - V$ 以及汽车在平直良好路面上等速行驶的总阻力功率曲线 $(P_f + P_W)/\eta_T - V$ 两部分组成。

作法如下：首先利用公式 $V = 0.377\dfrac{nr}{i_g i_o}$，将汽车发动机使用外特性中的 $P_e - n$ 曲线转化为各个挡位的 $P_e - V$ 曲线。再利用公式 $(P_f + P_W)/\eta_T = \dfrac{1}{\eta_T}\left(\dfrac{GfV}{3600} + \dfrac{C_D A V^3}{76140}\right)$，作出汽车在平直良好路面上等速行驶的总阻力功率 $(P_f + P_W)/\eta_T$ 和行驶车速的关系曲线，即得汽车功率平衡图。某 3 挡汽车的功率平衡图，如图 2-20 所示。

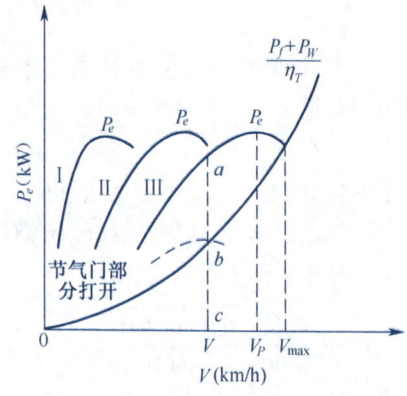

图 2-20　某 3 挡汽车的功率平衡图

由图可见，各挡功率曲线的起始点功率、最大功率及终点功率分别对应相等，因为各挡功率曲线均由该发动机的使用外特性转化而来，仅由于各挡传动比不同，相应的车速不同而已。低挡位时车速低，所占速度变化区域窄；高挡位时车速高，所占速度变化区域宽。

4. 功率平衡图分析

（1）最高车速与后备功率

汽车在水平良好路面上以最高车速行驶时，加速度 $\dfrac{dV}{dt} = 0$，坡道角 $\alpha = 0$，则

$$P_e = \frac{1}{\eta_T}(P_f + P_W) \qquad (4\text{-}66)$$

即汽车高挡功率曲线与总阻力功率曲线的交点相对应的车速,便是汽车的最高车速$V_{\max}$。

一般汽车高挡时发动机最大功率对应的车速V_P等于或略小于最高车速。

当汽车要以低于最高车速$V_{\max}$的速度V'等速行驶时,驾驶员可减小节气门开度,发动机以部分负荷特性工作,其功率曲线如图2-20中虚线所示,以维持汽车等速行驶。

当汽车以低于最高车速$V_{\max}$的车速行驶时,发动机能发出的最大功率与以该车速在水平良好路面上等速行驶所遇到的阻力功率之差$\left[P_e - \frac{1}{\eta_T}(P_f + P_W)\right]$,称为汽车在该车速时的后备功率,可以用来使汽车克服上坡阻力或加速阻力所消耗的功率。因此,汽车的后备功率越大,汽车的动力性越好。

(2) 功率平衡图的影响因素

用功率平衡图也可以求汽车各挡的爬坡能力及加速能力,但实际上很少这样做,因为前述的两类平衡图已经方便地解决了这一问题。功率平衡图主要用于主减速比的选择和燃油经济性分析,进行这些分析要用到影响功率平衡图的因素。由功率平衡图的绘制过程可知,i_g、i_o加大及r减小,会使汽车的功率曲线变陡;G、C_D、A、f增大及η_T减小,会使阻力功率曲线变陡。

【任务实施】

为了改善汽车的动力性,使汽车具有合理的动力性参数,必须对影响汽车动力性的各种因素进行分析,以便更好地找到改善汽车动力性的措施。影响汽车动力性的主要因素有:发动机性能参数、汽车结构参数及使用因素。下面从这三方面来分析各种因素对汽车动力性的影响。

一、发动机性能参数

发动机最大功率、最大转矩以及外特性曲线形状对汽车动力性的影响最大。

1. 发动机最大功率、最大转矩

在道路附着条件允许的情况下,发动机功率和转矩越大,汽车的动力性就越好。这是因为发动机功率越大,中速行驶时的后备功率也越大,加速和爬坡性能力必然较好;而发动机转矩越大,在传动系传动比一定时,最大动力因数越大,也就相应提高了汽车的加速和爬坡能力。

发动机最大功率的选择必须保证能够达到汽车预期的最高车速,也就是说发动机最大功率应不小于汽车以最高车速行驶时的滚动阻力功率与空气阻力功率之和。即

$$P_e \geq \frac{1}{\eta_T}\left(\frac{GfV_{\max}}{3600} + \frac{C_D A V_{\max}^3}{76140}\right) \qquad (2\text{-}67)$$

发动机最大功率的选择也可以根据同类型汽车的比功率(单位汽车质量所具有的发动机

功率）的统计数据来选取汽车的比功率值，再乘以汽车的总质量，来粗估汽车所需的发动机功率。比功率的统计数据如下：总质量小于 4t 的货车为 11～15kW/t，总质量大于 5t 货车为 7.35～11kW/t，总质量小的接近于上限，总质量大的接近于下限。

发动机功率不能过大。一方面会导致发动机尺寸、质量、制造成本增大和常用条件下发动机的负荷率太低，不利于降低汽车的整备质量、整车成本和改善汽车的燃油经济性；另一方面，汽车驱动力的提高受到路面附着条件的制约，不能无限制地增大。所以过分地增大发动机功率对汽车动力性是无益的。

2. 发动机外特性曲线形状

如图 2-21 所示，虽然两台发动机的最大功率及其相应的转速相同、最高车速相同，但由于发动机外特性曲线的形状不同，外特性曲线 1 在相同的挡位下低速时有较大的后备功率，使汽车具有较好的加速能力和爬坡能力。外特性曲线 1 的转矩值随车速降低而增大的幅度较大，这样不仅可以提高汽车克服道路阻力的能力，而且换挡次数也可以减少，因而有利于提高汽车的平均行驶速度。

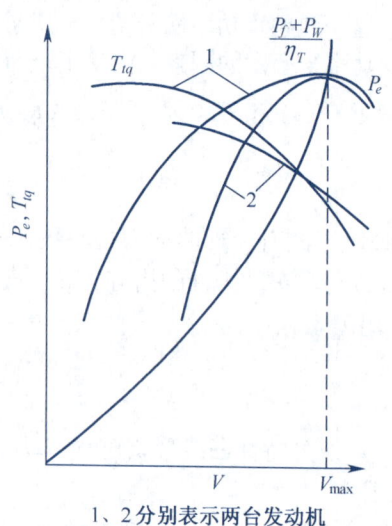

1、2 分别表示两台发动机

图 2-21 发动机外特性曲线形状对汽车动力性的影响

二、汽车结构参数

1. 主减速器传动比

4 种主减速器传动比时直接挡的功率平衡图，如图 2-22 所示。

由图 2-22 可见：

（1）选比 i_{o3} 小的主减速比 i_{o4} 是不好的。因为发动机的最大功率及其附近的高功率得不到利用；最高车速较 i_{o3} 时小；后备功率较 i_{o3} 时小，直接挡的加速能力及爬坡能力较弱。可见其动力性三方面的指标都比 i_{o3} 时差。

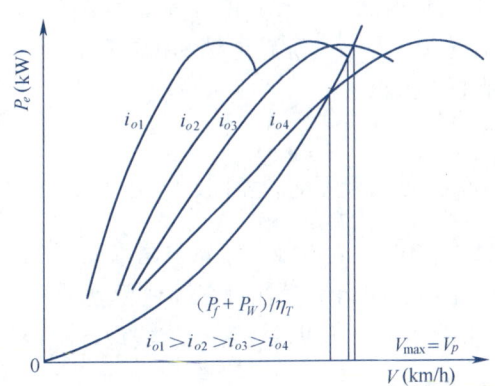

图 2-22　4 种主减速器传动比时直接挡的功率平衡图

（2）主减速比选 i_{o3} 是合适的。因为这时的最高车速比选其他主减速比时都大，且有必须的后备功率，以保证直接挡应有的加速能力及爬坡能力。i_{o3} 的特点是，能使最高车速等于最大功率时的车速，即 $V_{\max}=V_P$。

（3）选比 i_{o3} 稍大的主减速比 i_{o2} 也是合适的。因为这时的最高车速只比选 i_{o3} 时稍小了一些，但后备功率增大较多，直接挡的加速能力及爬坡能力比 i_{o3} 时增强。这对于经常需要加速、减速的市内车辆而言，有利于提高平均车速。i_{o2} 的特点是，能使最高车速略大于最大功率时的车速，即 $V_{\max}=(1.0\sim1.2)V_P$。

（4）过大的主减速比 i_{o1} 是不好的。因为汽车最高车速明显降低，直接挡的后备功率过大，中速行驶时发动机的负荷过小，有效耗油率高，使汽车燃油经济性变差。也会使发动机经常以较高转速工作，对发动机使用寿命产生不利影响且噪声增大。此外，主减速器传动比过大，使得主减速器结构更复杂，影响汽车的通过性。

通常，选择主减速器传动比时，应使总阻力功率曲线和汽车高挡发动机功率曲线的交点所决定的最高车速等于或略高于最大功率时的车速。

2. 变速器挡位数和传动比

变速器挡位增多时，可选择合适的挡位行驶，使发动机有可能在最大功率的工况下工作，使功率利用的平均值增大，提高了汽车行驶时的加速能力和爬坡能力。但是，普通的有级变速器挡位过多，会使结构复杂，操纵困难。在汽车上采用自动变速器、无级变速器，是解决上述困难的最佳选择。

变速器头挡传动比直接影响汽车的最大爬坡度，头挡传动比越大，汽车的最大爬坡度越大，但需考虑驱动轮和道路之间的附着条件的限制。

变速器各挡传动比的分配对汽车动力性也有影响，各挡传动比分配得当，能使发动机经常在接近最大功率或最大转矩的转速范围内工作，从而提高汽车的加速和爬坡能力。各挡传动比分配不当，不仅影响汽车的动力性，还会导致换挡困难。选择变速器各挡传动比时，在确定变速器挡位后，一般先根据最大爬坡能力的要求和附着条件确定头挡传动比，变速器直接挡传动比为1，货车超速挡传动比为0.8左右。除超速挡和倒挡外，按从低挡到高挡两相邻挡位传动比相等或依次减小的原则进行分配。

3. 空气阻力

根据 $D = \dfrac{F_t - F_W}{G}$，若汽车总质量和驱动力相同，则空气阻力 F_W 越小，汽车的动力因数 D 越大，即克服道路阻力和加速阻力的能力增强，最高车速也提高，汽车的动力性越好。空气阻力在汽车低速时，对汽车动力性影响较小；而在汽车高速行驶时，空气阻力在汽车行驶阻力中占很大比重，对汽车动力性影响较大。所以改善汽车流线型，减少 F_W，对改善高速行驶汽车的动力性是非常有效的。

4. 轮胎

对某一型号的汽车而言，汽车驱动力与轮胎半径成反比，而车速与轮胎半径成正比，轮胎半径对与动力性有关的驱动力和车速是矛盾的。

目前在良好路面上行驶的汽车，轮胎半径有减小的趋势。轮胎尺寸减小，可降低汽车自身质量，在附着系数较大的良好路面上，可得到较大的驱动力，同时使汽车质心高度降低，提高了汽车行驶的稳定性，有利于汽车高速行驶。在发动机功率允许的情况下，车速提高可以用减小主减速比来解决。

经常在软路面上或坏路上行驶的汽车，由于车速不高，要求轮胎尺寸大些，主要是为了增加附着系数和离地间隙，以利于提高汽车的通过性能。

轮胎型式、花纹对汽车动力性也有影响。为提高汽车的动力性，应尽量采用滚动阻力系数较小的轮胎，如子午线轮胎。同时合理选用轮胎花纹，轮胎气压，以增加附着系数。

5. 汽车总质量

汽车总质量增加时，动力因数 D 随之下降，而道路阻力和加速阻力随之增大。因此汽车动力性将随汽车总质量的增加而变差。减轻汽车整备质量是降低汽车总质量的有效途径，这是现代汽车越来越广泛地采用轻金属材料和非金属材料的主要原因。减轻汽车整备质量，不仅可提高汽车的动力性，而且对改善汽车的燃油经济性也有重要意义。

三、汽车使用因素

使用因素对汽车动力性有重要影响。一辆动力性能良好的汽车，如果长期使用、维护与调整不当，就会导致发动机功率和传动效率降低，从而使汽车的动力性变坏。

1. 发动机技术状况

发动机技术状况不良，其功率、转矩下降，汽车动力性下降。需要正确维护和调整的有：混合气浓度、点火时间、冷却液温度、润滑油更换等。只有保持发动机应有的输出功率和转矩，才能保证汽车的动力性不下降。

2. 汽车底盘技术状况

汽车底盘技术状况直接影响传动系的机械效率。传动系各传动部件的松紧与润滑、车轮定位的调整、轮胎气压、制动性能的好坏、离合器的调整、润滑油的品质等，都会直接影响汽车的动力性。

3. 使用条件

使用条件主要是指气候条件、道路条件和运输条件。当汽车长时间在高温条件下工作，由于气温高，发动机冷却系散热不良，容易过热而降低发动机功率；在高原行驶的汽车，由于海拔高，空气稀薄，使发动机充气量与气缸压缩终了压力降低，因而发动机功率下降；在坏路或无路条件下，由于路面附着系数减小和车轮滚动阻力增加，因而汽车动力性下降。在汽车的使用过程中，加强维护，正确驾驶，合理地组织运输，改善道路和交通条件，都有利于提高汽车的平均行驶车速。

4. 驾驶技术

提高驾驶技术，有利于发挥汽车的动力性。如加速时能适时并迅速地换挡，可减少加速时间。换挡熟练、合理冲坡，有助于提高汽车的爬坡能力。

任务四　汽车整车动力性检测

【任务描述】

汽车驱动轮输出功率是汽车整车动力性检测主要检测诊断参数，在底盘测功机上进行。汽车驱动轮输出功率的检测，可以评价汽车的动力性；同时，对汽车驱动轮输出功率和发动机输出功率进行对比，可评价汽车传动系技术状况。底盘测功机是汽车底盘综合性能检测诊断设备，通过在室内台架上模拟汽车道路行驶工况的方法来检测汽车的动力性，而且还可以检测排放、油耗、加载调试和诊断汽车在负载条件下出现的故障。通过本任务的学习，了解汽车底盘测功机的功用、结构，掌握汽车底盘测功机的检测原理，会正确使用汽车底盘测功机进行汽车驱动轮输出功率的检测。

【相关知识】

一、底盘测功机结构

汽车底盘测功机主要由滚筒装置、加载装置、惯性模拟装置、测速装置、测力装置、控制装置、安全保障装置与引导装置等组成。

汽车在路面上行驶存在行驶阻力、运动惯性，底盘测功机用惯性飞轮的转动惯量模拟汽车惯量；用加载装置模拟汽车受到的空气阻力、非驱动轮滚动阻力及上坡阻力；用滚筒模拟路面，以滚筒表面取代路面，滚筒的表面相对于汽车做旋转运动，如图 2-23 所示。

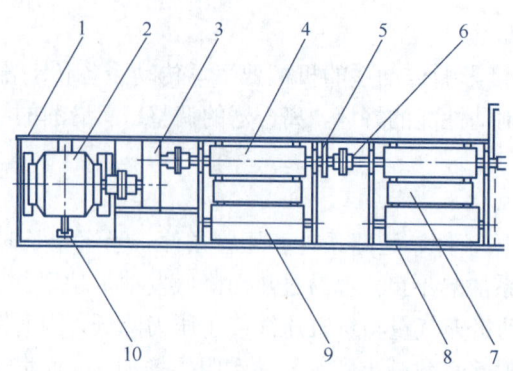

1—机架；2—功能吸收装置（电涡流测功机）；3—变速箱；4—滚筒；5—速度传感器；
6—联轴节；7—举升器；8—制动器；9—滚筒；10—压力传感器

图 2-23　底盘测功机结构

1. 滚筒装置

（1）滚筒直径

单滚筒底盘测功机滚筒直径大（1500～2500mm），如图 2-24 所示，模拟路面效果好，测试精度高；双滚筒底盘测功机滚筒直径小（185～500mm），如图 2-25 所示，轮胎与滚筒的接触面积较小，车轮与滚筒滑转率较大，滚动损失大，测试精度差。

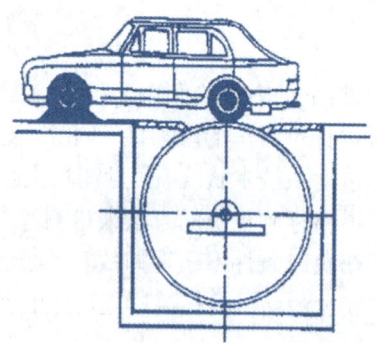

图 2-24　单滚筒底盘测功机滚筒

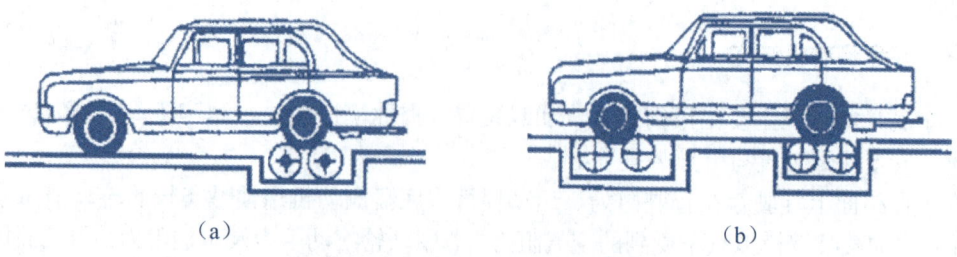

（a）　　　　　　　　　　　　　　（b）

图 2-25　双滚筒底盘测功机滚筒

（2）滚筒表面状况

滚筒表面状况是指滚筒表面的加工方法（光滑式、滚花式、沟槽式和涂覆层式）和清洁程度（水、油和橡胶粉末的污染等），越接近路面状况越好。

（3）安置角

安置角是指车轮与滚筒接触点的切线方向与水平方向的夹角，如图2-26所示。

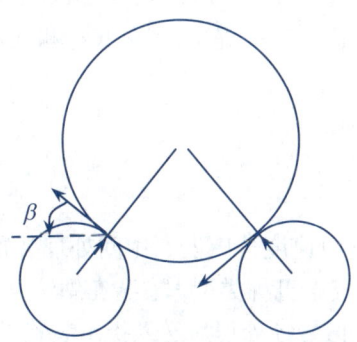

图2-26 底盘测功机滚筒安置角

安置角与滚筒直径、中心距和轮胎尺寸有关，因此不同吨位级的汽车底盘测功机适应不同范围的轮胎尺寸。

2. 加载装置

加载装置或功率吸收装置或测功器主要有电涡流式、水力式和电力式3种。无论是哪种类型，都是由转子和定子组成，转子与主滚筒相连，定子可以摆动。水力式可控性较电涡流式差，电力式成本比较高，故一般采用电涡流式。

电涡流式功率吸收装置，在定子四周装有励磁线圈，转子与主滚筒相连，在磁场中转动。当励磁线圈通以直流电时，磁力线在定子、涡流环、空气隙与转子之间构成回路。磁通的大小与励磁线圈的匝数以及所通过的电流大小有关。转子旋转时，引起磁通的变化。通过齿顶间隙的磁通分布在转子齿顶处的磁通密度最大，而通过齿槽处的磁通密度最小。根据磁感应定理，此时在定子的涡流环内产生感生电动势，力图阻止磁通的变化，于是就有电涡流产生。这种涡流产生的磁场又产生一个与转子转动方向相同的转矩。由于作用力与反作用力的关系，转子产生一个与它自己转动方向相反的转矩。由于转子与滚筒相连，就等于给滚筒施加了一个阻力，用这个阻力来模拟汽车在道路上行驶的阻力。这个对转子起制动作用的转矩，使浮动的定子顺着转子旋转方向摆动。制动力矩的大小可以通过控制励磁电流来调节，所以，电涡流测功器很容易实现自动控制。

3. 飞轮装置

有的滚筒式底盘测功机装有飞轮装置。飞轮由滚动轴承支撑在测功机的框架上，通过离合器与主滚筒相连。带有飞轮的底盘测功机称为惯性式底盘测功机，能模拟汽车的运动惯量，进行汽车滑行性能和加速性能检测。

汽车在道路上平移动能：$E_1 = \frac{1}{2}mV^2$

底盘测功机运行时旋转元件具有动能：$E_2 = \sum \frac{1}{2}J\omega^2$

式中：m—汽车的质量，kg；V—汽车在道路上行驶的车速，m/s；J—汽车底盘测功机台架旋转元件的转动惯量，kg·m²；ω—汽车底盘测功机台架旋转元件的角速度，rad/s。

在忽略汽车非驱动轮的旋转惯量的前提下，汽车底盘测功机台架为了模拟道路满足的条件为：$E_1 = E_2$

又因：$V = \omega R$，R—滚筒半径

可得：$J = mR^2$

4. 测速装置

测速装置多为电测式，一般由速度传感器、中间处理装置和指示装置组成。常见的速度传感器有磁电式、光电式、测速发电机等类型，安装在副滚筒一端，随滚筒一起转动，能把滚筒的转动信号转变为电信号，该信号经处理后送入指示装置以车速（km/h）显示出来。

5. 测力装置

汽车底盘测功机驱动力传感器可分为两种，其一是拉压传感器，其安装图如图 2-27（a）所示；其二是位移传感器，其安装图如图 2-27（b）所示；它们一端连接功率吸收装置的外壳，另一端连接机体。

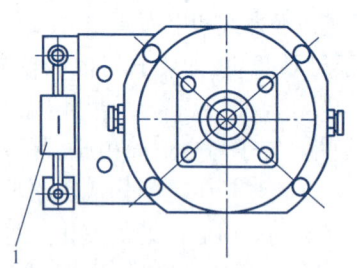 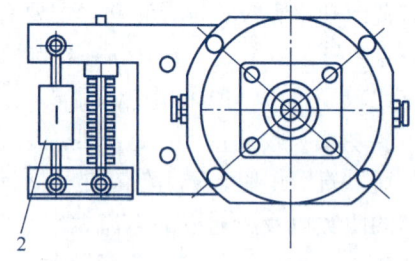

（a）拉压传感器安装图　　　　　　　　（b）位移传感器安装图

图 2-27　汽车底盘测功机驱动力传感器

功率吸收装置在工作过程中，无论是水力式、电涡流式，还是电力式功率吸收装置，其外壳都是浮动的。以电涡流式为例，当线圈通过一定的电流时，就产生一定的涡流强度。对转子来说，电磁感应产生的力偶的作用方向与其转动的方向相反。当传动器固定后，外壳上的力臂对传感器就有一定的拉力或压力（与安装的位置有关），拉压传感器在工作时，传感器受力产生应变，通过应变放大器可得到一定的输出电压，这样将力信号转变成电信号来处理，通过标定，可以得到传感器的受力数值。位移传感器是利用功率吸收装置外壳的作用力作用在弹簧上，根据胡克定理，在弹性范围内作用力与位移成正比的关系，通过位移计可得到对传感器作用力的大小。

6. 控制与指示装置

底盘测功机控制装置与指示装置常常做成一体，形成柜式结构，安装在底盘测功机机械部分左前方易于操作和观察的地方。

汽车底盘测功机常见的位控信号有举升器升降控制或滚筒锁定控制、电磁阀控制、飞轮控制、车辆检测灯控制、手动或自动控制等信号，通过计算机或单片机 I/O 输出板，再经过信号放大、驱动来实现。

7. 安全保障装置

安全保障装置包括左右挡轮、系留装置、车偎、发动机与车轮冷风机，其作用如下：

（1）左右挡轮的目的是防止汽车车轮在旋转过程中，在侧向风的作用力的作用下驶出滚筒，对前驱动车辆更应注意。

（2）系留装置是指地面上的固定盘与车辆相连，以防车辆高速行驶时，由于滚筒卡死飞出滚筒。

（3）车偎的作用之一是防止车辆在运行过程中，车体前后移动，同时也达到与系留装置相同的功能。

（4）发动机与车轮冷却风机的作用是防止车辆在运行过程中发动机和车轮过热。

8. 引导与举升及滚筒锁定装置

（1）引导装置

引导装置也称司机助，其作用是引导驾驶员按提示进行操作。提示的方法有两种，一种是显示牌，另一种是大屏幕显示装置。显示牌一般是与计算机的串行通信口相连，当计算机对显示牌初始化后，便可对显示牌发送 ASCII 码与汉字，以提示驾驶员如何操作车辆及显示检测结果。大屏幕显示器是通过 AV 转换盒与计算机相连，AV 转换盒的目的是将计算机的数字信号转换成视频信号供电视机用，如图 2-28 所示。

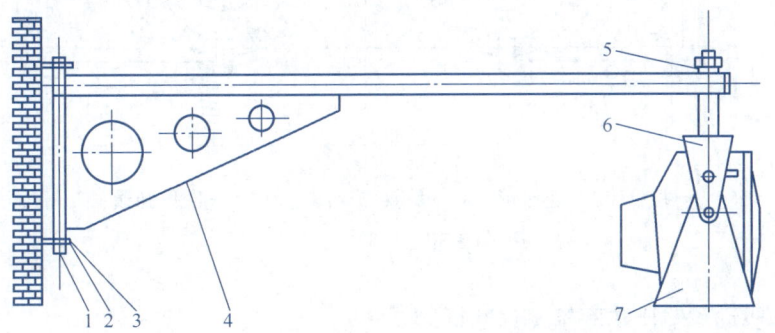

1—转轴；2—开口销；3—支架；4—悬臂；5—小转轴；6—电视机吊架；7—电视机座

图 2-28 大屏幕显示器

（2）举升装置

底盘测功机常用举升装置，如图 2-29 所示，类型有气压式和液压式。

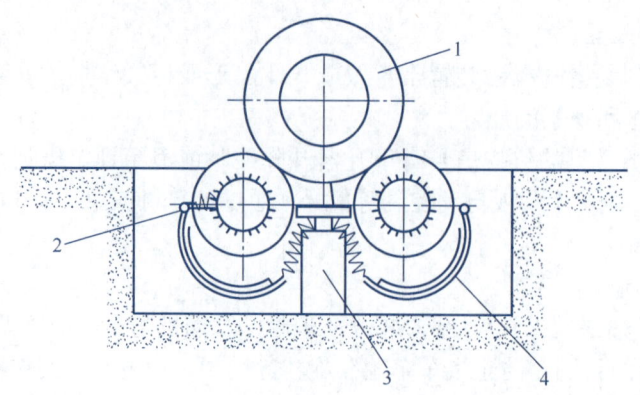

1—车轮；2—滚筒转速传感器；3—举升器；4—滚筒制动装置

图 2-29　底盘测功机举升装置

气压式升降机，它是由电磁阀、气动控制阀及双向气缸或橡胶气囊组成，在气压的作用下，气缸中的活塞或橡胶气囊便可上下运动以实现升降目的。液压式举升装置通常由电磁阀、分配阀、液压举升缸等组成。在液压作用下，举升缸活塞向上移动，实现举升目的。

（3）滚筒锁止装置（无举升装置的，方便车辆进出试验台）

棘轮棘爪式锁止装置如图2-30所示，它由双向气缸、棘轮、棘爪、回位弹簧、杠杆及控制器组成，通过控制器控制压缩空气的通断，当某一方向通气后，空气推动气缸活塞运动控制棘爪与棘轮离合以达到锁止或放松的目的。

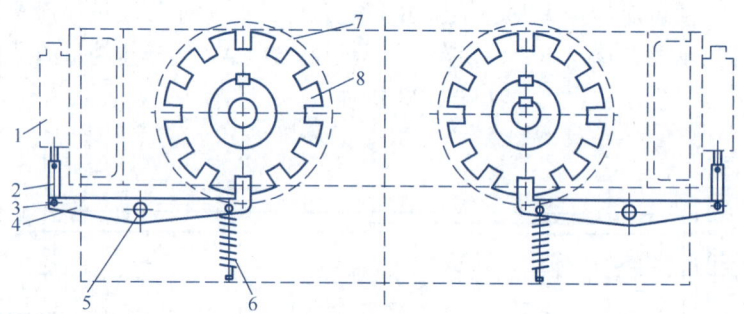

1—双向气缸；2—拉杆；3—连接销；4—棘爪；5—固定销；6—回位弹簧；7—滚筒；8—棘轮

图 2-30　滚筒锁止装置

二、汽车驱动轮输出功率检测诊断标准

《营运车辆综合性能要求和检验方法》（GB18565－2001）规定，在汽车底盘测功机上检测汽车驱动轮的输出功率时，检测工况采用汽车发动机额定转矩和额定功率的工况，采用直接挡（无直接挡时，指传动比最接近于1的挡位）。当以驱动轮输出功率评定汽车技术状况等级时，在额定功率检测工况，建议：

一级车驱动轮输出功率 $P_{RP} \geqslant 60\%P_{e\max}$
二级车驱动轮输出功率 $60\%P_{e\max} > P_{RP} \geqslant 50\%P_{e\max}$
三级车驱动轮输出功率 $50\%P_{e\max} > P_{RP} \geqslant 45\%P_{e\max}$
在额定转矩检测工况，建议：
一级车驱动轮输出功率 $P_{RM} \geqslant 70\%P_{M\max}$
二级车驱动轮输出功率 $70\%P_{M\max} > P_{RM} \geqslant 60\%P_{M\max}$
三级车驱动轮输出功率 $60\%P_{M\max} > P_{RM} \geqslant 50\%P_{M\max}$

【任务实施】

汽车驱动轮输出功率检测流程：

1. 检测前仪器及车辆准备

（1）车辆外部清洗干净，车辆轮胎气压、花纹深度符合标准规定，胎面清洁，不容许轮胎花纹中夹有石粒。

（2）检测前，发动机冷却液和润滑油温度应达到汽车使用说明书所规定的热状态。

（3）按使用说明书要求，做好底盘测功机准备工作。

2. 检验程序

（1）检测点选择有代表性的工况（发动机额定转速对应车速、发动机最大转矩转速对应车速、常用车速）检测汽车驱动轮输出功率。根据受检车型，在底盘测功机上设定检测速度。

（2）待检测汽车空载，将驱动轮置于底盘测功机滚筒上，举升器下降，用挡车器挡住非驱动轴车轮，必要时通过钢丝绳将汽车尾部与地锚拉紧，前桥驱动车辆拉紧驻车制动并调整活动挡轮使其靠近车轮。

（3）关闭空调系统等非汽车运行所必须的耗能装置。起动汽车，由低速挡逐渐换至最高挡，同时逐渐踩下加速踏板，使节气门全开。

（4）调节底盘测功机加载装置的负荷，使车速稳定在设定车速。

（5）待汽车速度在设定的检测速度下稳定 15s 后，方可记录仪表显示的输出功率值；实际检测速度与设定检测速度的允差为±0.5km/h。在读数期间，转矩变动幅度应不超过 4%。

（6）将输出功率修正为标准环境状态下的校正驱动轮输出功率。

（7）对检测结果低于允许值的车辆，允许复检一次。

（8）检测结束，前桥驱动车辆卸掉活动挡轮，举升器上升。

3. 注意事项

（1）检测时，车辆前方及驱动轮两侧不准站立人员。

（2）滚筒高速旋转时，不得急刹车。

（3）同一辆车，应尽量避免连续重复检测。

(4) 惯性模拟装置除进行多工况油耗、加速、滑行检测外，不允许任意使用；

(5) 突然停电时，引车驾驶员应立刻松油门并挂空挡；引车驾驶员必须严格按引导系统提示操作。

(6) 走合期的新车或大修车，不宜进行底盘测功。

(7) 测功时，应注意各种异响和发动机水温及轮胎表面温度。

【知识拓展】

底盘测功机检测精度的影响因素：

1. 机械阻力对汽车底盘输出功率测定值的影响

汽车底盘测功机台架机械损失主要包括支承轴承、联轴器、减速器等，在车轮带动滚筒旋转的过程中，由于摩擦力的存在将消耗一定的功率，用倒拖方法可以测出不同车速下底盘测功机台架的机械阻力所消耗的功率。由于台架阻力消耗了汽车部分驱动功率，在检测汽车底盘输出功率时，必须计入机械阻力所消耗的功率。

2. 风冷式电涡流功率吸收装置的冷却风扇对汽车底盘输出功率测定值的影响

风冷式电涡流功率吸收装置采用冷却风扇励磁线圈进行散热，由于冷却风扇与转子为一体，当转子转动时，冷却风扇自身将消耗一定的驱动功率，且与转子速度的三次方成正比，因此，当底盘测功机安装有风冷式电涡流功率吸收装置时，必须给出风扇消耗功率与转子转速（或车速）的数学模型，以便计入底盘输出功率中。

3. 滚动阻力对汽车底盘输出功率测定值的影响分析

（1）钢制光滚筒对滚动阻力系数的影响

若滚筒的半径 r 越大，在车轮滚动时轮胎的变形量就越小，也就是说弹性迟滞损失就小。

在加工过程中滚筒的椭圆度、同轴度越小，轮胎在滚筒上的运转就越平稳，当车速一定时滚动阻力系数的波动范围就越小，故滚动阻力系数随滚筒加工精度的提高而减小。

国内在用的底盘测功机滚筒表面有两种，一种是常见的光滚筒即表面未经处理的滚筒；另一种是滚筒表面喷涂有耐磨硬质合金。前者由于滚筒表面较光滑，附着系数约为 0.5，汽车车轮在行走时，除滚动阻力外还有滑转现象。后者采用表面喷涂技术，将滚筒表面的附着系数提高到 0.8 左右，接近于一般路面的附着系数，则可避免滑转现象。

滚筒中心距 L 是指底盘测功机前后两排滚筒支承轴线之间的距离，随着滚筒中心距的增加，汽车车轮的安置角随之增大，前后滚筒对车轮支承力也随之增大，这样将导致车辆在测功机台架上运行滚动阻力增大。

（2）轮胎气压对滚动阻力系数的影响

轮胎气压对滚动阻力系数影响很大，气压低时在硬质路面上轮胎变形大，滚动时迟滞损失增加，为了减少该项所引起的检测误差，要求在动力性检测前必须将轮胎气压充至标准气压。

> 【项目总结】

1. 汽车动力性的评价指标是：最高车速、各挡爬坡度、起步连续换挡加速时间和超车加速时间。

2. 汽车受力分析是研究汽车动力性的基础，汽车加速上坡时，各个力都出现在受力图上。沿路面方向的受力有：路面作用于驱动轮上的驱动力，方向向前，在车轮没有滑转的条件下其大小为 $F_t = \dfrac{T_{tq} i_g i_o \eta_T}{r}$；路面作用于车轮的滚动阻力，方向向后，大小为 $F_f = Gf\cos\alpha$；作用于质心、平行于路面，方向向后的上坡阻力 $F_i = G\sin\alpha$；作用线通过质心、平行于路面，方向向后的空气阻力 $F_W = \dfrac{C_D A V^2}{21.15}$；作用于质心，平行于路面，方向向后的加速阻力 $F_j = \delta m \dfrac{\mathrm{d}V}{\mathrm{d}t}$。

垂直于路面方向汽车受力有：重力在垂直于路面方向的分力 $G\cos\alpha$，前轴地面垂直反力 $Z_1 = \dfrac{Gb\cos\alpha - (F_t - F_f)h_g}{L}$；后轴地面垂直反力 $Z_2 = \dfrac{Ga\cos\alpha + (F_t - F_f)h_g}{L}$。驱动时，由于质心处受到向后的拉力 $(F_t - F_f)$，使前轴地面垂直反力比水平路面上静止时减小，其减小量转移到后轴上，使后轴地面垂直反力增加。转移量的大小与坡道角 α 及驱动力 F_t 的值有关。汽车制动时惯性力向前，则使前轴轴荷加大。

3. 汽车的行驶条件是：驱动力应大于或至少等于等速行驶的总阻力，但必须不大于驱动轮上的附着力值 $F_\varphi = Z\varphi$，即 $F_f + F_i + F_W \leq F_t \leq F_\varphi$。如果汽车等速行驶的总阻力大（如上陡坡），且路面附着系数小时，上式后半常不能满足，这时驱动轮滑转，汽车不能前进。

4. 驱动力平衡是汽车沿路面方向总的受力平衡，驱动力平衡方程式为

$$\dfrac{T_{tq} i_g i_o \eta_T}{r} = Gf\cos\alpha + G\sin\alpha + \dfrac{C_D A V^2}{21.15} + \delta\dfrac{G}{g}\dfrac{\mathrm{d}V}{\mathrm{d}t}$$

，它表示驱动力在各项行驶阻力上的分配。驱动力行驶阻力平衡图由汽车各挡的驱动力曲线 $F_t - V$ 曲线与汽车在平直良好的沥青或水泥路面上等速行驶的总阻力曲线 $(F_f + F_W) - V$ 曲线所组成。前者表示汽车在该挡上油门全开、不同车速时可能产生的驱动力；后者表示汽车在平直良好路面上等速行驶所需要的驱动力。最高车速是汽车在平直良好路面上满载用高挡全油门行驶时能够达到的车速。因此高挡驱动力曲线与总阻力曲线交点出对应的车速即为最高车速。当没有交点时，高挡上发动机标定转速对应的车速即为最高车速。各挡爬最大坡时，加速度为 0。头挡最大爬坡度表示汽车的最大通过能力，直接挡的最大爬坡度表示汽车不必换入抵挡的通过能力。计算汽车的加速时间，先要计算汽车的加速度。利用驱动力平衡，可以求出汽车在平直良好的水泥或沥青路面上，满载，在各个挡位上，不同瞬时速度下，可能产生的加速度，从而作出各挡的加速度曲线。加速时间可用计算机进行积分计算，也可以用图解积分法计算。

5. 动力因数定义式为：$D = \dfrac{F_t - F_W}{G}$，表示扣去空气阻力后，单位车重分到的驱动力在滚动阻力、上坡阻力和加速阻力上的分配。动力平衡方程式为 $D = f\cos\alpha + \sin\alpha + \dfrac{\delta}{g}\dfrac{dV}{dt}$。动力平衡图是由各挡的动力因数随车速的变化曲线和汽车在平直、良好水泥或沥青路面上的滚动阻力系数随车速的变化曲线所组成。按最高车速的定义可知，动力平衡图中高挡动力因数随车速的变化曲线与平直、良好水泥或沥青路面上的滚动阻力系数随车速的变化曲线交点处对应的车速为最高车速。在坡道角 α 不大，且等速爬坡时，动力平衡方程式为 $D = f + i$。因此动力平衡图上，各挡 $(D-f)_{\max}$ 值即为其最大爬坡度 $i_{\max}$，它可以从图上直接读出，只是对头挡的误差较大。利用动力平衡图还可求汽车的加速度 $\dfrac{dV}{dt} = \dfrac{g}{\delta}(D-f)$，从而建立各挡的加速度曲线，此后可求加速时间。

6. 功率平衡方程式为 $P_e = \dfrac{1}{\eta_T}\left(\dfrac{Gf\cos\alpha V}{3600} + \dfrac{G\sin\alpha V}{3600} + \dfrac{C_D A V^3}{76140} + \dfrac{\delta m \dfrac{dV}{dt} V}{3600}\right)$，它表示发动机的功率用于折算到曲轴后端的各项阻力功率上的分配。功率平衡图由各挡的汽车功率曲线 $P_e - V$ 以及汽车在平直良好路面上等速行驶的总阻力功率曲线 $(P_f + P_W)/\eta_T - V$ 两部分组成。两曲线所夹垂直线段代表了后备功率，它可以用来使汽车加速、爬坡和克服突变的困难条件。汽车高挡功率曲线与平直良好路面上等速行驶的总阻力功率曲线交点处对应的车速即为最高车速。

7. 选择主减速器传动比时，应使总阻力功率曲线和汽车高挡发动机功率曲线的交点所决定的最高车速等于或略高于最大功率时的车速。选择变速器各挡传动比时，在确定变速器挡位后，一般先根据最大爬坡能力的要求和附着条件确定头挡传动比，变速器直接挡传动比为 1，货车超速挡传动比为 0.8 左右。除超速挡和倒挡外，按从低挡到高挡两相邻挡位传动比相等或依次减小的原则进行分配。影响汽车动力性的主要因素有：发动机性能参数、汽车结构参数及使用因素。

8. 汽车底盘测功机主要由滚筒装置、加载装置、惯性模拟装置、测速装置、测力装置、控制与指示装置、安全保障装置与引导装置等组成。可以选择发动机额定转速对应车速、发动机最大转矩转速对应车速、常用车速等有代表性的工况检测汽车驱动轮输出功率。当用驱动轮输出功率评定汽车技术状况等级时，汽车检测点的功率应满足相应要求。

【项目训练】

1. 选择题

（1）汽车的最大爬坡能力是指（　　）。

A．良好路面上，头挡、空载时的最大爬坡度
　　B．良好路面上，直接挡的最大爬坡度
　　C．良好路面上，汽车最高车速时的爬坡度
　　D．良好路面上，满载、头挡的最大爬坡度

（2）汽车行驶的滚动阻力，主要是（　　）引起的。
　　A．地面和轮胎的刚性摩擦　　　B．地面和轮胎的变形
　　C．汽车的流线性好坏　　　　　D．汽车的行驶速度

（3）汽车行驶的必要与充分条件是（　　）。
　　A．$F_t \geqslant F_f + F_W + F_i + F_j$, $F_t = F_\varphi$　　B．$F_t = F_f + F_W + F_i + F_j$, $F_t \geqslant F_\varphi$
　　C．$F_t \geqslant F_f + F_W + F_i$, $F_t \leqslant F_\varphi$　　　D．$F_t \leqslant F_f + F_W + F_i$, $F_t = F_\varphi$

（4）变速器挡数越多，发动机便越有可能接近于（　　）时的转速工作，则功率利用平均值越大。
　　A．最大功率　　　　　　　　　B．最大牵引力
　　C．最高速度　　　　　　　　　D．最大转矩

（5）越野车要爬坡度很大的坡道，要求最大动力因数（　　）。
　　A．较小　　　　　　　　　　　B．较大
　　C．适中　　　　　　　　　　　D．比轿车小

（6）汽车行驶阻力和附着力的关系是（　　）。
　　A．汽车行驶阻力大于附着力　　B．汽车行驶阻力等于附着力
　　C．汽车行驶阻力小于等于附着力　D．汽车行驶阻力小于附着力

（7）汽车加速行驶时（　　）。
　　A．$F_t \geqslant F_f + F_W + F_i + F_j$,　　　B．$F_t = F_f + F_i + F_j$,
　　C．$F_t > F_f + F_W + F_i + F_j$,　　　D．$F_t = F_f + F_W + F_i + F_j$

（8）变速器增加超速挡可以（　　）。
　　A．提高发动机转速　　　　　　B．降低发动机负荷
　　C．提高动力性　　　　　　　　D．提高经济性

2．判断题

（1）汽车满载，用最高挡在平直良好的水泥和沥青路上行驶，可以达到的最高行驶速度称为汽车的最高车速。（　　）

（2）汽车在平直硬路面上行驶时，滚动阻力主要是轮胎与地面之间的摩擦力造成的。（　　）

（3）附着力的最大值等于汽车牵引力。（　　）

（4）单滚筒式底盘测功试验台适用于汽车制造厂、科研单位和高等院校，不适用于检测维修企业。（　　）

（5）双滚筒式底盘测功试验台适用于汽车制造厂、科研单位和高等院校，不适用于检测维修企业。（　　）

3. 填空题

（1）汽车动力性的评价指标有（　　）、（　　）与（　　）。

（2）汽车的行驶阻力有（　　）、（　　）、（　　）与（　　）。

（3）汽车的行驶条件是（　　）。

（4）汽车动力性的三大平衡图是（　　）、（　　）与（　　）。

（5）汽车动力性的主要影响因素是（　　）、（　　）与（　　）。

（6）汽车驱动轮输出功率的检测工况有（　　）、（　　）与（　　）。

4. 简答题

（1）画出汽车平路等速行驶、平路加速行驶、上坡加速行驶时的受力图，写出各力的计算公式，说明公式中各符号的名称和单位，分析各力产生原因和影响因素。

（2）写出汽车行驶的驱动附着条件，解释其意义。

（3）汽车平时能爬过某陡坡，当路面结冰时不能爬过，这是何原因？采用哪些措施有可能爬过？为什么？

（4）汽车前后轴地面垂直反力 F_{Z1}、F_{Z2} 的公式中，不含车速及加速度因素，因而 F_{Z1}、F_{Z2} 与汽车的车速及加速度无关。这种认识错在何处？

（5）写出平路等速行驶、平路加速行驶、上坡加速行驶时的驱动力平衡方程式、动力平衡方程式、功率平衡方程式的详细表达式，说明其代表的意义；式中各符号的名称和单位。

（6）画出有四个前进挡汽车的三种平衡图的一般趋势，说明三种平衡图的组成、各曲线代表的意义、作法和用途。

（7）说明用驱动力平衡求最高车速、各挡最大爬坡度和加速能力的原理和方法。

（8）说明用动力平衡求最高车速、各挡最大爬坡度和加速能力的原理和方法。

（9）设汽车的标定功率点为最大功率点，用有三个前进挡汽车的驱动力平衡图、动力平衡图、功率平衡图分别说明：在最大转矩转速处换挡和在标定转速处换挡，哪种情况下汽车的起步加速时间短？为什么？

（10）分析主减速比对直接挡动力性的影响。在汽车设计或改装时如何确定主减速比？

（11）主减速比越小，在标定转速下，直接挡时的车轮转速越大，汽车的最高车速必然越高．这种认识对不对？为什么？用汽车直接挡的三种平衡图来分析有何结果？

（12）如何确定变速器的头挡变速比？

（13）变速器各挡变速比的分配要考虑哪些因素？有三个前进挡的变速器，头挡速比为4，第三挡为直接挡，问第二挡速比的理论值为多少？

（14）用三种平衡图分别分析下列情况对汽车动力性的影响。

1）总重增加。

2）公路等级提高及采用子午线轮胎（滚动阻力系数下降）。

3）因维修不良使汽车发动机功率下降或滑行距离减少。

4）改善汽车的流线型。

5）在承载能力足够的条件下换用小尺寸轮胎。

（15）简述底盘测功试验台的主要组成及工作原理。

5. 计算题

（1）一辆货车整备质量为2500kg，行驶中因故障停在平直的水泥路中央，问至少需要多大的力才能将该车推至路边？

（2）某货车总质量为8000kg，路面滚动阻力系数为0.01，坡道角为15°，若用头挡爬坡，速度稳定。

1）求汽车的各种行驶阻力分别是多大。

2）要爬过该坡的驱动力至少为多大？

3）该车仅后轴驱动，有足够大的驱动力。设驱动轮地面垂直反力为60000N，问当路面良好附着系数为0.7和因雨后结冰附着系数为0.1时，驱动轮是否会滑转？

（3）已知平原二级公路的道路坡度i_{max}=5%，路面滚动阻力系数f=0.015，若希望汽车以直接挡行驶不用换挡便可通过此公路，问汽车直接挡的最大动力因数至少为多少？

（4）已知某汽车总重G=10kN，坡道角为30°，路面滚动阻力系数f=0.01，要爬过该坡的驱动力至少为多少？（cos30°=0.87，sin30°=0.5）

（5）某货车满载质心位置为a=3m，L=4m，h_g=1.1m，平直路面的f=0.01，C_DA=4m²，总质量为8000kg。

1）求汽车在水平路面上，前、后轴的地面法向反力。

2）求车速稳定为70km/h时，所需的驱动力及前后轴的地面法向反力。

3）求2）工况下前、后轴的轴荷重新分配系数。

（6）已知货车总质量m=9500kg，C_DA=4m²，要求达到的最高车速为90km/h时，滚动阻力系数$f_V = 0.01 + 0.000056V$，η_T=0.85。问发动机的标定功率至少为多少？

（7）某轿车总质量m=1710kg，P_{emax}=66kW，η_T=0.92，C_DA=0.615m²，若滚动阻力系数按$f_V = 0.014\left(1 + \dfrac{V^2}{19440}\right)$计算，问车速可否达到170km/h？

（8）某汽车总质量m=9310kg，i_o=5.897，r=0.47m，η_T=0.85，C_DA=3.8m²，滚动阻力系数按$f_V = 0.0076 + 0.000056V$计算，发动机使用外特性数据见表2-3。

表2-3 发动机使用外特性数据

n（r/min）	800	1200	1600	2000	2400	2800	3000
P_e（kW）	30.15	46.32	60.3	72.06	82.35	87.5	88

1）绘制直接挡的功率平衡图。

2）求最高车速。

（9）某款乘用车外廓尺寸 4785×1910×1760、汽车质量 1970kg、发动机排量 2.7L、发动机转矩 252N·m/4200rpm、变速器一挡传动比 3.3、主减速器传动比 4.36、液力变矩器变矩比 1.7～2.6、轮胎规格 245/55 R19、传动效率 70%～80%、轴距 L=2790mm、质心至前轴距离 a=1283mm、质心至后轴距离 b=1507mm、质心高度 h_g=680mm、滚动阻力系数 f=0.02，分析在附着系数为 0.6 的路面上该车能爬过的道路坡度。

项目三
汽车燃料经济性与检测

【项目导读】

　　汽车运输成本，通常是指汽车完成单位运输工作所支出的费用。这些费用主要包括：汽车折旧费、车船使用税、汽车保险费、汽车燃料费、汽车维护费、汽车检测费、汽车修理费、驾驶员工资、汽车日常管理费以及其他一些不确定费用。其中，汽车燃料费在汽车运输成本中所占比率较大，节约燃料就意味着降低汽车运输成本。通过本项目学习，掌握汽车燃料经济性的概念与评价指标，熟练掌握等速行驶汽车燃料经济性的计算公式，了解汽车加速、减速、怠速等工况燃料消耗量的计算方法，会分析影响汽车燃料经济性的因素并能提出改善汽车燃料经济性的方案，掌握汽车燃料经济性的检测方法。

任务一　汽车燃料经济性的评价指标

【任务描述】

汽车燃料经济性，通常是指一定运行工况下，汽车行驶百公里的燃料消耗量或消耗一定量燃料能使汽车行驶的里程数，常用等速行驶百公里燃料消耗量和循环工况行驶百公里燃料消耗量来评价。

在我国及欧洲，燃料经济性指标的单位是 L/100km，它表示汽车在一定运行工况下行驶每百公里所消耗燃料的升数。其数值越大，汽车燃料经济性越差。在美国，燃料经济性指标的单位是 MPG 或 mile/USgal，它表示汽车在一定运行工况下每加仑燃料所能行驶的英里数。其数值越大，汽车燃料经济性越好。

汽车运输企业燃料经济性指标，对货运常用 L/(100t·km) 为单位，它表示汽车在一定运行工况下每完成 100t·km 的货物周转量所消耗燃料的升数；对客运常用 L/(1000人·km) 为单位（10 人折合为 1t），它表示汽车在一定运行工况下每完成 1000人·km 的旅客周转量所消耗燃料的升数。

【相关知识】

一、等速行驶百公里燃料消耗量

等速行驶百公里燃料消耗量是汽车燃料经济性常用的一种评价指标，它是指汽车在一定载荷（我国标准规定轿车为半载、货车为满载）下，以最高挡在水平良好的路面上等速行驶的百公里燃料消耗量。常测出每隔 10km/h 或 20km/h 速度间隔的等速百公里燃料消耗量，然后在图上连成曲线，称为等速百公里燃料消耗量曲线，用来评价汽车的燃料经济性，如图 3-1 所示。

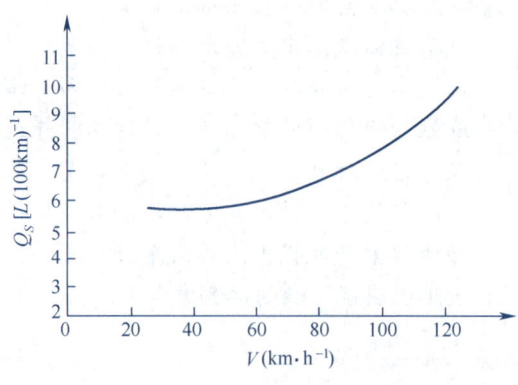

图 3-1　汽车等速百公里燃料消耗量曲线

但是等速行驶工况不能全面反映汽车的实际运行工况，特别是在市区行驶中，常常出现加速、减速、怠速停车等行驶工况。因此，通过对实际行驶车辆进行调查分析，各国都制定了一些典型的循环行驶试验工况来模拟实际汽车运行状况，以评价汽车的燃料经济性。

二、循环行驶试验工况百公里燃料消耗量

循环工况规定了车速－时间行驶规范。例如，何时换挡、何时制动、速度、加速度、制动减速度等数值。它在路上试验往往比较困难，一般多规定在室内汽车底盘测功机（转鼓试验台）上进行测试；而规定在路上进行试验的循环工况均很简单。

欧洲经济委员会（ECE）测量汽车燃料经济性的行驶工况，如图 3-2 所示。欧洲经济委员会规定，要测量按 ECE-R.15 循环工况的百公里燃料消耗量、车速分别为 90km/h 和 120km/h 的等速百公里燃料消耗量，并各取 1/3 相加，作为混合百公里燃料消耗量来评定汽车燃料经济性。

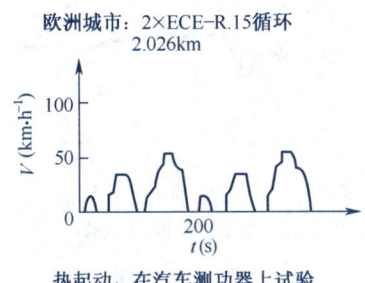

（a）ECE-R.15 循环工况

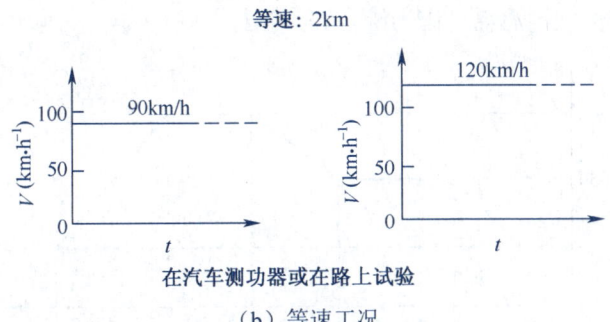

（b）等速工况

图 3-2 欧洲经济委员会测量汽车燃料经济性的行驶工况

美国环境保护局（EPA）测量汽车燃料经济性的行驶工况，如图 3-3 所示。美国环境保护局规定，要测量城市循环工况（UDDS）及公路循环工况（HWFET）的燃料经济性（单位为 mile/gal），并按下式计算综合燃料经济性。

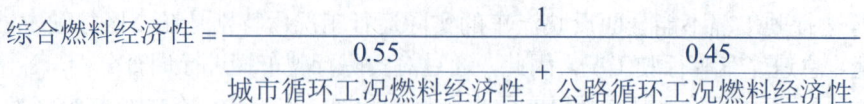

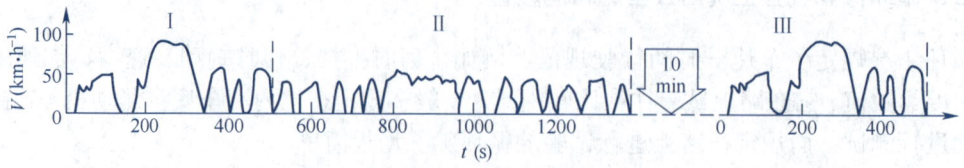

I 为冷起动，III 为热起动，在汽车测功器上试验

（a）城市循环工况（UDDS）

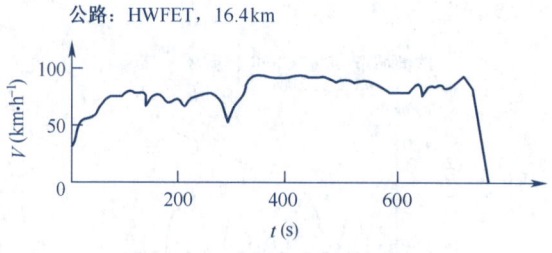

热起动，在汽车测功器上试验

（b）公路循环工况（HWFET）

图 3-3 美国环境保护局测量汽车燃料经济性的行驶工况

我国规定的载货汽车、城市客车和乘用车测量汽车燃料经济性的行驶工况，如图 3-4 所示。规定以循环工况百公里燃料消耗量作为综合评价指标。

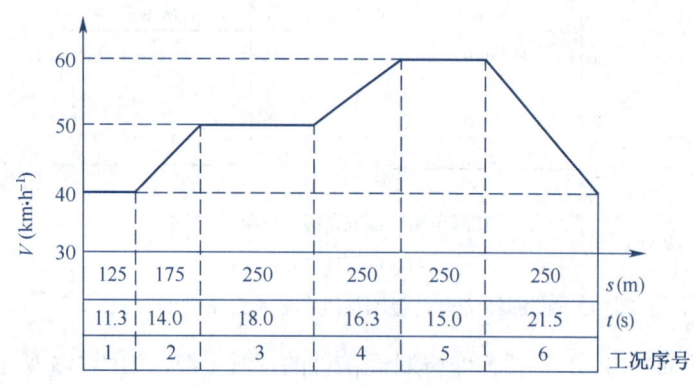

（a）载货汽车六工况

图 3-4 我国测量汽车燃料经济性的行驶工况

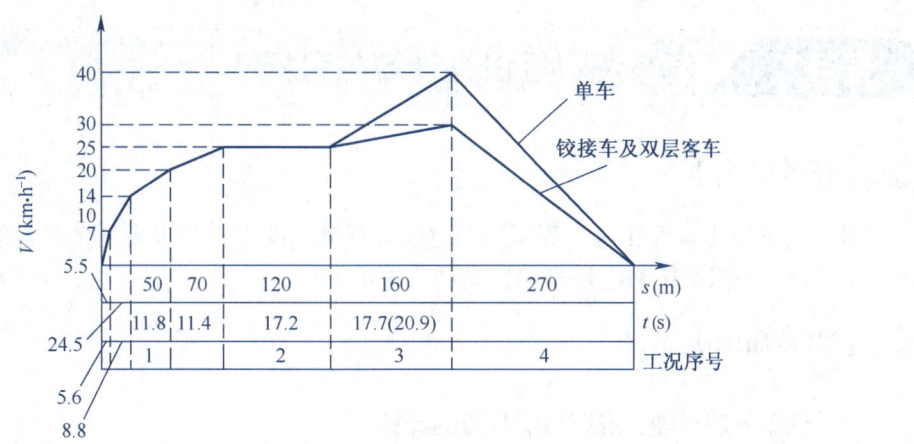

(b) 城市客车四工况

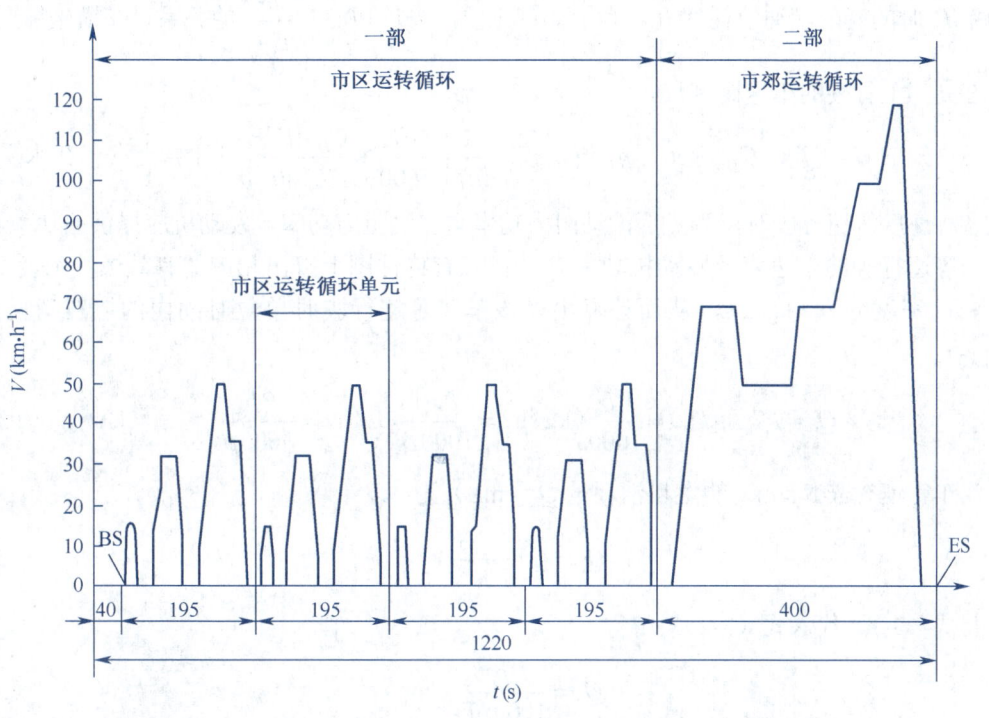

(c) 乘用车试验循环（一部：市区运转循环为十五工况循环，二部：市郊运转循环为十三工况循环）

图 3-4　我国测量汽车燃料经济性的行驶工况（续图）

【任务实施】

查阅不同类型的汽车说明书，找出汽车的燃料经济性的评价指标并进行比较。

任务二　汽车燃料经济性计算与分析

【任务描述】

学习汽车等速、等加速、等减速和怠速等行驶工况下百公里燃料消耗量的计算方法，为进一步分析影响汽车燃料经济性的因素提供理论依据。

【相关知识】

一、汽车等速行驶工况燃料消耗量的计算

图 3-5 所示为某汽车发动机的万有特性曲线，用它可以确定发动机在某一转速 n、发出某一功率 P_e 时的有效燃油消耗率 b_e。为了计算方便，按 $V = 0.377\dfrac{nr}{i_g i_o}$ 的关系，在横坐标上画出汽车在高挡上行驶的车速比例尺。

由已知的 G、f、C_D、A、η_T 值，按式 $\dfrac{1}{\eta_T}\left(\dfrac{GfV}{3600}+\dfrac{C_D AV^3}{76140}\right)$，计算出汽车在水平路面上以各种速度等速行驶时，为克服滚动阻力功率与空气阻力功率，发动机应提供的功率 P_e。

由等速行驶的车速 V 及发动机功率 P_e，在万有特性图上查出相应的有效燃油消耗率 b_e，若燃料的密度为 ρ（kg/L），从而计算出以该车速等速行驶时单位时间内的燃料消耗量 Q_t（mL/s）。

$$Q_t = P_e b_e (\text{g/h}) = \dfrac{P_e b_e}{1000}(\text{kg/h}) = \dfrac{P_e b_e}{1000\rho}(\text{L/h}) = \dfrac{P_e b_e}{3600\rho} \tag{3-1}$$

汽车等速行驶 S（m）的燃料消耗量 Q_s（mL）为

$$Q_s = Q_t \cdot \dfrac{3.6S}{V} \tag{3-2}$$

将式（3-1）代入式（3-2），得

$$Q_s = \dfrac{P_e b_e S}{1000\rho V} \tag{3-3}$$

折算为百公里燃料消耗量 Q（L/100km）为

$$Q = \dfrac{P_e b_e}{10\rho V} \tag{3-4}$$

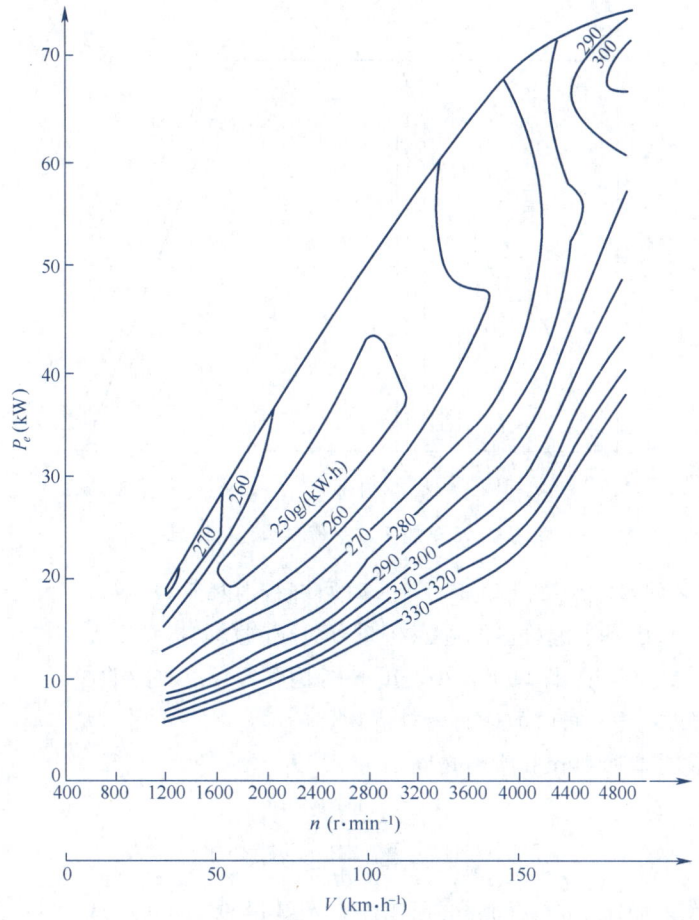

图 3-5　某汽车发动机万有特性曲线

二、汽车等加速行驶工况燃料消耗量的计算

汽车加速行驶时，发动机除提供为克服滚动阻力和空气阻力所消耗的功率外，还要提供为克服加速阻力所消耗的功率。若加速度为 $\dfrac{\mathrm{d}V}{\mathrm{d}t}$（m/s²），则发动机应发出的功率为

$$P_e = \dfrac{1}{\eta_T}\left(\dfrac{GfV}{3600} + \dfrac{C_D A V^3}{76140} + \dfrac{\delta m V}{3600}\dfrac{\mathrm{d}V}{\mathrm{d}t}\right) \tag{3-5}$$

加速过程燃料消耗量计算图，如图 3-6 所示。计算由 V_1 加速到 V_2 的燃料消耗量的步骤如下：

1. 划分速度区间

在该图中，每隔 1km/h（用计算机计算间隔可分得更小）把 V_1 到 V_2 分成 n 个小速度区间。

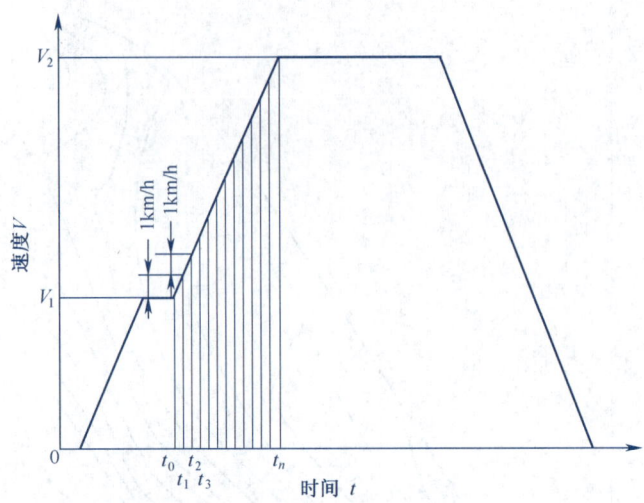

图 3-6 汽车加速过程燃料消耗量计算图

2. 求小速度区间起点和终点对应的单位时间燃料消耗量 Q_t

按式（3-4）计算出各小速度区间起点和终点对应的发动机功率 P_e，再用图 3-5，由 P_e、V 查出相应的 b_e，按式（3-3）计算出各小速度区间起点和终点对应的 Q_t。

3. 求在各个小速度区间内加速的燃料消耗量

汽车行驶速度每增加 1km/h 所用时间 Δt（s）为

$$\Delta t = \frac{1}{3.6 \dfrac{dV}{dt}} \tag{3-6}$$

从行驶初速度 V_1 加速至 (V_1+1)km/h 所需燃料消耗量 Q_1（mL）为

$$Q_1 = \frac{1}{2}(Q_{t0} + Q_{t1})\Delta t \tag{3-7}$$

式中：Q_{t0} —— 车速为 V_1 时刻的单位时间燃料消耗量，mL/s；Q_{t1} —— 车速为 (V_1+1) 时刻的单位时间燃料消耗量，mL/s。

同理，从 $V_{(i-1)}$ 加速到 V_i 所需的燃料消耗量为

$$Q_i = \frac{1}{2}(Q_{t(i-1)} + Q_{ti})\Delta t \tag{3-8}$$

依次计算出各个小速度区间内加速的燃料消耗量 Q_1、Q_2、$\cdots$、Q_n。

4. 计算整个加速过程的燃料消耗量和行驶距离

由 V_1 加速到 V_2 整个加速过程的燃料消耗量 Q_a（mL）为

$$Q_a = Q_1 + Q_2 + \cdots + Q_n = \sum_{i=1}^{n} Q_i \tag{3-9}$$

相应的行驶距离 S_a（m）为

$$S_a = \frac{V_2^2 - V_1^2}{25.92\dfrac{dV}{dt}} \tag{3-10}$$

三、汽车等减速行驶工况燃料消耗量的计算

减速行驶时，节气门松开（关至最小位置）并进行轻微制动，发动机处于怠速状态。减速过程燃料消耗量 Q_d 等于减速行驶时间 t_d（s）与怠速燃料消耗率 Q_{id}（mL/s）的乘积。

减速时间 t_d（s）为

$$t_d = \frac{V_2 - V_3}{3.6\dfrac{dV}{dt_d}} \tag{3-11}$$

式中：V_2、V_3—分别为汽车减速起始及减速终了的车速，km/h；$\dfrac{dV}{dt_d}$—减速度，m/s²。

减速过程燃料消耗量 Q_d（mL）为

$$Q_d = \frac{V_2 - V_3}{3.6\dfrac{dV}{dt_d}} Q_{id} \tag{3-12}$$

减速过程内汽车行驶的距离 S_d（m）为

$$S_d = \frac{V_2^2 - V_3^2}{25.92\dfrac{dV}{dt_d}} \tag{3-13}$$

四、汽车怠速停车工况燃料消耗量的计算

怠速停车时间为 t_{i-s}（s），怠速燃料消耗率 Q_{id}（mL/s），则怠速停车过程燃料消耗量 Q_{i-s}（mL）为

$$Q_{i-s} = Q_{id} t_{i-s} \tag{3-14}$$

五、整个循环工况百公里燃料消耗量的计算

对于由等速、等加速、等减速、怠速停车等行驶工况组成的循环工况，其整个循环的百公里燃料消耗量 Q_V（L/100km）为

$$Q_V = \frac{100\sum Q}{S} \tag{3-15}$$

式中：$\sum Q$—整个循环各工况的燃料消耗量之和，mL；S—整个循环的行驶里程，m。

【任务实施】

汽车在道路上行驶的总阻力功率，即发动机应发出的功率 P_e（kW）为

$$P_e = \frac{1}{\eta_T} \left(\frac{Gf\cos\alpha V}{3600} \pm \frac{G\sin\alpha V}{3600} + \frac{C_D A V^3}{76140} + \frac{\delta m V}{3600}\frac{dV}{dt} \right) \quad (3\text{-}16)$$

将式（3-16）代入式（3-4），可得汽车燃料消耗方程式为

$$Q = \frac{b_e}{36000\rho\eta_T} \left(Gf\cos\alpha \pm G\sin\alpha + \frac{C_D A V^2}{21.15} + \delta m \frac{dV}{dt} \right) \quad (3\text{-}17)$$

式（3-17）表明汽车燃料消耗量与发动机燃料经济性、汽车结构参数、行驶状况等影响因素的关系，它全面地表述了汽车燃料经济性。下面将从汽车结构、使用、节能与营运管理等方面提出改善汽车燃料经济性的措施。

一、汽车结构措施

1. 发动机

改进发动机燃烧室；提高发动机的压缩比；改善发动机的进、排气系统；采用可变配气相位；采用稀薄燃烧；采用增压技术；加大柴油发动机装车率；采用可变压缩比技术；采用闭缸节油技术；采用发动机电控技术。这些措施都是针对改善发动机的燃烧品质，提高发动机的负荷利用率而采取的，会极大地提高发动机的燃料经济性，从而能够改善汽车的燃料经济性。

2. 传动系

增加传动系的挡位数，通过选择合适挡位，使发动机处于经济工况下工作，有利于汽车燃料经济性的改善。

挡位数无限的无级变速器，在任何条件下都能使发动机处于经济工况工作。若无级变速器始终能维持较高的机械效率，则汽车的燃料经济性将会显著提高。

目前，很多轿车采用的是装有液力变矩器的自动变速器，挡位一定时可依靠液力变矩器实现无级变速。但液力变矩器存在传动效率偏低的问题，为了提高其传动效率，通常采用带锁止离合器的液力变矩器，在汽车起步及低速行驶工况下，液力变矩器工作在液力传动工况；车速提高到一定值后，变矩器泵轮与涡轮锁止，成为直接机械传动，其效率接近100%，从而提高了汽车的燃料经济性。

近年来，还出现了无级变速器与液力变矩器共同工作的双模式无级变速器。液力变矩器只在汽车起步时工作，在一般行驶中处于脱离状况。双模式无级变速器不仅起步性能好，而且改善了汽车燃料经济性。

3. 汽车轮胎

汽车轮胎应满足强度、耐磨性、耐久性以及保证动力、经济等各种使用要求。子午线轮胎被公认是综合性能最好的轮胎。EQ1090载货汽车装用不同轮胎时的等速百公里燃料消耗

量曲线，如图 3-7 所示。由于子午线轮胎的滚动阻力系数小，与普通斜交轮胎相比，可节油 6%～8%。因此，大力推广使用子午线轮胎。

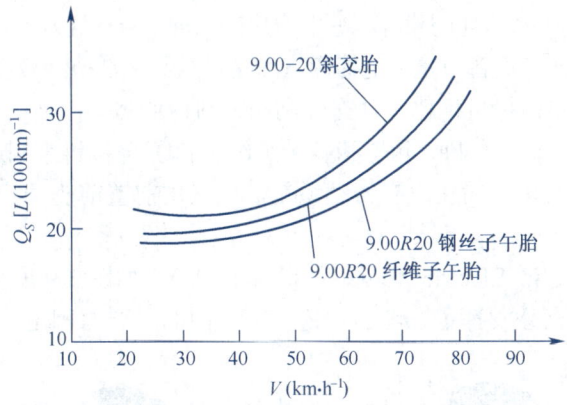

图 3-7　EQ1090 载货汽车装用不同轮胎时的等速百公里燃料消耗量曲线

4. 汽车外形

改善汽车外形，可以减小汽车空气阻力系数 C_D，从而减小汽车中高速行驶的空气阻力，有着明显的节油效果。某轿车 C_D 减小对燃油节省的试验结果，如图 3-8 所示。

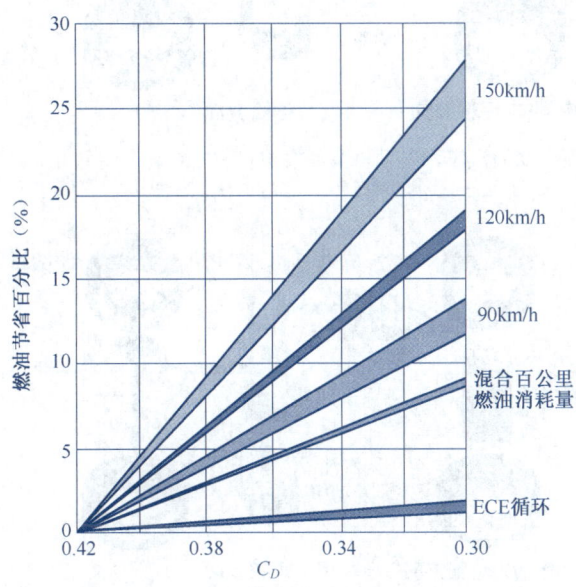

图 3-8　某轿车 C_D 减小对燃油节省的试验结果

由图 3-8 可见，当 C_D 值由 0.42 减小至 0.30 时，其混合百公里燃料消耗量可节省 9%，而以 150km/h 等速行驶时的燃料消耗量可节省 25%左右。因此，通过对汽车外形进行空气动力学优化，可以减小空气阻力系数 C_D，进一步改善汽车的燃料经济性。

5. 汽车整备质量

汽车行驶时，汽车功率消耗与汽车行驶阻力有关。除空气阻力外，其他阻力都与汽车总质量有关。因此，减轻汽车整备质量，是提高汽车燃料经济性的最有效措施之一。减轻汽车整备质量的主要措施有：用计算机优化设计充分利用材料的强度，提高结构的刚度；采用高强度低合金钢、铝合金、镁合金、塑料、陶瓷和各种纤维强化复合材料来制造汽车某些零部件；减小车身尺寸；改进汽车结构、简化汽车传动系统，如采用前置前驱动、承载式车身等。

6. 混合动力汽车

混合动力汽车（Hybrid Electric Vehicle，简称 HEV），如图 3-9 所示，将电力驱动与传统的发动机驱动相结合，充分发挥了二者的优势。其节能的主要原因是：

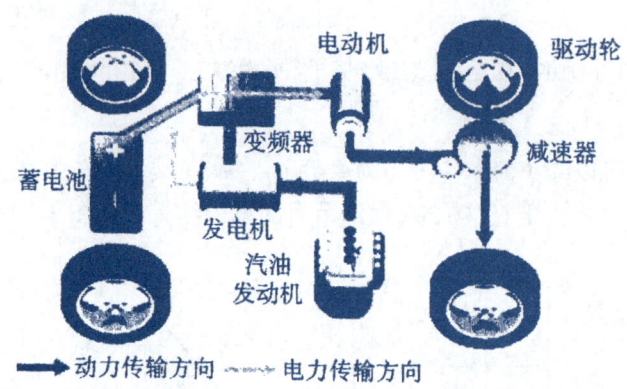

（a）串联式混合动力汽车，发动机驱动发电机发电，电能通过电动机驱动车轮

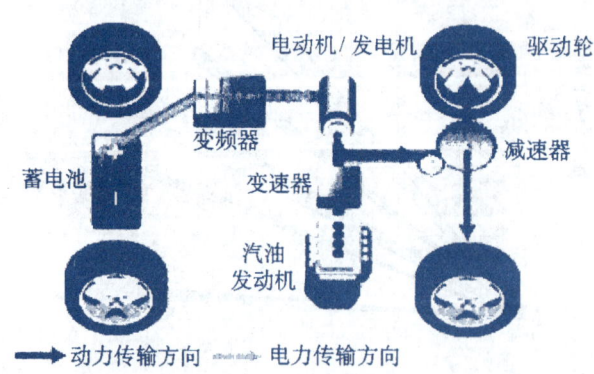

（b）并联式混合动力汽车，发动机和电动机共同驱动车轮，两种驱动力可根据驾驶状况分开使用，由于不能关闭发动机行驶，电动机只是被用于辅助发动机

图 3-9 混合动力汽车驱动示意图

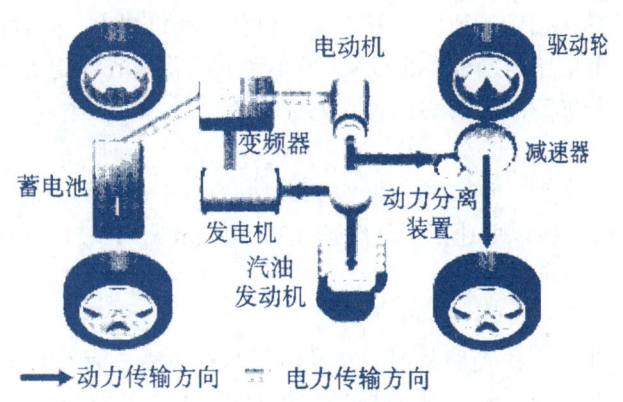

(c)混联式混合动力汽车

图 3-9　混合动力汽车驱动示意图（续图）

（1）储能装置（如蓄电池）的补偿作用平滑了发动机的工况波动，在汽车的一般行驶中吸收、储存电能，而在需要提供大功率时提供电能，从而混合动力电动汽车可以采用小型发动机，工作中发动机的负荷率较高，并可以使发动机的工作点处于高效率的最优工作区域内。

（2）在汽车停车等候或低速滑行等工况下，可以关闭发动机，以节约燃料。

（3）汽车减速滑行或紧急制动时，可以利用发电机回收部分制动能量，转化成电能存入蓄电池，从而进一步提高了汽车的燃料经济性。

二、汽车使用措施

1. 驾驶技术

实际统计表明，同样的汽车不同驾驶员驾驶，燃料消耗量差别很大，因此提高驾驶操作技术是最基本最有效的节约燃料措施。

（1）汽车起步

发动机刚起动时，冷却液温度一般较低，此时的燃油雾化较差、燃烧不良，发动机油粘度较高、摩擦阻力较大，此时汽车起步行驶油耗会很大。通常应在发动机运转预热使冷却液温度达到 40℃以上之后，再使汽车起步，才会有较好的节油效果。预热也不能图快，尤其在冬季预热发动机时，重踏加速踏板会比轻踏加速踏板油耗增加很多，而且使发动机的磨损增加。

汽车起步加速要求做到发动机既不熄火又能省油，关键在于正确掌握加速踏板与离合器踏板的配合操作，另外还须选择恰当的挡位。

汽车起步时，由于滚动阻力和加速阻力都较大，需要较大的驱动力，所以一般需要较低挡位。对于一般车辆，在硬实平坦的道路上起步时一般用二挡；在起步阻力较大的坡道、坑洼土路或泥泞道路，以及拖带挂车和半挂车满载起步时才使用一挡。

汽车在平路上起步时，左脚抬起离合器踏板与右脚轻轻踏下加速踏板的动作应协调。若感到汽车动力不足，说明加速踏板踏下不够；若感到汽车起步前冲，说明加速踏板踏得过猛。

同时还应注意离合器踏板抬起的速度不应过快，以免发动机熄火。一般来说，轻踏加速踏板，提速较慢但较省油；重踏加速踏板提速较快，但较费油。汽车在坡道上起步时，应做到操纵驻车制动、离合器踏板和加速踏板的动作相互配合得当。

（2）行驶预热

在冬季环境温度较低时，传动系统润滑油的粘度也较大，所以要达到省油的目的，汽车在起步行驶的前10km内应以低速挡较低车速（30～40km/h）行驶，待各总成润滑油升温、行驶阻力降低后，再转入正常行驶。

（3）挡位选择

汽车在行驶过程中，会因道路状况、交通流量和车速需要而不断变换挡位。一般的变速器有4～5个前进挡和一个倒挡。其中一挡和二挡为低速挡，其驱动力大，主要用于汽车起步、爬陡坡等工况。三挡为中速挡，是汽车低速挡与高速挡之间相互转换的过渡挡位，还适用于急转弯、窄路、窄桥、会车和通过困难路段的工况。四挡和五挡为高速挡，其传动比小，传至驱动轮上的转矩较小，车速高，使发动机所处的负荷率高，省油。

汽车行驶过程中的挡位选择，对汽车油耗有很大影响。汽车在平原或丘陵地带低速起步后，在道路和交通条件良好、车速不受限制的情况下，应及时逐级加挡、换入高速挡行驶，这样不仅可提高车速，而且发动机负荷率较高、可省油。汽车在坡道路面上坡行驶时，能用相邻较高一挡时，应及时换入较高的挡位，但也应避免"高挡死撑"，否则会使油耗增加。

另外，汽车在行驶过程中，除了确定合适的挡位，掌握好换挡时机对节油也是很重要的。换挡时机一般用换挡时的车速来表示。实验表明：汽车在平路上行驶必须按最佳的换挡时机自低挡依次换入高速挡，超前或滞后换挡都会费油。汽车上坡行驶也需把握换挡时机，换挡过早则不能充分利用汽车惯性来克服行驶阻力，反而抑制惯性，增加阻力，造成油耗增加；换挡过迟会使汽车惯性消耗过多，需要多减一次挡位，同样也会使油耗增加。所以，汽车上坡减挡的关键是既要利用汽车的惯性，又不使汽车惯性过多地消失，才能做到节约燃油。

（4）自动变速器汽车的挡位选择

自动变速器汽车行驶时，挡位应始终在D挡，自动变速器会在四个前进挡之间进行自动切换，无须额外的手动操作。如果无谓地在一挡、二挡、三挡和D挡之间不停换挡，只会增加机油损耗和油耗。遇到红灯停车时，只需踏住制动踏板即可，将挡位保持在D挡的位置。而空挡仅用于拖车或再次起动发动机。驻车制动一般是用于停车或碰到较陡的地方停车。三挡适合丘陵地带和弯曲道路。二挡适用于在坡路上行驶。一挡动力最大，应在非常陡峭的山坡或者雪地或泥泞路上行驶时使用。注意以上几点对省油非常有效。

（5）行车速度

在道路和路面状况以及交通情况允许的情况下，汽车在每个挡位上都可以有一个较大的车速范围。但汽车行驶过程中的燃料消耗，除了前述挡位的影响外，还与行车速度密切相关。在低车速时，克服行驶阻力消耗的功率较小，发动机负荷低而有效燃油消耗率上升，导致油耗增加；当车速高时，发动机负荷率高而有效燃油消耗率下降，但车速提高所需克服的阻力大幅增大，超过了发动机有效燃油消耗率下降的幅度，又会使油耗增加。所以汽车在行驶速度较低和较高时油耗都增加，只有在某一中间速度下油耗最低，该车速称为经济车速。汽车在每个挡位行驶时，都有一个相应的油耗最低的车速，即各挡的经济车速。

实际上，汽车行驶过程中要将车速保持在油耗最小的经济车速点上是很难做到的，即使操作经验再丰富的驾驶员也是如此。另外，汽车的行驶速度还要考虑到完成客货运输生产时运输任务的要求。所以，通常既考虑节油，又考虑到完成运输任务的效率，以经济车速为参考，划定一个相对稍高的综合效益较经济的车速范围，将这一车速范围称为运行经济车速范围。还应指出：任何一种车型的经济车速都不是固定不变的，它随着道路和载荷等因素的改变而改变。当道路条件好、载荷小时，经济车速较高；反之，经济车速较低。

（6）加速踏板的控制

加速踏板的控制实质上就是发动机节流阀的控制，其开度的大小和动作的快慢既影响着汽车的运行状态，又对汽车油耗有着较大的影响，加速踏板通常是随着发动机不同负荷的需要相应地改变的。

对汽油机而言，节气门在中等开度范围内的混合气为经济混合气；较大开度时的混合气随着浓度渐大会使雾化和燃烧变差，所以从节油角度出发，节气门开度不宜过大。对柴油机而言，随着油门的加大，循环供油量增多，混合气浓度增大，所以加速踏板也是在一定行程范围内为宜。

另外，汽车正常行驶过程中，加速踏板控制要柔和，即加速踏板要轻踏慢松，以避免混合气的突变，燃料燃烧不良而导致油耗增加。

（7）行车温度

汽车的行车温度包括发动机冷却液温度、机油温度、发动机罩内温度、变速器和主减速器齿轮润滑油温度等。发动机冷却液温度仅就油耗而言，有试验表明：出水温度由 80℃ 降到 60℃，油耗增加 3.5%；降至 40℃，油耗增加 11%。同样，冷却液温度过高，油耗也会增加。

至于机油温度和齿轮油温度对燃油消耗的影响，在冬季表现得特别突出。但实际中一般不进行单独预热，而是通过发动机运转预热和汽车行驶预热的方法使其温度逐步提高。

汽车行驶过程中，为了保持发动机冷却水和发动机罩内正常的工作温度，使发动机具有良好的动力性和燃油经济性，并减少磨损，还应该经常观察仪表，出现异常及时查找原因并排除故障。

（8）汽车滑行

滑行是指汽车行驶中，解除了发动机的驱动，依靠其自身的动能或势能继续行驶的过程。汽车滑行可分为减速滑行、加速滑行和下坡滑行。合理的汽车滑行，会有明显的节油效果。

1）减速滑行。

行驶中的汽车，在到达可预见性有障路段（如修路施工、窄道、弯道、会车、交叉路口、行人、停驶车辆等）或停车场之前及时将变速器置于空挡的滑行，都是减速滑行。前者可采用发动机不熄火空挡减速滑行，即提前抬起加速踏板，使发动机处于怠速运转状态，变速杆处于空挡位置，汽车滑行车速逐渐降低。当车辆临近障碍时，可以不踏制动或轻踏制动低速通过。后者可采用发动机熄火空挡滑行，待车辆到达停车地点时轻踏制动停驶。这样都充分利用了汽车自身的动能，有效节省了燃油。但是应该注意：选择适当的滑行起始点，使到达目标点的车速合适，对节油效果的大小是至关重要的。如果滑行起始点离目标点太近，到达时车速太高，必须制动减速，减少节油；如果滑行起始点太早，未到达前车速已降得很低，还需要重新加速或起动发动机，使节油减少，甚至费油。由于每天的行车过程中减速滑行的机会次数较多，如果运用得当，节油效果是非常显著的。

2）加速滑行。

在交通状况良好的平坦道路上，平均车速基本相同的情况下，汽车在高挡上加速至较高车速后，空挡滑行至较低车速，再挂该挡加速，这种加速与空挡滑行交替进行的驾驶方法，称为加速滑行法。加速滑行法是可利用的有效节油措施。

汽车在平均速度下，若以相对均匀的速度行驶，发动机的负荷率仅为35%～50%，此时的有效燃油消耗率较大；而加速滑行的加速阶段，发动机负荷率增大而有效燃油消耗率有所降低，此过程的油耗不会增加太多；汽车空挡滑行时，只消耗很少的发动机怠速运转燃油量。如果能充分利用加速时积累的动能增加滑行距离，那么从加速到滑行整个行驶里程计算，便可获得显著的节油效果。

要使加速滑行取得较好的节油效果，首先应保证汽车的技术状况良好；其次是路面状况要平坦宽直、视线清晰、行人和汽车较少；在车速控制上，最大车速不应超过经济车速的上限，滑行初速度与末速度之差以15～25km/h为宜；加速时应缓踏加速踏板。

注意在高速公路上是不宜采用加速滑行的，安全应放在首位。因为加速滑行，使行车间距忽大忽小，必将妨碍其他车辆正常行驶，容易出现车祸。此外，在高速行驶的情况下再加速，油耗会加剧。

3）下坡滑行。

汽车在小于5%的缓直坡道或陡坡接近平路的坡尾路段，道路较宽、视线良好时，可让汽车借助势能滑行，以达到节油的目的。下坡滑行，应特别注意发动机不应熄火，以保证储气筒气压和真空助力制动的真空度，确保汽车行驶安全；变速器不宜空挡，利用发动机阻力，并间歇制动，以便控制车速。

2. 汽车维护

汽车维护的基本内容是清洁、检查、润滑、紧固、调整。

（1）保持汽车底盘技术状况良好

汽车底盘的技术状况，常用滑行性能来检查，它对汽车运行油耗的影响很大。

汽车行驶系技术状况不良，如车轮轮毂轴承过紧、前轮定位失准、轮胎气压过低、前后轴距不符合规定等，都会造成汽车行驶时滚动阻力、摩擦损失、功率消耗增大、滑行距离缩短、燃料消耗增加。据测定，轮毂轴承过紧，会增加车轮的滚动阻力和摩擦损失；轮毂轴承过松会造成车轮歪斜，以致在运动中摇晃；同时使制动鼓歪斜，与制动蹄相接触，形成制动拖滞，造成滑行距离缩短，以致燃料消耗增大20%。前轮定位失准，特别是前轮前束的影响特别明显，如某型号汽车前束从标准的2～3mm增大到6mm，燃料消耗增大12%。若主销后倾角过大，转向沉重费力；主销后倾角过小，则前轮附着状况变坏，车轮行驶不稳，甚至方向盘不易控制，从而造成燃料消耗增加。轮胎气压过低，导致车辆操控性降低，燃料消耗增大，轮胎磨损加剧；轮胎气压过高，接地面积减小，轮胎中部出现异常磨损。

制动器的调整必须保证在工作时达到可靠的制动，而在非工作时没有拖滞的现象。因此制动间隙不能过大也不能过小，若间隙过大，会造成制动不良。若间隙过小，就会出现拖滞现象，这样必然会造成费油。调好制动间隙，确保各个零部件工作可靠，是节油的必要条件。

（2）保持发动机技术状况良好

汽车的加速时间和燃料消耗量取决于发动机及底盘的技术状况。因此，经过滑行距离检验，认为底盘技术状况正常的汽车，若加速时间和燃料消耗量也在规定的范围内，则可认为汽车的技术状况正常。

保持发动机技术状况良好，主要应做好下列维护工作：定期检查气缸压缩压力、保持发动机冷却系和润滑系工作正常、保持供油系良好的技术状况、保持点火系良好的技术状况。

三、汽车节能与营运管理

节能管理包括：建立法规、制定运行燃料消耗标准、完善燃料消耗考核奖惩制度，正确选择与合理使用车辆、燃润料与轮胎的选用、推广节能新技术新产品、进行职工培训等，这是改善燃料消耗的保证体系。

营运管理包括：掌握运输市场信息、搞好运输组织、进行业务调度、合理配载等，这是为了提高载质量利用率和里程利用率。

加强节能和营运管理，是降低企业能耗的重要措施。

任务三　汽车燃料经济性检测

【任务描述】

汽车燃料经济性检测，可通过汽车道路试验检测，但更多的是在底盘测功机上模拟路试检测。JT/T198－2004《营运车辆技术等级划分和评定要求》中要求对营运车辆进行燃料经济性检测评价。

【相关知识】

汽车的燃料消耗量，用油耗仪测量。按测量方法不同，油耗仪可分为容积式油耗仪、质量式油耗仪、流量式油耗仪、流速式油耗仪。大多数油耗仪都能连续、累计测量，但测试的流量范围和流量误差各不相同。

一、汽车油耗仪工作原理

1. 容积式油耗仪

容积式油耗仪测量发动机运转时累计消耗燃料的总容积。

容积式油耗传感器有容量式和定容式两种。容量式油耗传感器通过累计发动机工作中所消耗的燃料总容量，用时间和里程来计算油耗量。它可以连续测量，其结构有行星活塞式、往复活塞式、膜片式、油泡式等，现以行星活塞式油耗传感器为例予以说明。

行星活塞式油耗传感器由流量变换机构和信号转换机构组成。流量变换机构是将一定容积的燃油流量变为曲柄的旋转运动，由十字型配置的四个活塞和旋转曲柄构成，其工作原理如图 3-10 所示。

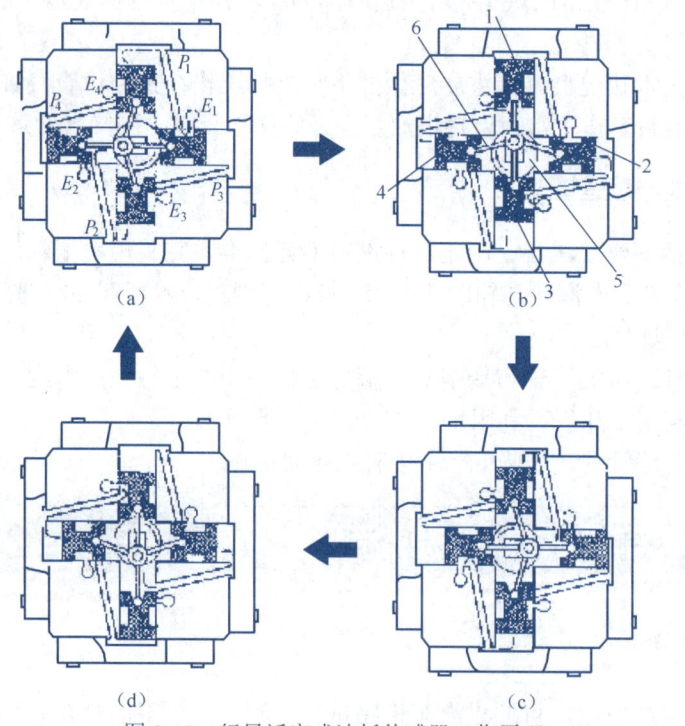

图 3-10 行星活塞式油耗传感器工作原理

燃油在油泵压力下推动活塞运动，活塞运动推动曲柄旋转。曲柄旋转一周，四个活塞各往复运动一次，完成一个排油循环。活塞在油缸中处于进油行程还是排油行程，取决于活塞相对于进排油口的位置。图 3-10（a）表示活塞 1 处于进油行程，从其曲轴箱来的燃油通过 P_1 推动活塞 1 下行，并使曲柄做顺时针旋转，此时活塞 2 处于排油行程终了位置，活塞 3 处于排油行程中，燃油从活塞 3 上部通过 P_3 从排油口 E_3 排出，活塞 4 处于进油终了位置。当活塞和曲柄位置如图 3-10（b）所示时，活塞 1 处于进油终了位置，活塞 2 处于进油行程，通道 P_2

导通,活塞 3 处于排油终了位置,活塞 4 处于排油行程,燃油从 P_4 经排油口 E_4 排出。图 3-10 (c)(d)各活塞的进排油口状态及曲柄旋转方向如图中箭头所示。如此循环往复,在燃油泵泵油压力的作用下,就可完成定容量、连续泵油的作用。曲柄旋转一周,各缸分别排油一次,其排油量可用下式确定

$$V = 4 \cdot \frac{\pi d^2}{4} \cdot 2h = 2\pi h d^2 \qquad (3-18)$$

式中:V—四缸排油量,mL;d—活塞直径,cm^2;h—曲柄偏心距,cm。

信号转换机构,如图 3-11 所示,装在曲柄的上端,由主动磁铁、从动磁铁、转轴、光栅板、发光二极管、光敏二极管、电缆插座及壳体等组成。主动磁铁装在主轴上,从动磁铁装在转轴上,转轴通过轴承支承在壳体内,转轴的上端固定有转动光栅板,在固定光栅上、下方有发光二极管和光敏管。当曲柄转动时,由于一对永久磁铁的吸引作用,转轴及其上的转动光栅也随之转动,通过发光管和光敏管的光电作用,把曲柄的转动变成光电脉冲信号送入计量显示仪,经过内部运算处理后,即可显示出流经的燃油量。

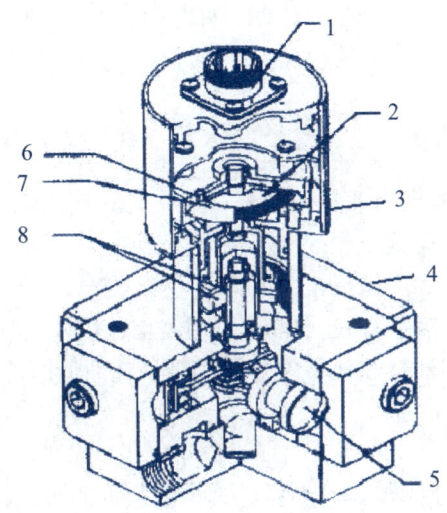

1—信号端子;2—转动光栅;3—转动/脉冲转换部;4—流量/转速转换部;
5—活塞;6—磁性联轴节;7—固定光栅;8—光敏管 LED(对置)

图 3-11 信号转换机构

2. 质量式油耗仪

质量式油耗仪由称量装置、记数装置和控制装置组成,如图 3-12 所示。
在测量消耗一定质量的燃油所需的时间后,按下式算出单位时间内发动机的燃油消耗量

$$G = 3.6 \times \frac{m}{t}$$

式中:m—燃油质量,g;t—测量时间,s;G—燃油消耗量,kg/h。

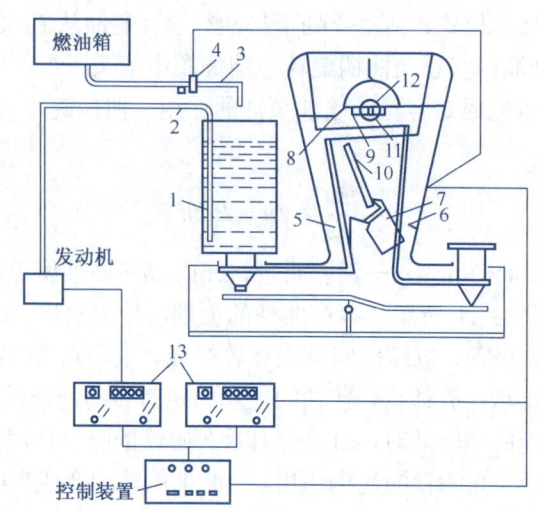

1—油杯；2—出油管；3—电磁阀；4—加油管；5、10—光电二极管；6、7—限位开关；
8—限位器；9—光源；11—鼓轮机构；12—鼓轮；13—计数器

图 3-12　质量式油耗仪

二、常见油耗仪的使用方法

在路试检测油耗时，一般采用油耗传感器与非接触式或接触式五轮仪配合使用，以非接触式五轮仪为例，首先在非接触式五轮仪上预置测量距离（500m），测量挡位，然后开始检测，当车速稳定到某一检测速度（如 50km/h），在车速仪上按下"开始"键，直至该车行驶 500m（该车速仪由于预置 500m 距离，故在 500m 自动停止计量），随后按下"停止"键，此时在该车速下 500m 距离消耗的燃油量和已被换算好的百里耗油量即被打印输出。

三、汽车油耗仪的维护

由于汽车油耗仪的使用频率较高，为保证其检测数据的公正性和确保检测精度，必须有专人维护、保管而且应每年进行计量检定。行星活塞式油耗仪维护不当，一般有以下两种常见故障。

1. 油耗传感器活塞在传感器缸体中卡死

故障原因多为使用不干净燃油。由于燃油中有微小颗粒（异物），如果没有清除，那么小颗粒通过油耗传感器入口进入缸内，再由活塞运动到缸壁，容易形成拉缸或卡死现象，故一定要在传感器入口前安装一个燃油滤芯，防止异物进入油耗仪，而且在不使用油耗仪的情况下，在其进出口加套保护，并且保证其表面清洁。

2. 油耗传感器无脉冲信号

此故障多发生在传感器被强烈碰撞后，其机械部分尚能正常工作，但无脉冲信号输出。

这是由于传感器壳体上部的从动磁铁与下部主动磁铁之间磁场相位因外力而变化，所以在检测油耗时，一定要固定住油耗传感器，以防止发生碰撞后出现上述故障。如果发生上述故障，只需备用一块磁铁在油耗传感器外部顺时针方向旋转几次即可恢复传感器内原磁场相位。

四、油路的连接与油路中空气泡排除

1. 油路的连接

油耗传感器，应串联在发动机供油油路中。使用油耗传感器时，电控喷油发动机必须处理从压力调节器回流多余燃油的问题。如果多余的油回到油耗传感器的前面，则测出的油耗变成是发动机实际消耗的油加上回流的油，必须让多余的油回到油耗传感器的输出端。

2. 油路中空气泡排除

（1）汽油路中空气泡的排除

排除汽油车检测油路中的空气泡是一件很费时的工作，尤其当管路中存在堵塞或泄露的情况时，将使空气泡无法彻底排尽。空气泡一旦产生对油耗检测结果的影响非常大，油耗传感器会把空气泡所占的容积当作燃油消耗量计量，使得检测数据高于实际数据，这样会造成测量值的失真。

空气泡产生的原因通常是：

1）拆装油管时，原本充盈的油管产生滴漏现象，使得油管装好后里面充满空气泡。
2）连接油管时，由于夹箍没夹好，接头处造成渗漏，形成空气泡。
3）汽油泵进油阀皮碗老化，密封性下降，造成供压不足，不断形成空气泡。
4）由于发动机过热，汽油气阻产生空气泡。
5）从油箱到汽油泵这一段管路局部存在老化、密封性差，不断产生空气泡。
6）汽油滤清器堵塞或油箱盖上气孔被堵塞，造成汽油泵泵油时形成"真空"，产生空气泡。

做油耗检测时必须排除空气泡，通常可采取以下方法：把车上油箱到汽油泵的管路"短路"，装上新的、密封性好的、无堵塞的油路，用性能较稳定的电动汽油泵和汽油滤清器代替原车相应部件，减短油泵到传感器的油管长度，使油泵到油耗传感器的阻力大大减小，从而避免了空气泡对检测结果的不良影响。

（2）柴油路中空气泡的排除

在柴油车油路中装好油耗传感器后，须用输油泵泵油，以泵油压力排除油路中的空气泡，它与汽油车差别之一在于汽油车可以在发动后排除空气泡，而柴油车必须发动前排尽油路中的空气泡，而柴油车在拆去传感器恢复原油路后仍必须排除油路中刚产生的空气泡。

五、油耗测量数据的重复性及其修正

1. 数据的重复性

$$\frac{Q_{\max} - Q_{\min}}{Q} \leqslant R$$

式中：Q_{max}—最大百公里油耗量；Q_{min}—最小百公里油耗量；Q—平均油耗。
R 取值见表 3-1。

表 3-1 R 取值表

试验次数 n	2	3	4	5	6
R	0.053	0.063	0.069	0.073	0.085

2. 数据修正

标准状态指大气温度 20℃、大气压力 100kPa、汽油密度 0.742kg/L、柴油密度 0.830 kg/L。修正公式为：

$$Q_c = \frac{Q}{C_1 C_2 C_3}$$

$$C_1 = 1 + 0.0025(20 - T)$$

$$C_2 = 1 + 0.0021(P - 100)$$

$$C_3 = 1 + 0.8(0.742 - \rho) \text{（汽油机）}$$

$$C_3 = 1 + 0.8(0.830 - \rho) \text{（柴油机）}$$

式中：Q_c—修正后的燃料消耗量，L/100km；C_1—环境温度校正系数；C_2—大气压力校正系数；T—检测时的环境温度，℃；P—检测时的大气压力，kPa；ρ—检测时的燃油密度，kg/L。

六、汽车燃料经济性检测注意事项

（1）为使汽车燃料经济性检测结果准确，应注意以下几点：

1）正确连接油耗传感器，并注意排除油路中的空气泡；柴油车、电喷车还应考虑回油问题。

2）发动机冷却液温度，应在 95℃～105℃范围内。冷却液温度过高时，应用鼓风机（冷却风扇）降温，使冷却液温度达到上述要求。

3）轮胎气压（冷压）应符合该车技术条件的规定，误差不超过±0.01MPa，且左右轮胎花纹一致。

4）车辆技术等级评定油耗工位测试时，采用直接挡（无直接挡的用最高挡）。若无特殊规定或说明，车速通常采用 50km/h，车速控制误差应在±0.5km/h 内。

5）被测车辆底盘温度应随着室温变化而严格控制，当室温小于 10℃时，底盘温度应控制在 25℃以上（用温度计测量减速器外壳温度），因为汽车底盘温度的高低决定了汽车行驶阻力，而行驶阻力的大小对油耗检测数据影响较大（通常应做出个典型车型主减速器外壳温度与油耗的关系曲线，然后油耗数据均修正到外壳温度 25℃以上的值）。

6）试验仪器精度应满足要求，车速测定仪器和燃料流量计精度为 0.5%，计时器最小读数为 0.1s。

（2）为确保检测时的安全，应注意以下几点：

1）被测车辆必须配备性能良好的灭火器。

2）油耗传感器油管应透明、耐油、耐压，油管接头必须用合格的环形夹箍，不得用铅丝缠绕，确保无任何渗漏。

3）拆卸油管时，必须用沙盘接油，不允许用棉纱或其他易燃物接油，不允许燃油流到发动机排气管上。

4）测试时发动机盖需打开，以便观察是否有渗漏现象，测试完毕，安装好原管路后起动发动机，在确保无任何渗漏时方可盖上发动机盖。

（3）在检测时应注意下列清洁问题：

1）连接油路时，油耗传感器底板需处于水平状态，并注意进出口方向；不用时，进出油口必须加套保护，以防异物进入卡死传感器活塞。

2）传感器的滤清器在被脏物堵塞后，可拆下，用压力小于 500kPa 的压缩空气吹除脏物。

【任务实施】

一、汽车燃料经济性路试检测

根据 GB/T12545—2008《汽车燃料消耗量试验方法》规定，汽车在路试条件下燃料消耗量检测条件和项目规定如下：

1. 检测条件

道路条件：道路应为沥青或混凝土铺装的、平坦的直线路，道路长 2~3km，宽不小于 8m，纵向坡度在 0.1%以内，最大横向路拱坡度小于 1.5%，路面应干燥、清洁（需清除路面上的砂石颗粒）。

气象条件：无雨、无雾，相对湿度小于 95%，气温 0℃~40℃，风速小于 3m/s。检测时的空气密度与基准状态（P=100kPa，T=293.2K）下的空气密度相差不得超过±7.5%，否则需要进行修正。

车辆载荷：M1 类汽车、总质量小于 2t 的 N1 类汽车的检测质量为整备质量加 180kg，若汽车的 50%的载质量大于 180kg，则检测质量为整备质量加 50%载质量（包括测量人员和仪器的质量）；M2、M3 类城市客车检测质量为载质量的 65%；最大总质量大于 2t 的 N 类及其他车辆的检测质量为满载。

仪器及精度：车速测定仪和汽车燃油消耗仪精度 0.5%，计时器最小读数 0.1s。

检测汽车一般规定：汽车装备应符合生产厂出厂的规定；若汽车为新车，则应按生产厂使用说明书走合，技术状况正常。轮胎气压应符合该车技术条件的规定，误差不超过±10kPa，保持各车轮气压一致；检测前，汽车应进行预热，使之处于正常热状态。

2. 检测项目

检测项目包括直接挡全油门加速燃料消耗量、等速燃料消耗量、多工况燃料消耗量、限定条件下的平均使用燃料消耗量。

汽车路试时，一般检测等速行驶燃料消耗量。汽车在常用挡位（直接挡），从车速20km/h（当最低稳定车速高于20km/h时，从30km/h开始）开始，以间隔10km/h的整数倍的预选车速，通过500m的测量路段，测定燃料消耗量Δ（mL）和通过时间t（s），每种车速往返各进行两次，直到该挡最高车速的90%以上（至少不少于5种预选车速）。两次时间间隔（包括达到预定车速所需要的时间）应尽量缩短，以保持稳定的热状态。

实测车速 V 与相应的等速燃料消耗量 Q 分别为

$$V = 3.6 \times \frac{500}{t} \quad (km/h) \tag{3-18}$$

$$Q = \frac{\Delta}{500}(mL/m) = 0.2\Delta \quad (L/100km) \tag{3-19}$$

式中：t—预选车速下的时间（s）的平均值；Δ—燃料消耗量（mL）的平均值。

二、汽车燃料经济性台架检测

汽车燃料经济性的台架检测是由底盘测功机和油耗仪配合使用完成的。汽车驶上底盘测功机，拆卸燃油管路，安装油耗仪，排除油路的空气泡，然后在底盘测功机上进行加载，使加载量符合该车在路试状态下的各种阻力，进行油耗检测。

1. 加载量的确定

载荷按照不同车型加载至限定条件，测试距离应保证不少于500m。

加载量是模拟汽车在道路上行驶时所受到的滚动阻力、空气阻力等行驶阻力，由于各个车型的实际情况不同（包括迎风面积、汽车总质量、轮胎等），所以不同车型在底盘测功机上应有不同的加载量。

2. 检测方法

按照JT/T198－2004《营运车辆技术等级划分和评定要求》规定，应测量汽车满载等速百公里燃油消耗量。检测方法：用底盘测功机检测等速百公里油耗。起动发动机，使汽车运转至正常热状态。在测功机上变速器置直接挡（无直接挡的用最高挡），测功机加载至限定条件，使汽车稳定在测试车速，测量燃料消耗量，并换算成百公里燃料消耗量。

在具有可模拟汽车行驶动能的飞轮机构、并采用自动控制的底盘测功机上，也可按规定的试验循环测定其多工况燃油消耗量。

三、汽车燃油经济性检测标准

在用营运汽车燃料消耗量限值，是以该车型原厂规定的等速百公里燃料消耗量限值为基础确定的，采用等速百公里燃料消耗量作为汽车燃料经济性的评价指标。

GB18565－2001《营运车辆综合性能和检验方法》，用底盘测功机在规定的检测车速（乘用车60km/h，其他汽车50km/h）、规定的模拟载荷（满载）工况下测得的等速百公里燃料消耗量不得大于该车型原厂规定的相应车速等速百公里油耗的 110%。

JT/T198－2004《营运车辆技术等级划分和评定要求》：一级车的百公里燃油消耗量应小于该车型制造厂规定的相应车速等速百公里油耗的 103%，而二、三级车则应小于 110%。

GB/T18566－2001《运输车辆能源利用检测评价方法》：检测值不大于该车型制造厂规定的相应车速满载等速百公里油耗的 110%，表明该车能源利用状况符合要求，为合格车；否则，表明该车能源利用状况差，为不合格车。

【知识拓展】

排气法，也称碳平衡法。所谓碳平衡，就是指所耗燃油中的碳量与排气中的 CO、CO_2、HC 所含碳的总量相等。根据这个道理，可应用排气分析的结果计算出燃料消耗量。试验时，将排出气体采集装置装在试验汽车排气管的开口处，连接部应安装固定好，不能有排气泄露。采集分析所需的排气量（100L 左右），用非分散型红外线分析仪和氢火焰离子化型分析仪分别分析排气中 CO、CO_2、HC 成分，并按照下式计算出燃料消耗量。

$$Q = \frac{0.866 \times G}{0.429 \times CO + 0.866 \times HC + 0.273 \times CO_2} \quad (3\text{-}20)$$

式中：Q—燃料消耗量，km/L；G—1L 燃油的质量，g；CO—CO 排出量，g/km；HC—HC 排出量，g/km；CO_2—CO_2 排出量，g/km。

【项目总结】

1. 汽车燃料经济性，通常用一定运行工况下，汽车行驶百公里的燃料消耗量或消耗一定量燃料能使汽车行驶的里程数来表示。汽车的燃料消耗量与汽车设计制造、调整与使用状况、气候条件、道路条件与交通繁杂程度、驾驶技术、营运水平等因素有关。它常用的单位是 L/100km 和 L/100t·km。

2. 负荷率是在某一相同转速下油门部分打开时发动机发出的功率与全开时最大功率之比，通常以百分数表示。

3. 在汽车设计或改装时，要预估汽车的燃料消耗量水平，故通常需要计算和绘制高挡在良好路面满载等速行驶的 Q–V 曲线。计算公式为：$Q = \dfrac{P_e b_e}{10 \rho V}$，其中 $P_e = \dfrac{1}{\eta_T}(P_f + P_W)$。计算主要步骤为：按所给负荷特性的各种转速 n 计算出相应的 V、P_f、P_W 及 P_e 值；查相应的负荷特性找到发动机达到 P_e 值时的 b_e；代入 $Q = \dfrac{P_e b_e}{10 \rho V}$ 计算。其中，与 $Q_{\min}$ 点对应的车速称为经济车速，它仅表示汽车百公里的燃料消耗量最小时的车速。

4. 汽车燃料消耗方程式为

$$Q = \frac{b_e}{36000 \rho \eta_T}\left(Gf\cos\alpha \pm G\sin\alpha + \frac{C_D A V^2}{21.15} + \delta m \frac{dV}{dt}\right)$$

上式表明，汽车燃料消耗量与发动机燃料经济性、汽车结构参数、行驶状况等影响因素的关系，它全面地表述了汽车燃料经济性。

5. 为了减小燃料消耗与降低运输成本，在结构上，企业应选用技术经济指标先进、载质量较大、自重较轻、经济车速较高的车型，扩大柴油汽车的使用范围。在使用技术上，要保持良好的发动机及底盘技术状况；采用列车化运输方式；尽可能增加高挡的使用时间、采用加速滑行模式等节油措施，提高发动机负荷率，降低发动机有效燃料消耗率；要推广子午线轮胎的使用；注意保持发动机的正常工作温度，避免急加速、急减速工况；在保证安全的前提下适当提高平均车速和尽量采用预见性制动等驾驶技术。

6. 混合动力电动汽车（Hybrid Electric Vehicle，简称 HEV），将电力驱动与传统的发动机驱动相结。其节能的主要原因是：

（1）储能装置（如蓄电池）的补偿作用平滑了发动机的工况波动，在汽车的一般行驶中吸收、储存电能，而在需要提供大功率时提供电能，从而混合动力电动汽车可以采用小型发动机，工作中发动机的负荷率较高，并可以使发动机的工作点处于高效率的最优工作区域内。

（2）在汽车停车等候或低速滑行等工况下，可以关闭发动机，以节约燃料。

（3）汽车减速滑行或紧急制动时，可以利用发电机回收部分制动能量，转化成电能存入蓄电池，从而进一步提高了汽车的燃料经济性。

7. 汽车燃料经济性的台架检测是由底盘测功机和油耗仪配合使用完成的。汽车驶上底盘测功机，拆卸燃油管路，安装油耗仪，排除油路的空气泡，然后在底盘测功机上进行加载，使加载量符合该车在路试状态下的各种阻力，进行油耗检测。

8. JT/T198—2004《营运车辆技术等级划分和评定要求》：一级车的百公里燃油消耗量应小于该车型制造厂规定的相应车速等速百公里油耗的103%，而二、三级车则应小于110%。

【项目训练】

1. 解释概念

汽车燃料经济性、发动机负荷率、加速滑行模式、经济车速、碳平衡法。

2. 判断题

（1）为了节油，在高速公路上行驶时可以使用加速滑行法。（　　）

（2）在车速低的时候，汽车外形比汽车总质量对汽车燃油经济性的影响大；汽车高速行驶时，汽车总质量影响较大。（　　）

（3）油耗仪按测量方法不同，可分为容积式油耗仪、质量式油耗仪、流量式油耗仪、流速式油耗仪。（　　）

3. 简答题

（1）简述汽车燃料经济性的评价指标。

（2）分析汽车变速器由两挡增加至四挡（最大、最小速比不变）对汽车动力性和燃料经济性的影响。

（3）写出汽车的燃料消耗方程式。
（4）简述高挡行驶省油的原因。
（5）分析汽车变速器内设置超速挡有何好处？
（6）简述加速滑行省油的原因。
（7）混合动力汽车省油的原因。
（8）分析改善汽车燃料经济性的主要措施。
（9）有两种不同的主减速比，一种能使直接挡的功率平衡图上出现 $V_{max}=V_P$，另一种出现 $V_{max}=1.2V_P$，问哪种主减速比时的等速油耗量较小？为什么？
（10）汽车燃料消耗量标识，如图 3-13 所示，讨论市区燃料消耗量、市郊燃料消耗量、综合燃料消耗量的大小关系。

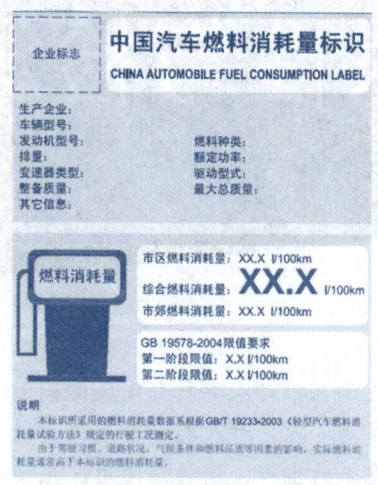

图 3-13　汽车燃料消耗量标识

（11）发动机最低有效燃油消耗率小，汽车的燃油经济性就一定好，这种观点对吗？
（12）简述汽车燃料经济性的检测方法。

项目四
汽车环保性与检测

【项目导读】 汽车在推动人类社会发展的同时，大量地消耗着地球上许多有限的资源，对人类社会未来的持续发展有着重要影响。同时，汽车的生产、销售、使用、报废还带来环境污染。环境是人类赖以生存和发展的基础，如果人类的生存环境遭到破坏，将严重阻碍社会经济的发展和威胁人类的健康与生存。汽车环保性主要包括汽车排放污染物对大气的污染、汽车噪声对环境的危害、汽车电气设备对无线电通信及广播电视等的电波干扰、汽车车内空气污染等。通过本项目的学习，能够了解汽车环保性含义，掌握汽车排放污染物种类、形成原因、危害，掌握汽车噪声的度量、危害及来源，了解汽车电波干扰的知识，了解汽车车内空气污染概念、特点、污染物种类、来源，分析汽车排放污染物影响因素，能提出降低汽车排放污染和汽车噪声的控制方案，掌握汽车废气分析仪、烟度计的结构原理，了解汽车排放污染物检测标准，掌握汽车噪声计的结构原理，了解汽车噪声的检测项目与检测标准。

任务一　汽车排放污染物

【任务描述】

汽车排放污染物是指汽车排放物中污染环境的各种物质，主要有一氧化碳（CO）、碳氢化合物（HC）、氮氧化合物（NO_x）与微粒物（PM）。汽油机污染物主要是 CO、HC、NO_x。柴油机污染物主要是 NO_x、PM。

【相关知识】

一、汽车排放污染物来源

汽车排放污染物主要通过汽车尾气排放、燃料蒸发、曲轴箱窜气 3 个途径进入大气中，造成对大气的污染。

1. 尾气排放

发动机排气管排出的发动机燃烧废气俗称尾气。尾气排放是汽车最主要的大气污染源。汽油车的主要污染成分是 CO、HC、NO_x，而柴油车除了这 3 种有害物质外还排出大量的微粒物（PM）。

2. 燃料蒸发

发动机燃料供给系的燃料蒸发所产生，如燃料箱中燃料，由于温度升降产生呼吸作用，使燃料蒸气 HC 向大气中排放；油管接头处的燃料渗漏蒸发也向大气中排放 HC。

3. 曲轴箱窜气

在发动机工作的压缩和做功行程，燃烧室内的气体由活塞与气缸之间的间隙窜入曲轴箱，再由曲轴箱通风口排向大气而产生。其主要污染物是 HC，也有部分 CO、NO_x 等。

二、汽车排放污染物的形成与危害

汽车排放污染物是目前增长最快的大气污染源，它对人体的健康造成威胁，特别是对儿童、老人、孕妇以及患有心脏病和呼吸系统疾病的人群伤害更大。

1. 一氧化碳（CO）

（1）CO 形成原因

CO 是烃类燃料在燃烧过程中因缺氧而不能完全燃烧的产物。

当混合气过浓，即在理论空燃比以下时，随着 A/F 的减小，CO 浓度上升很快。理论上，当混合气空燃比大于理论空燃比时，在氧气过剩的稀混合气情况下，排气中不存在 CO。实际上，由于各缸混合气不一定均匀一致，燃烧室各处的混合也不均匀，出现局部的浓混合气，在排气中仍会有少量的 CO 产生。即使燃料与空气混合很均匀，由于燃烧后的高温，已经生成的

CO_2 也会有一小部分被分解成 CO 和 O_2。另外，排气中的 H_2 和未燃烃 HC 也可能将排气中的一部分 CO_2 还原成 CO。

（2）CO 危害

CO 是无色、无味的窒息性易燃有毒气体。它与人体红血球中血红蛋白的亲合能力为氧气的 200~300 倍。当人体吸入 CO，CO 与人体血红蛋白亲合后形成碳氧血红蛋白，使得血液输送氧气的能力大大降低，使心脏、头脑等器官严重缺氧，引起恶心、头晕、头痛等症状，甚至使人窒息，死亡。

2. 碳氢化合物（HC）

（1）HC 形成原因

汽车排放的 HC，除了排气中的未燃烧烃外，还包括燃料供给系中的燃料蒸发以及燃烧室内气体泄漏而排放出的 HC。其成分极为复杂，大约有 200 多种，包括烷烃、烯烃、芳香烃和含氧化合物如醛、醇、醚类和酮类等。

由汽车排气管排入大气中的 HC 是在气缸内形成的。缸内 HC 的成因主要有以下几种情况：多种原因造成的不完全燃烧、燃烧室壁面的激冷效应、缝隙效应、壁面油膜和积碳吸附。

1）不完全燃烧。

碳氢燃料不能完全燃烧（氧化）的产物。混合气过浓或过稀都可能燃烧不完全或失火，导致 HC 增加。发动机怠速及大负荷工况下，可燃混合气浓度处于过浓状态，加之发动机怠速时残余废气系数大，造成不完全燃烧或失火；另外，汽车在加速或减速时，会造成暂时的混合气过浓或过稀现象，也会产生不完全燃烧或失火。即使在 A/F=14.7 时，由于油气混合不均匀，造成局部过浓或过稀现象，也会因不完全燃烧产生 HC。

2）激冷效应。

发动机燃烧过程中，燃气温度高达 2000℃ 以上，而气缸壁面温度在 300℃ 以下，使得靠近壁面的气体受低温壁面的影响，温度远低于燃气温度，并且气体的流动也较弱。壁面激冷效应就是指温度较低的燃烧室壁面对火焰的迅速冷却，使活化分子的能量被吸收，链式反应中断，在壁面形成厚约 0.1~0.2mm 的不燃烧或不完全燃烧的火焰激冷层，产生大量未燃 HC。激冷层厚度随发动机工况、混合气湍流程度和壁温的不同而不同，小负荷时较厚，特别是冷起动和怠速时，燃烧室壁温较低，形成很厚的激冷层。

3）缝隙效应。

缝隙主要是指活塞头部、活塞环和气缸壁之间的间隙，火花塞中心电极的空隙，火花塞的螺纹、喷油器周围的间隙等。

发动机压缩过程中，气缸压力升高，未燃混合气或空气被挤入各个缝隙区域；在燃烧过程中，缸内压力继续上升，未燃混合气继续流入缝隙。由于缝隙面容比很大，激冷效应十分强烈，火焰无法传播到其中继续燃烧；而在膨胀和排气过程中，缸内压力下降，当缝隙内的未燃混合气压力高于气缸压力时，缝隙内的气体重新流回气缸并随燃气一起排出，这种现象称为缝隙效应。

4）壁面油膜和积碳吸附。

发动机进气和压缩过程中，气缸壁面上的润滑油膜，以及沉积在活塞顶部、燃烧室壁面和进气门、排气门上的多孔性积碳，会吸附未燃混合气和燃料蒸气，而在膨胀和排气过程中，这些被吸附的燃料蒸气逐步脱附释放出来进入气态的燃烧产物中，随已燃气体排出气缸。

（2）HC 危害

HC 对人的眼、鼻和呼吸道黏膜有刺激作用，可引起结膜炎、鼻炎、支气管炎等疾病；又有难闻的气味，还含有致癌物质。HC 也是生成光化学烟雾的组成成分。

3. 氮氧化合物（NO_x）

（1）NO_x 形成原因

NO_x 是 NO、NO_2 等氮氧化物的总称。在发动机排出的废气中，NO 占绝大部分（约占 99%），NO_2 的含量较少（约占 1%）。NO 排入大气后，又被氧化成 NO_2。

1）混合气在高温燃烧过程中，空气中的 N_2 被氧化成 NO，称为高温 NO，是 NO 生成的主要来源。

2）燃料中的含氮化合物在燃烧过程中，分解成低分子氮化物被氧化生成 NO，称为燃料 NO。

3）在燃烧过程中，燃料中的 HC 裂解出的 CH、CH_2、C_2、C 等原子团与空气中的 N_2 反应生成 HCN 和 NH 等，并进一步与 OH、O 原子团反应生成 NO，称为激发 NO。

（2）NO_x 危害

NO_x 能刺激人的眼黏膜，引起结膜炎等疾病；还对呼吸系统具有危害作用。在 NO_2 浓度为 5ppm 的空气中暴露 10min，可造成呼吸系统失调。NO_x 也是生成光化学烟雾的组成成分。

4. 微粒物（PM）

所谓微粒物是指发动机排出的全部废气，在接近大气条件下，除去非化合形态的凝聚水以外，收集到的全部固体状和液体状的微颗粒，包括碳烟（DS，Dry Soot）、可溶性有机物（SOF，Soluble Organic Fraction）、硫酸盐等物质。

（1）PM 形成原因

柴油机微粒物排放要比汽油机高 30~80 倍。对于以碳烟为主的微粒物生成原因，概括地说是由于烃类燃料在高温和局部混合气过浓条件下裂解生成的。

一般认为，当燃油喷射到高温的空气中时，轻质烃很快蒸发汽化，而重质烃会以液态暂时存在。液态烃在高温缺氧条件下直接脱氢碳化，析出碳粒。而蒸发气化了的轻质烃，在高温缺氧条件下发生部分氧化和热裂解，生成各种不饱和烃类，如乙炔、乙烯及其较高的同系物和多环芳香烃，它们不断脱氢形成原子级的碳粒子，逐渐聚合成直径 2nm 左右的碳核；气相的烃和其他物质在碳核表面的凝聚以及碳粒相互碰撞发生的凝聚，使碳核继续增大，成为直径为 20~30nm 的碳烟基元；而碳烟基元经过相互凝聚形成直径 1μm 以下的球状或链状的多孔性聚合物。重馏分的未燃烃、硫酸盐以及水分等在碳粒上吸附凝聚，形成微粒物。

微粒和碳烟的关系是包含与被包含的关系。碳烟是微粒的主要组成部分，碳烟排放的升高与降低必然导致微粒排放的相应变化,但两者的升高和降低未必成比例。柴油机在高负荷工作时,碳烟在微粒中所占比例升高,而在部分负荷时则有所降低。由于重馏分的未燃烃、硫酸盐以及水分等在碳粒上吸附凝聚,很多情况下碳烟即指微粒物。

(2) PM 危害

微粒物悬浮于离地面高 1~2m 的空气中,容易被人体吸入,不但对人体健康产生危害,也是造成能见度变差的原因。微粒物越小,悬浮于空气中时间越长,越容易被人吸入肺部,对人体健康造成危害越大。

5. 光化学烟雾

(1) 光化学烟雾形成原因

光化学烟雾是汽车排放到大气中的 HC 和 NO_x 在太阳光紫外线照射下产生光化学反应生成的。它的主要成分是 O_3、醛等烟雾状物质。它是一种强刺激性有害气体的二次污染物。

(2) 光化学烟雾危害

光化学烟雾刺激人的眼睛、鼻腔和咽喉,引起胸部压缩、头痛、咳嗽、疲倦等症状,损害农作物。

三、汽车排放污染物的影响因素

汽车排放污染物的影响因素涉及到汽车发动机的结构参数、工况参数、燃料品质、汽车技术状况等多方面。在此仅就工况参数对汽车排放污染物的影响进行分析。

1. 汽油机排放污染物的主要影响因素

(1) 空燃比

空燃比(A/F)对排气中 CO、HC、NO_x 的影响如图 4-1 所示。从图中可以看出,CO 排放浓度随着空燃比的增加逐渐下降;HC 排放浓度两头高中间低;NO_x 排放浓度却是两头低中间高。

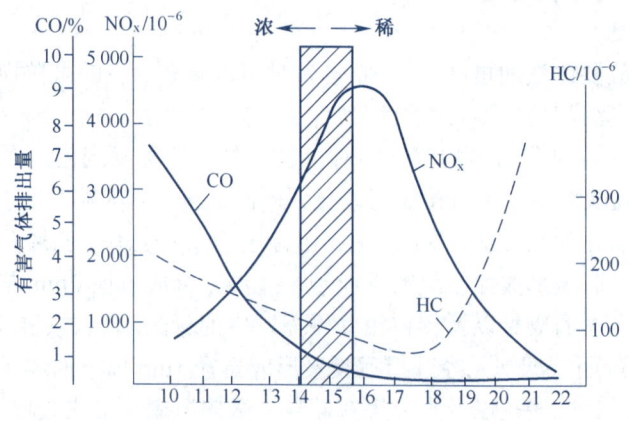

图 4-1 空燃比与汽油机排放污染物的关系

1)空燃比与 CO 的关系。

CO 的排放浓度随空燃比的增加而下降,这是因为随着空气量的增加,燃料的燃烧越来越充分。当空燃比大于理论空燃比后,CO 仍保持一定的浓度,这主要是由于燃烧室内混合气空燃比分布不均、高温分解等造成的。空燃比进一步增加,混合气变稀,使燃烧温度降低,减少了高温分解,因此 CO 的排放浓度将进一步下降。就 CO 而言,其排放量主要受空燃比的影响受其他因素的影响不大。一切影响空燃比的因素都将影响 CO 的排放。

2)空燃比与 HC 的关系。

空燃比对 HC 的影响与 CO 有类似的倾向,即随着空燃比的增加,混合气由浓变稀的过程中,HC 的排放量是一直下降的;但是在过稀混合气的情况下,传统的均质燃烧方式已不能保证正常燃烧,产生断火,HC 的排放浓度有所增加。

3)空燃比与 NO_x 的关系。

当空燃比为 16 左右时,由于燃烧温度高,燃气中氧含量充分,此时 NO_x 生成量达到最大。空燃比低于此值时,随着混合气变浓,由于燃烧后的温度和氧的浓度较低,NO_x 生成量减少。空燃比高于此值时,随着混合气变稀,由于火焰传播速度减慢,燃气温度较低,NO_x 生成量减少。

(2)火花质量和点火提前角

1)火花质量决定点燃混合气的能力。当点燃稀薄混合气时,火花越弱,出现失火的现象越多,而失火将会造成大量的 HC 生成。现代发动机普遍采用高能点火系统,将点火初级电流从 3A 提高到 5A,增加了点火强度,延长了火花持续时间,从而改善了混合气燃烧质量,使 HC 排放量降低。

2)点火提前角对汽车排气污染物的影响,如图 4-2 所示。

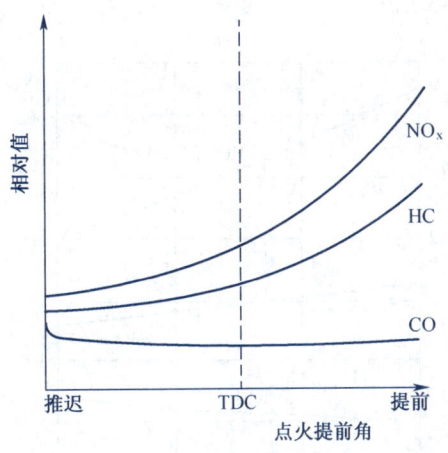

图 4-2 点火提前角对汽车排气污染物的影响

点火提前角对 CO 的影响很小。如过分推迟点火,会使 CO 来不及完全氧化,从而 CO 排放量增加,但适度推迟点火可减小 CO 排放。

点火提前角推迟，补燃增加，延长混合气的燃烧时间，在做功行程后期，未燃的 HC 会继续燃烧，使 HC 排放量降低。但点火过迟，因燃烧速度慢，HC 排放浓度又有所提高。

点火提前角推迟，燃烧的最高温度降低，使 NO_x 排放浓度降低。

（3）运转工况

1）负荷。

汽油机在怠速和小负荷工况运行时，供给的混合气较浓，且燃烧室温度较低，燃烧速度慢，易引起不完全燃烧，使排出的 CO 增多、NO_x 减少；又因为燃烧室温度低，燃烧室壁面激冷现象严重，不能燃烧的燃油量增多，使排出的 HC 增多。

在中等负荷工况时，供给经济混合气，混合气易于完全燃烧，CO、HC 排放浓度减少；由于燃烧室温度增高，使 NO_x 排放浓度增大。

在大负荷工况时，供给浓混合气，使 CO 排放浓度增大；因排气温度高、排气后反应对 HC 排放的消除作用加强，HC 排放浓度变化不大；由于燃烧室温度增高，使 NO_x 排放浓度增大。

2）转速。

转速对排放的影响是综合性的，因为汽油机转速 n 的变化，将引起充气系数、点火提前角、混合气形成、空燃比、缸内气体流动、汽油机温度以及排气在排气管中停留的时间等因素的变化，而这些因素都会引起排放的不同变化。

一般当转速 n 增加时，缸内气体流动增强，燃油的雾化质量及均匀性得到改善，紊流强度增大，燃烧室温度提高。这些都有利于改善燃烧，降低 CO 及 HC 的排放。

汽油机怠速时，由于转速低、汽油雾化差、混合气浓度高、残余废气系数较大，CO 和 HC 的排放浓度较高。因此，提高怠速转速可使 CO 和 HC 的排放浓度下降。发动机怠速转速与 CO、HC 的关系，如图 4-3 所示。

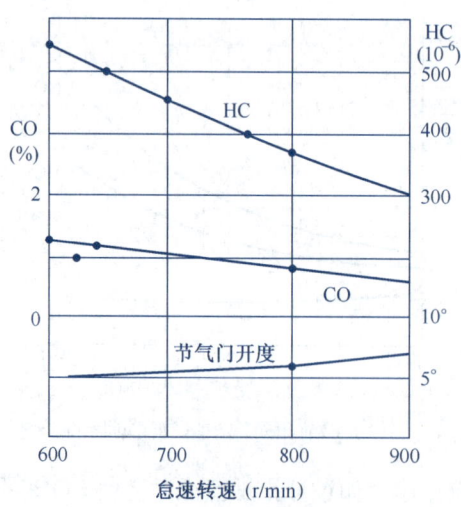

图 4-3　发动机怠速转速与 CO、HC 的关系

对于 NO_x 生成量，当燃用浓混合气时，火焰传播速度随转速 n 的提高而加快，散热损失减少，缸内气体温度升高，使 NO_x 的排放浓度增大。当燃用稀混合气时，火焰传播速度随转速 n 的提高变化不大，由于燃烧过程相对的曲轴转角增大，燃烧峰值温度反而下降，使 NO_x 的排放浓度减少。发动机转速与 NO_x 的关系，如图 4-4 所示。

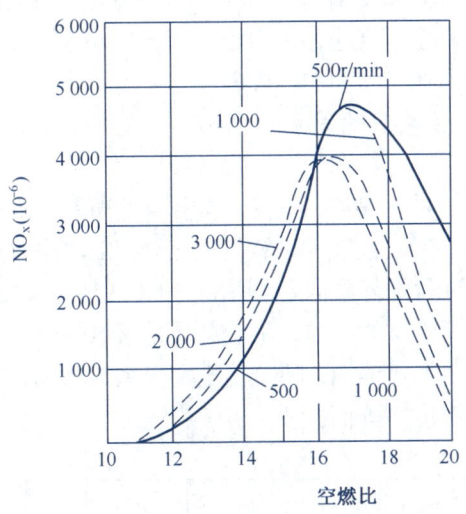

图 4-4 发动机转速与 NO_x 的关系

3）冷起动及暖机工况。

汽油机在进行冷起动时，由于进气系统和气缸温度都很低，汽油很难完全蒸发，较多的汽油沉积在进气系统和气缸壁面上，形成油膜，同时由于发动机转速很低，气体流速很低，燃油蒸气与空气混合也不均匀，为了使点火时能在火花塞附近形成可点燃的混合气，电喷系统中的 ECU 会控制喷油嘴延长喷油时间，以提供较浓的混合气，即额外加大燃油量。形成油膜的汽油有些在燃烧结束后才从壁面上蒸发，没有来得及完全燃烧就被排出气缸，造成冷起动时 HC 的大量排放。较浓的混合气导致较高的 CO 生成。由于温度较低以及混合气过浓，冷起动时 NO_x 的排放量很低。

汽油机起动以后，其组成燃烧室的主要零件以及润滑系、冷却系不能立即达到正常的工作温度，需要一个暖机过程。这时仍需要供给过量空气系数小于 1 的浓混合气，以弥补汽油在进气道和燃烧室壁面上的冷凝，保证燃烧的稳定。此时 CO 和 HC 的排放浓度仍然很高。在现代电控进气道喷射的汽油机中，一般是随着冷却液温度的提高自动减小循环喷油量，逐渐向正常运转过渡。在缸内直接喷射的汽油机中，由于喷油压力高，且直接向气缸内的空气喷油，所以冷凝和壁面油膜等多项问题基本被消除，暖机极为迅速。这是缸内直喷汽油机的主要优点之一。

暖机时，NO_x 排放量仍然不大，因为暖机属于怠速运转，燃烧温度不高。

4）加速工况。

加速就是发动机在部分负荷状态下迅速增加负荷，从而提高发动机转速，使得汽车加快速度的过程。汽油机加速运转时，通常供给较浓的混合气，造成较高的 CO 和 HC 排放。

5）减速工况。

减速就是节气门迅速关闭，离合器不分离，发动机由汽车倒拖，在较高转速下空转。由于发动机进气管中突然的高真空度状态，使壁面上的液态油膜急剧蒸发，形成瞬时过浓混合气，致使燃烧状态恶化而导致较高的 CO 和 HC 排放。

2. 柴油机排放污染物的主要影响因素

（1）过量空气系数

过量空气系数与柴油机排放污染物的关系，如图 4-5 所示。虽然柴油机混合气不均匀，会有局部过浓区，但由于过量空气系数较大，氧气较充分，能对生成的 CO 在缸内进行氧化，因而 CO 一般较少，只是在接近冒烟界限时急剧增加。HC 也较少，过量空气系数增加时，将随之上升。在过量空气系数稍大于 1 的区域，虽然总体是富氧燃烧，但由于混合气不均匀，当局部高温缺氧时，就会急剧产生大量碳烟；随着过量空气系数增加，碳烟排放将迅速下降。柴油 NO_x 排放量随混合气变稀、温度下降而减少。

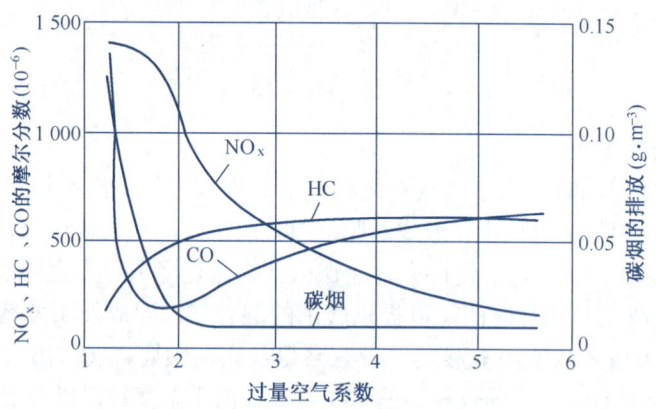

图 4-5　过量空气系数与直喷式柴油机排放污染物的关系

（2）喷油提前角与喷油压力

喷油提前，燃油在较低的温度和压力下喷入气缸，着火落后期延长，着火前喷入气缸的燃油量较多，预混合燃烧程度增大，有利于抑制碳烟生成。而且由于燃烧初期放热率升高，燃烧最高温度高，使燃烧过程结束较早，有利于已经生成的碳烟和颗粒物在缸内局部温度下降到碳反应温度之前进行氧化反应。喷油提前会使 NO_x 排放增加。喷油推迟，可降低 NO_x 排放。但是喷油过迟，碳烟排放会增加，对 CO 和 HC 的排放也有不利影响。

喷油压力提高，则燃油喷雾颗粒进一步细化，贯穿力加大，喷雾锥角加大，再加上紊流的增强，直接促进了燃油与空气的混合，颗粒物排放降低。

（3）运行工况

1）柴油机负荷的变化就是混合气浓度的变化。CO 排放在大负荷和小负荷时偏高；HC 排放则是随着负荷的减小而加大；NO_x 排放则随着负荷的减小、燃烧温度降低而降低；微粒碳烟排放量在中、低负荷时较低，而大负荷时急剧增长。

2）柴油机转速改变时，一般来说，HC 和 NO_x 排放变化不大；CO 则因高速时充气量下降和燃烧时间短而上升；低速时缸内温度和喷油压力较低也使 CO 上升；微粒碳烟则在高速时增加，这是因为充气量下降，混合气变浓造成的。

总之，工况对排放的影响总体表现为：低速、低负荷时，CO 和 HC 排放偏高，而 NO_x 和微粒排放量很低；高速、高负荷则微粒和 NO_x 排放上升。

3）冷起动。

柴油机冷起动时，缸内压缩温度很低，燃油雾化条件差，相当部分燃油会附于燃烧室壁面，初期未燃 HC 以白烟的形式排出机外。因此，微粒物、CO 和 HC 排放必然增多。

4）加、减速工况。

柴油机的加速过程就是加大供油量，由于加速迅猛，过大的油量往往造成过高的微粒物、CO 和 HC 排放。柴油机的减速过程时减小供油量，污染物排放下降。

【任务实施】

为了控制汽车排放对环境的污染，各国根据大气污染的具体情况制订了关于环境保护的法律，对各种排放源的污染物规定限值和测量方法。对一定时期内汽车排放污染物的限值和测量方法的规定，就是汽车排放标准。目前全球汽车排放标准已形成三大体系，即美国体系、欧洲体系和日本体系。我国采用的是欧洲排放标准体系。为了使汽车排放污染物达到一定的排放水平，必须对汽车采取一定的控制措施。

汽车排放污染物的控制措施可分为 3 类：改进发动机燃烧过程的机内净化措施，在排气系统中采用化学或物理的方法对已生成的有害排放物进行净化的排放后处理措施，以及对来自曲轴箱和供油系统的有害排放物进行净化的非排气污染控制措施。后两类也统称为机外净化措施。

一、机内净化措施

机内净化措施主要有：废气再循环、电控多点燃油喷射、高能电子点火和控制、稀薄燃烧发动机、多气门、可变配气相位、进气旋流、优化燃烧系统设计、废气涡轮增压与中冷、电控高压共轨等。

废气再循环系统（EGR）控制措施：在燃烧温度升高时，燃油蒸发、混合气混合和燃烧均得到改善，CO 和 HC 的排放浓度减少，但 NO_x 的排放浓度增加。废气再循环（Exhaust Gas Recirculation，简称 EGR）是降低 NO_x 排放的一种主要措施。其工作原理如图 4-6 所示。由于排气中氧含量很低，主要由惰性气体 N_2 和 CO_2 构成，一部分排气在电控单元（ECU）的控制下，通过 EGR 阀引回进气系统，与新鲜混合气混合后，稀释了新鲜混合气中的氧浓度，导致燃烧速度降低,同时提高了新鲜混合气的比热容。这两个原因都使得燃烧温度降低,从而抑制了 NO_x 的生成。

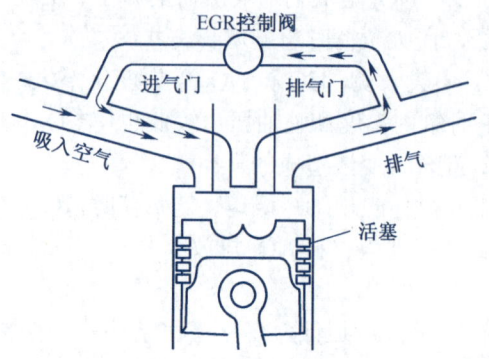

图 4-6　EGR 工作原理

废气混入的多少用 EGR 率表示,其定义如下:

$$EGR率 = \frac{EGR气体流量}{EGR气体流量 + 吸入混合气量} \times 100\% \quad (4-1)$$

由图 4-7 可知,随 EGR 率增加,由于燃烧速度下降,使油耗恶化和转矩下降,动力性、经济性变坏。EGR 率过大时,燃烧速度太慢,燃烧变得不稳定,失火率增加,HC 也会增加;EGR 率过小时,NO_x 排放达不到法规要求。因此,EGR 率应根据发动机工况要求进行控制。通常怠速、小负荷、冷机状态下不进行废气再循环。一般汽油机 EGR 率不超过 20%。

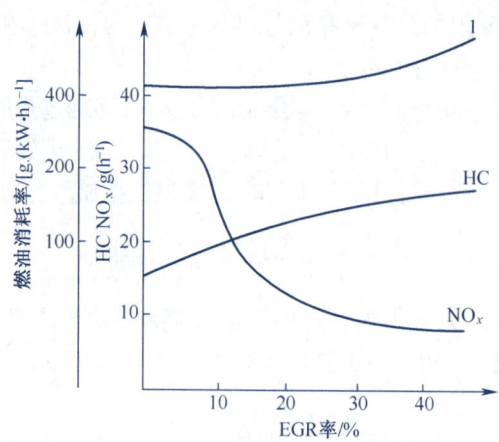

图 4-7　不同 EGR 率对油耗与排放的影响

二、机外净化措施

机外净化措施主要有:曲轴箱强制通风、燃油蒸发控制、氧化型催化转化器、三元催化转化器、微粒捕集器等。

1. 曲轴箱强制通风装置（PCV）

曲轴箱强制通风（Positive Crankcase Ventilation，简称 PCV），如图 4-8 所示。

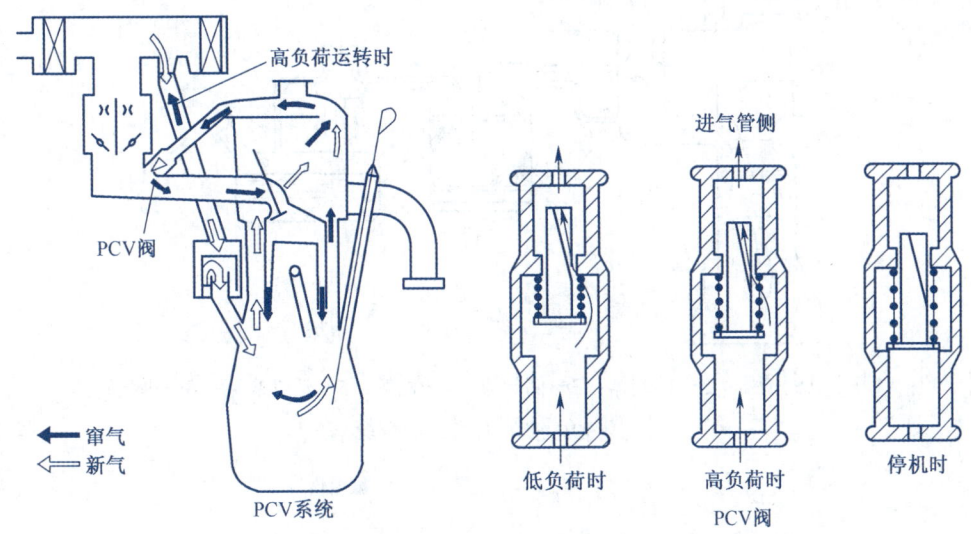

图 4-8　曲轴箱强制通风装置

新鲜空气由空气滤清器进入曲轴箱，与窜气混合后，经 PCV 阀进入进气管，与空气或油气混合气一起被吸入气缸燃烧掉。PCV 阀可以随发动机运转状况自动调节吸入气缸的窜气量。在怠速和小负荷时，由于进气管真空度较高，阀体被吸向上方，阀口气流流通截面减少，吸入气缸的窜气量减少，以避免混合气过稀，造成燃烧不稳定或失火。而在加速和大负荷时，窜气量增加，进气管真空度变低，在弹簧作用下阀体下移，阀口流通截面增大，使大量的窜气进入气缸被燃烧掉。当发动机高速大负荷运转时，一旦窜气量过多而不能完全被吸净时，部分窜气会从闭式通气口倒流入空气滤清器。

2. 燃油蒸发控制系统

燃油蒸发控制系统，如图 4-9 所示。由油箱蒸发出来的油蒸气，经储气罐流入炭罐被活性炭所吸附。当发动机工作时，在进气管真空度作用下控制阀开启，被活性炭吸附的油蒸气与从炭罐下部进入的空气一起被吸入进气管，最后进入气缸被燃烧掉，而同时活性炭得到再生。

3. 三元催化转化器（TWC）

三元催化转化器（Three Way Catalyst，简称 TWC）由壳体、减振层、载体和催化剂涂层 4 部分组成，如图 4-10 所示。

减振层位于壳体和载体之间，起固定载体、减振、缓解热应力、隔热和密封等作用。

载体是承载催化剂涂层的支撑体，如图 4-11 所示，排气从其孔隙中通过并与固定在涂层上的活性催化剂相互作用，加速氧化、还原反应速度，达到净化排气的目的。在载体孔道的壁面上，涂有一层氧化铝层。在涂层表面是活性贵重金属材料，一般是铂（Pt）、铑（Ph）和钯（Pd）以及作为助催化剂的稀土类材料。

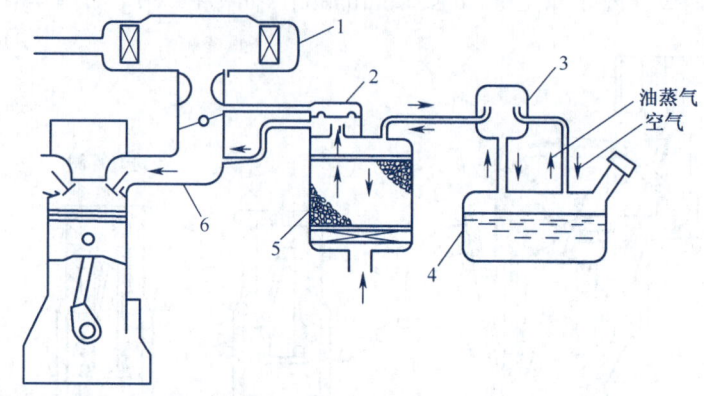

1—空气滤清器；2—控制器；3—储气罐；4—油箱；5—活性炭罐；6—进气管

图 4-9　燃油蒸发控制系统

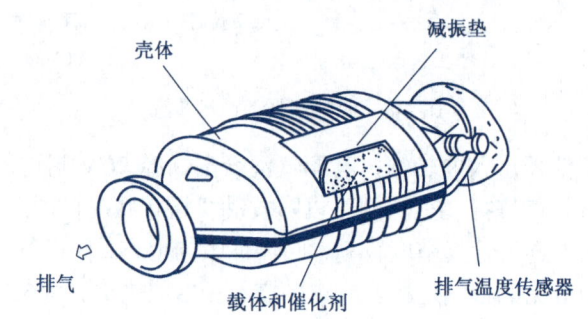

图 4-10　三元催化转化器基本结构

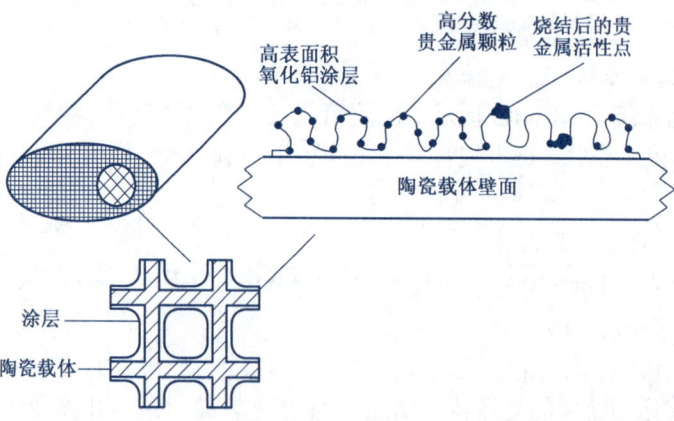

图 4-11　三元催化转化器载体和催化剂涂层的细微结构

三元催化转化器可以对汽油机排气中的 CO、HC 及 NO_x 同时净化。催化剂的活性成分为铑和铂，铑对 NO_x 的还原性能最高，而铂则对 CO 和 HC 的氧化活性好。因此，铂-铑系催化剂同时具有氧化和还原作用，可以使排气中的 CO 和 HC 作为还原剂使 NO_x 还原成 N_2，其本身氧化为 CO_2 和 H_2O。

$$2CO+2NO \rightarrow 2CO_2+N_2 \quad (4-2)$$

$$4HC+10NO \rightarrow 4CO_2+2H_2O+5N_2 \quad (4-3)$$

$$2CO+O_2 \rightarrow 2CO_2 \quad (4-4)$$

$$4HC+5O_2 \rightarrow 4CO_2+2H_2O \quad (4-5)$$

催化转化器的转化效率定义为

$$\eta_i = \frac{C(i)_1 - C(i)_2}{C(i)_1} \times 100\% \quad (4-6)$$

式中：η_i—排气污染物 i 在催化转化器中的转化效率；$C(i)_1$—排气污染物 i 在催化转化器入口处的浓度；$C(i)_2$—排气污染物 i 在催化转化器出口处的浓度。

三元催化转化器的转化效率与空燃比关系极大，如图 4-12 所示。要求空燃比保持在理论空燃比范围内。只有这样，催化剂才能使 CO 和 HC 氧化，又使 NO_x 还原，实现催化剂三效。如果混合气过稀，只能净化 CO 和 HC；如果混合气过浓，只能净化 NO_x。为此，三元催化转化器必须与电喷发动机配合使用，如图 4-13 所示，并在三元催化转化器之前安装氧传感器，检测三元催化转化器入口处的氧气浓度，以便精确控制空燃比。

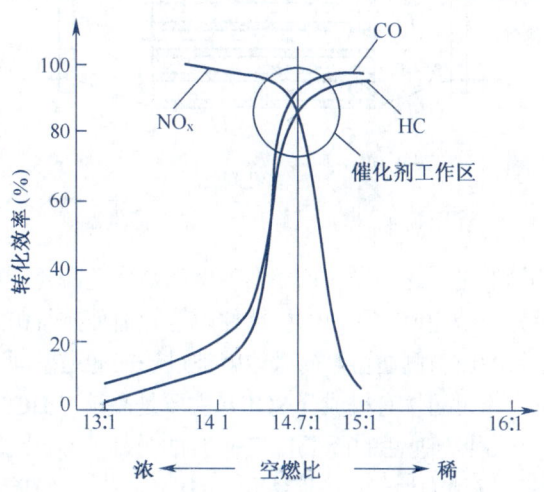

图 4-12 三元催化转化器的转化效率与空燃比关系

4. 微粒捕集器（DPF）

微粒捕集器，也称为柴油机排气微粒过滤器（Diesel Particulate Filter，简称 DPF）。作为微粒捕集器的过滤材料可以是陶瓷蜂窝载体、陶瓷纤维编织物、金属蜂窝载体、金属纤维编织物等。目前应用最多的是美国康宁公司和日本 NCK 公司生产的壁流式蜂窝陶瓷微粒捕集器，如图 4-14 所示。

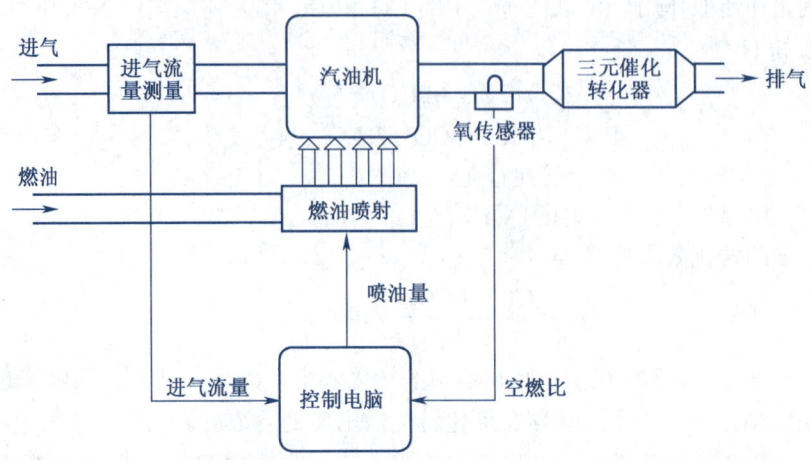

图 4-13　电控闭环控制系统与三元催化转化器

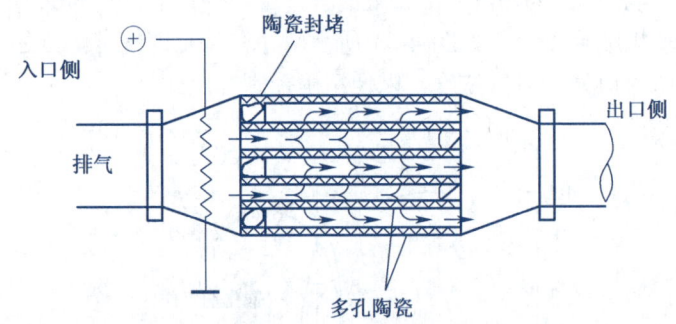

图 4-14　壁流式蜂窝陶瓷微粒捕集器

与一般催化剂载体不同的是，这种微粒捕集器的壁面是多孔陶瓷，相邻的两个通道中，一个通道的出口侧被堵住，而另一个通道的入口侧被堵住。这就迫使排气由入口侧敞开的通道进入，穿过多孔陶瓷壁面进入相邻的出口侧通道，而微粒就被过滤在通道壁面上。这种微粒捕集器对碳烟的过滤效率可达 90% 以上，可溶性有机成分 SOF（主要是高沸点 HC）也能部分被捕集。

一般微粒捕集器只是一种物理性的降低排气微粒的方法。随着过滤下来的微粒的积累，造成排气背压增加，使发动机动力性、经济性恶化。因此，必须及时除去微粒捕集器中的微粒，以便能继续工作。除去微粒捕集器中积存的微粒称为再生。

微粒捕集器常采用的再生方法是断续加热。在实际使用加热再生方法时，需要一套复杂的控制系统，如图 4-15 所示。排气系统中装有两个微粒捕集器，当一侧的捕集器由于微粒的存积使排气背压升高到一定限值时，再生系统起动，通过电磁阀切换，使排气流向另一侧的微粒捕集器；同时对积存了微粒的捕集器进行电加热以烧掉微粒使其再生。这样，两侧的微粒捕集器就交替工作或再生。

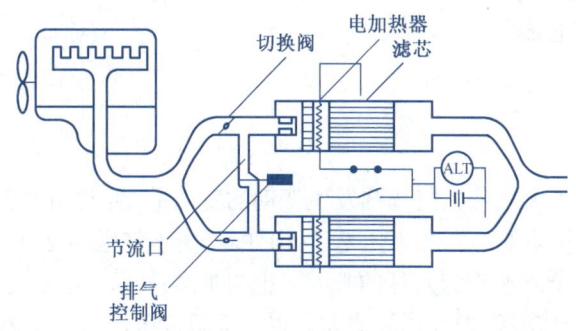

图 4-15　微粒捕集器控制系统

三、使用中降低汽车排气污染物的主要措施

在用汽车的排放控制措施包括：改善燃料质量、推行 I/M 制度等。在用汽车的 I/M 制度就是使车辆在使用周期内一直保持良好的技术状况，降低排气污染。

I/M（Inspection and Maintenance Program，简称 I/M）制度通过对在用车辆排放（尾气排放和蒸发排放、颗粒排放）进行控制，防止其排放净化系统被拆除、损坏、性能失效或恶化，充分发挥在用车本身净化能力，保证排放达标。具体手段是加强在用车维护，同时采用由管理部门认定的检测站对本辖区的在用车辆进行检测和监控。发现排放超标车辆，则强制该车进入具备维修资格的维修企业进行维修。

任务二　汽车噪声

【任务描述】

噪声是指人们不需要并希望设法加以控制和消除掉的声音的总称。汽车噪声是汽车产生的由不同振幅和频率组成的杂乱、令人厌恶并有害于身心健康的声音。

噪声的危害是多方面的。噪声可以使人的听力下降，甚至耳聋；也可能诱发一些其他疾病。噪声作用于人的中枢神经系统，使大脑皮层兴奋、抑制失调，产生头疼、脑胀、昏晕、耳鸣、失眠、心慌等症状。噪声也可以影响人的各个系统，如消化系统、内分泌系统等。近年来，人们发现，在一定的强度噪声影响下，人们会出现心跳过速、心律不齐、血压增高等症状。汽车噪声一般是中强度噪声，由于车辆多、影响面广，所以危害很大。汽车的高噪声不仅影响环境，还会使驾驶员工作效率下降、反应迟钝，影响行车安全。汽车噪声被称为安全行车的隐形杀手。

随着现代交通运输的发展，城市交通工具越来越多，运行的速度越来越快，运输工具的功率越来越大，交通运输噪声已成为现代城市环境的最主要噪声源之一。据一些大城市统计，交通运输噪声占城市噪声的75%，其中以汽车噪声影响最大。因此，采取有效地措施降低汽车本身的噪声是非常有必要的。

【相关知识】

1. 声压 p

声压是指声波作用于大气使大气压强发生变动的变动量，通常用 p 表示，其单位为 Pa（帕）。正常人刚刚能听到的最轻微的声音的声压是 $2×10^{-5}$Pa。由于声压为 $2×10^{-5}$Pa 的声音刚刚能被人听到，所以 $2×10^{-5}$Pa 这个值被称为人耳的听阈，也叫基准声压，用 p_0 表示。使人耳有疼痛感的声音的声压是 20Pa 这个值被称为人耳的痛阈，也叫极限声压，用 p_{max} 表示。p_{max}（20Pa）比 p_0 （$2×10^{-5}$Pa）大得多，p_{max} 是 p_0 的 100 万倍，由此可见，人耳对声音的感觉范围是相当宽的。

2. 声压级 L_p

声压级 L_p 是声音的实际声压 p 和基准声压 p_0 之比，取以 10 为底的对数，再乘以 20。其数学表达式，即声压级的计算公式为

$$L_p = 20\lg\frac{p}{p_0} \text{（dB）} \tag{4-7}$$

根据公式，听阈的声压级为 0dB，而痛阈的声压级为 120dB。由于采用了声压级，就将相差 100 万倍的可听声压范围，简化成 0~120dB 的声压级变化。它既符合人耳对声音的主观感觉，也便于表示。

3. 频谱

由于声音的频率不同，有的听起来很尖，有的则很低沉。一般的声源是由很多频率成分复杂的声音组成的。为了辨别噪声的主要成分，以减少噪声，仅知道声源某一点的声压级还不够，还要分析它的各种频率成分和相应的声压级，这种方法称为频谱分析。通常，以横坐标为频率，纵坐标为声压级，画出声源辐射声音的频率成分组成图，称为频谱图。频谱是描述声音的一个重要特性。具有一系列独立频率成分的频谱称为线状谱，如图 4-16（a）所示。大多数噪声是由许多频率和强度都不同的成分杂乱无章地组合起来的。许多谱线紧密地排列在一起，声能连续地分布在很宽的频率范围内。这种频谱称为连续谱，如图 4-16（b）所示。可通过试验测得各类汽车的噪声频谱，用来分析汽车各种频率噪声的声压级的大小、主要噪声源的频率范围，并为汽车设计、改造提供理论依据。

4. 倍频程

人耳的可听频率范围为 20~20000Hz，低于 20Hz 为次声波，高于 20000Hz 为超声波。在这样宽的频带范围内进行噪声分析时，通常将宽广的声波频率范围分为几个频段（频带、频程），测量某一段频率间隔的声压级，这一频率间隔称为频带。

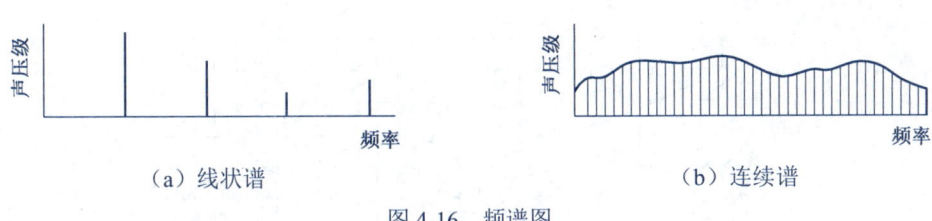

图 4-16 频谱图

在噪声测量中,常采用倍频带的频带宽度。其频带上限频率 f_u 与下限频率 f_l 之间有如下的关系

$$f_u = 2f_l \qquad (4-8)$$

每个频带的中心频率为 $f_c = \sqrt{f_u f_l}$。在可听频率范围内各频带的中心频率值及相应的频率范围,见表 4-1。若需要更详细地分析噪声,可采用 1/2 倍频带、1/3 倍频带等较窄的频带。

表 4-1 倍频带频率范围表

中心频率(Hz)	31.5	63	125	250	500	1000	2000	4000	8000
频率范围(Hz)	22.5~45	45~90	90~180	180~355	355~710	710~1400	1400~2800	2800~5600	5600~11200

5. 响度级与等响曲线

实践证明,人耳对声音的感觉不仅与声压有关,而且也与频率有关。人耳可听声音范围为 20~20000Hz,往往声压级相同,但由于频率不同,听起来并不一样响;而不同频率的声音,虽然声压级不同,但有时听起来却一样响。因此用声压级测定的声音强弱与人们的生理感觉往往并不一致。由于噪声的危害对象主要是人,因而需采用与人耳生理感觉相适应的指标来评价声音的强弱,这个指标就是响度级,单位用方(Phon)来表示。选取频率 1000Hz 的纯音作为基准音,某噪声听起来与该纯音一样响,该噪声的响度级(方值)就等于这个纯音此时的声压级(分贝值)。例如,某噪声听起来与声压级 80dB、频率 1000Hz 的基准音一样响,则该噪声的响度级就定为 85 方。

响度级是同时考虑声音的声压级和人耳对不同频率声音的响应而引入的表示声音响度的主观量标,它将声压级和频率统一起来。

利用与基准音比较的方法,就可以得到整个可听范围纯音的响度级,作等响曲线,如图 4-17 所示。这些曲线中的每一条曲线相当于声压级和频率不同而响度相同的声音,即相当一定响度级的声音。最下面的是听阈曲线,最上面的是痛阈曲线,听阈曲线和痛阈曲线之间是正常人耳可以听到的全部声音。这组曲线是通过听觉正常的许多人大量试验和分析作出的。从等响曲线上可知,人耳对高频声音反应敏感,对低频声音反应迟钝。频率低的声音要达到和频率高的声音一样的响度,其声压级就需要提高到一定的数值。由于人耳对高频声音比较敏感,所以高频声音对人耳的损伤就比较严重,因此高频噪声为噪声控制的主要对象。

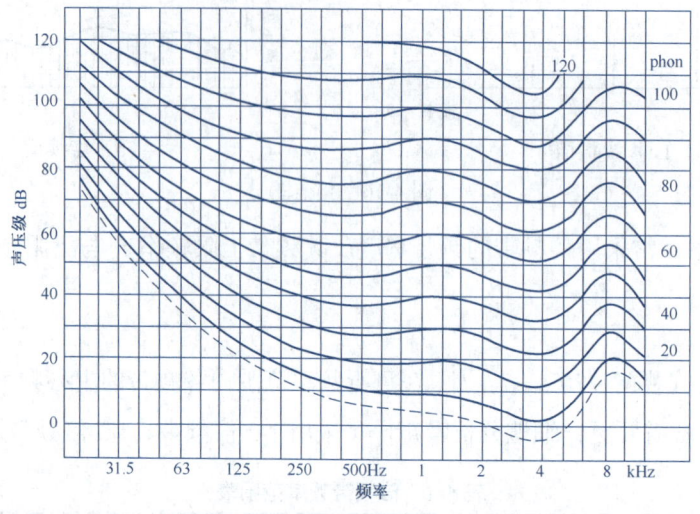

图 4-17 等响曲线

6. 噪声级

为了能测出与人耳感觉相一致的响度级，理应使用"响度级计"来测量声音的强弱，但要设计和制造出对于不同频率的声音均具有与人耳感觉一致的仪器较为困难。目前采用参考等响曲线，在声学测量仪中设置几个频率计权网络，利用它对高、中、低频的不同衰减模拟人耳听觉，如图 4-18 所示。一般设有 A、B、C 三个计权网络，这样就将 10 多条等响曲线简化成 3 条，近似地模拟人耳的听觉。

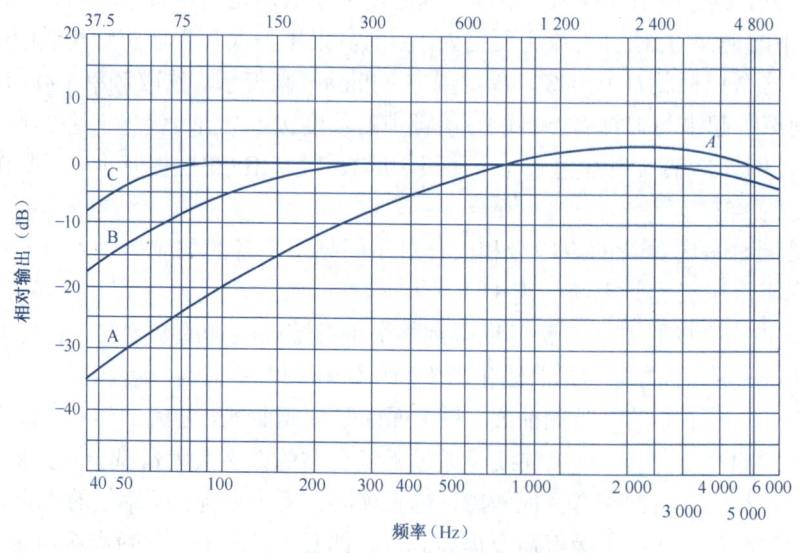

图 4-18 计权网络的衰减曲线

所谓噪声级就是指在选定的计权网络下所测得的声压级。例如，80dB（A）是指在 A 挡计权网络下测得的声压级为 80dB，称为噪声级 80dB（A）。用 A 计权网络测得的噪声值也称 A 声级。A 计权网络是模拟人耳对 40Phon 等响曲线设计的，使被测噪声在人耳不敏感的低频声音段有较大的衰减（不敏感），中频衰减次之，高频不衰减甚至稍有放大（敏感）。因此，A 计权网络测得的噪声值比较符合人耳对噪声的感觉，在汽车和发动机噪声测试时，多采用 A 计权网络。B、C 计权网络分别是模拟 70Phon 和 100Phon 等响曲线设计的，各有不同的特性。由于 A、B、C 三个计权网络的特性不同，故对所测得的分贝值必须注明所采取的计权网络，用 A 计权网络测得的声压级值，记作"dB（A）"。同样，用 B 和 C 计权网络测得的声压级值记作"dB（B）"和"dB（C）"。

【任务实施】

汽车在行驶中受到发动机和传动系的影响以及来自路面的冲击，所有零部件都会产生振动和噪声。汽车噪声如图 4-19 所示，主要包括发动机噪声、传动系噪声、高速行驶时产生的轮胎噪声以及车体振动噪声，有时喇叭噪声和制动噪声也是汽车主要噪声源。

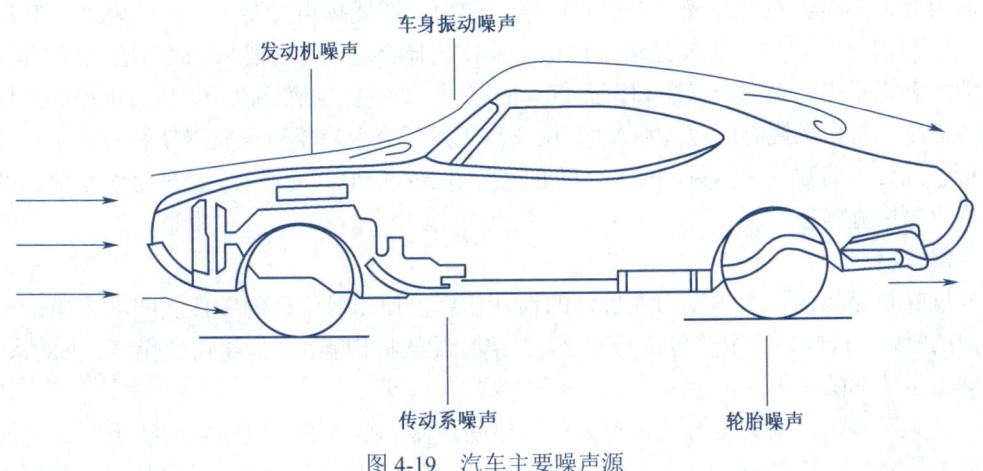

图 4-19　汽车主要噪声源

1. 发动机噪声

发动机是一个包括各种不同性质噪声的综合噪声源，主要包括：燃烧噪声、机械噪声、进气噪声、排气噪声和风扇噪声等。发动机噪声分类示意图，如图 4-20 所示。

（1）燃烧噪声

燃烧噪声是由于气缸内周期性变化的气体压力的作用而产生的。主要表现为燃料燃烧时急剧上升的气缸压力通过活塞、连杆、曲轴、缸体及气缸盖等引起发动机结构表面振动而辐射出来。

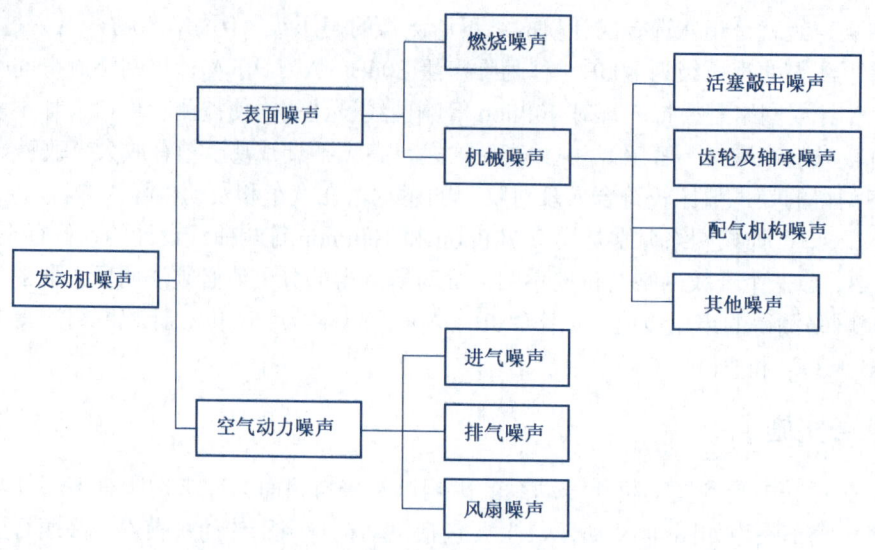

图 4-20 发动机噪声分类示意图

压力升高率是影响燃烧噪声的根本因素。因而，燃烧噪声主要集中在速燃期，其次是缓燃期。使用过程中，汽油机主要是通过根据压缩比选择合适牌号的燃料、适当推迟点火提前角、及时清除燃烧室积碳来减少爆燃和表面点火的产生，即可控制燃烧噪声。柴油机控制燃烧噪声的根本措施是降低燃烧时的压力增长率。由于压力增长率取决于着火延迟期和着火延迟期内形成的可燃混合气的数量和质量，因此可以通过选用十六烷值高的燃料，合理组织喷射和选用低噪燃烧室等措施实现。

（2）机械噪声

机械噪声是指由于气体压力及机件的惯性作用，使相对运动的零件之间产生撞击和振动所形成的噪声。机械噪声主要包括活塞敲缸噪声、配气机构噪声、齿轮啮合噪声、供油系噪声、不平衡力引起的噪声等。

活塞敲缸噪声，通常是发动机最大的机械噪声源。敲缸的强度主要取决于气缸的最大爆发压力和活塞与气缸之间的间隙。控制活塞敲缸噪声的措施主要有：在满足使用与装配的前提下，尽量减少活塞与气缸之间的间隙。

配气机构噪声是由于气门开启和关闭时产生的撞击以及系统振动而形成的噪声。影响配气机构噪声的主要因素有凸轮形线、气门间隙和配气机构的刚度等。配气机构噪声的控制应从减少气门间隙、优化凸轮形线、提高配气机构刚度、减轻驱动元件质量等方面着手。

（3）进、排气噪声

进、排气噪声是由于发动机在进、排气过程中的气体压力波动和气体流动所引起的振动而产生的噪声，按照噪声形成的机理，都属于空气动力噪声。降低进、排气噪声的主要措施是使用消声效果好的消声器。由于消声器的阻抗大，会使发动机的性能恶化，因此要选用阻抗小而消声效果好的消声器。此外,在使用过程中,要注意检查进、排气系统的紧固作业和接头的密封状况,以减小表面辐射噪声和漏气噪声。

(4) 风扇噪声

风扇噪声是汽车的最大噪声源之一。目前,由于车内普遍装设空调系统和排气净化装置等,使发动机罩内温度升高,冷却风扇负荷加大,风扇噪声相应增大。风扇噪声主要是空气动力噪声,它由旋转噪声和涡流噪声组成。此外,还有因风扇机械零件(如轴承松旷等)机械振动引起的噪声。旋转噪声是由风扇旋转的叶片周期性地切割空气,引起空气的压力脉动而激发出的噪声。涡流噪声是由于风扇旋转时叶片周围产生空气涡流而形成的噪声。噪声控制风扇噪声的措施有:合理布置风扇与散热器之间的距离、改进叶片形状、选择能减少噪声的叶片材料。

2. 传动系噪声

传动系噪声包括变速器噪声、传动轴噪声及驱动桥噪声。

(1) 变速器噪声

变速器噪声主要有齿轮噪声、轴承噪声、润滑油搅动噪声、发动机通过离合器传至变速器箱体的振动噪声等,如图 4-21 所示。在使用维修中,注意及时更换齿面剥落、缺损、磨损严重的齿轮,防止齿轮与轴上的花键配合松旷、轴向间隙过大、轴弯曲或轴承松旷等,保证齿轮正常的啮合间隙以减少齿轮噪声;及时更换钢珠碎裂或有疲劳麻点的轴承,消除轴承磨损严重引起的轴向或径向间隙过大和轴承内、外圈配合松动,均可以减少轴承运转噪声;润滑油粘度要合适且油量足够,及时清除变速器中的异物,经常检查紧固螺母以免松动。此外,提高齿轮加工精度,选择合适的齿轮材料,设计固有振动频率高、密封性好、隔声性强的齿轮箱等均可减少变速器噪声。

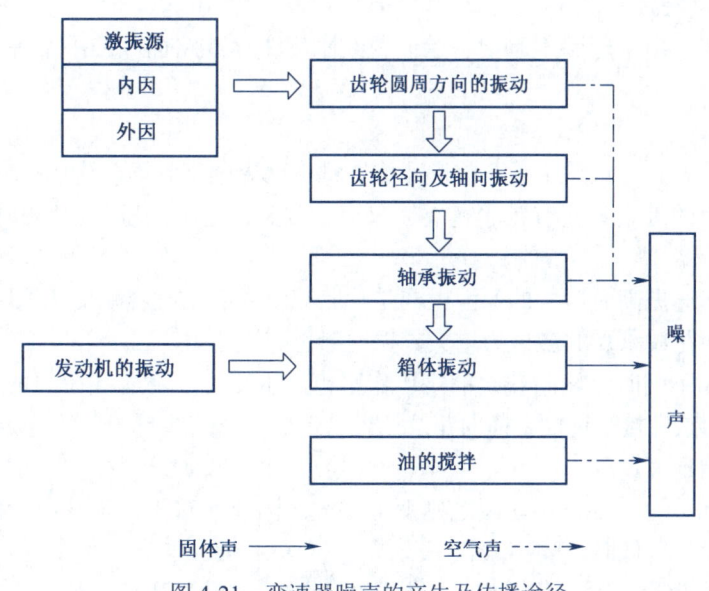

图 4-21 变速器噪声的产生及传播途径

(2) 传动轴噪声

传动轴噪声主要表现为汽车行驶中传动轴发出周期性响声，且车速越高响声越严重，甚至引起车身发生抖动、驾驶员握转向盘的手有麻木感，这是由于传动轴变形、轴承松旷及装配不良等原因造成的。因而在装配传动轴时，注意传动轴花键槽和伸缩节的装配记号；万向节凸缘叉接合平面清洁平整；避免中间轴承装配歪斜、支架螺栓松动或松紧不一；传动轴应进行动平衡试验，使用中经常检查平衡片有无脱落，避免超速行驶，以减少不平衡现象。

(3) 驱动桥噪声

驱动桥噪声指在汽车行驶时车后部发出的较大的响声，且车速越高响声越大。主要是齿隙不合适、齿轮装配不当、轴承调整不当等原因造成的。在使用维修中，要注意主减速器一对锥齿轮的啮合印迹及间隙调整适当；保证足够的齿轮轴承预紧度；保证轴承座孔的同轴度等。

3. 轮胎噪声

轮胎噪声包括轮胎花纹噪声、道路噪声、弹性振动噪声以及轮胎旋转时搅动空气引起的风噪声。

(1) 花纹噪声

花纹噪声在轮胎噪声中占主要地位，指汽车在行驶时，因轮胎胎面花纹槽内的空气在接地时被挤压，并有规则地排出，引起周围压力变化而引起的噪声。

(2) 道路噪声

轮胎花纹噪声是胎面凹凸引起的，而道路噪声是由于路面凹凸不平而产生的噪声。当汽车通过小凸凹路面时凹凸内的空气因受挤压和排放，类似于泵的作用而形成的噪声。

轮胎花纹噪声和道路噪声都是轮胎和路面相互作用而产生的噪声。

(3) 弹性振动噪声

弹性振动噪声是由于轮胎不平衡、胎面花纹刚度变化或路面凹凸不平等原因激发轮胎振动而产生的噪声。

(4) 风噪声

风噪声与路面无关，它是轮胎在前进和旋转时搅动周围空气而产生的空气振动声。

影响轮胎噪声的因素主要有轮胎花纹、车速、负荷、轮胎气压、轮胎磨损程度以及路面状况等。

轮胎噪声随车速提高而增大的原因：一是轮胎花纹内的空气容积变化速度加快，"气泵"声增大；二是胎面花纹承受的激振力增大，振动声也随之增大。

当车辆的负荷不同时，轮胎花纹的挤压作用也产生变化。随着载荷的增加，胎面花纹的变形增大，轮胎的胎肩接触地面，横向花纹便容易造成"空腔的封闭"而使噪声增大，而对纵向花纹轮胎则影响不大。

轮胎气压增加，轮胎变形小，反之则变形增大。因此，对于齿形花纹轮胎来说，当气压高时，噪声小，而气压低时，噪声大。

对于齿形花纹轮胎，胎冠尺寸增大，花纹的接地状态产生变化，使噪声增大。当进一步磨损时，花纹逐渐磨平，槽内空气量减少，噪声降低。

路面状况对轮胎噪声的影响主要取决于路面的粗糙度和潮湿程度。随着路面的粗糙度和潮湿程度的增大，其轮胎噪声增大。

使用中适当提高轮胎气压，可使轮胎变形减小，降低噪声。装配轮胎时应对轮胎进行动平衡试验，若不平衡会增加弹性振动，导致噪声增加。在汽车行驶过程中，应避免急起步、急转弯、急制动，以减少轮胎自振噪声。

任务三　汽车车内空气污染

【任务描述】

自 20 世纪 80 年代，很多国家开始关注车内空气污染。研究发现，车内空气污染有时会高于车外 10 倍以上。为此，不少国家的环保机构制订了汽车车内环境标准，使得汽车车内各种有害气体的含量有了明确的限值，以确保车内空气污染没有达到对驾乘人员健康产生影响的程度。

【相关知识】

一、汽车车内空气污染分析

1. 汽车车内空气污染概念

由于汽车车内引入能释放有害物质的污染源或汽车车内环境通风不佳而导致汽车车内空气中有害物质的含量和种类均不断增加，并影响汽车车内人员的健康，称为汽车车内空气污染。

2. 汽车车内空气污染特点

（1）累加性

汽车车内各种物品，包括装饰材料、地毯、空调等都可能释放出一定的化学物质，若不采取有效措施，它们将在车内逐渐累加，导致污染物浓度增大，构成对人体危害。

（2）多样性

汽车车内空气污染的多样性既包括污染物种类的多样性，如生物性污染物（细菌）、化学性污染物（甲醛、苯、一氧化碳、二氧化碳等）；又包括汽车车内污染物来源的多样性，如车外污染源（道路上浓度较高的污染物）、车内污染源（装饰材料在车内释放的污染物）等。

（3）多变性

汽车车内空气污染程度随汽车使用条件而变化，如汽车运行工况、汽车技术状况、环境状况（气温与环境的污染状况等）等都影响车内污染。

（4）长期性

即使浓度很低的污染物，若长时间作用于驾乘人员，也会影响健康。

3. 汽车车内空气污染物种类

汽车车内空气污染物主要有甲醛、甲苯及二甲苯、氮氧化物、二氧化硫、二氧化碳、一氧化碳、甲苯二异氰酸酯、总挥发性有机物、可吸入微粒物及细菌等。

4. 汽车车内空气污染主要来源

（1）汽车本身

目前国内汽车市场需求很大，许多未经有害气体释放期的汽车直接进入市场。由于安装在车内的塑料材质的配件、地毯、车顶毡、沙发等都含有可释放的有害气体，造成汽车车内空气污染。

（2）汽车车内装饰

多数消费者买车后都要进行车内装饰，还有的经销商以买车送装饰为优惠条件，使一些含有有害物质的座垫、胶黏剂进入车内。这些装饰材料多含有苯、甲醛、丙酮、二甲苯等有毒气体，从而造成汽车车内污染。豪华车内部装饰选用的真皮、桃木、电镀、金属、油漆、工程塑料等如果处理不当，也会挥发出有害物质。

（3）汽车车内驾乘人员活动

人体新陈代谢物（皮屑、毛发、口鼻分泌物、排泄物等）、吸烟时的烟雾、不清洁的车内环境等造成的污染都属于人为污染。

（4）其他

汽车发动机产生的尾气、汽油挥发、空调蒸发器产生的细菌等有害物质进入车内，均会造成汽车车内空气污染。

二、汽车车内空气污染形成原因

汽车车内封闭空间空气污染的形成原因主要有以下4种：

（1）汽车车内装饰物含有一些有害物质。

（2）汽车车内驾乘人员呼吸出来或物品散发出来的气体长时间得不到散发。

（3）汽车发动机产生的一些污染物。

（4）汽车车内空调蒸发器未及时维护造成的污染。

【任务实施】

一、汽车车内空气污染控制措施

1. 臭氧法

采用产生大量臭氧的汽车专用消毒机进行消毒。臭氧是一种具有广泛性的、高效的快速杀菌剂，可以杀灭多种病菌、病毒及微生物。利用臭氧消毒一般不残存有害物质，不会对车内造成二次污染。

2. 离子法

通过车载氧吧释放离子达到车内空气清新的目的，事实上是一种空气清新和净化方式。具有使用简单、操作方便的优点，但缺点是净化过程缓慢。

3. 光触媒法

光触媒是一种光催化型纳米材料，构成光触媒的关键材料是纳米级二氧化钛。这种二氧化钛光催化剂，见光产生正、负电子，其中正电子与空气中的水分子结合产生具有氧化分解能力的氢氧自由基，而负电子则与空气中的氧结合成活性氧，两者均具有强大的降低车内空气污染的能力。氢氧自由基能对于汽车车内常见的污染物进行氧化还原反应，将其转化为无害的水和二氧化碳，同时还可清除汽车车内的浮游细菌，从而降低车内空气污染。

二、常用汽车车内空气污染控制设备

目前常用的汽车车内空气污染控制设备有：

1. 车用空气清新剂

清新剂由于携带方便、使用简单及价格便宜，是控制车内空气污染的常用物品。其原理是在发出恶臭的物质中加入少量药剂，通过化学反应除臭，或使用强烈的芳香物质隐蔽臭气。空气清新剂常见的香型有单花香型（茉莉花、玫瑰花、桂花、铃兰花、栀子花、百合花等）、复合香型、瓜果香型（苹果、菠萝、柠檬、哈密瓜等）、青草香型、"海岸"香型、"香水"香型（素心兰）等。

2. 车载氧吧

车载氧吧是利用活性氧发生技术，通过高频振荡，快速生成负离子，除了消除车内的空气异味外，还具有消毒、杀菌、防霉和提神等功效。与传统的空气清新剂相比，车载氧吧可以彻底清除车内有害气体达到净化空气质量的目的。

3. 光源车用空气除臭器

光源车用空气除臭器是最新推出的空气净化方式，是利用活性炭加光催化达到净化空气的目的，采用先进的光催化材料及技术有效去除汽车内饰异味。

任务四　汽车排放污染物检测

【任务描述】

汽车排出的污染物污染环境、影响健康，已成为严重的社会问题。检测并控制汽车排放污染物，对于保护人类生存环境具有重要意义。同时，可评价汽车的技术状况，特别是燃油供给系统和点火系统的技术状况。因此，汽车排放污染物检测已成为汽车检测项目中极为重要部分。

【相关知识】

一、废气检测原理

1. 不分光红外线法（non-dispersive infrared analyzer）

不分光红外线法检测原理，如图 4-22 所示。测量气体吸收一定波长红外线（CO：4.7μm、CO_2：4.3μm、CH_4：7.7μm、C_6H_{14}：3.5μm、NO：5.3μm）能量，且吸收程度与测量气体浓度成正比。

$$\Delta E = E_0 - E = E_0(1 - C^{-KL})$$

式中：C—气体浓度；K—吸收强度系数；L—气体厚度。

基于该检测原理，可以检测废气中 CO、CO_2、HC、NO_x 的浓度。

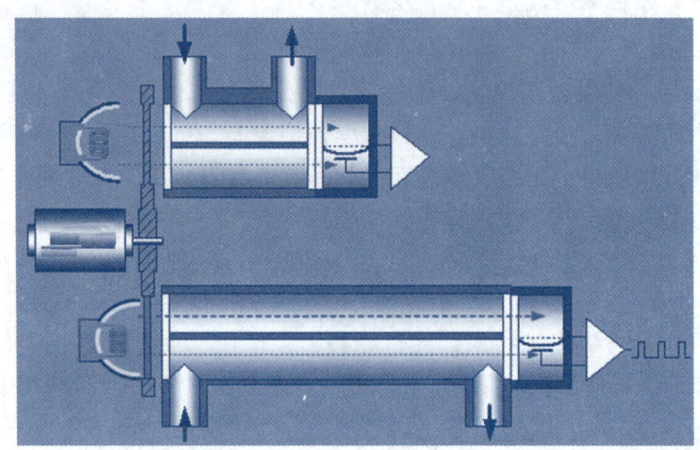

图 4-22　不分光红外线法检测原理

2. 氢火焰离子化法（HFID）

氢火焰离子化法检测原理，如图 4-23 所示。HC 在氢火焰的高温（2000℃）中，裂解产生元素态碳，形成 C^+，在外加电压作用下形成离子流，离子流强度与 HC 中 C 原子数成正比，只要测出离子电流，便可得到 HC 浓度。

该检测方法用于检测废气中 HC 的浓度，是目前世界上最先进的检测方法。

3. 化学发光法（Chemo Luminescence Detector）

化学发光法检测原理，如图 4-24 所示。首先将废气中的 NO_2 全部转化为 NO，然后 NO 与 O_3 发生反应生成 NO_2。生成的 NO_2 中约有 10%NO_2 处于被激励状态，回复到基态时，会发光，发光强度与 NO 浓度成正比。用适当波长光电检测器（光电二极管）通过电信号换算出含量。该方法检测废气中 NO_x 的浓度精度很高。

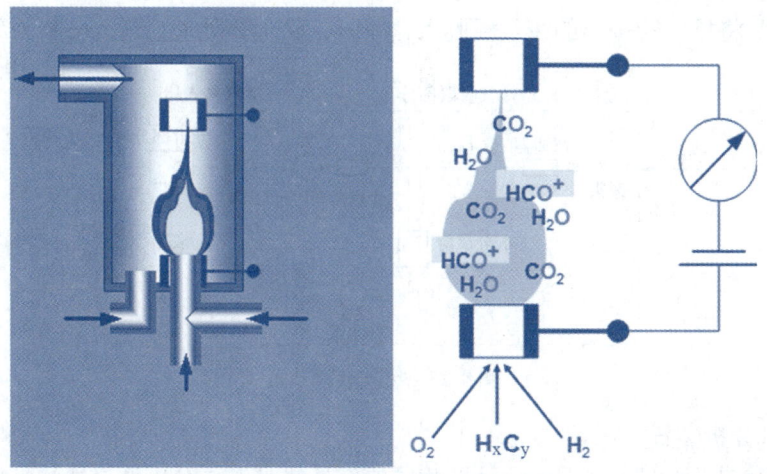

图 4-23 氢火焰离子化法检测原理

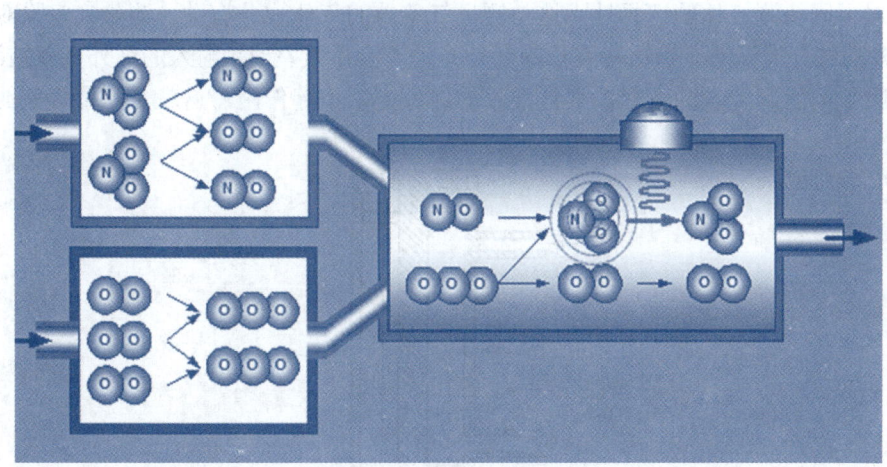

图 4-24 化学发光法检测原理

二、废气分析仪

1. 分类

废气分析仪按照检测废气的种类分为：两组分分析仪（CO、HC）、四组分分析仪（CO、HC、CO_2、O_2）、五组分分析仪（CO、HC、CO_2、O_2、NO_x）。

2. 两组分气体分析仪结构组成

两组分气体分析仪主要由废气取样装置、废气分析装置、浓度指示装置、校准装置等组成。

（1）废气取样装置

废气取样装置，如图 4-25 所示，分别由取样探头、前置过滤器、导管、水分离器、泵等组成,其作用是将排气管排出的废气经脱水、冷凝、除尘等处理后送入分析系统进行检测。

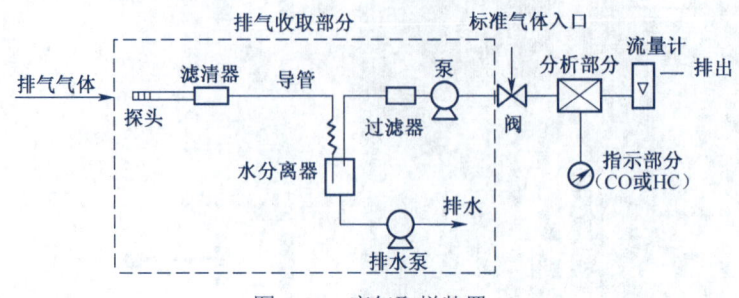

图 4-25　废气取样装置

(2) 废气分析装置

废气分析装置,如图 4-26 所示。让两相同的红外线光源 1 分别通过待测气样室 10 和标准气样室 2 后,照射在测量气室 4 两侧的能量不等,引起膜片的弯曲。测量气室是仪器的关键部件,具有对不同待测气体的选择性,这与测量气室内的气体成分有关。测量气室只对 4.7μm、3.5μm 波段的红外光敏感。当这些波长的红外光进入测量气室时,射入的红外光就被测量气室内的气体吸收而引起能量的变化。其他波长的红外光则不起作用,这就是测量气室的选择性。

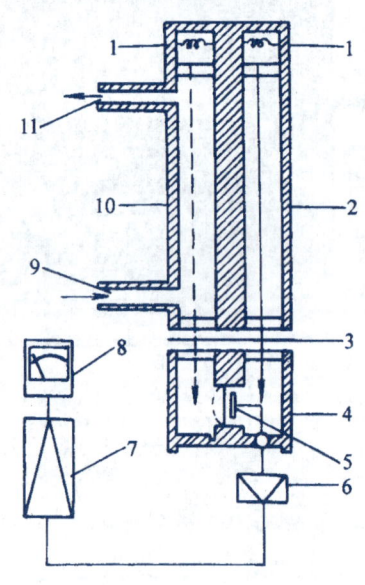

1—红外线光源;2—标准气样室;3—旋转扇轮;4—测量气室;5—电容微音器;6—前置放大器;
7—主放大器;8—指示仪表;9—排气入口;10—测量气样室;11—排气出口

图 4-26　废气分析装置

膜片弯曲使电容值发生变化，膜片弯曲频率取决于旋转遮光片 3 的转速，弯曲幅度取决于待测气体浓度。待测气体浓度越大，电容量变化越大，输出信号就越大。

（3）浓度指示装置

浓度指示装置有指针式、数字式两种，浓度单位是容积比（V/V），CO：%；HC：10^{-6}（ppm）。

（4）校准装置

校准装置有简易校准和标准气样校准。

简易校准：用机械方式挡住一定量红外线，起到模拟待测气体吸收部分红外线的作用，其定值可等效为某相应浓度的气样通过仪器时所产生的指示值。

标准气样校准时，标准气样（CO、C_3H_8）通过仪器标准气入口加入。需要注意的是：CO 是以标准气体储存在气瓶里，CO 浓度为校正基准值。而 HC 校正时标准气体为丙烷（C_3H_8），必须换算成正己烷（C_6H_{14}）作为基准值校正。原因是 HC 为多种碳氢化合物成分（如醛、烯及芳香烃等），测量时以正己烷（C_6H_{14}）当量校正测量，正己烷在常温下为液态，实际校正气体为丙烷（C_3H_8），所以要进行换算。

校正基准值=标准气体（C_3H_8）×换算系数（正己烷当量 PEF）

三、滤纸式烟度计

1. 烟度检测原理

烟度是指从汽车排气管抽取规定容积的废气，并使之通过规定面积的标准洁白滤纸，滤纸被染黑的程度。滤纸被染黑的程度不同，则对照射到滤纸表面光线的反射能力不同。滤纸全黑时，对照射到滤纸表面光线的反射能力最弱，烟度值为 10；滤纸没有受到污染（标准洁白滤纸）时，对照射到滤纸表面光线的反射能力最强，烟度值为 0。

2. 滤纸式烟度计结构组成

滤纸式烟度计主要由废气取样装置、烟度检测装置与指示装置、走纸机构、控制装置等组成，如图 4-27 所示。

（1）废气取样装置

废气取样装置包括取样探头、取样软管、活塞式抽气泵等，其作用是抽取规定容积的废气通过滤纸。

（2）烟度检测装置与指示装置

烟度检测装置与指示装置，如图 4-28 所示，主要包括硒光电池、光源、指示仪表。硒光电池是一种光电转换元件，它接受到从滤纸上反射的光产生电流输送给表头，直接指示出滤纸的染黑度。

（3）走纸机构

走纸机构，如图 4-29 所示，其作用是完成滤纸的移位。

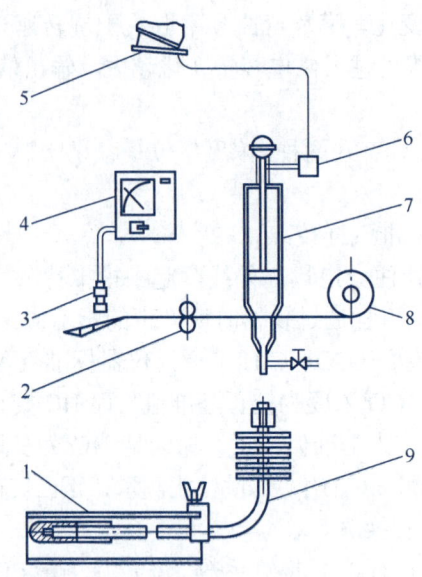

1—排气管；2—走纸轮；3—光电传感器；4—指示仪表；5—脚踏开关；
6—电磁阀；7—抽气泵；8—滤纸卷；9—取样探头

图 4-27 滤纸式烟度计原理示意图

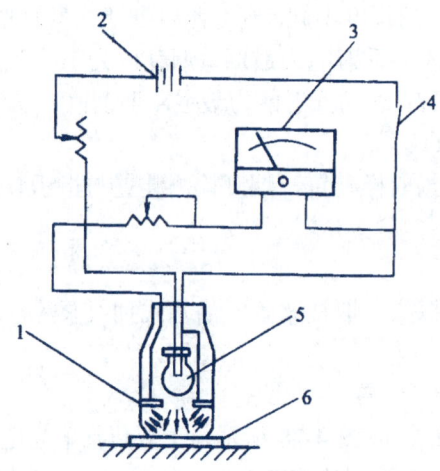

1—环形；2—电源；3—指示仪表；4—电源开关；5—灯泡；6—滤纸

图 4-28 烟度检测装置与指示装置

（4）控制装置

控制装置包括电磁阀、走纸电机、继电器、脚踏开关和控制按钮等，用于控制抽气、走纸、清洗、复位等操作的进行。

项目 四 汽车环保性与检测

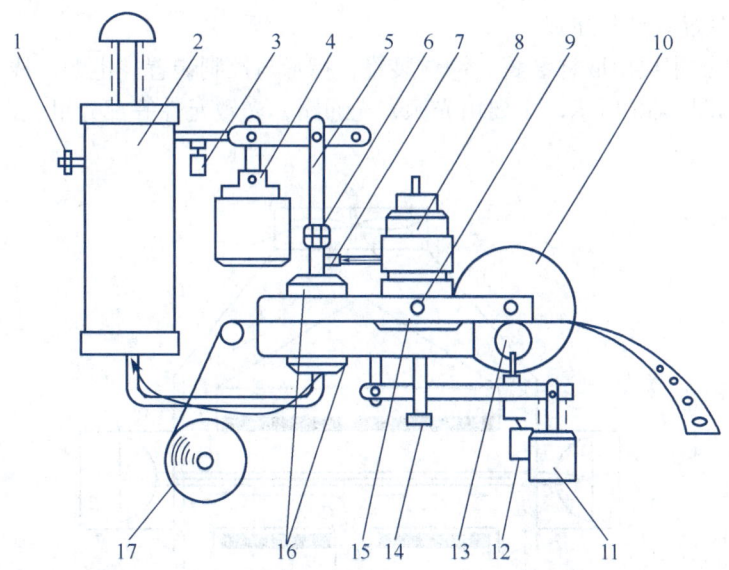

1—调节阀；2—抽气泵；3、12—微动开关；4—电磁铁；5—滤纸压紧杆；6—调节螺母；
7—提气入口；8—烟度检测装置；9—锁紧螺母；10—走纸电动机；11—走纸电磁铁；
13—走纸轮；14—拉杆；15—校准插口；16—夹纸机构；17—滤纸

图 4-29　走纸机构

四、不透光烟度计

1. 光吸收系数检测原理

当将一束光穿过密度和温度一致的气体时，由于光被气体吸收和散射，使其强度衰减。
光吸收系数就是反映光被气体吸收和散射的情况。

光吸收系数 K 表示光束被单位长度的排烟衰减的一个系数，它是单位体积微粒数 n、微粒平均投影面积 a 和微粒消光系数 Q 三者的乘积。

$$K = naQ$$

根据 Beer-Lambert 定律

$$N = (1 - e^{-kL}) \times 100\% = 1 - \left(1 - \frac{I}{I_0}\right) \times 100\%$$

$$K = -\frac{1}{L} \ln\left(1 - \frac{N}{100}\right)$$

式中：N—不透光度，%；I_0—入射光的光强，I—出射光的光强，lm；L—光路长度，m；K—光吸收系数，m^{-1}。

2. 不透光烟度计结构组成

不透光烟度计主要由取样装置、测量装置、指示与控制装置、电源、线缆等组成。

测量装置如图 4-30 所示,主要由光源、光通路、光敏元件等部分组成,是不透光式烟度计的主要装置。

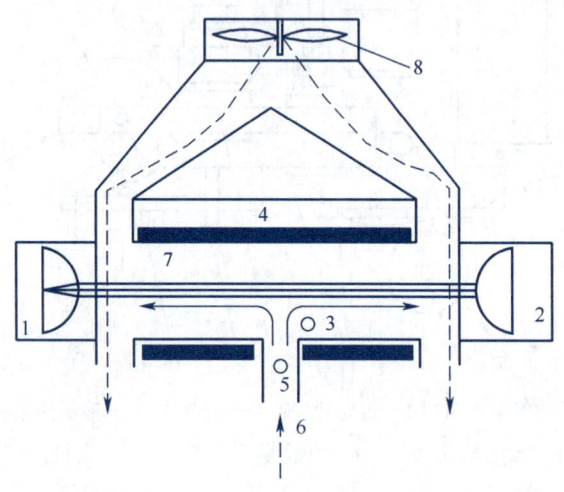

1—发射器；2—接收器；3—室温传感器；4—加热组件；
5—气温传感器；6—气体入口；7—检测室；8—排气扇

图 4-30 不透光烟度计测量装置

【任务实施】

一、对装配点燃式发动机的汽车,我国现行的在用车检测方法

对装配点燃式发动机的汽车,我国现行的在用车检测方法有怠速法、双怠速法、工况法（稳态工况法 ASM、瞬态工况法 IM、简易瞬态工况法 IG）等。

1. 怠速工况与高怠速工况

怠速工况指发动机无负载运转状态,即离合器处于接合位置、变速器处于空挡位置（对于自动变速箱车应处于"停车"或"P"挡位）;采用化油器供油系统的车,阻风门应处于全开位置;加速踏板处于完全松开位置。

高怠速工况指满足上述（除最后一项）条件,用加速踏板将发动机转速稳定控制在 50% 额定转速或制造厂技术文件中规定的高怠速转速时的工况。标准中轻型汽车高怠速转速规定为 2500±100r/min,重型车高怠速转速规定为 1800±100r/min；如有特殊规定的,按照制造厂技术文件中规定的高怠速转速。

2. 怠速法、双怠速法测量程序

（1）怠速法测量程序

1）受检汽车热状态应正常，废气分析仪测量前应预热、校正。

2）发动机由怠速工况加速至 0.7 额定转速，维持 60s 后降至怠速状态。

3）发动机降至怠速状态后，将取样探头插入排气管中，插深不小于 400mm，并固定于排气管上。

4）发动机在怠速状态维持 15s 后开始读数，读取 30s 内的最高值与最低值，其平均值即为测量结果。若为多排气管时，取各排气管测量结果的算术平均值。

（2）双怠速法测量程序

1）受检汽车热状态应正常，废气分析仪测量前应预热、校正。

2）发动机由怠速工况加速至 0.7 额定转速，维持 60s 后降至高怠速状态。

3）将取样探头插入排气管中，插深不小于 400mm，并固定于排气管上。

4）发动机在高怠速状态维持 15s 后开始读数，读取 30s 内的最高值与最低值，其平均值即为测量结果。若为多排气管时，取各排气管测量结果的算术平均值。

5）发动机由高怠速状态降至怠速状态，维持 15s 后开始读数，读取 30s 内的最高值与最低值，其平均值即为测量结果。若为多排气管时，取各排气管测量结果的算术平均值。

二、在用汽车排气污染物排放限值

在用车排气污染物排放限值，见表 4-2。

表 4-2　在用汽车排气污染物排放限值

车型	类别			
	怠速		高怠速	
	CO%	HC($\times 10^{-6}$)	CO%	HC($\times 10^{-6}$)
1995 年 7 月 1 日前生产的轻型汽车	4.5	1200	3.0	900
1995 年 7 月 1 日起生产的轻型汽车	4.5	900	3.0	900
2000 年 7 月 1 日起新生产的第一类轻型汽车	0.8	150	0.3	100
2000 年 7 月 1 日起新生产的第二类轻型汽车	1.0	200	0.5	150
1995 年 7 月 1 日前生产的重型汽车	5.0	2000	3.5	1200
1995 年 7 月 1 日起生产的重型汽车	4.5	1200	3.0	900
2004 年 9 月 1 日起生产的重型汽车	1.5	250	0.7	200

三、对装配压燃式发动机的汽车，我国现行的在用车检测方法

对装配压燃式发动机的汽车，我国现行的在用车检测方法主要是自由加速试验排气可见污染物（用不透光烟度计）或自由加速试验烟度测量（用滤纸式烟度计）。

为了使检测更合理化，可以实施加载减速法。模拟车辆运行时，测量汽车排气可见污染物的方法。

（1）自由加速工况是指柴油发动机处于怠速工况（发动机运转；离合器处于接合位置；油门踏板与手油门处于松开位置；变速器位于空挡位置；具有排气制动装置的发动机，碟形阀置于全开位置），将油门踏板迅速踏到底，维持4s后松开。

（2）用滤纸式/不透光式烟度计测量柴油车自由加速烟度的测量程序：

1）安装取样探头。将取样探头固定于排气管内，插深等于300mm，并使其中心线与排气管轴线平行。

2）吹除积存物。按照自由加速工况的规定加速3次，以吹净排气管和消声器中的烟尘。

3）测量取样：按照自由加速工况的规定及如图4-31所示的规定循环测量4次，取后三次读数的算术平均值即为所测烟度值。

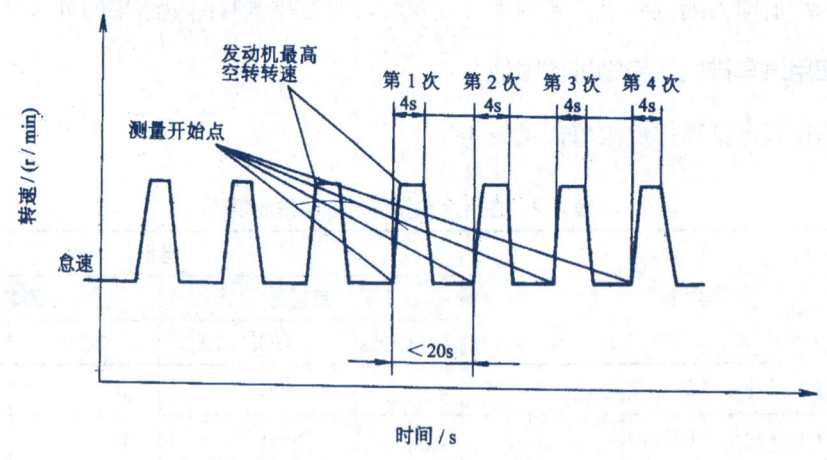

图4-31 自由加速工况操作规程

四、自由加速排气烟度排放限值

（1）对于2005年7月1日后生产的在用汽车应进行自由加速试验，所测得的排气光吸收系数不应大于车型核准批准的自由加速排气烟度排放限值，再加0.5m^{-1}。

（2）对于自2001年10月1日起至2005年7月1日生产的在用汽车应进行自由加速试验，所测得的排气光吸收系数不应大于以下数值：自然吸气式（2.5m^{-1}）；涡轮增压式（3.0 m^{-1}）。

（3）对于自1995年7月1日起至2001年9月30日期间生产的在用汽车应进行自由加

速试验，所测得的烟度值应不大于 4.5Rb。

（4）对于自 1995 年 6 月 30 日以前生产的在用汽车应进行自由加速试验，所测得的烟度值应不大于 5.0Rb。

【知识拓展】

一、简易瞬态工况法试验运转循环

简易瞬态工况法试验运转循环如图 4-32 所示。一个循环用时 194s。

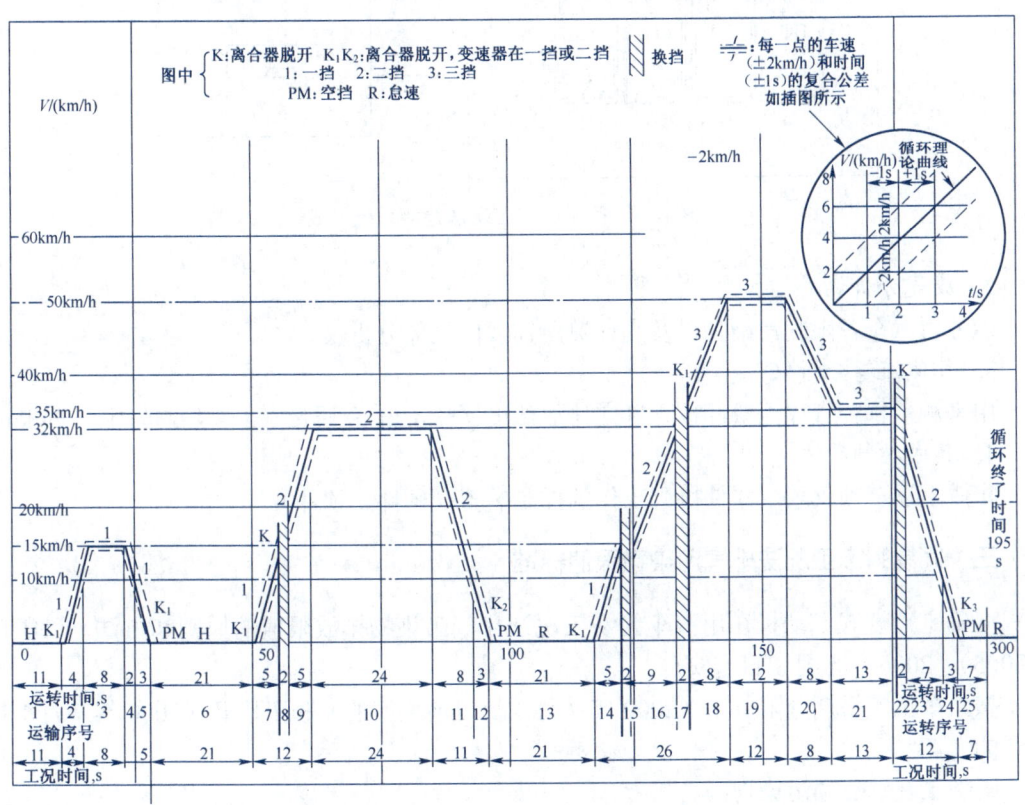

图 4-32　简易瞬态工况法试验运转循环

二、简易瞬态工况法检测系统组成

简易瞬态工况法检测系统组成，如图 4-33 所示。

1. 底盘测功机

能模拟加速惯量和匀速负荷的加载装置，以在台架上模拟车辆在道路上所受的道路滚动阻力、空气阻力和加速阻力。

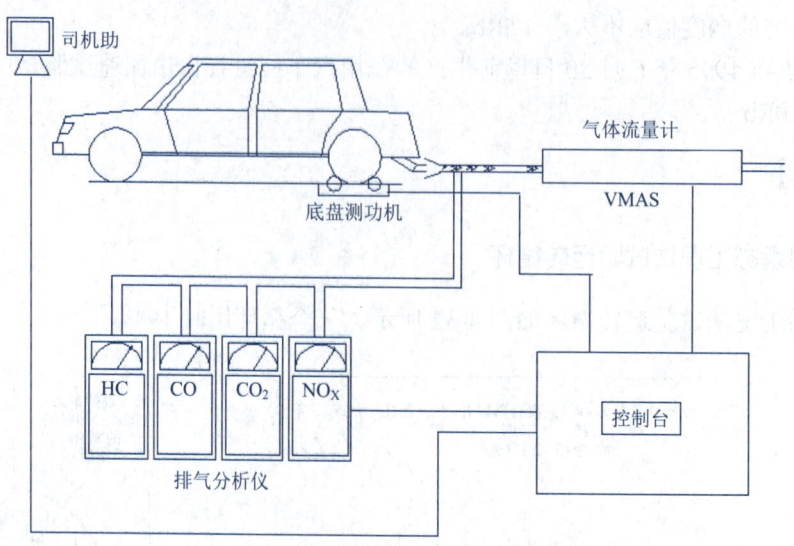

图 4-33 简易瞬态工况法检测系统组成

2. 废气分析仪

能分析汽车各限制污染物以及为计算所需要的气体分析仪。

3. 气体流量分析仪

用来测量稀释气体流量经校正确定排放浓度（%,ppm）、质量（g）及排放因子（g/km）。

4. 集成控制系统

集成上述三项仪表、器件协同工作的控制装置（硬件、软件）。

三、简易瞬态工况法排气污染物限值标准

《确定点燃式发动机在用汽车简易工况法排气污染物排放限值的原则和方法》（HJ/T240－2005），2006 年 1 月 1 日起实施。

按汽车生产日期分限值Ⅰ（2000 年 7 月 1 日以前生产的）和限值Ⅱ（2000 年 7 月 1 日起生产的）。

瞬态工况法三项污染物：

限值Ⅰ：CO、HC、NO_x（g/km）

限值Ⅱ：CO、HC+NO_x（g/km）

简易瞬态工况法排气污染物排放限值Ⅱ，见表 4-3。

表 4-3　简易瞬态工况法排气污染物排放限值 II

车辆类型		基准质量（RM）kg	最低限值		最高限值	
			CO g/km	HC+NO$_x$ g/km	CO g/km	HC+NO$_x$ g/km
第一类车		全部	12.0	4.5	6.3	2.0
第二类车	I 类	RM≤1250	12.0	4.5	6.3	2.0
	II 类	1250<RM≤1700	18.0	6.3	12.0	2.9
	III 类	1700<RM	24.0	8.1	16.0	3.6

任务五　汽车噪声检测

【任务描述】

通过本任务的学习，了解汽车噪声计的结构与工作原理，会正确使用噪声计进行汽车噪声的检测。

【相关知识】

汽车噪声计结构与工作原理

噪声计是测量声压级大小的仪器。按供电电源种类可以分为交流式和直流式两种，其中直流式噪声计因操作携带方便，所以比较常用。

噪声计一般由传声器、放大器、衰减器、计权网络、检波器和指示装置等部分组成，其原理框图如图 4-34 所示。

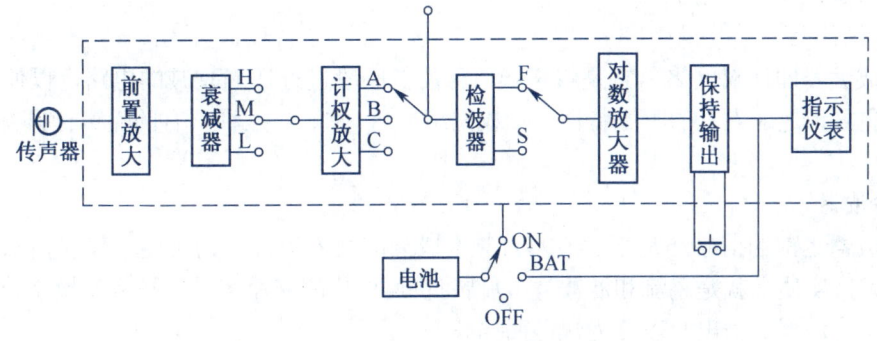

图 4-34　噪声计原理框图

1. 传声器

传声器也叫话筒，是将声压信号转变为电信号的传感器，是噪声计中的关键元件之一。常见的传声器有晶体式、驻极体式、动圈式和电容式。其中电容式传声器是噪声测量中常用的一种，其结构图如图4-35所示。

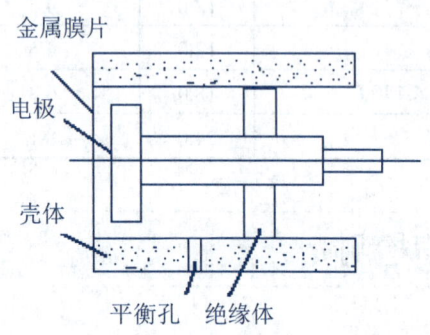

图4-35 电容式传声器结构示意图

它主要由金属膜片和靠得很近的金属电极组成，这两者实质上形成了一个平板电容器。在声压的作用下，膜片反复出现变形，使两个极板之间的距离不断发生变化，于是极板间的电容也不断改变。这就为所接的输入电路提供了一个交变电信号，信号的大小与声压成一定比例。

电容式传声器具有动态范围大，频率响应特征好和灵敏度高等特点，因而广泛应用于噪声测量。

2. 前置放大器

由于电容式传声器输出信号很小，输出阻抗很高，所以需要通过前置放大器将信号进行放大和实现阻抗匹配。

3. 衰减器

衰减器用于调整输出信号的大小，使得显示仪表指示到适当的位置。根据量程的选择衰减程度分为H、M、L三挡。

4. 计权放大

计权放大器即计权网络。它是将声音信号的低频段进行适当衰减的电路，以便使仪器的频率特征更好地适应人耳的听觉特性。计权网络分A、B、C三种，有的噪声计只有A、C两种计权。

5. 检波器

在检波器之前的信号还是包含着声音频率成分的交流信号。为了便于仪表指示，信号需经检波处理（实质上就是整流和滤波），以便将快速变化的交流信号转换成变换比较慢的直流电压信号。检波器的输出一般分为快慢两挡。

6. 对数放大器

从检波器输出的信号还只是与声压成正比。为了与人耳听觉对声音响应的对数特征相吻合，在电路中设计了对数放大器，使信号仪表指示后，能够以均匀的刻度显示所测噪声级数值。

7. 保持输出

噪声计上有一个保持按钮，在测量最大值时使用。当按下保持按钮时，仪表指示的数值只能升不能降，从而可测量某一段时间内的声音最大值。当松开按钮后，自动恢复即时显示。

8. 指示仪表

指示仪表有数字式和指针式。

【任务实施】

一、汽车喇叭声级检验方法及检测标准

1. 汽车喇叭声级检验方法

（1）将噪声计置于车前 2m、离地高 1.2m 处，且传声器指向被检汽车驾驶员位置。

（2）按使用说明书要求，调整网络开关到 A 级计权和快挡位置。

（3）检测环境本底噪声应小于 80dB（A）。

（4）按喇叭连续发声 3s 以上，读取检测数据。

2. 汽车喇叭声级检测标准

根据 GB7258－2012《机动车运行安全技术条件》的规定，汽车喇叭声级在距车前 2m、离地高 1.2m 测量时，其值应为 90～115dB（A）。

二、汽车定置噪声检验方法及检测标准

汽车定置噪声是指车辆不行驶，发动机处于空载运转状态下的排气噪声和发动机噪声。

1. 汽车定置噪声检验方法

（1）排气噪声测量

1）传声位置（见图 4-36）。

①传声器与排气口端等高，在任何情况下距地面应小于 0.2m。

②传声器的参考轴应与地面平行，并和通过排气口气流方向且垂直地面平面成 45°±10° 的夹角。传声器朝向排气口。距排气口端 0.5m，放在车辆外侧。

③车辆装有两个或更多个排气管，且排气管之间的间隔不大于 0.3m，并连接于一个消声器时，只需取一个测量。传声器应选择位于最靠近车辆外侧的那个排气管。如果两个或两个以上的排气管同时在垂直于地面的直线上，则选择离地面最高的一个排气管。

④装有多个排气管，并且各排气管之间的间隔又大于 0.3m 的车辆对每一个排气管都要测量，并记录下其最高声级。

⑤排气管垂直向上的车辆，传声器放置高度应与排气管口等高，传声器朝上，其参考轴应垂直地面。传声器应放在离排气管较近的车辆一侧，并距排气口 0.5m。

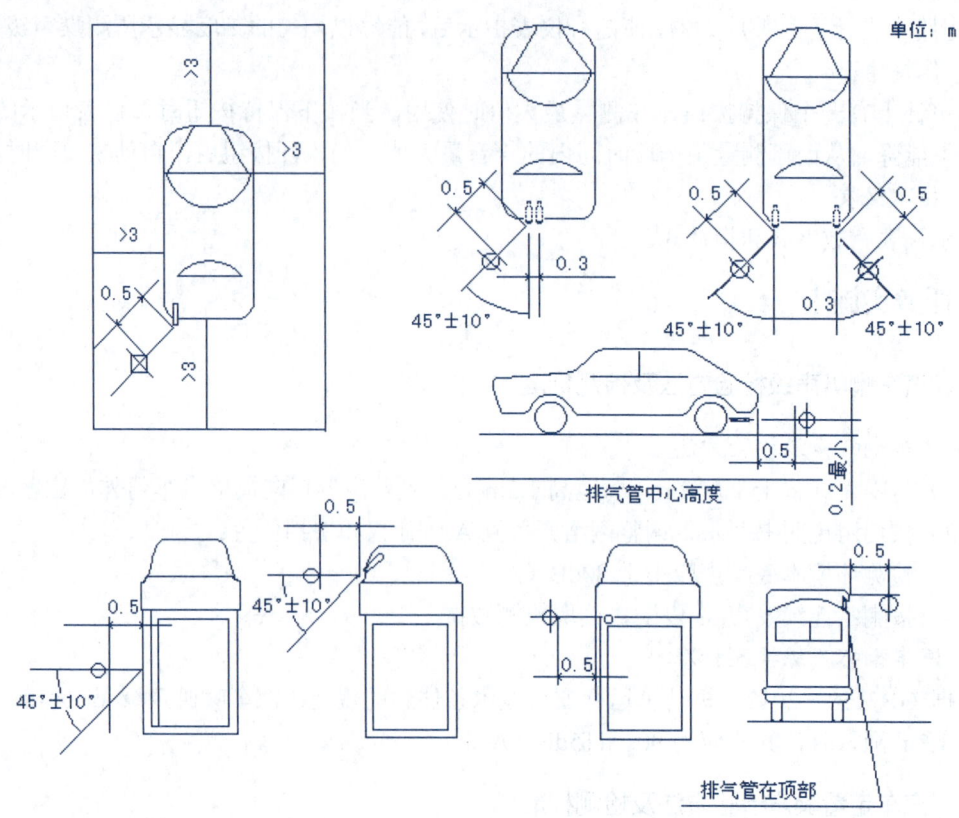

图 4-36 排气噪声的测量场地和传声器位置

⑥车辆由于设计原因（如备胎、油箱、蓄电池等）不能满足标准的 5.3.1.1 和 5.3.1.2 放置时，应画出测点图，并标注传声器选择的位置。传声器朝向排气口，放在尽可能满足条件，并距最近障碍物大于 0.2m 的地方。

2）发动机运转条件。

①发动机测量转速。

汽油机车辆取 $3/4n\pm50$r/min。

柴油机车辆取 $3/4n\pm50$r/min。

n—生产厂家规定的额定转速。

②测量时，发动机稳定在上述转速后，测量由稳定转速尽快减速到怠速过程的噪声，然后记录下最高声级。

（2）发动机噪声测量

1）传声位置（见图 4-37）。

传声器放置高度距地面 0.5m，并朝向车辆，放在没有驾驶员位置的一侧。距车辆外廓 0.5m，传声器参考轴平行地面，位于一垂直平面内，该垂直平面的位置取决于发动机的位置。前置发动机：垂直平面通过前轴；后置发动机：垂直平面通过后轴；中置发动机：垂直平面通过前后轴距的中点。

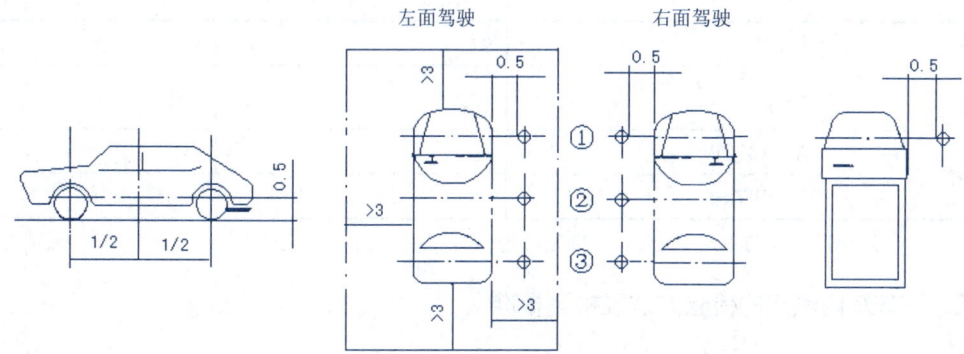

①前置发动机　②中置发动机　③后置发动机

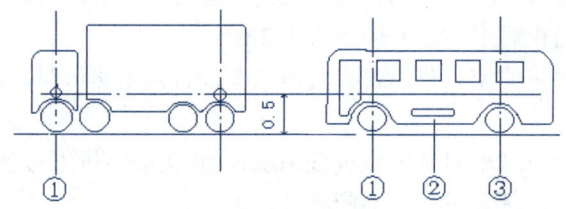

图 4-37　发动机噪声的测量场地和传声器位置

2）发动机运转条件。

测量时，发动机从怠速尽可能快地加速到前面所规定的转速，并用一种合适的装置保持必要长的时间。测量由怠速加速到稳定转速过程的噪声，然后记录下最大噪声。

2. 汽车定置噪声检测标准

汽车定置噪声检测标准，见表 4-4。

表 4-4　汽车定置噪声限值（dB（A））

车辆类型	燃料种类		车辆出厂日期	
			1998 年 1 月 1 日以前	1998 年 1 月 1 日以后
轿车	汽油		87	85
微型客车、货车	汽油		90	88
轻型客车 货车 越野车	汽油	$n \leqslant 4300$ r/min	94	92
	汽油	$n > 4300$ r/min	97	95
	柴油		100	98

续表

车辆类型	燃料种类	车辆出厂日期	
		1998年1月1日以前	1998年1月1日以后
中型客车 货车 大型客车	汽油	97	95
	柴油	103	101
重型货车	$N \leqslant 147kW$	101	99
	$N > 147kW$	105	103

注：N—汽车发动机额定功率，n—发动机额定转速

三、汽车车内噪声的检验方法及检测标准

1. 客车车内噪声检验方法

（1）车内噪声测量条件

1）测量跑道应有足够试验所需的长度。应是平直、干燥的沥青路面或混凝土路面。

2）测量时风速（指相对于地面）应不大于 3m/s。

3）测量时车辆门窗应关闭。车内带有其他辅助设备是噪声源时，测量时是否开动，应按正常使用情况而定。

4）车内本底噪声比所测车内噪声至少低 10dB，并保证测量不被偶然的其他声源所干扰。

5）车内除驾驶员和测量人员外，不应有其他人员。

（2）车内噪声测点位置

1）车内噪声测量通常在人耳附近布置测点，话筒朝车辆前进方向。

2）驾驶室车内噪声测量位置为驾驶员座位上方 750mm±10mm，靠背前方 200mm±50mm。

3）载客车室内噪声测点可选在车箱中部及最后排座的中间位置，测量高度为座位上方 750mm±10mm。

（3）车内噪声测量方法

1）汽车以常用挡位 50km/h 以上不同车速匀速行驶，分别进行测量。

2）用噪声计"慢"挡测量 A、C 计权声级。分别读取表头指针最大读数的平均值。

3）做车内噪声频谱分析时，应包括中心频率为 31.5Hz、63Hz、125Hz、250Hz、500Hz、1000Hz、2000Hz、4000Hz、8000Hz 的倍频带。

2. 客车车内噪声的检测标准

客车以 50km/h 的速度匀速行驶时，客车车内噪声应不大于 79dB（A）。

四、汽车驾驶员耳旁噪声的检验方法及检测标准

1. 汽车驾驶员耳旁噪声的检验方法

（1）汽车空载，处于静止状态且置变速器于空挡，发动机应处于额定转速状态，门窗紧闭。

（2）测量位置应符合 GB/T18697－2002 的规定。

（3）环境噪声应低于被测噪声值至少 10dB（A）。

（4）噪声计置于"A"计权、"快"挡。

2. 汽车驾驶员耳旁噪声的检测标准

汽车（三轮汽车和低速货车除外）驾驶员耳旁噪声声级不应大于 90dB（A）。

五、汽车加速行驶车外噪声检验方法与检测标准

1. 检验方法

（1）测量位置应符合《汽车加速行驶车外噪声限值及测量方法》（GB1495－2002）的规定，如图 4-38 所示。

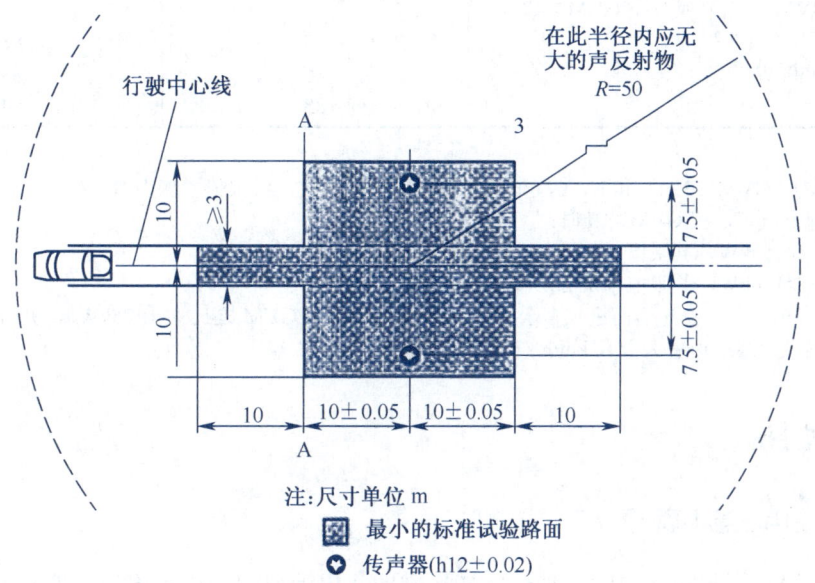

图 4-38　测量场地及传声器的布置

（2）环境噪声应低于被测噪声值至少 10dB（A）。

（3）噪声计置于"A"计权、"快"挡。

2. 汽车加速行驶车外噪声的检测标准

汽车加速行驶车外噪声的检测标准，见表 4-5。

表 4-5　汽车加速行驶车外噪声的的检测标准

汽车分类	噪声限值 dB（A）	
	第一阶段 2002.10.1～2004.12.30 期间生产的汽车	第二阶段 2005.1.1 以后生产的汽车
M_1	77	74
M_2（GVM≤3.5t）或 N_1（GVM≤3.5t）： GVM≤2t 2t＜GVM≤3.5t	 78 99	 76 77
M_2（3.5t＜GVM≤5t）或 N_2（GVM＞5t）： P＜150kW P≥150kW	 82 85	 80 83
M_2（3.5t＜GVM≤12t）或 N_3（GVM＞12t）： P＜75kW 75kW≤P＜150kW P≥150kW	 83 86 88	 81 83 84

说明：

1）M_1，M_2（GVM≤3.5t）和 N_1 类汽车装用直喷式柴油机时，其限值增加 1dB（A）。

2）对于越野汽车，其 GVM＞2t 时：
　　如果 P＜150kW，其限值增加 1dB（A）；
　　如果 P≥150kW，其限值增加 2dB（A）。

3）M_1 类汽车，若其变速器前进挡多于四个，P＞140kW，P/GVM 之比大于 75kW/t，并且用第三挡测试时其尾端出线的速度大于 61km/h，则其限值增加 1dB（A）。

【知识拓展】

噪声计使用注意事项

（1）仪器使用电池供电时，使用完毕后立即将电池取出，以免电池漏液而损坏机件。

（2）仪器应存放于干燥、温暖的场所，如有可能，最好置于干燥皿中。

（3）在拆装传声器、电池或外接电源时，应事先将电源开关置于"关"。

（4）不要随意取下传声器的保护罩，以免损坏膜片。当发现膜片脏时，可用脱脂棉蘸以少许三氯乙烯或丙酮轻轻擦拭干净。

（5）不要用手触摸输入触头，以防由于人体静电而损坏仪器。

（6）液晶是有机化合物，如果长期暴露于强烈的紫外线辐射下，将会发生光化学反映，因此在使用中应尽量避免日光直接照射在显示器上。

【项目总结】

1. 汽车环保性包括排放、噪声、电波干扰与车内汽车污染。

2. 汽车排放的污染物主要有一氧化碳（CO）、碳氢化合物（HC）、氮氧化物（NO_x）、微粒物（PM）等，国标规定一系列标准及其相应的试验方法，如：《点燃式发动机汽车排气污染物排放限值及测量方法(双怠速法及简易工况法)》（GB18285—2005）、《车用压燃式发动机和压燃式发动机汽车排气烟度排放限值及测量方法》（GB3847—2005）、《轻型汽车污染物排放限值及测量方法（中国Ⅲ、Ⅳ阶段）》（GB18352.3—2005）、《车用压燃式、气体燃料点燃式发动机与汽车排气污染物排放限值及测量方法（中国Ⅲ、Ⅳ、Ⅴ阶段）》（GB17691—2005）、《装用点燃式发动机重型汽车曲轴箱污染物排放限值及测量方法》（GB11340—2005）、《装用点燃式发动机重型汽车燃油蒸发污染物排放限值及测量方法》（GB14763—2005）。

3. 污染物的生成量取决于混合气的空燃比，一切影响空燃比的因素都将影响到污染物的排放浓度。使用过程中，随负荷、发动机转速、车速、点火及喷油时刻的变化，CO、HC、NO_x的排放浓度变化很大。要特别注意，汽油机怠速工况下 CO、HC 排放量较多，柴油机满负荷工况排放的碳烟量较多。此外，保持良好的发动机技术状况（如供油系、点火系等），提高驾驶技术，采用排气净化装置等是减少排放污染的有效措施。

4. 噪声公害对人和环境的危害也很大。为减少噪声，《汽车加速行驶车外噪声限值及测量方法》（GB1495—2002）、《声学汽车车内噪声测量方法》（GB/T18697—2002）、机动车运行安全技术条件（GB7258—2012）等标准规定了噪声限值及其相应的试验方法。噪声的单位为分贝（dB），一般用噪声计 A 声级测量，其分贝值不应超过规定。

5. 为了降低发动机噪声，应采取如下措施：①从使用和设计方面采取措施，降低压力升高率，以减少燃烧噪声；②使用维修中注意活塞连杆组、配气机构、齿轮机构、柴油机供给系等各零部件间的配合间隙、装配要求、修复质量等；③设计中应注意各零部件的刚度、材料、加工精度等，以减少机械噪声；④采用消声效果好的消声器，以减少进、排气噪声；⑤风扇噪声不容忽视，特别是车内装有空调系统和排气净化装置的汽车更应从设计和使用维修方面采取措施，降低风扇噪声。传动系噪声大小取决于变速器噪声，传动轴噪声及驱动桥噪声，传动轴噪声在某一车速时，由于共振而达到最大，严重时影响驾驶员的操作。因而，应特别注意对修复的传动轴进行动平衡，并使传动系各部齿轮装配正确，轴承预紧度合适，润滑油足够，以减少传动系噪声。随着汽车行驶中制动频繁程度的提高，制动噪声越来越引起人们的重视。设计低噪声制动系统，合理修复制动器各部件，是降低噪声的主要措施。轮胎噪声主要取决于轮胎花纹型式、车速及负荷、胎压及轮胎装配情况、轮胎磨损程度以及路面状况等。

6. 由于汽车车内引入能释放有害物质的污染源或汽车车内环境通风不佳而导致汽车车内空气中有害物质的含量和种类均不断增加，并影响汽车车内人员的健康，称为汽车车内空气污染。汽车车内空气污染具有累加性、多样性、多变性、长期性等特点。汽车车内空气污染物主要来自汽车本身、汽车车内装饰、汽车车内驾乘人员活动等。汽车车内空气污染控制措施主要有臭氧法、离子法、光触媒法。

7. 随着人们生活水平的提高，对汽车的乘坐舒适性和城市环境提出了更高的要求，因而研制环保性汽车和在使用中限制汽车污染物的生成量、降低汽车噪声、控制汽车车内空气污染，是现代汽车技术发展的主要方向之一。

8. 汽车废气污染物检测方法有不分光红外线法、氢火焰离子化法、化学发光法。不分光红外线法常用于检测 CO、CO_2、HC、NO_x，氢火焰离子化法是目前检测 HC 的最先进方法，化学发光法用于检测 NO_x 具有足够高的精度。废气分析仪按照检测废气的种类分类有：两组分分析仪（CO、HC）、四组分分析仪（CO、HC、CO_2、O_2）、五组分分析仪（CO、HC、CO_2、O_2、NO_x）。

9. 两组分气体分析仪主要由废气取样装置、废气分析装置、浓度指示装置、校准装置等组成。

10. 烟度是指从汽车排气管抽取规定容积的废气，并使之通过规定面积的标准洁白滤纸，滤纸被染黑的程度。滤纸被染黑的程度不同，则对照射到滤纸表面光线的反射能力不同。滤纸全黑时，对照射到滤纸表面光线的反射能力最弱，烟度值为 10；滤纸没有受到污染（标准洁白滤纸）时，对照射到滤纸表面光线的反射能力最强，烟度值为 0。滤纸式烟度计主要由废气取样装置、烟度检测装置与指示装置、走纸机构、控制装置等组成。

11. 光吸收系数就是反映光被气体吸收和散射的情况。不透光烟度计主要由取样装置、测量装置、指示与控制装置、电源、线缆等组成。测量装置主要由光源、光通路、光敏元件等部分组成，是不透光式烟度计的主要装置。

12. 对装配点燃式发动机的汽车，我国现行的在用车检测方法有怠速法、双怠速法、工况法（稳态工况法 ASM、瞬态工况法 IM、简易瞬态工况法 IG）等。对装配压燃式发动机的汽车，我国现行的在用车检测方法主要是自由加速试验排气可见污染物测量（用不透光烟度计）或自由加速试验烟度测量（用滤纸式烟度计）。

13. 噪声计是测量声压级大小的仪器，一般由传声器、放大器、衰减器、计权网络、检波器和指示装置等组成。根据 GB7258—2012《机动车运行安全技术条件》的规定，汽车喇叭声级在距车前 2m、离地高 1.2m 测量时，其值为 90～115 dB（A）。汽车定置噪声是指车辆不行驶，发动机处于空载运转状态下的排气噪声和发动机噪声。客车以 50km/h 的速度匀速行驶时，客车车内噪声应不大于 79 dB（A）。汽车驾驶员耳旁噪声声级应不大于 90 dB（A）。

【项目训练】

1. 简答题

（1）解释温室效应、光化学烟雾、汽车噪声、车内空气污染等概念。

（2）简述汽车环保性包括哪几个方面。

（3）简述 CO、HC、NO_x、碳烟等排放污染物的形成原因。

（4）分析使用因素中负荷对 CO、HC、NO_x、碳烟等的影响。

（5）简述汽车噪声的主要噪声源。
（6）分析燃烧噪声、机械噪声、轮胎噪声的产生原因。
（7）不分光红外线分析仪检测排气中 CO、HC 的原理。
（8）过滤式烟度计的工作原理。
（9）不透光烟度计的工作原理。
（10）GB7258－2012 规定的汽车喇叭声级范围。

2. 选择题

（1）汽油车尾气检测时，废气分析仪采样导管插入排气管的深度不小于（   ）mm。
  A. 100   B. 200   C. 300   D. 400

（2）汽油机点火提前角过大，会造成尾气排放中（   ）含量过大。
  A. CO   B. CO_2 C. HC   D. NO_X

（3）检测柴油车自由加速排气可见污染物应采用（   ）。
  A. 滤纸式烟度计   B. 消光式烟度计
  C. 质量式烟度计   D. 红外线烟度计

（4）柴油车自由加速烟度检测应进行四次，取后三次检测数据的（   ）为所测烟度值。
  A. 最大值   B. 最小值
  C. 平均值   D. 最大值与最小值的平均值

（5）柴油车自由加速烟度检测时，加速踏板踩到底应保持（   ）秒后松开。
  A. 2   B. 3   C. 4   D. 55

3. 讨论题

（1）调查汽车车内空气污染的现状。
（2）分组交流讨论降低汽车排放污染物的方案。

项目五
汽车制动性与检测

【项目导读】　　汽车行驶安全性包括汽车主动安全性和汽车被动安全性。汽车主动安全性是指汽车本身防止或减少道路交通事故的能力。它主要与汽车的制动性、汽车的操纵稳定性、汽车的舒适性、汽车的尺寸与质量参数、汽车的视野与灯光等因素有关。此外，动力性中的超车加速时间短，可以减少整个超车过程中两车并行的时间，对安全有利。汽车被动安全性是指发生汽车事故后，汽车本身减轻人员受伤和货物受损的能力。汽车本身减轻汽车车内乘员受伤和货物受损的性能称为汽车内部被动安全性；汽车本身减轻其他人员伤害和其他车辆损害的性能称为汽车外部被动安全性。汽车内部被动安全性主要通过安全车身、安全带与安全气囊等装置限制驾乘人员位移、消除汽车车内部件的致伤因素等方面来改善。汽车外部被动安全性主要通过保险杠等装置来改善。

项目五 汽车制动性与检测

【项目导读】

汽车制动性是指汽车行驶时能在短距离内停车并且维持行驶方向稳定和在下长坡时能维持一定车速的能力，以及汽车在一定坡道上能长时间停车不动的驻车制动能力。

汽车制动性是汽车的主要性能之一。自汽车诞生之日起，汽车制动性就显得至关重要，并且随着汽车技术的发展和汽车行驶车速的提高，其重要性也显得越来越明显。汽车的制动性直接关系到行车安全，汽车重大交通事故的发生往往与汽车制动距离太长、汽车紧急制动时发生侧滑等情况有关。所以，汽车的制动性是汽车安全行驶的重要保障。

汽车制动性主要由以下三方面指标来评价：

（1）制动效能，即制动减速度、制动距离以及制动力等。

（2）制动效能的恒定性，即抵抗制动效能的热衰退和水衰退的能力。

（3）制动时汽车的方向稳定性，即制动时汽车按照驾驶员给定方向行驶的能力，也就是制动时汽车不发生跑偏、侧滑以及失去转向的能力。

通过本项目的学习，了解汽车行驶安全性的涵义，熟悉汽车制动性的评价指标，掌握汽车制动跑偏、制动侧滑的概念与产生原因，掌握制动距离的概念、计算公式，掌握滑动率的概念，掌握 I 曲线、β 线、f 线、r 线含义，会分析汽车地面制动力、制动器制动力及其与附着力的关系，会计算汽车制动时地面作用在前、后车轮上的法向反力，能够利用 I 曲线、β 线、f 线、r 线分析汽车的制动过程，会分析制动力系数、侧向力系数随滑动率的变化曲线，会分析 ABS、排气制动、缓速器对汽车制动性的影响。了解汽车制动试验台的类型，掌握单轴反力滚筒制动试验台的结构与工作原理，了解汽车制动力检测标准，会对汽车制动性检测数据进行分析。

任务一　汽车制动时车轮受力

【任务描述】

汽车行驶时，只有受到与行驶方向相反的外力作用，才能从一定的车速制动到较低的车速或直至停车。外力只能由地面和空气提供。但空气阻力相对较小，故实际上外力主要由地面提供，称之为地面制动力。

【相关知识】

一、汽车地面制动力

汽车在良好硬路面上制动时车轮的受力情况，如图 5-1 所示。

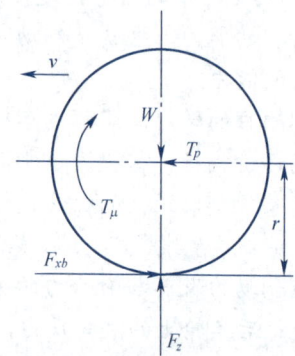

图 5-1　汽车制动时车轮的受力图

由图 5-1 可见，汽车制动时，车轮制动器中摩擦片与制动鼓或制动盘相对滑转时产生摩擦力矩 T_μ，其作用方向与车轮转动方向相反，地面就会给车轮一个与汽车行驶方向相反的作用力 F_{xb}，该力称为地面制动力。

二、汽车制动器制动力

汽车制动器制动力 F_μ 是指在汽车轮胎周缘为了克服制动器摩擦力矩所需的力。它相当于汽车车桥架离地面制动时，在轮胎周缘沿切线方向扳动车轮旋转所施加的力。

$$F_\mu = \frac{T_\mu}{r} \tag{5-1}$$

F_μ 仅由制动系的设计参数所决定，即取决于制动器的类型、结构尺寸、制动器摩擦副的摩擦因数、车轮半径、踏板力等。

【任务实施】

在制动时,若只考虑车轮的运动为滚动与抱死拖滑两种情况,当制动踏板力较小时,制动器摩擦力矩不大,地面与轮胎之间的摩擦力即地面制动力 F_{xb},足以克服制动器摩擦力矩而使车轮转动。

车轮滚动时,地面制动力 F_{xb} 始终等于制动器制动力 F_μ,并且随踏板力 F_p 增长成正比地增长,如图 5-2 所示。

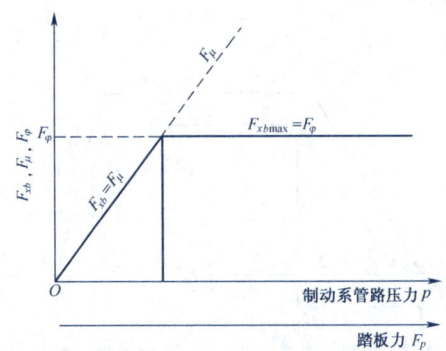

图 5-2　汽车地面制动力 F_{xb}、制动器制动力 F_μ 与附着力 F_φ 的关系

当踏板力 F_p（或制动系液压力 p）上升到某一值时,地面制动力 F_{xb} 达到附着力 F_φ,车轮抱死不转而出现拖滑现象。此后,踏板力 F_p（或制动系液压力 p）再增大,制动器制动力 F_μ 由于制动器摩擦力矩的增大而仍按直线关系持续增大。但是,若作用在车轮上的垂直载荷为常数,地面制动力 F_{xb} 达到附着力 F_φ 后就不再增大。

汽车的地面制动力 F_{xb} 是使汽车制动而减速行驶的外力,其大小首先取决于制动器制动力 F_μ,但同时又受地面附着条件的制约。只有汽车具有足够的制动器制动力 F_μ,同时地面又能提供高的附着力 F_φ 时,才能获得足够的地面制动力 F_{xb}。

任务二　汽车的制动效能

【任务描述】

汽车的制动效能是指汽车能够迅速降低车速直至停车的能力,常用制动距离和制动减速度来评价。

【相关知识】

一、汽车制动距离

1. 汽车制动距离概念

汽车制动距离 s 是指汽车速度为 V_o 时,从驾驶员开始操纵制动控制装置(制动踏板)到汽车完全停住为止所驶过的距离。它是评价汽车制动效能最直观的指标。

2. 汽车减速制动过程分析

汽车减速制动过程,如图5-3所示。

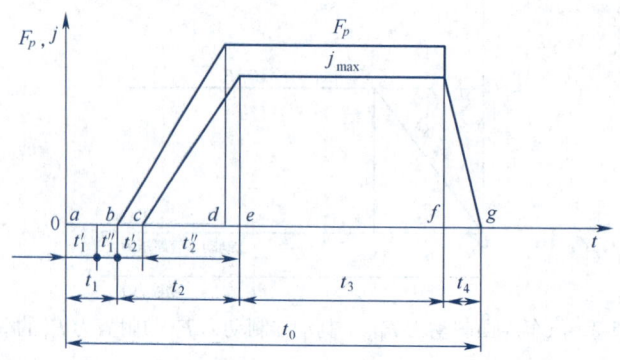

图5-3 汽车减速制动过程

a 点表示驾驶员接到紧急停车信号的时刻。

t_1' 是从驾驶员接到紧急停车信号(a 点)到意识到应进行紧急制动并移动右脚所经历的时间。

t_1'' 是从驾驶员移动右脚到接触制动踏板(b 点)为止所经历的时间。

$t_1 = t_1' + t_1''$,称为驾驶员的反应时间,一般为 0.3~1.0s。在该时间内,汽车以 V_o 的初速度作等速行驶。

$b \rightarrow d$ 表示在 b 点以后,随着驾驶员踩制动踏板的动作,踏板力 F_p 迅速增大,至 d 点达到最大值。

t_2' 是从驾驶员脚接触制动踏板(b 点)起,到出现制动力,开始产生制动减速度(c 点)为止所经历的时间。它用于克服制动系机械传动部分的间隙、克服制动踏板的自由行程、克服气压或液压沿管路的传递等。在该时间内,汽车的减速度为 0,汽车以 V_o 的初速度作等速行驶。

t_2'' 是汽车制动力由 0 增大到最大值,制动减速度由 0(c 点)增大到最大值(e 点)所经历的时间。

$t_2 = t_2' + t_2''$,称为制动器的作用时间,一般为 0.2~0.9s。它一方面取决于驾驶员踩制动踏板的速度,另外更重要的是受制动系结构形式的影响。

t_3 是持续制动时间（由 e 点到 f 点）。该时间内，制动减速度基本不变。

t_4 表示从驾驶员松开制动踏板（f 点）起，到制动力完全消除，制动减速度为 0（g 点）所经历的时间，称为制动完全释放时间，一般为 0.2~1.0s。这段时间过长，会耽误随后起步行驶的时间。另外，若因车轮抱死而使汽车失去控制，驾驶员放松制动踏板时，又会使制动力不能迅速释放，不能迅速解除制动，此时汽车将可能丧失制动稳定性。

由上述可知，一次制动过程，制动时间 t_o 包括驾驶员的反应时间 t_1、制动器的作用时间 t_2、持续制动时间 t_3、制动完全释放时间 t_4。

二、汽车制动减速度

汽车制动减速度按测试、取值和计算的方法不同，可分为制动稳定减速度、平均减速度和充分发出的平均减速度。

1. 制动稳定减速度

汽车制动时，假设 $F_W=0$、$F_f=0$，即不计空气阻力和滚动阻力对汽车制动减速的作用，则地面制动力 $F_{xb\max}=\varphi mg$，汽车能达到的制动减速度 $j_{\max}=\varphi g$。

2. 平均减速度

平均减速度 d_o 是指按图 5-4 方法取值的平均减速度。

$$d_o = \frac{1}{t_3-t_2}\int_{t_2}^{t_3} d(t)dt \tag{5-2}$$

式中：t_2—制动压力达到 75%最大压力 $P_{\max}$ 的时刻，t_3—到停车时总时间 2/3 的时刻。

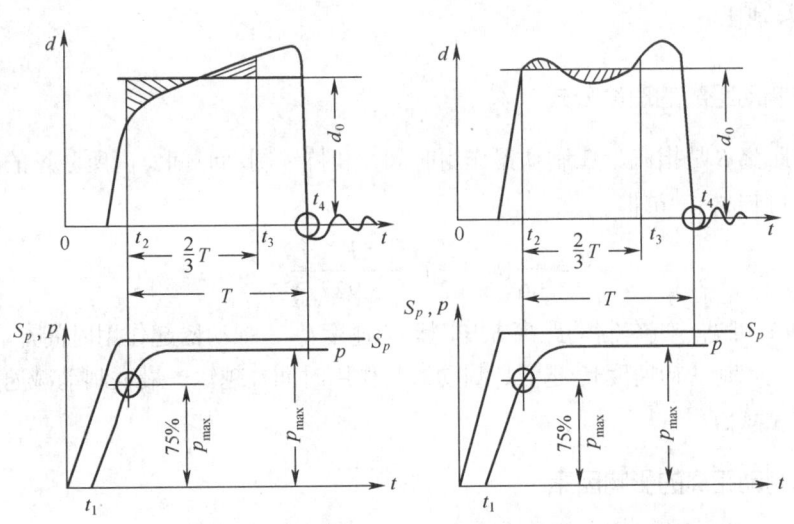

(a) 渐增型制动减速度曲线　　(b) 马鞍型制动减速度曲线

d—汽车制动减速度；S_p—制动踏板行程；p—管路压力；t—时间

图 5-4　平均减速度取值方法

3. 充分发出的平均减速度

充分发出的平均减速度（Mean Full Developed Deceleration，即 MFDD）是在汽车制动试验中用速度计测得了制动距离和速度的情况下，根据汽车制动距离与制动车速曲线（见图5-5），图中 V_o 为制动初速度，用 V_b 到 V_e 速度间隔汽车驶过的距离根据下列公式计算的平均减速度。

$$\text{MFDD} = \frac{V_b^2 - V_e^2}{25.92(S_e - S_b)} \tag{5-3}$$

式中：V_b—汽车制动速度为 $0.8V_o$，km/h；V_e—汽车制动速度为 $0.1V_o$，km/h；S_b—汽车制动速度 V_o 到 V_b 的行驶距离，m；S_e—汽车制动速度 V_o 到 V_e 的行驶距离，m。

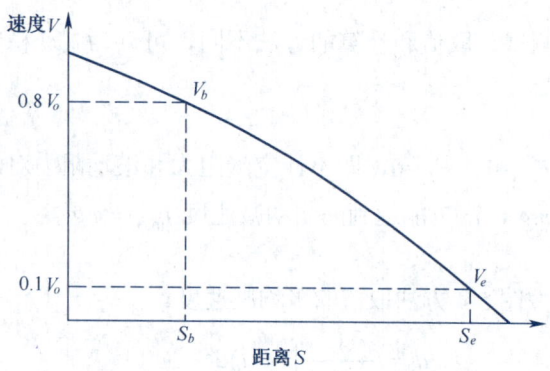

图 5-5　汽车制动距离与制动车速曲线

【任务实施】

一、汽车制动距离的理论公式

汽车制动距离 S 是指汽车在制动器作用时间 t_2 和持续制动时间 t_3 内所驶过的距离。经过理论推导（推导过程略），可得

$$S = \frac{V_o}{3.6}(t_2' + \frac{t_2''}{2}) + \frac{V_o^2}{25.92 j_{\max}} \tag{5-4}$$

由式（5-4）可见，汽车制动距离 S 与制动初速度 V_o、制动器起作用时间 t_2、最大制动减速度 $j_{\max}$ 等有关。制动初速度 V_o 越低、制动器起作用时间 t_2 越短、最大制动减速度 $j_{\max}$ 越大，汽车制动距离 S 越短。

二、汽车制动距离的影响因素

1. 制动初速度 V_o

轿车制动距离随制动初速度变化的统计曲线，如图5-6所示。

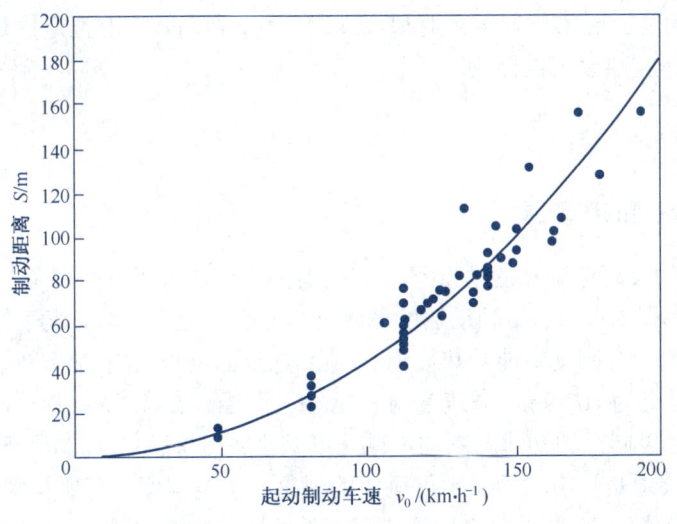

图 5-6　轿车制动距离曲线

它是根据《Autocar》1993~1998 年对装有真空助力器的 48 辆各种轿车,在干燥、良好路面上进行制动试验的结果而拟合得到的,代表了 20 世纪 90 年代轿车制动效能的水平。其拟合公式为

$$S = 0.0034V_o + 0.00451V_o^2 \tag{5-5}$$

2. 制动器起作用时间 t_2

改进制动系结构,缩短制动器起作用时间,是减小制动距离的有效措施。

当制动初速度为 110km/h 时,1s 时间内汽车行驶的距离约为 30m;如果消除制动器间隙的时间缩短 0.2s,则制动距离可缩短 6m。例如:红旗 CA770 轿车由真空助力制动系改为压缩空气助力(气顶油)制动系后,以 30km/h 初速度紧急制动,制动距离实测值由 12.25m 下降为 8.25m,最大制动减速度由 7.25m/s² 增大为 7.65m/s²,制动时间由 2.12s 下降到 1.45s。这种改进使制动距离缩短 32%,制动时间减少 31.6%,但最大减速度仅提高了 3.5%。最大减速度提高不大,说明以最大制动减速度制动的时间减小很小。因此,制动器起作用时间的减小,是制动时间减小的主要原因,这导致制动距离的缩短。

3. 最大制动减速度 j_{max}

最大制动减速度 j_{max} 主要与最大制动器制动力(车轮滚动时)、附着力(车轮抱死拖滑时)有关。最大制动器制动力越大、附着力越大,则最大制动减速度 j_{max} 越大,制动距离越短。

任务三　汽车制动效能的恒定性

【任务描述】

汽车制动系在不同的使用环境下,制动效能会衰退、降低。根据导致制动效能衰退的原因，可将制动效能的衰退现象分为热衰退和水衰退。汽车制动效能的恒定性是指抗热衰退和水衰退的能力，主要是抗热衰退的能力。

【相关知识】

一、汽车制动效能的热衰退

汽车下长坡制动及高速制动的情况下，制动器的工作温度常在 300℃以上，有时可高达 600℃～700℃。制动器温度升高，制动器的摩擦力矩常会有显著下降，汽车的制动效能会显著降低，这种现象称为汽车制动效能的热衰退。例如凌志 LS400 轿车在冷制动时，制动初速度为 195km/h，制动距离为 163.9m，减速度为 $8.5m/s^2$；而经过 26 次下山制动后，前轮制动器温度高达 693℃，此时以同样的初速度制动，减速度减小到 $6.0m/s^2$，制动距离增加到 244.5m。汽车制动效能的热衰退是目前制动器不可避免的现象，只是程度上有所差别。

汽车制动效能的恒定性主要指的是抗热衰退的能力。抗热衰退的能力常用一系列连续制动（以一定的初速度按规定的次数和达到的减速度制动）后，制动效能较冷制动时下降的程度来表示。

二、汽车制动效能的水衰退

汽车涉水后，制动器被水浸湿，由于水的润滑作用使得制动器摩擦系数下降，从而导致汽车制动效能下降，这种现象称为汽车制动效能的水衰退。

【任务实施】

抗热衰退的能力与制动器摩擦副材料及制动器结构有关。

一般制动器的制动鼓、盘由铸铁制成，而摩擦片由石棉、半金属和无石棉等几种材料制成。正常制动时，摩擦副的温度在 200℃左右，摩擦副的摩擦因数约为 0.3～0.4。但在更高的温度时，制动器摩擦副材料性能变坏，有些摩擦片的摩擦因数会有很大降低而出现热衰退现象。选用高性能的材料，可以改善抗热衰退的能力。例如保时捷 911 汽车使用了特殊的陶瓷制动盘，以 100km/h 的初速度连续制动 10 次后，前轮制动器温度由 228℃升为 480℃，后轮制动器温度由 214℃升为 278℃，说明特殊的摩擦副材料使保时捷车温升较少，有效地控制了热衰退现象。

制动器的结构型式对抗热衰退的能力有较大的影响。

自增力式制动器利用了摩擦力来增加制动蹄对制动鼓的压紧力，因而摩擦系数稍有下降，会使制动器的摩擦力矩大幅度地下降，其抗热衰退的能力比简单非平衡式制动器及盘式制动器差。例如某装有自增力式制动器的轿车，在低速制动时，制动减速度高达(0.8～0.9)g，制动效能很好；若在 113km/h 的高速下制动，由于热衰退，制动减速度仅为 0.25g。

盘式制动器具有较高的抗热衰退能力，奔驰 600 轿车四轮都装有盘式制动器。它以 50km/h

的速度制动时,减速度达 8.5～8.9m/s²；以 120km/h 的高速制动时,减速度仍能达到 7.3～7.7m/s²。盘式制动器的制动盘有实心制动盘、内通风制动盘和钻孔内通风制动盘等型式,后两种盘式制动器的散热效果好,可以提高抗热衰退的能力。

为了保证行车安全,汽车涉水后应踩几脚制动踏板,使制动器摩擦副发生摩擦；用摩擦产生的热使制动器迅速干燥,此后制动效能才能恢复正常。

任务四　汽车制动时的方向稳定性

【任务描述】

在制动过程中,汽车维持直线行驶的能力或按预定弯道行驶的能力,称为汽车制动时的方向稳定性。

汽车制动时方向稳定性的丧失,常造成严重的交通事故。例如,制动中后轴出现侧滑,汽车常发生不规则的急剧回转运动而失去控制,离开原来的行驶方向,甚至发生撞入对方车辆的车道、下沟、滑下山坡等危险情况。因此,对汽车制动时方向稳定性的分析,具有非常重要的意义。

【相关知识】

一、汽车制动跑偏

汽车制动跑偏是指制动时,汽车自动向左或向右偏驶的现象。如图 5-7 所示,是汽车制动跑偏时,轮胎在地面上留下的印迹。

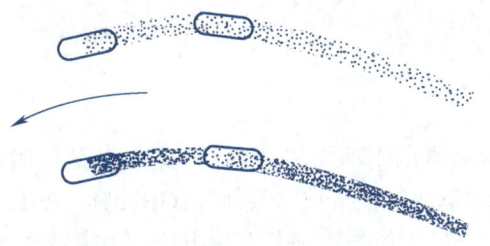

图 5-7　汽车制动跑偏时的情形

制动过程中,左、右轮地面制动力增大的快慢不一致,左、右轮地面制动力不等,特别是前轴左、右轮制动力不等,是产生制动跑偏的主要原因。另外,制动时悬架导向杆系与转向系拉杆,在运动学上的不协调、相互干涉,也会导致制动跑偏。

汽车制动跑偏的受力图,如图 5-8 所示。设前轴左轮地面制动力大于右轮,即 $F_{xll} > F_{xlr}$,对过质心垂直于地面的轴将产生逆时针方向的力矩。为了平衡该力矩,路面将产生如图 5-8 中

所示的侧向反力 F_{y1}、F_{y2}。显然，F_{x1l} 绕主销的力矩大于 F_{x1r} 绕主销的力矩。若左、右轮制动力相差较大时，该力矩差也会相当大，它可以使转向盘发生偏转。即使驾驶员把稳了转向盘，但由于转向机构各个零件间总有一定的间隙；且在间隙消除后还会产生一定的弹性变形，所以转向轮仍然会向左产生一定的偏转，形成制动跑偏。

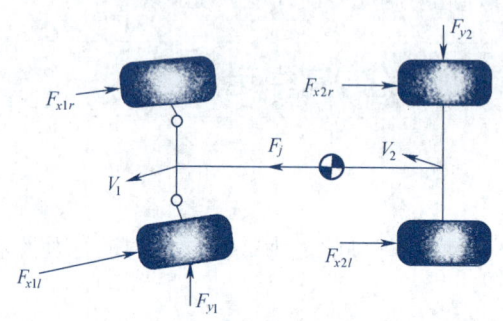

图 5-8　汽车制动跑偏时的受力图

侧向反力也有引起跑偏的作用。由于主销有后倾角、地面侧向反力 F_{Y1} 使车轮绕主销也向左偏转，增大向左跑偏的趋势。因此可见，若发生制动跑偏，则总是向制动力大的一边跑偏。

二、汽车制动侧滑

汽车制动侧滑是指制动时，汽车的某一轴或两轴车轮发生横向移动的现象。

汽车在制动过程中，当车轮未抱死制动时，汽车具有承受一定侧向力的能力。汽车在一般横向干扰力的作用下，不会发生制动侧滑。当车轮制动抱死时，车轮承受侧向力的能力几乎全部丧失，汽车在横向干扰力作用下极易发生侧滑。在紧急制动过程中，常出现一根轴的侧滑。

【任务实施】

一、制动跑偏

为了控制汽车制动跑偏，用制动力法检验汽车的制动效能时，提出了左、右轮制动器制动力平衡性的要求。《机动车运行安全技术条件》（GB7258－2012）规定：在用车制动力增长全过程中，左右轮制动力差最大值与该轴左右轮中制动力大者之比，对前轴不大于24%；当后轴轴制动力不小于轴荷的60%时，不应大于30%；当后轴轴制动力小于轴荷的60%时，不应大于轴荷的10%。

二、汽车单轴侧滑

1. 前轴侧滑

汽车制动到前轮抱死后拖滑，前轮（转向轮）的横向附着系数为0，尽管操纵转向盘使前轮偏转，路面却产生不了对前轮的侧向力，汽车无法按原弯道行驶而沿切线方向驶出，即汽车丧失了转向能力。此时，汽车若受外界侧向力作用，或因左、右轮制动力不等引起的侧向力作用，由于前轮已丧失了横向附着能力，前轴就将沿横向滑动，即产生侧滑，如图5-9所示。

前轴产生侧滑时，前轴中点的前进速度V_A便绕汽车纵轴线偏转一个角度。由于后轴未发生侧滑，后轴的前进速度V_B仍沿汽车纵轴线方向。此时汽车将发生类似转弯运动，其瞬时回转中心为速度V_A、V_B两垂线的交点O。汽车作圆周运动时将产生作用于汽车质心C的惯性力F_j。显然，F_j的方向与侧滑的方向相反，惯性力F_j就起到了减少或阻止前轴侧滑的作用。

前轴侧滑，汽车基本上维持直线向前减速停车，汽车处于一种稳定状态。但汽车在弯道上行驶制动时，前轮抱死后就丧失了转向能力。

2. 后轴侧滑

汽车制动过程中，后轮先于前轮抱死，只要有侧向力作用，就会发生后轴侧滑。其受力分析，如图5-10所示。

后轴产生侧滑时，后轴中点的速度V_B便绕纵轴线偏转一个角度，而前轴中点的速度V_A仍沿汽车纵轴线方向。此时，汽车也会发生类似转弯运动，其瞬时回转中心为速度V_A、V_B两垂线的交点O。作用于汽车质心C的惯性力F_j就与后轴侧滑方向一致，从而加剧了后轴的侧滑，后轴侧滑又使惯性力F_j增强，又将加剧汽车转动，这样循环不止地互相影响，严重时汽车就发生甩尾转向，失去控制汽车方向的能力。因此，后轴侧滑是一种不稳定的危险工况。

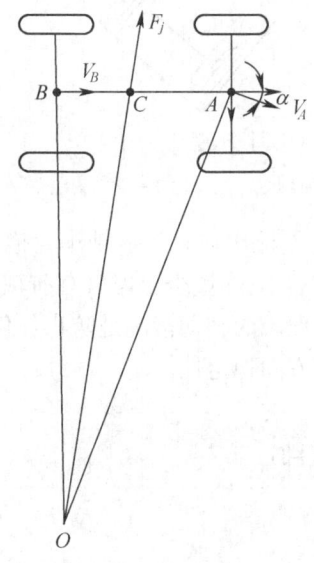

图5-9 汽车前轴侧滑时的运动状态

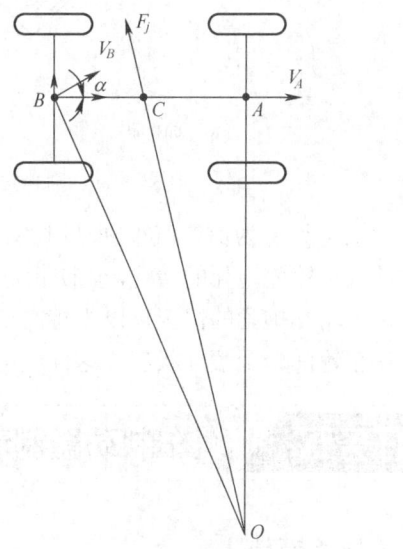

图5-10 汽车后轴侧滑时的运动状态

三、汽车列车单轴侧滑

由牵引车和半挂车组成的汽车列车,牵引车前轮抱死会失去方向控制能力,但运行方向不会改变很大;牵引车后轮先抱死,该轴若发生侧滑会引起列车的折叠(见图5-11(a)),使列车完全失去控制,这常常导致列车自身的损坏或与来车相撞;半挂车车轮先抱死,则引起列车尾部摆动(见图5-11(b)),这对牵引车的稳定性影响不大,但对迎面来车很危险。为避免或减轻汽车列车制动时的折叠与摆动,列车车轮的抱死顺序应首先是牵引车前轮、其次是半挂车车轮、最后是牵引车后轮。同时应尽可能减少半挂车制动的滞后时间,以避免出现挂车推牵引车的制动不稳定状况。

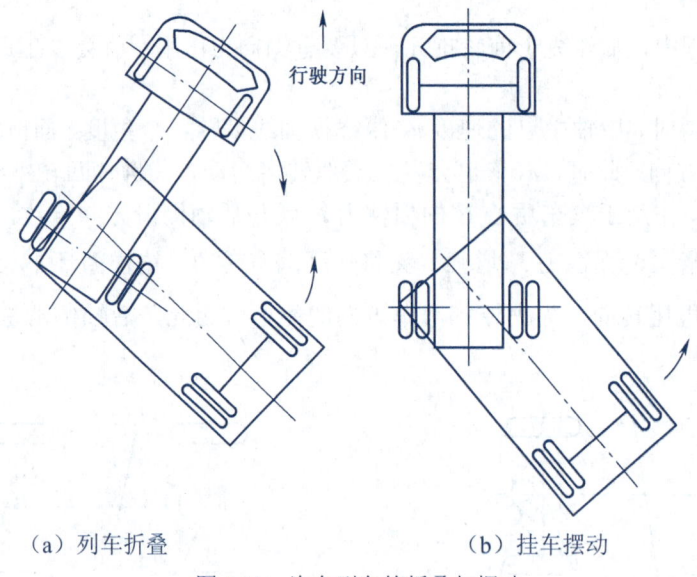

(a)列车折叠　　　　　　(b)挂车摆动

图5-11　汽车列车的折叠与摆动

由上可见,为保证汽车制动时的方向稳定性,首先不能出现只有后轴车轮抱死或后轴车轮比前轴车轮先抱死的情况,以防止危险的后轴侧滑;其次,尽量少出现只有前轴车轮抱死或前、后车轮都抱死的情况,以维持汽车的转向能力。最理想的制动情况是防止任何车轮抱死,前、后车轮都处于滚动状态,这样就可以确保制动时的方向稳定性。

任务五　汽车制动器制动力的轴间分配

【任务描述】

汽车制动器制动力在前、后轴间的分配是汽车制动系设计的关键技术,其分配是否合理将影响汽车制动时前、后轮的抱死顺序,从而影响汽车制动时的方向稳定性和附着条件利用程度。

【相关知识】

一、前、后车轮的法向反力

汽车在附着系数为 φ 水平路面上制动时的受力情况,如图5-12所示。

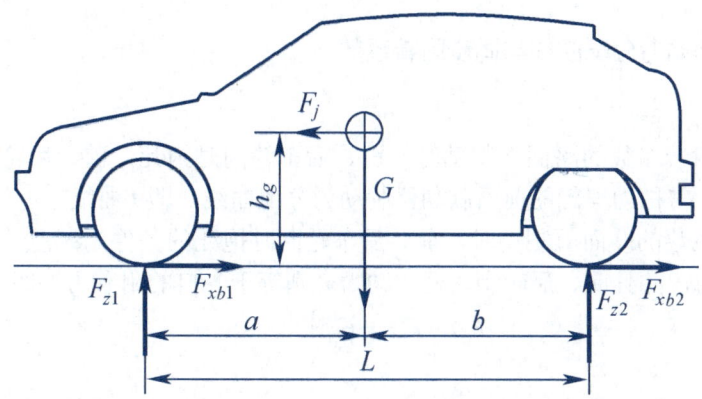

F_{z1}—前轮法向反力,N;F_{z2}—后轮法向反力,N;G—汽车重力,N;F_{xb1}—前轮地面制动力,N;F_{xb2}—后轮地面制动力,N;F_j—惯性力,$F_j=mdV/dt$,N;a—汽车质心至前轴的距离,m;b—汽车质心至后轴的距离,m;L—汽车轴距,m;h_g—汽车质心高度,m

图5-12 汽车在水平路面上制动时的受力图

对后轮接地点取矩,得

$$F_{z1}L = Gb + m\frac{dV}{dt}h_g \tag{5-6}$$

对前轮接地点取矩,得

$$F_{z2}L = Ga - m\frac{dV}{dt}h_g \tag{5-7}$$

设 Z 为制动强度,令

$$Z = \frac{dV}{dt} \cdot \frac{1}{g} \tag{5-8}$$

则前、后车轮的法向反力为

$$\left.\begin{aligned} F_{z1} &= \frac{G(b+Zh_g)}{L} \\ F_{z2} &= \frac{G(a-Zh_g)}{L} \end{aligned}\right\} \tag{5-9}$$

汽车制动，前、后轮都抱死，$F_{Xb} = F_\varphi = G\varphi = m\dfrac{\mathrm{d}V}{\mathrm{d}t}$，$\dfrac{\mathrm{d}V}{\mathrm{d}t} = \varphi g$，$Z = \varphi$。

此时，前、后车轮的法向反力为

$$\begin{cases} F_{z1} = \dfrac{G(b + \varphi h_g)}{L} \\ F_{z2} = \dfrac{G(a - \varphi h_g)}{L} \end{cases} \tag{5-10}$$

二、制动器制动力分配曲线与同步附着系数

1. I 曲线

汽车在任何附着系数的路面上制动时，前、后车轮同时抱死，前、后轮制动器制动力应满足的关系曲线，常称为理想的前后制动器制动力分配曲线，即 I 曲线。

在任何附着系数的路面上制动时，前、后车轮同时抱死的条件为：前、后轮制动器制动力之和等于附着力，并且前、后轮制动器制动力分别等于各自的附着力，即

$$\left.\begin{aligned} F_{\mu1} + F_{\mu2} &= G\varphi \\ F_{\mu1} &= F_{z1}\varphi \\ F_{\mu2} &= F_{z2}\varphi \end{aligned}\right\} \tag{5-11}$$

或

$$\left.\begin{aligned} F_{\mu1} + F_{\mu2} &= G\varphi \\ \dfrac{F_{\mu1}}{F_{\mu2}} &= \dfrac{F_{z1}}{F_{z2}} \end{aligned}\right\} \tag{5-12}$$

将式（5-10）代入（5-12），得

$$\left.\begin{aligned} F_{\mu1} + F_{\mu2} &= G\varphi \\ \dfrac{F_{\mu1}}{F_{\mu2}} &= \dfrac{b + \varphi h_g}{a - \varphi h_g} \end{aligned}\right\} \tag{5-13}$$

在已知汽车重力（G）、汽车的质心位置（a、b、h_g）的条件下，假设一系列的 φ，可作出 I 曲线，如图 5-13 所示。

I 曲线上每一点代表在某一附着系数的路面上制动时，前、后车轮同时抱死应具有的前、后车轮地面制动力 F_{xb1} 与 F_{xb2}，即 $F_{\varphi1}$ 与 $F_{\varphi2}$。I 曲线上离坐标原点越远的点，所代表的附着系数越大。

2. β 线

制动器制动力分配系数 β 是指对于前、后制动器制动力之比为固定比值的汽车，前制动器制动力 $F_{\mu1}$ 与汽车总制动器制动力 F_μ 的比值，即

$$\beta = \frac{F_{\mu 1}}{F_{\mu}} \tag{5-14}$$

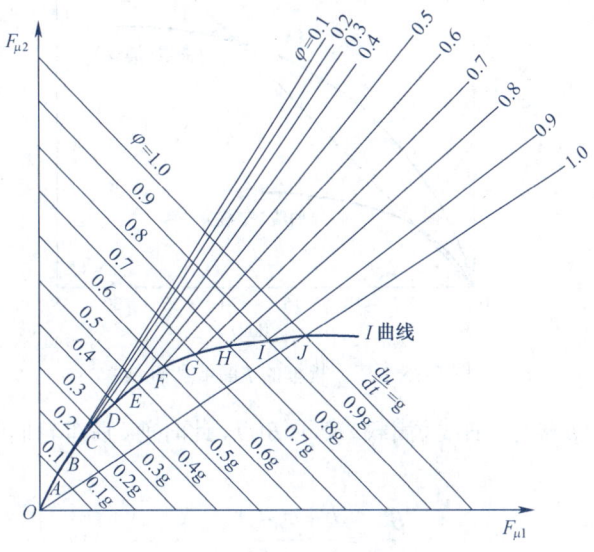

图 5-13 I 曲线

又由 $F_{\mu} = F_{\mu 1} + F_{\mu 2}$，得

$$\frac{F_{\mu 1}}{F_{\mu 2}} = \frac{\beta}{1-\beta} \tag{5-15}$$

根据式（5-15）可作出实际的前、后制动器制动力分配线，简称 β 线，如图 5-14 所示。

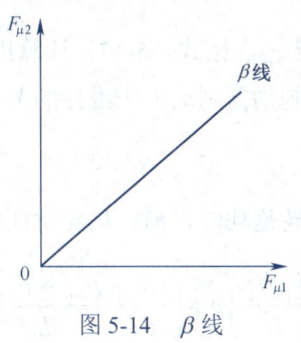

图 5-14 β 线

3. 同步附着系数 φ_o

前、后制动器制动力具有固定比值的汽车，使前、后车轮同时抱死的路面附着系数称为同步附着系数 φ_o。

某一货车的 I 曲线和 β 线，如图 5-15 所示。

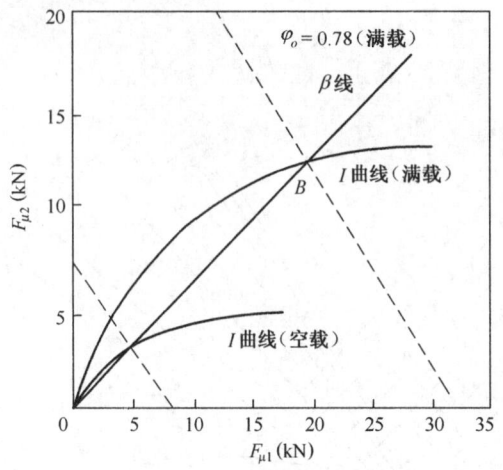

图 5-15 某一货车的 I 曲线和 β 线

由图 5-15 可知，β 线与 I 曲线（满载）交于 B 点，此时前、后车轮同时抱死，则由式（5-13）与式（5-15），得

$$\frac{\beta}{1-\beta} = \frac{b + \varphi_o h_g}{a - \varphi_o h_g} \tag{5-16}$$

经整理，得

$$\varphi_o = \frac{L\beta - b}{h_g} \tag{5-17}$$

β 线与 I 曲线交点对应的附着系数，称为同步附着系数 φ_o。它表示：对于前、后制动器制动力为固定比值的汽车，只有在一种附着系数，即同步附着系数 φ_o 的路面上制动时，才能使前、后车轮同时抱死。

汽车设计、改装时，常先选定 φ_o，按式（5-17）计算出要求的制动器制动力分配系数 β，然后用式（5-15）可求得前、后制动器制动力应维持的关系，作为汽车制动器设计的依据。

4. f 线组与 r 线组

（1）f 线组

f 线组是指后轮没有抱死、前轮抱死时，前、后轮地面制动力 F_{xb1}、F_{xb2} 间的关系曲线。

此时，有 $F_{xb1} = F_{z1}\varphi = \left(\dfrac{Gb}{L} + \dfrac{F_{xb}h_g}{L}\right)\varphi = \left(\dfrac{Gb}{L} + \dfrac{F_{xb1}+F_{xb2}}{L}h_g\right)\varphi$

整理，得

$$F_{xb2} = \frac{L - \varphi h_g}{\varphi h_g} F_{xb1} - \frac{Gb}{h_g} \tag{5-18}$$

已知汽车重力（G）、汽车的质心位置（a、b、h_g）的条件下，假设一系列的 φ，可作出 f 线组，如图 5-16 所示。

（2）r 线组

r 线组前轮没有抱死、后轮抱死时，前、后轮地面制动力 F_{xb1}、F_{xb2} 间的关系曲线。

此时，有 $F_{xb2} = F_{z2}\varphi = \left(\dfrac{Ga}{L} - \dfrac{F_{xb}h_g}{L}\right)\varphi = \left(\dfrac{Ga}{L} - \dfrac{F_{xb1} + F_{xb2}}{L}h_g\right)\varphi$

整理，得

$$F_{xb2} = -\dfrac{\varphi h_g}{L + \varphi h_g}F_{xb1} + \dfrac{\varphi Ga}{L + \varphi h_g} \tag{5-19}$$

已知汽车重力（G）、汽车的质心位置（a、b、h_g）的条件下，假设一系列的 φ，作出 r 线组，如图 5-16 所示。

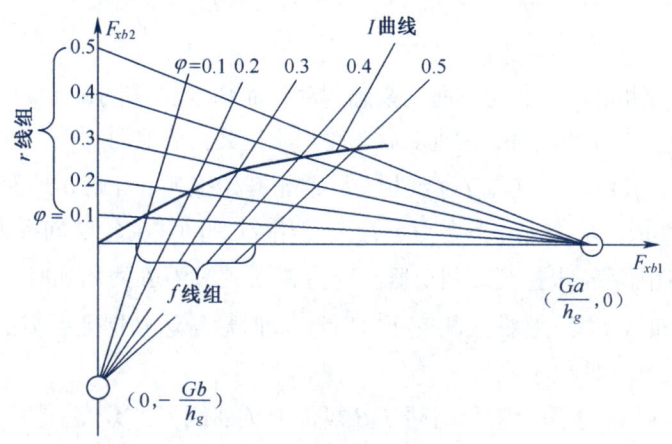

图 5-16　f 线组与 r 线组

各种相同 φ 时，f 线组与 r 线组的交点所连成的曲线，即为前述的 I 曲线。

【任务实施】

一、制动过程分析

设某前、后制动器制动力具有固定比值的汽车，满载同步附着系数 φ_o，即 β 线与 I 曲线交点对应的附着系数。分析在 $\varphi > \varphi_o$ 及 $\varphi < \varphi_o$ 的路面上紧急制动，前后轮的抱死次序。

汽车在不同附着系数 φ 路面上的制动过程分析，如图 5-17 所示。图中 β 线与 I 曲线交点 C 对应的同步附着系数 $\varphi_o = 0.4$。

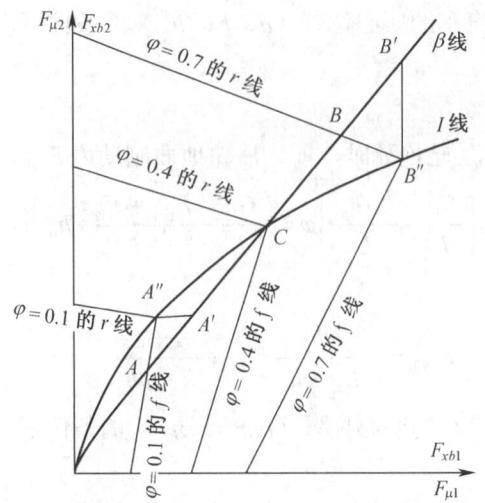

图 5-17　不同附着系数 φ 路面上的制动过程分析

1. $\varphi < \varphi_o$

汽车在 $\varphi < \varphi_o$，例如 $\varphi=0.1$ 的路面上紧急制动，如图 5-17 所示。制动开始时，前、后制动器制动力 $F_{\mu1}$、$F_{\mu2}$ 沿 β 线增加。因前、后车轮均未抱死，故地面制动力 F_{xb1}、F_{xb2} 也沿 β 线同步增加。到 A 点，β 线与 $\varphi=0.1$ 的 f 线相交，前轮开始抱死。此后，地面制动力 F_{xb1}、F_{xb2} 沿 f 线变化，前轮地面制动力 F_{xb1} 不再等于 $F_{\mu1}$，但继续制动，前轮法向反力 F_{z1} 增加，故 F_{xb1} 沿 f 线稍有增加。但因后轮未抱死，制动器制动力 $F_{\mu1}$、$F_{\mu2}$ 沿 β 线增加时，始终有 $F_{xb2}=F_{\mu2}$。当 $F_{\mu1}$、$F_{\mu2}$ 至 A' 点时，f 线与 I 曲线相交于 A'' 点，此时后轮达到抱死所需的地面制动力 F_{xb2}，于是前后车轮均抱死。

因此，汽车在 $\varphi < \varphi_o$ 路面上紧急制动（β 线位于 I 曲线下方），总是前轮先抱死。虽然汽车的行驶方向偏离不大，但已丧失转向能力。

2. $\varphi > \varphi_o$

汽车在 $\varphi > \varphi_o$，例如 $\varphi=0.7$ 的路面上紧急制动，如图 5-17 所示。制动开始时，前、后车轮均未抱死，前、后地面制动力 F_{xb1}、F_{xb2} 和制动器制动力 $F_{\mu1}$、$F_{\mu2}$ 一样沿 β 线增加。到 B 点，β 线与 $\varphi=0.7$ 的 r 线相交，后轮开始抱死。此后，地面制动力 F_{xb1}、F_{xb2} 沿 r 线变化，后轮地面制动力 F_{xb2} 不再等于 $F_{\mu2}$，但继续制动，后轮法向反力 F_{z2} 有所减小，故 F_{xb2} 沿 r 线稍有下降。但因前轮未抱死，制动器制动力 $F_{\mu1}$、$F_{\mu2}$ 沿 β 线增加时，始终有 $F_{xb1}=F_{\mu1}$。当 $F_{\mu1}$、$F_{\mu2}$ 至 B' 点时，r 线与 I 曲线相交于 B'' 点，此时前轮达到抱死所需的地面制动力 F_{xb1}，前后车轮均抱死。

因此，汽车在 $\varphi > \varphi_o$ 路面上紧急制动（β 线位于 I 曲线上方），总是后轮先抱死。此时，汽车容易发生后轴侧滑使制动时的方向稳定性丧失。

3. $\varphi = \varphi_o$

汽车在$\varphi = \varphi_o$，例如$\varphi = 0.4$的路面上紧急制动，如图5-17所示。制动时，汽车的前后车轮均同时抱死，是一种稳定工况，但也失去转向能力。

二、具有变化值的前、后制动器制动力分配特性

对于具有固定比值的前、后制动器制动力的制动系分配特性，其实际的制动力分配曲线（β线）与理想的制动力分配曲线（I曲线）相差很大，制动器制动力不能完全转化为地面制动力，前轮可能因抱死而丧失转向能力，后轮也可能因抱死而使汽车发生后轴侧滑的危险。因此，现代汽车均装有各种制动力调节装置。其制动力分配曲线，如图5-18所示。它能根据制动强度、载荷等因素来改变前、后制动器制动力的比值，使β线尽可能接近I曲线，以满足制动性的要求。

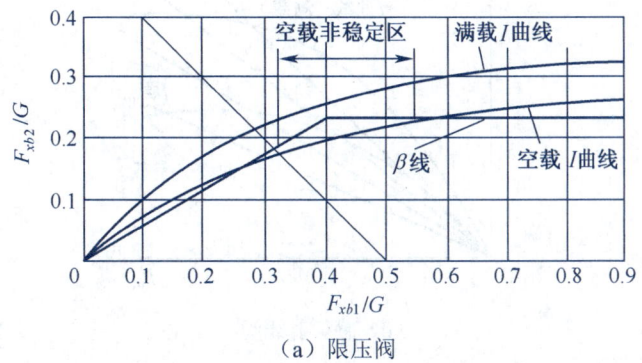

(a) 限压阀

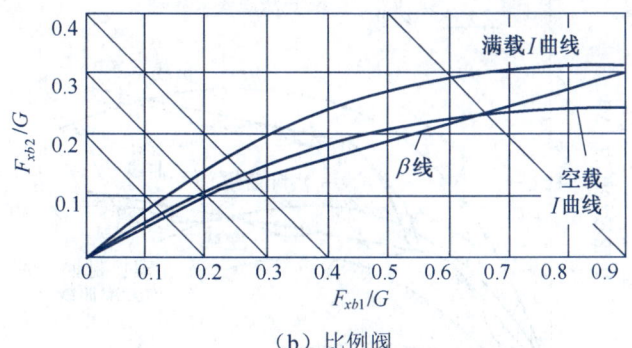

(b) 比例阀

图5-18　各种制动力调节装置的制动力分配曲线

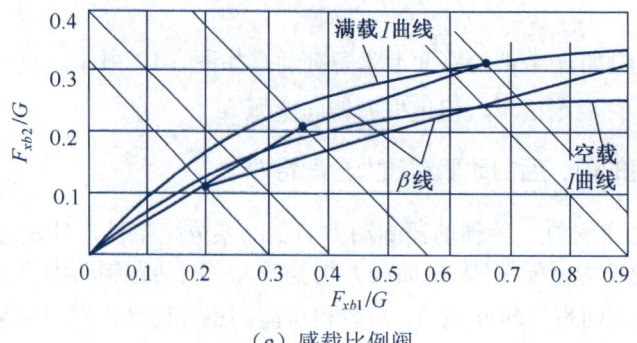

(c)感载比例阀

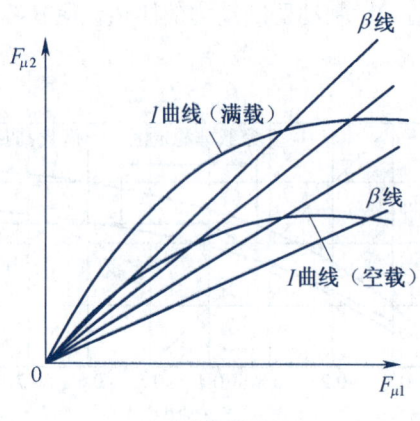

(d)感载射线阀

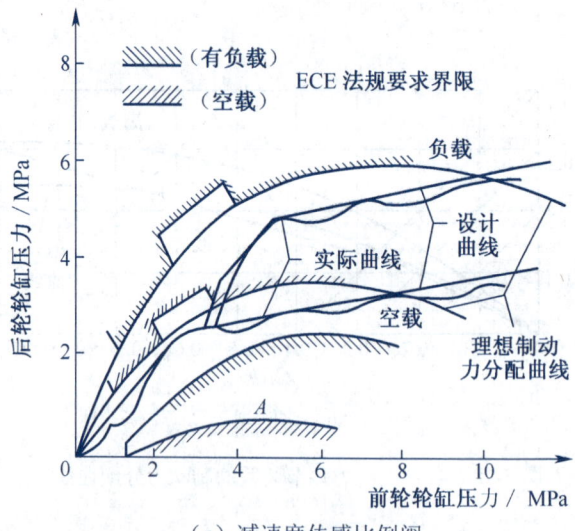

(e)减速度传感比例阀

图 5-18　各种制动力调节装置的制动力分配曲线（续图）

任务六　汽车理想的制动系统

【任务描述】

即使在任何附着系数的路面上，都做到了能使前、后轴上的车轮同时抱死，这样的制动系统仍然不是最理想的。因为这时会发生侧滑，并丧失转向的能力，且高速制动车轮被抱死后不能换位，而汽车仍有很大的动能，它将转化为轮胎在路面上的滑摩功，使轮胎接地处因局部高温而"稀化"，导致轮胎与路面的附着系数减小，汽车的地面制动力减小，制动减速度下降，因而制动距离增加。

汽车理想的制动系统应是，在保证汽车制动时方向稳定性的前提下，获得最优的制动效能。

【相关知识】

以前的分析，都是基于汽车制动时车轮的运动只有滚动和抱死拖滑两种状态。实际上，车轮的运动从滚动到抱死拖滑是一个渐变的过程。汽车制动过程中，随着踏板力增大，轮胎留在地面上的印痕，如图 5-19 所示。

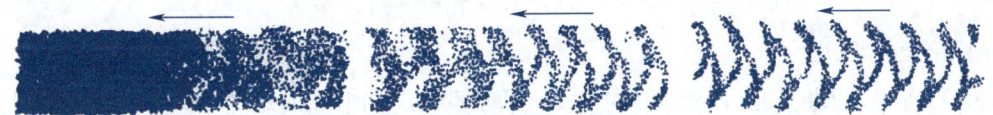

图 5-19　汽车制动时轮胎留在地面上的印痕

由图 5-19 可以看出，印痕基本上可分 3 段。第 1 段内，印痕的形状与轮胎胎面花纹基本上一致，车轮接近纯滚动状态；第 2 段内，轮胎花纹可辨别出来，但花纹逐渐模糊，轮胎胎面与地面有一定的相对滑动，车轮处于边滚动边滑动的状态，且随着制动强度增加，滑动成分增加；第 3 段内，形成一条粗黑的印痕，看不出花纹印痕，车轮抱死，处于完全拖滑状态。

1. 滑动率 s

通常用滑动率 s 表示不同的制动情况。滑动率 s 的定义式为

$$s = \frac{V_W - r_o \omega_W}{V_W} \times 100\% \tag{5-20}$$

式中：V_W—车轮中心的速度；ω_W—车轮的角速度；r_o—不制动时车轮的滚动半径。

车轮纯滚动时，$V_W = \omega_W r_o$，滑动率 $s=0$；车轮边滚动边滑动时，$V_W > \omega_W r_o$，滑动率 $0<s<100\%$。车轮抱死纯滑动时，$\omega_W =0$，滑动率 $s=100\%$；滑动率表示车轮运动中滑动成分所占的比例。滑动率越大，滑动成分越多。

2. 制动力系数、侧向力系数随滑动率的变化

令地面制动力与作用在车轮上的垂直载荷之比为制动力系数,地面侧向力与作用在车轮上的垂直载荷之比为侧向力系数。汽车制动过程中,制动力系数、侧向力系数随滑动率的变化,如图 5-20 所示。

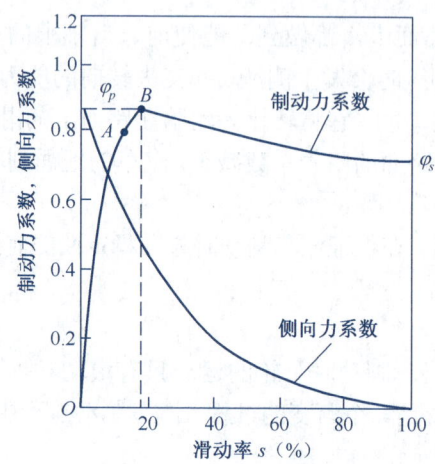

图 5-20　制动力系数、侧向力系数随滑动率的变化曲线

由图 5-20 可知:

(1) 制动力系数在 OA 段近似为直线,随滑动率 s 的增加而迅速增大;过 A 点后上升缓慢,至 B 点达到最大值。制动力系数的最大值,称为峰值附着系数 φ_p,一般在 $s=15\%\sim20\%$ 出现。滑动率 s 再增加,制动力系数有所下降,直到滑动率 $s=100\%$。滑动率 $s=100\%$ 时的制动力系数,称为滑动附着系数 φ_s。在干燥路面上,φ_p 与 φ_s 差别较小;而在湿路面上,φ_p 与 φ_s 差别较大。各种路面的峰值附着系数 φ_p 与滑动附着系数 φ_s,见表 5-1。

表 5-1　各种路面的峰值附着系数与滑动附着系数

各种路面	峰值附着系数	滑动附着系数
沥青或混凝土路面(干)	0.8~0.9	0.75
沥青(湿)	0.5~0.7	0.45~0.6
混凝土(湿)	0.8	0.7
砾石	0.6	0.55
土路(干)	0.68	0.65
土路(湿)	0.55	0.4~0.5
雪路(压实)	0.2	0.15
冰路	0.1	0.07

（2）侧向力系数随滑动率 s 的增加而迅速减小，滑动率 $s=100\%$ 时的侧向力系数为 0。侧向力系数越大，汽车保持转向、防止侧滑的能力越大。

因此，由于滑动率 $s=100\%$ 时，滑动附着系数较小，地面制动力不是最大，因而制动距离不是最短，而且此时的侧向力系数为 0，能承受的侧向力为 0，车轮很容易侧滑，不能保证制动时的方向稳定性。理想的制动系统应能防止车轮被抱死，自动保持滑动率 s 在 15%～20% 的范围内，能够利用峰值附着系数获得最大的地面制动力，因而制动距离可以最短，而且此时还具有较高的侧向力系数，可以承受较大的侧向力而不致侧滑，并可保持汽车行驶方向的控制能力，具有很好的制动方向稳定性。

【任务实施】

一、防抱死制动装置

防抱死制动装置（Antilock Braking System，简称 ABS）是汽车在制动过程中防止车轮抱死，提高汽车的方向稳定性和转向操纵能力，缩短制动距离的装置。除 ABS 外，还有驱动过程中防止车轮滑转的控制装置（Acceleration Slip Regulation，简称 ASR），因为其是通过牵引力控制来实现驱动车轮滑转控制，也称为牵引力控制系统(Traction Control System，简称 TCS)。现代高级轿车，一般把 ABS 与 ASR 结合成一体，组成汽车统一的防滑控制装置。

装有以车轮角减速度为控制参数的 ABS 与未装 ABS 的 Benz 轿车，在直线行驶制动时，其试验结果对比，见表 5-2。

表 5-2　Benz 轿车直行制动时的试验结果对比

试验条件		装有 ABS			未装 ABS		
混凝土路面	制动初速度（km/h）	制动距离（m）	平均减速度（m/s²）	制动距离减少量（m）	制动距离（m）	平均减速度（m/s²）	残余速度（km/h）
干	100	41.8	9.25	8.2	50	7.73	40
湿	100	62.75	6.71	32.75	100	3.9	60
干	130	81.2	8.0	12.5	93.7	7.0	47.5
湿	130	97.1	6.71	41.1	138.2	4.72	70.9

注：残余速度是指装有 ABS 的汽车停住时，未装 ABS 的汽车还具有的车速。

表 5-2 中数据表明，装有 ABS 时，汽车平均减速度增大，制动距离缩短，在湿路面效果更好。

Benz 轿车制动初速度为 80km/h 的转弯制动试验对比，如图 5-21 所示。

由图 5-21 可知，装有 ABS 的汽车制动时，能准确地按弯道行驶；而未装 ABS 的汽车未能按弯道行驶。装有 ABS 的汽车制动时，制动距离可缩短 3.9m（干路面）/7.3m（湿路面）。

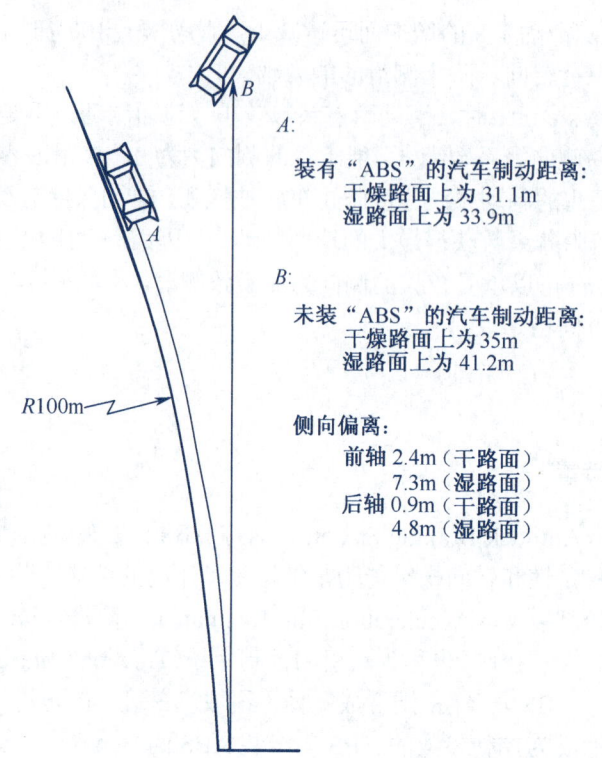

图 5-21　Benz 轿车制动初速度为 80km/h 的转弯制动试验对比

应当指出，ABS 不能保证在任何情况下的制动效能都是最高，例如在碎石路及刚下过雪的路上，关闭 ABS 可能使制动距离缩短，因为车轮抱死时形成的碎石或雪的楔块，有阻止汽车车轮继续向前拖滑的作用。

二、辅助制动装置

轿车和商用车的车轮制动器没有持续缓速制动的功能，在下长坡行驶长时间连续制动时，车轮制动器无法及时将热量释放到大气中，可能因制动器过热导致制动效能下降（热衰退），严重时甚至使制动失效。轿车单位质量对应的制动器容量比较大；而商用车，尤其是重型车辆单位质量对应的制动器容量比轿车小得多。因而为解决商用车下坡连续制动引发制动器热衰退问题，常装有无磨损辅助缓速制动装置，它独立作用于车轮，使汽车维持一定车速下长坡，减少制动器磨损，保证汽车安全行驶。

1.　排气制动

为了增加发动机制动的效果，在发动机排气管道中设置排气阀。这样，在排气冲程中，每一个活塞都必须克服排气系统的反压力，以此使汽车减速制动。使用排气制动时，变速器应挂上相应挡位，松开加速踏板。

2. 缓速器

在重型车上采用了液力缓速器或电涡流缓速器。液力缓速器装在变速器的输出端；电涡流缓速器装在变速器的输出端或传动轴上，也可装在驱动桥的主传动输入端。目前，几乎所有的高一级以上的大中型客车都标配或选装电涡流缓速器。由于电涡流缓速器是一种非接触式制动装置，制动时迅速而柔和，从而汽车行驶的舒适性也得到大大提高。

任务七　汽车制动性检测

【任务描述】

汽车制动性，对于汽车行驶安全和运输效率具有重要影响。汽车制动性检测有路试和台试，本任务主要介绍汽车制动试验台的结构与工作原理，汽车制动性的检测标准。

【相关知识】

一、制动试验台类型

按试验台同时能检测车轴数不同：单轴式、双轴式和多轴式

按测试原理不同：反力式和惯性式

按试验台支承车轮形式不同：滚筒式和平板式

按检测参数不同：制动力式、制动距离式和综合式

按测量装置、指示装置信号传递方式不同：机械式、液压式和电气式

目前，国内汽车检测站所用制动检测设备多为单轴反力式滚筒制动试验台。

二、单轴反力式滚筒制动试验台结构与工作原理

1. 单轴反力式滚筒制动试验台结构

单轴反力式滚筒制动试验台由结构完全相同的左、右两套车轮制动力测试单元（驱动装置、滚筒装置、举升装置、测量装置）和一套指示控制装置组成，如图 5-22 所示。

（1）驱动装置

驱动装置由电动机、减速器构成。电动机发出的动力经减速器减速增扭后，驱动滚筒装置的后滚筒（主动滚筒）旋转。后滚筒与前滚筒（从动滚筒）由链传动连接而同步旋转。减速器外壳由两个轴承浮动安装在支架上，可以绕后滚筒中心线摆动。

（2）滚筒装置

每一车轮制动力测试单元设置一对主、从动滚筒。滚筒两端分别用滚动轴承与轴承座支承在框架上，且保持两滚筒轴线平行。滚筒相当于活动的路面，用来支承被检车辆车轮，并承

受和传递制动力。为了提高滚筒与轮胎间的附着系数,需对滚筒表面进行特殊处理(如开沟槽、喷覆层等)。

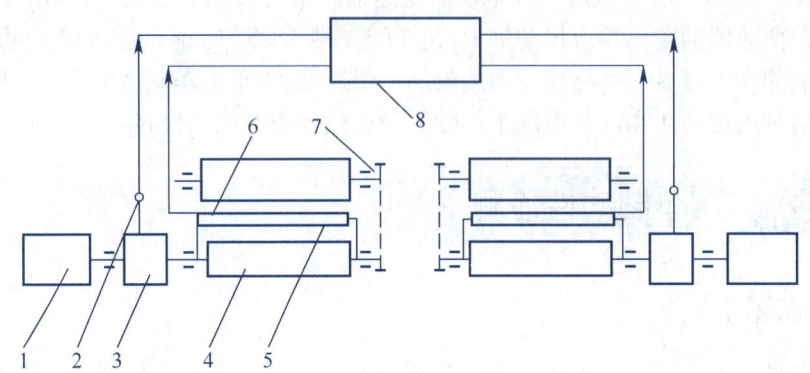

1—电动机；2—压力传感器；3—减速器；4—滚筒；
5—第三滚筒；6—电磁传感器；7—链传动；8—测量指示仪表

图 5-22　单轴反力式滚筒制动试验台结构

有的滚筒制动试验台,在主动滚筒与从动滚筒之间设置直径较小、既可自转又可上下摆动的第三滚筒,平时由弹簧使其保持在最高位置。而在设置有第三滚筒的制动试验台上,大都取消了举升装置。在检测时,被检车辆的车轮置于主、从动滚筒上,同时压下第三滚筒,并与其保持可靠接触。第三滚筒上装有转速传感器,监控车轮的转动状态,防止滚筒剥伤轮胎,并保护驱动电机。

(3) 举升装置

为了便于汽车出入试验台,在主动、从动两滚筒之间设置有举升装置。该装置通常由举升器、举升平板和控制开关等组成,带有第三滚筒的制动试验台不用举升装置。

(4) 测量装置

测量装置主要由测力杠杆和传感器组成。

测力杠杆一端与传感器连接,另一端与减速器壳体连接,如图 5-23 所示。被测车轮制动时,测力杠杆与减速器壳体将一起绕主动滚筒(或绕减速器输出轴、电动机枢轴)轴线摆动,传感器将测力杠杆传来的与制动力大小成比例的力(或位移)转变成电信号输送到指示、控制装置。

传感器有应变测力式、自整角电动机式、电位计式、差动变压器式等多种类型。

(5) 控制与指示装置

控制与指示装置主要由计算机、放大器、A/D 转换器、数字显示器和打印机等组成,其控制框图,如图 5-24 所示。

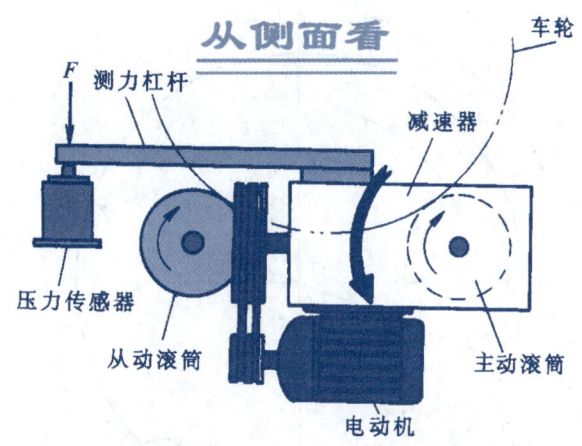

图 5-23 测力装置与驱动装置

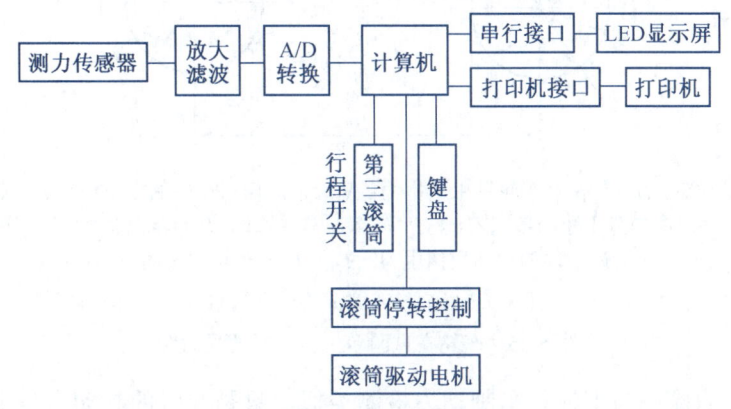

图 5-24 计算机控制框图

2. 单轴反力式滚筒制动试验台工作原理

进行车轮制动力检测时,被检汽车驶上制动试验台,车轮置于前、后滚筒之间,放下举升器(或压下第三滚筒,装在第三滚筒支架下行程开关被接通)。电动机通过延时电路起动后,动力经减速器、链传动和前、后滚筒带动车轮低速旋转。待车轮转速稳定后,驾驶员踩下制动踏板,车轮在制动器摩擦力矩 T_μ 作用下开始减速旋转。此时电动机驱动滚筒对车轮轮胎周缘切线方向施加作用力 F_{x1}、F_{x2},以克服制动器摩擦力矩(见图 5-25),维持车轮继续旋转。与此同时车轮对滚筒表面切线方向施加反作用力 F'_{x1}、F'_{x2},在反作用力矩作用下,减速器壳体与测力杠杆一起朝滚筒转动相反方向摆动,测力杠杆一端的力或位移经传感器转换成与制动力大小成比例的电信号,从测力传感器送来的电信号经放大滤波后,送往 A/D 转换器转换成相应数字量,经计算机采集、存储和处理后,显示出来。

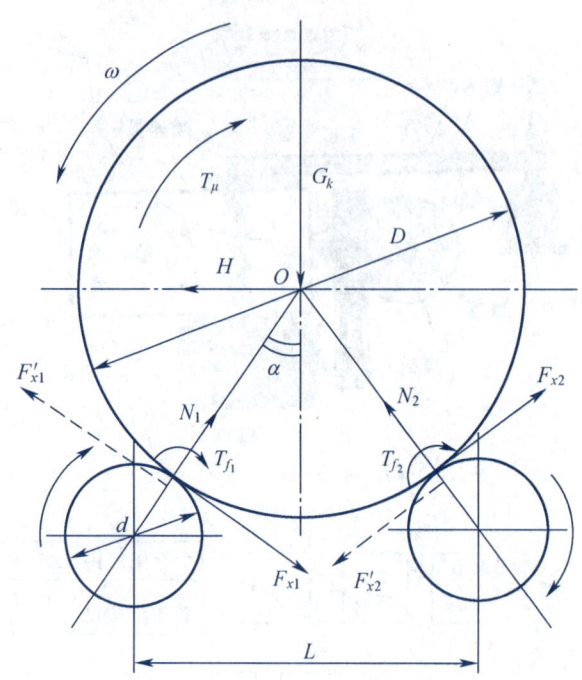

G_K—车轮所受载荷;H—车桥对车轮轴水平推力;N_1—前滚筒对车轮的支反力;N_2—后滚筒对车轮的支反力;F_{x1}—前滚筒对车轮的切向力;F_{x2}—后滚筒对车轮的切向力;F'_{x1}—车轮对前滚筒的切向反作用力;F'_{x2}—车轮对后滚筒的切向反作用力;T_{f1}、T_{f2}—车轮的滚动阻力矩;T_μ—制动器摩擦力矩;α—安置角;L—滚筒中心距;D—车轮直径;d—滚筒直径

图 5-25 车轮在试验台上试验时的受力图

驻车制动力的检测与上述行车制动力检测类似,只是此时的制动力是由驻车制动装置产生。

车轮阻滞力的检测是在汽车的行车与驻车制动装置均处于完全释放状态,变速器置于空挡位置时进行的,维持车轮稳定旋转所需的力。该力的测试原理与上述相同。

制动协调时间是从驾驶人踩下制动踏板的瞬间开始计时,直至制动力达到标准中规定制动力的 75% 的瞬间为止的这段时间。

【任务实施】

一、制动试验台的使用

1. 试验台准备

(1) 检查试验台滚筒上有无泥、水、油等杂物,如有则应清除干净。

(2) 使滚筒在无负荷状态下运转,检查并调整仪表指针零位。

（3）检查举升器动作是否灵活，如动作阻滞或有漏气部位应进行检修；举升器是否在升起位置，否则应使举升器升起到位。

（4）检查各指示灯工作是否正常。

（5）检查各种导线有无因损伤造成接触不良现象。

2. 车辆准备

（1）核实汽车各轴轴荷，确保被测汽车车轴轴荷在试验台允许载荷范围内。

（2）检查轮胎是否沾有泥、水、油污等杂物，要特别注意检查轮胎花纹内或后轴双轮胎间嵌入的小石子与石块，应清除干净。

（3）检查轮胎气压，使其符合出厂规定值。

3. 检测步骤

（1）接通试验台总电源，按说明书要求预热至规定时间。

（2）汽车从其纵向中心线与滚筒轴线垂直的方向驶入试验台。先前轴，再后轴，使车轮处于两滚筒之间的举升平板上。

（3）汽车停稳后，变速器置于空挡位置，行车、驻车制动处于放松状态，能测制动协调时间的试验台还应将脚踏开关套装在制动踏板上。

（4）降下举升平板，至轮胎与举升平板完全脱离为止。

（5）起动电动机，滚筒带动车轮旋转，待转速稳定后，从仪表上读取车轮阻滞力数值。

（6）踩下制动踏板，从指示仪表上读取最大制动力值。并打印检测结果，一般试验台在 1.5～3.0s 后或第三滚筒发出车轮即将抱死的信号后滚筒自动停转。

（7）升起举升平板，驶出已测车轮，按上述相同方法继续进行其他车轮的检测。

（8）前、后轮的制动力检测完后，操纵驻车制动装置，从指示仪表上读取最大制动力值。

（9）所有车轴的行车制动及驻车制动性能检测完毕后，升起举升平板，汽车驶出试验台，切断试验台总电源。

注意：路试和台试进行制动性检测时的制动踏板力或制动气压应符合以下要求。

（1）满载检测：对于气压制动系，气压表的指示气压应不大于额定工作气压；对于液压制动系、座位数小于或等于9的客车，踏板力不大于500N；其他车辆的踏板力不大于700N。

（2）空载检测：对于气压制动系，气压表的指示气压应不大于600kPa；对于液压制动系、座位数小于9的客车，踏板力不大于400N；其他车辆的踏板力不大于450N。

二、汽车制动性检测标准

1. 整车制动力与轴制动力要求

整车制动力与轴制动力要求，见表5-3。

2. 制动力平衡要求

在制动力增长全过程中同时测得的左右轮制动力差的最大值，与全过程中测得的该轴左右轮最大制动力中大者（当后轴及其他轴，制动力小于该轴轴荷的 60%时为与该轴轴荷）之比，对新注册车和在用车应分别符合的要求，见表5-4。

表5-3　整车制动力与轴制动力要求

机动车类型	制动力总和与整车重量百分比		轴制动力与轴荷[a]百分比	
	空载	满载	前轴[b]	后轴[b]
三轮汽车	—	—	—	≥60[c]
乘用车、其他总质量不大于3500kg的汽车	≥60	≥50	≥60[c]	≥20[c]
铰接客车、铰接式无轨电车、汽车列车	≥55	≥45	—	—
其他汽车	≥60	≥50	≥60[c]	≥50[d]
普通摩托车	—	—	≥60	≥55
轻便摩托车	—	—	≥60	≥50

注：a 用平板制动检验台检验乘用车时应按左右轮制动力最大时刻所分别对应的左右轮动态轮荷之和计算。

　　b 机动车（单车）纵向中心线中心位置以前的轴为前轴，其他轴为后轴；挂车的所有车轴均按后轴计算；用平板制动试验台测试并装轴制动力时，并装轴可视为一轴。

　　c 空载和满载状态下测试均应满足此要求。

　　d 满载测试时，后轴制动力百分比不做要求；空载用平板制动检验台检验时应大于等于35%；总质量大于3500kg的客车，空载用反力滚筒式制动试验台测试时应大于等于40%，用平板制动检验台检验时应大于等于30%。

表5-4　制动力平衡要求

	前轴	后轴（及其他轴）	
		轴制动力大于等于该轴轴荷60%时	制动力小于该轴轴荷60%时
新注册车	≤20%	≤24%	≤8%
在用车	≤24%	≤30%	≤10%

3．制动协调时间要求

对液压制动的汽车应小于等于0.35s；

对气压制动的汽车应小于等于0.60s；

汽车列车和铰接客车、铰接式无轨电车的制动协调时间应小于等于0.80s。

4．车轮阻滞力要求

汽车、汽车列车各车轮的阻滞力均应小于等于轮荷的10%。

5．驻车制动力要求

机动车空载，乘坐一名驾驶人，使用驻车制动装置。

驻车制动力的总和应大于等于该车在测试状态下整车重量的20%，但总质量为整备质量1.2倍以下的机动车应大于等于15%。

台试检验制动性能，对空载检测制动力有质疑时，可用满载检测制动力要求进行检测。

【知识拓展】

平板式制动试验台简介

平板式制动试验台，是一种低速动态式制动试验台，其结构如图 5-26 所示。检测时，汽车以 5-10km/h 的速度匀速驶上测试平板，置变速器于空挡并紧急制动。在汽车惯性力作用下，车轮则对测试平板作用一个与车轮制动力大小相等、方向与汽车行驶方向相同的作用力。该作用力经拉力传感器测出。与此同时，车轮载荷经承重传感器测出。

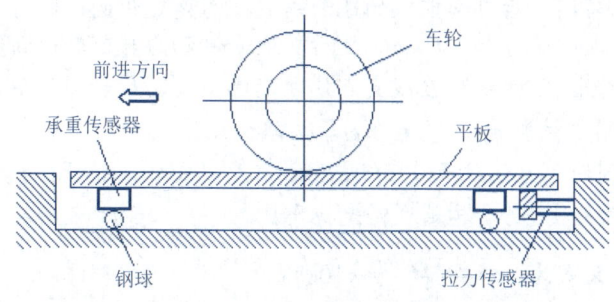

图 5-26 平板式制动试验台

【项目总结】

1. 汽车行驶安全性包括汽车主动安全性和汽车被动安全性。汽车制动性是汽车主动安全性的重要内容之一。

2. 汽车制动性包括制动效能、制动效能的恒定性、制动时汽车的方向稳定性 3 方面的指标。

3. 地面制动力是制动时地面给车轮的切向力，方向与汽车速度方向相反，其最大值为附着力。制动器制动力是汽车车桥架离地面制动时，在轮胎周缘沿切线方向扳动车轮旋转所施加的力，它不受附着力的限制。

4. 汽车制动距离是指汽车从驾驶员开始操纵制动控制装置（制动踏板）到汽车完全停住为止所驶过的距离。其计算公式为：$S = \dfrac{V_o}{3.6}\left(t'_2 + \dfrac{t''_2}{2}\right) + \dfrac{V_o^2}{25.92 j_{\max}}$。

5. 汽车制动效能的指标包括制动距离、制动减速度和制动力。GB7258—2012《机动车运行安全技术条件》规定，可以用制动距离法、充分发出的平均减速度法、制动器制动力法这 3 种方法之一对在用车和新车进行制动效能的检验。

6. 汽车制动效能的恒定性是指抗热衰退和水衰退的能力，主要是抗热衰退的能力。

7. 汽车制动时的方向稳定性指制动时，维持直行的能力及按预定的弯道行驶的能力，具体是指制动时对跑偏和侧滑的抵抗能力，制动跑偏的主要原因是由于左、右轮，特别是前轴左右轮制动力不均衡引起的。制动过程中，若一根轴上的车轮被抱死，则该轴受较小的侧向力就会沿轴向侧滑，后轴车轮先抱死很危险，因为侧滑开始后汽车绕瞬心转动时离心力起增大侧滑的作用；前轴车轮先抱死的危险性不大，因为前轴开始侧滑所产生的离心力与引起侧滑的侧向力的方向总是相反，能阻止侧滑的扩大，前轴车轮制动到抱死会丧失转向控制能力，此时驾驶员容易察觉，可以采取放松制动踏板的办法来恢复转向控制能力。

8. 在没有前、后轴制动器制动力调节装置的情况下，前、后轴制动器制动力是随制动系的油压或气压成线性关系增加的，后轴制动器制动力与前轴制动器制动力之比是一个常数（β 线）。随着制动强度的不同，后轴和前轴的地面垂直反力是变化的，同时抱死要求的后轴地面制动力为 $F_{Z2}\varphi$、前轴地面制动力为 $F_{Z1}\varphi$，故后轴地面制动力与前轴地面制动力之比也是变化的，体现为 I 曲线，因此，I 曲线与 β 线交点处才能满足前、后轴同时抱死的条件，交点对应的附着系数称为同步附着系数 φ_0。汽车在 $\varphi=\varphi_0$ 路面上紧急制动，前、后轮同时抱死。汽车在 $\varphi<\varphi_0$ 路面上紧急制动（β 线位于 I 曲线下方），总是前轮先抱死。汽车在 $\varphi>\varphi_0$ 路面上紧急制动（β 线位于 I 曲线上方），总是后轮先抱死。

9. 滑动率 s 的定义式为 $s = \dfrac{V_W - r_o\omega_W}{V_W} \times 100\%$。

10. 理想的制动系统应能防止车轮被抱死，控制滑动率 s 在 15%～20% 范围内，能够利用峰值附着系数获得最大的地面制动力，因而制动距离可以缩短，而且此时还具有较高的侧向力系数，可以承受较大的侧向力而不致侧滑，并可保持汽车方向的控制能力，具有很好的制动方向稳定性。

11. 为解决商用车下坡连续制动引发制动器热衰退问题，常装有无磨损辅助缓速制动装置（如电涡流缓速器、排气制动等），它独立作用于车轮，使汽车维持一定车速下长坡，减少制动器磨损，保证汽车安全行驶。

12. 目前，国内汽车检测站所用制动检测设备多为单轴反力式滚筒制动试验台。单轴反力式滚筒制动试验台由结构完全相同的左、右两套车轮制动力测试单元（驱动装置、滚筒装置、举升装置、测量装置）和一套指示控制装置组成。汽车制动性检测标准包括整车制动力与轴制动力、制动力平衡、制动协调时间、车轮阻滞力、驻车制动力等要求。

13. 平板式制动试验台，是一种低速动态式制动试验台。汽车在平板式制动试验台上的制动过程与汽车路试时的制动过程较为接近，能反映汽车的实际制动性能。

【项目训练】

1. 解释概念

制动距离、制动强度、制动跑偏、制动侧滑、同步附着系数、滑动率、制动力系数、侧向力系数、峰值附着系数、滑动附着系数

2. 判断题

(1) 汽车在制动过程中，只有当车轮抱死时，汽车才能得到最大制动减速度。

(2) 汽车驾驶员反应时间的长短对汽车制动距离的计算没有影响。

(3) 汽车利用发动机排气制动与汽车利用缓速器制动，主要是为了解决汽车制动器热衰退的问题。

(4) 汽车在潮湿路面上制动，汽车各轮制动力同时达到附着极限值时，与汽车各轮制动力使汽车各轮同时抱死时相比，前者的制动减速度大。

3. 简答题

(1) 简述地面制动力与制动器制动力的区别与联系。

(2) 简述汽车制动跑偏与制动侧滑的区别与联系。

(3) 分析改善汽车制动性能的措施。

(4) 分析汽车制动效能热衰退的原因。

(5) 汽车前轴左右轮制动力不等为什么容易引起制动跑偏？

(6) 分别分析后轴车轮先抱死与前轴车轮先抱死对汽车方向稳定性的影响。

(7) 画图说明为什么装有自动防抱死装置的汽车可提高制动时的方向稳定性。

(8) 分析装载质量的变化对汽车制动性的影响。

(9) 分析不同的双管路制动系统布置形式对汽车制动性的影响。

(10) 简述汽车安全性的分类与影响因素。

(11) 简述制动试验台的结构组成、测力原理。

(12) 讨论制动力检测结果的影响因素。

4. 计算题

(1) 已知某汽车总质量 m=8000kg，轴距 L=4m，质心至前轴距离 a=3m，质心高度 h_g=1.1m，在附着系数 φ=0.6 的路面上制动，若要使所有车轮同时抱死，应有多大的前后轴制动器制动力？

(2) 某车制动器制动力分配系数 β=40%。空载时质心至前轴距离 a'=2.2m，质心至后轴距离 b'=1.8m，质心高度 h_g'=0.77m；满载时质心至前轴距离 a=3m，质心至后轴距离 b=1m，质心高度 h=1.11m。若该车制动器制动力足够。计算该车空载及满载时的同步附着系数，并分析空载制动时是否会出现前轴车轮先抱死的现象？为什么？

(3) 某汽车总质量 m=1320kg，在附着系数 φ = 0.6、坡度为 i=20%的下坡道路上制动。试求：①该车能获得的最大地面制动力 $F_{xb\max}$ 是多少？②不计滚动阻力和空气阻力，最大制动减速度是多少？③当车速为 V_0=30km/h 时，该车最短制动距离是多少（不计制动器反应时间及制动减速度上升时间）？

(4) 某乘用车在制动试验台上进行制动性检测，部分检测数据见表 5-5。

表 5-5　部分检测数据

	质量（kg）	最大制动力（N）		过程差（N）	
		左轮	右轮	左轮	左轮
前轴	801	2700	2650	2000	1800
后轴	509	1580	1560	1220	1370

根据《机动车运行安全技术条件》（GB7258－2012）规定，计算说明该汽车制动力、制动力平衡是否合格。

5. 分析题

高速公路追尾碰撞如图 5-27 所示，分析产生事故的原因，并提出预防措施。

图 5-27　高速公路追尾碰撞

6. 讨论题

查找汽车制动侧滑引发交通事故的案例，分组讨论。

项目六
汽车操纵稳定性与检测

【项目导读】

　　汽车操纵稳定性是指驾驶者在不感到过分紧张和疲劳的情况下，汽车抵抗各种外界干扰并按照驾驶者通过转向控制机构所给定方向稳定行驶的能力。随着道路条件的改善与汽车行驶速度的提高，汽车操纵稳定性是现代汽车高速行驶的生命线，成为现代汽车行驶安全的重要性能。汽车操纵稳定性涉及到两个方面：一方面是汽车根据道路、地形和交通情况的限制，按驾驶者通过转向控制机构所给定方向行驶的能力；另一方面是汽车抵抗路面不平、坡道、侧向风等会改变其行驶方向的各种干扰，保持稳定行驶的能力。前者称为操纵性，后者称为稳定性。两者是相互依赖、密切相关的，很难截然分开，通常统称为汽车操纵稳定性。

　　通过本项目的学习，掌握汽车操纵稳定性概念、汽车纵向与横向稳定性的条件与最大侧倾角的检测、掌握汽车轮胎的侧偏现象与侧偏特性，了解汽车瞬态横摆角速度响应，熟练掌握汽车转向特性的不同表示方法，掌握转向轮上作用的稳定效应，了解提高汽车操纵稳定性的电子控制系统，会分析不同转向特性对汽车操纵稳定性的影响，会分析影响汽车稳态转向特性的原因，会分析汽车车轮不平衡引起转向轮摆振的原因，具有汽车转向盘自由行程与转向力检测、车轮侧滑量检测、车轮定位检测、车轮平衡检测的基本技能。

任务一　汽车稳定性与检测

【任务描述】

汽车在纵向坡道上行驶，随着坡度的增大，有可能使汽车产生纵向翻倒，也有可能出现驱动轮滑转而汽车爬不上坡的现象，这两种情况均会使汽车的稳定性遭到破坏。

汽车横向稳定性的丧失，表现为汽车的侧翻或横向滑移。由于侧向力作用而发生的横向稳定性破坏的可能性较多，也较危险。

【相关知识】

一、汽车行驶的纵向稳定性

1. 汽车纵翻的条件

后轮驱动汽车等速上坡受力图，如图 6-1 所示。上坡时车速较低，空气阻力可忽略不计。

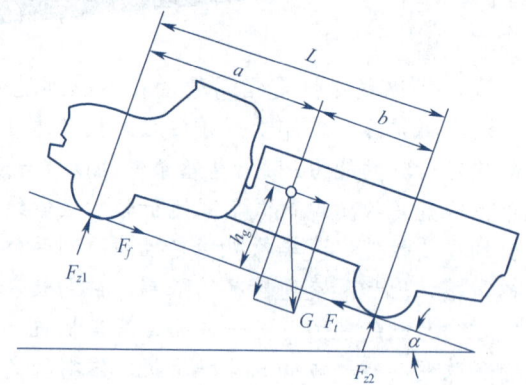

图 6-1　后轮驱动汽车等速上坡受力图

分别对后轮接地点和前轮接地点取力矩平衡，得以下方程式

$$\begin{cases} F_{z1}L - G\cos\alpha \cdot b + G\sin\alpha \cdot h_g = 0 \\ F_{z2}L - G\cos\alpha \cdot a - G\sin\alpha \cdot h_g = 0 \end{cases} \quad (6-1)$$

整理，得

$$\begin{cases} F_{z1} = \dfrac{bG\cos\alpha - h_g G\sin\alpha}{L} \\ F_{z2} = \dfrac{aG\cos\alpha + h_g G\sin\alpha}{L} \end{cases} \quad (6-2)$$

显然，随着纵向坡度角 α 的增大，路面给前轮的法向反力 F_{z1} 减小。当 $F_{z1}=0$ 时，即达到汽车绕后轴纵向翻倒的临界状态。

由式（6-2）可得

$$bG\cos\alpha - h_g G\sin\alpha = 0 \tag{6-3}$$

整理，得

$$\tan\alpha = \frac{b}{h_g} \tag{6-4}$$

由此得汽车不发生纵翻的纵向坡度角为

$$\alpha \leqslant \arctan\left(\frac{b}{h_g}\right) \tag{6-5}$$

由式（6-5）可以得出以下结论：汽车质心离后轴的距离 b 越大，质心高度 h_g 越小，则汽车越不容易发生绕后轴纵翻，其稳定性越好。一般在正常装载的情况下，汽车即使在较大纵坡上，也不会发生纵翻。

2. 汽车滑转的条件

汽车在纵坡上行驶，驱动轮也有滑转的可能。此时的 α 角较大，与上坡阻力相比，滚动阻力可忽略不计。

由驱动附着条件可知，驱动轮不发生滑转的临界状态为

$$F_{t\max} = G\sin\alpha = F_{z2}\varphi \tag{6-6}$$

将式（6-2）代入式（6-6），并整理得

$$\tan\alpha = \frac{a\varphi}{L - \varphi h_g} \tag{6-7}$$

由此得汽车不产生后轮驱动滑转的纵向坡度角为

$$\alpha' \leqslant \arctan\left(\frac{a\varphi}{L - \varphi h_g}\right) \tag{6-8}$$

二、汽车行驶的横向稳定性

1. 汽车侧翻的条件

汽车在横向坡路上等速转弯行驶时的受力图，如图 6-2 所示。随着汽车行驶车速的提高，在离心力 F_c 的作用下，汽车可能以左侧车轮为支点向外侧翻。当右侧车轮法向反力 $F_{ZR}=0$ 时，汽车处于侧翻的临界状态。因此，汽车绕左侧车轮侧翻的条件为

$$F_c\cos\beta h_g \geqslant F_c\sin\beta\frac{B}{2} + G\cos\beta\frac{B}{2} + G\sin\beta h_g \tag{6-9}$$

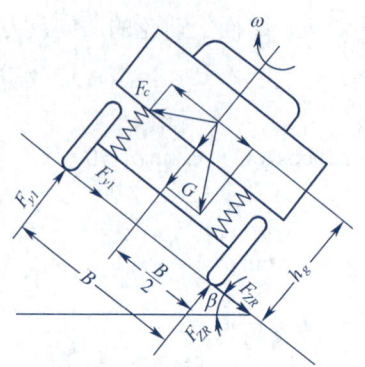

图 6-2　汽车在横向坡道上转向时的受力图

如汽车转弯半径为 R，行驶速度为 v，则

$$F_c = \frac{G}{g}\frac{v^2}{R}$$

将 F_c 代入式（6-11），可求出在横向坡道上不发生向外侧翻的极限车速为

$$v_{\max} = \sqrt{\frac{gR(B + 2h_g \tan\beta)}{2h_g - B\tan\beta}} \quad (6\text{-}10)$$

由式（6-12）可见，当横向坡度值 $\tan\beta = \dfrac{2h_g}{B}$ 时，式（6-12）中分母为 0，$v_{\max} = \infty$，说明汽车在此横向坡道转弯行驶时，任何速度下都不会产生使汽车绕外侧车轮侧翻的现象。因此在公路建设上常将弯道处筑有一定的坡度，以提高汽车的横向稳定性。

若在水平路面上（$\beta = 0$），汽车转弯行驶不发生侧翻的极限车速为

$$v_{\max} = \sqrt{\frac{gRB}{2h_g}} \quad (6\text{-}11)$$

2. 汽车侧滑的条件

汽车在横向坡道上行驶发生侧滑的临界条件为

$$F_c \cos\beta - G\sin\beta = (F_c \sin\beta + G\cos\beta)\varphi$$

式中：φ—附着系数。

整理后，得汽车在侧滑前允许的最大速度为

$$v_{\varphi\max} = \sqrt{\frac{gR(\varphi + \tan\beta)}{1 - \varphi\tan\beta}} \quad (6\text{-}12)$$

当 $\tan\beta = \dfrac{1}{\varphi}$ 时，$v_\varphi = \infty$，则以任何车速行驶也不会发生侧滑。

在 $\beta = 0$ 的水平道路上，汽车侧滑前所允许最大速度为

$$v_{\varphi \max} = \sqrt{gR\varphi} \tag{6-13}$$

【任务实施】

一、汽车纵向稳定性条件

就汽车处在较大纵坡上而言，宁可让驱动轮滑转而不希望汽车产生纵翻。满足滑转先于纵翻的条件为

$$\frac{a\varphi}{L-\varphi h_g} < \frac{b}{h_g} \tag{6-14}$$

整理，得

$$\varphi < \frac{b}{h_g} \tag{6-15}$$

除此之外，还可分析出其他情况下，驱动轮滑转先于纵翻的条件：

对于前轮驱动型汽车，有：$L > 0$；

对于全轮驱动型汽车，有：$\varphi < \dfrac{b}{h_g}$。

这就说明，前轮驱动汽车上坡永远也不会发生纵翻；而全轮驱动滑转先于纵翻的条件与后轮驱动相同。

以上分析是针对汽车上坡情形。如果针对汽车下坡，也可就后轮驱动、前轮驱动和全轮驱动得出相应的结论。总体来说，汽车质心高度的降低对其稳定性是有好处的。对越野汽车，质心高度较高，轴距又往往较短，在较大纵坡上越野行驶时其稳定性是不容忽视的。

二、汽车横向稳定性条件

为了使汽车行驶安全，应使侧滑发生在侧翻之前，即 $v_{\varphi \max} < v_{\max}$

$$\sqrt{\frac{gR(\varphi + \tan\beta)}{1 - \varphi \tan\beta}} < \sqrt{\frac{gR(B + 2h_g \tan\beta)}{2h_g - B\tan\beta}}$$

整理后得

$$\varphi < \frac{B}{2h_g} \tag{6-16}$$

$\dfrac{B}{2h_g}$ 称为汽车横向稳定性系数，侧翻只能在附着系数大于横向稳定性系数的道路上才会发生。在干燥沥青路面上，φ=0.7～0.8，一般满足式（6-16）的条件。只有当汽车质心高度提高后，汽车横向稳定性系数减小，才增加了侧翻的危险。

三、汽车静态横向稳定性检测

1. 汽车静态横向稳定性的检测方法

汽车静态横向稳定性检测在汽车侧倾试验台（见图6-3）上进行，用侧倾稳定角来表示。检测方法如下：

（1）将汽车置于侧倾试验台上，车轮处于直线行驶状态，汽车的纵向对称平面与试验台面转动中心线平行。

（2）实施驻车制动，安装防侧滑挡块和防侧翻安全设备，在侧翻临界状态前安全设备对汽车无约束力。

（3）起动试验台，使汽车随试验台以适当的速度向左（右）倾斜，实时监测右（左）侧车轮负荷，至汽车右（左）侧所有车轮支承平面法向反力为0止，此时试验台的侧倾角度即为汽车向左（右）侧倾时的最大侧倾稳定角。

（4）控制试验台下降，使试验台面倾斜角恢复为0°。

（5）重复试验，每侧试验各进行3次。

（6）分别计算汽车左、右最大侧倾稳定角。取其平均值作为汽车的最大侧倾稳定角。

图6-3　汽车侧倾试验台

2. 汽车静态横向稳定性的检测标准

GB7258－2012《机动车运行安全技术条件》规定：

（1）客车在乘客区满载、行李舱空载的情况下测试时，向左侧和右侧倾斜最大侧倾稳定角均应大于等于28°（对专用校车均应大于等于32°）；且除定线行驶的双层（公共）汽车外，在空载、静态条件下，向左侧和右侧倾斜最大侧倾稳定角均应大于等于35°。（注：铰接客车和铰接式无轨电车按前车考核。）

（2）罐式汽车和罐式挂车在满载、静态状态下，向左侧和右侧倾斜最大侧倾稳定角应大于等于23°。

（3）其他机动车在空载、静态状态下，向左侧和右侧倾斜最大侧倾稳定角应大于等于：

三轮机动车（包括三轮汽车和三轮摩托车）：25°
总质量为整备质量的 1.2 倍以下的机动车：30°
总质量不小于整备质量 1.2 倍的专项作业车和轮式专用机械车：32°
其他机动车（特型机动车、两轮普通摩托车及轻便摩托车除外）：35°

任务二　汽车轮胎侧偏特性

【任务描述】

汽车轮胎侧偏特性主要是指侧偏力、回正力矩与侧偏角的关系，它是研究汽车操纵稳定性理论的基础。

【相关知识】

一、轮胎坐标系与术语

为了讨论汽车轮胎的侧偏特性，建立如图 6-4 所示的汽车轮胎坐标系。其中车轮前进方向为 X 轴的正方向，向上为 Z 轴的正方向，Y 轴在地平面上，规定面向车轮前进方向时指向左方为正。

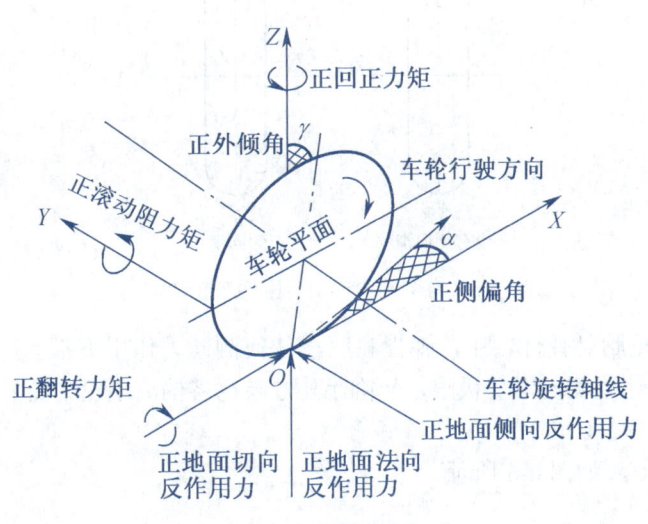

图 6-4　汽车轮胎坐标系

（1）车轮平面：垂直于车轮旋转轴线的轮胎中分平面。
（2）车轮中心：车轮旋转轴线与车轮平面的交点。
（3）轮胎接地中心：车轮旋转轴线在地平面（XOY 平面）上的投影（Y 轴），与车轮平面的交点，也就是坐标原点。

(4) 翻转力矩 T_X：地面作用于轮胎上的力绕 X 轴的力矩。图示方向为正。

(5) 滚动阻力矩 T_Y：地面作用于轮胎上的力绕 Y 轴的力矩。图示方向为正。

(6) 回正力矩 T_Z：地面作用于轮胎上的力绕 Z 轴的力矩。图示方向为正。

(7) 侧偏角 α：轮胎接地中心位移方向（即车轮行驶方向）与 X 轴的夹角。图示方向为正。

(8) 外倾角 γ：XOZ 平面与车轮平面的夹角。图示方向为正。

二、轮胎的侧偏现象

汽车在行驶过程中，由于路面的横向坡道、侧向风或曲线行驶时的离心力等作用，车轮中心沿横轴方向将作用有侧向力 F_y，相应地在地面上产生地面侧向反力 F_Y，F_Y 也称为侧偏力。假定车轮是刚性的，则可能发生如图 6-5 所示的两种情况。

(1) 当地面侧向反力 F_Y 未超过车轮与地面间的侧向附着极限时，车轮与地面间没有滑动，车轮仍在其自身平面 cc 内运动。

(2) 当地面侧向反力 F_Y 达到车轮与地面间的侧向附着极限时，车轮发生侧向滑动，若滑动速度为 Δv，车轮便沿合成速度 v' 的方向行驶，偏离了其自身平面 cc。

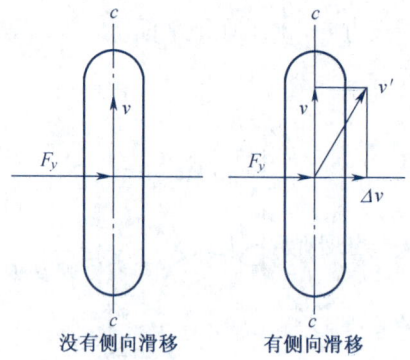

图 6-5 有侧向力作用时刚性车轮的滚动

实际上，汽车轮胎是弹性轮胎，弹性轮胎在任何侧向力作用下都会产生侧向变形。即使侧向反力 F_Y 还没有达到侧向附着极限，车轮行驶方向也将偏离车轮平面 cc 方向，这就是轮胎的侧偏现象。

轮胎的侧偏现象，如图 6-6 所示。

(1) 车轮静止不滚动

由于车轮有侧向弹性，轮胎发生侧向变形，轮胎胎面接地印迹的中心线 aa 与车轮平面 cc 不重合，错开 Δh，但 aa 仍平行于 cc（见图 6-5（a））。

(2) 车轮滚动

接触印迹的中心线 aa 不只是和车轮平面错开一定距离，而且不再与车轮平面 cc 平行，aa

与 cc 的夹角 α，即为侧偏角。此时，车轮就是沿着 aa 方向滚动的。

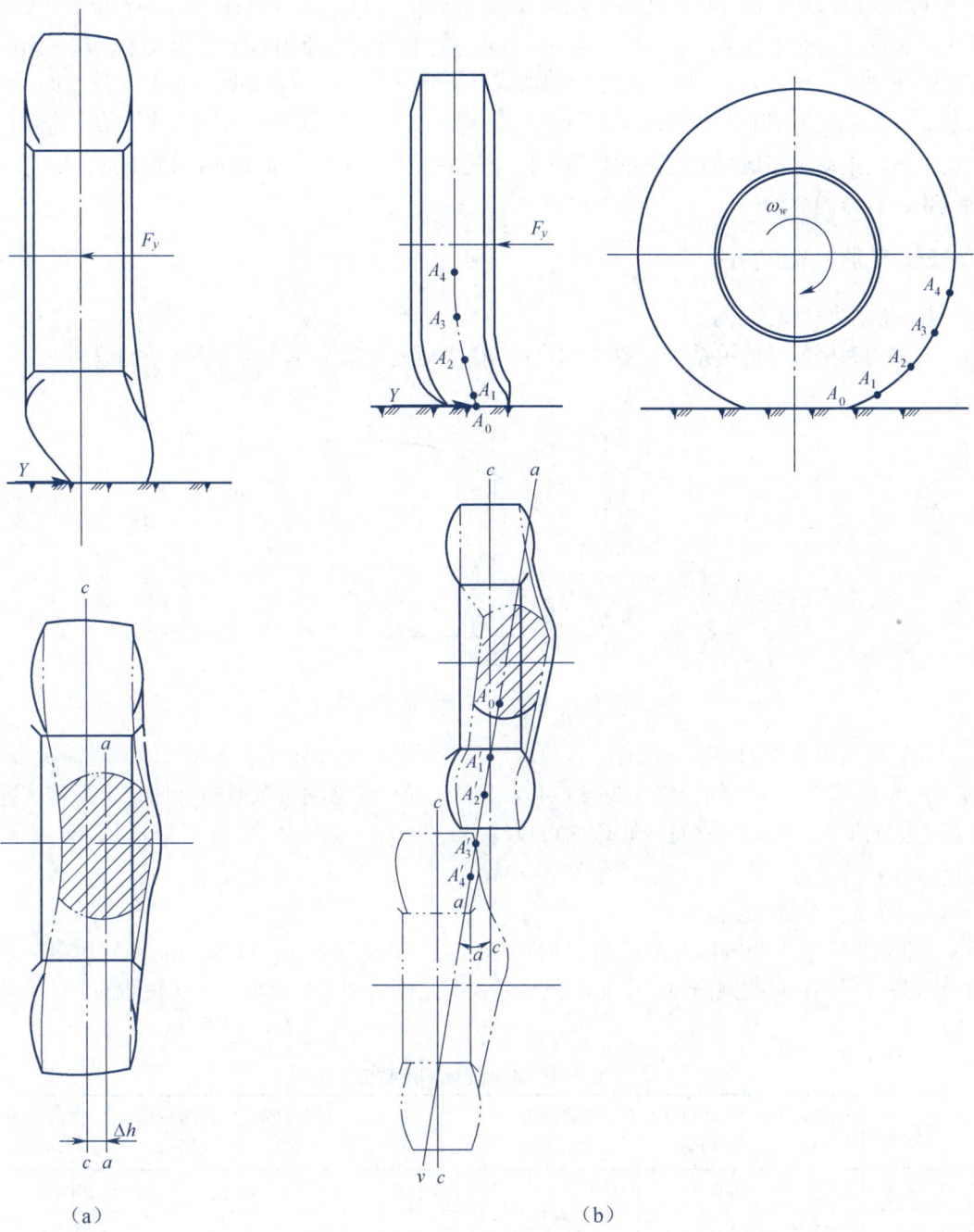

图 6-6　轮胎的侧偏现象

车轮的滚动过程，如图 6-5（b）所示。在轮胎胎面中心线上标出 A_1、A_2、A_3……各点，随着车轮向前滚动，各点将依次落于地面上相应的 A'_1、A'_2、A'_3……各点上。在主视图上可以看出，靠近地面的胎面上，A_1、A_2、A_3……各点连线在接近地面时逐渐变为一条斜线，因此它们落在地面相应各点 A'_1、A'_2、A'_3……的连线并不垂直于车轮旋转轴线，即与车轮平面 cc 有夹角 α。当轮胎与地面没有侧向滑动时，A'_1、A'_2、A'_3……的连线就是接地印迹的中心线，当然也是车轮滚动时在地面上留下的痕迹，即车轮并没有在车轮平面 cc 内向前滚动，而是沿着侧偏角 α 的方向滚动。

三、轮胎的侧偏特性

1. 侧偏力与侧偏刚度

侧偏力和侧偏角的关系，如图 6-7 所示。横坐标是侧偏角 α，而纵坐标是侧偏力 F_Y。

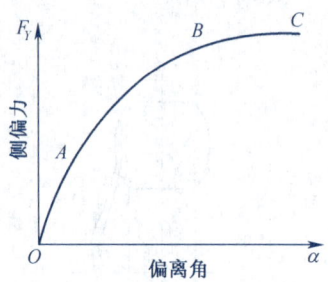

图 6-7　侧偏力和侧偏角的关系

在侧偏角由零增加到某一值时（该值取决于轮胎结构，车轮垂直载荷以及附着系数），侧偏力 F_Y 与侧偏角 α 成比例变化（线段 OA）。显然，这一阶段对应的是接地印迹中滑移区远小于附着区的情况。这样，在这一阶段内可以写出

$$F_Y = k\alpha \tag{6-17}$$

式中：k——侧偏刚度。

k 在数值上等于侧偏角为 1° 或 1rad 时的侧偏力，单位为 N/deg 或 N/rad。由轮胎坐标系有关符号规定可知，负的侧偏力产生正的侧偏角，因此侧偏刚度为负值。一些轮胎的 k 值，见表 6-1。

表 6-1　轮胎侧偏刚度数值

轮胎	车轮载荷（N）	轮胎气压（kPa）	侧偏刚度（N/rad）	轮胎	车轮载荷（N）	轮胎气压（kPa）	侧偏刚度（N/rad）
5.20-13	2452	160	-17893	155SR15	3924	210	-29049
6.00-13	2943	140	-17690	6.50-16	5886	250	-49310
6.40-13	3924	170	-20626	9.00-20	19620	550	-123687

续表

轮胎	车轮载荷（N）	轮胎气压（kPa）	侧偏刚度（N/rad）	轮胎	车轮载荷（N）	轮胎气压 kPa	侧偏刚度（N/rad）
165R14	3924	190	-31799	9.00R20	19620	550	-168205
175HR14	3433	200	-38382	11R22.5	16180	775	-112815
5.60-15	2943	180	-29332	12.00-20	29430	640	-187371

注：$\alpha = 0° \sim 3°$，干燥路面，无切向力。

在 AB 段相当于滑移区逐渐增加，而附着区逐步减小，但尚未为零的情况。

如果侧偏角 α 继续增大，附着区消失，车轮侧向滑移（BC 段）。这时侧偏力达到了侧向附着极限。此后，车辆的运动规律与刚性轮一样。

车轮载荷与侧偏刚度的关系，如图 6-8 所示。车轮载荷增加，k 值开始随之增加，达到最大值后，又有所下降。这是因为，轮胎的垂直载荷越大，附着力就越大，轮胎侧滑的倾向就越小，最大侧偏力增大。但垂直载荷过大时，轮胎产生剧烈的径向变形，侧偏刚度反而有所下降。

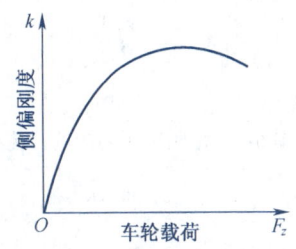

图 6-8　车轮载荷与侧偏刚度的关系

2. 回正力矩

在轮胎发生侧偏时，还会产生作用于轮胎绕 OZ 轴的回正力矩 T_Z。回正力矩是由接地面内分布的微元侧向反力产生的。

由图 6-6 可知，车轮在静止时受到侧偏力后，印迹长轴线 aa 与车轮平面 cc 平行，错开 Δh，即印迹长轴线 aa 上各点的侧向变形（相对于 cc 平面）均为 Δh，故可以认为地面侧向反力沿 aa 线是均布的，如图 6-9（a）所示。

车轮滚动时，印迹长轴线 aa 不仅与车轮平面错开一定距离，而且偏转了 α 角，因而印迹前端离车轮平面近，侧向变形小；印迹后端离车轮平面远，侧向变形大。可以认为，地面微元侧向反力的分布与变形成正比，故地面微元侧向反力的分布情况，如图 6-9（b）所示，其合力 F_Y 的大小与侧向力 F_y 相等，但其作用点必然在接地印迹几何中心的后方，偏移某一距离 e，e 即轮胎拖距，$F_Y e$ 就是回正力矩 T_Z。

轮胎的型式及结构参数对回正力矩有重要影响。在同样侧偏角下，尺寸大的轮胎一般回正力矩较大。子午线轮胎的回正力矩比斜交轮胎的大。轮胎气压低，接地印迹长，轮胎拖距大，回正力矩也就大。

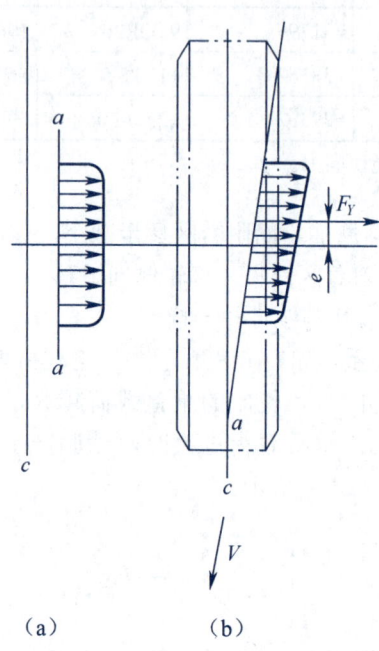

图 6-9　轮胎回正力矩的产生

【任务实施】

轮胎的型式和结构参数对轮胎侧偏刚度有显著影响。

（1）尺寸较大的轮胎，侧偏刚度一般较大。

（2）尺寸相同的子午线轮胎和斜交轮胎相比，子午线轮胎具有较大的侧偏刚度。

（3）同一型号、同一尺寸的轮胎，帘布层越多、气压越高、侧偏刚度越大。

（4）装有宽轮辋的轮胎，侧偏刚度较大。

（5）附着系数变化时，侧偏刚度变化不大，但轮胎能承受的侧向力降低，容易发生侧滑。

（6）随着轮胎切向反力（驱动力及制动力）的加大，侧偏刚度有所减小，且能承受的侧向力下降。

轮胎的型式及结构参数对回正力矩有重要影响。在同样侧偏角下，尺寸大的轮胎一般回正力矩较大。子午线轮胎的回正力矩比斜交轮胎的大。轮胎气压低，接地印迹长，轮胎拖距大，回正力矩也就大。

任务三　汽车稳态转向特性与瞬态响应

【任务描述】

驾驶者操纵转向盘使汽车转向时要通过眼睛、手和身体等感知汽车的转向效果，并经过大脑比较和判断，修正转向盘的操纵，这是通过驾驶者把系统的输出反馈到输入而构成一个人工闭路系统。如不计驾驶者的反馈作用，便称为开路系统。它的特点是系统的输出参数对输入控制没有影响。由于驾驶者的反馈作用十分复杂，作为闭路系统研究仍很不成熟，这里只把汽车作为一个开路系统，研究转向盘输入时汽车的运动响应。

由转向盘输入引起的汽车运动状况，可分为不随时间变化的稳态与随时间变化的瞬态两种，相应的汽车响应称为稳态响应与瞬态响应。

【相关知识】

一、汽车稳态转向特性

给等速直线行驶的汽车以前轮角阶跃输入，即急速转动前轮，然后维持前轮转角不变，一般汽车经过短暂时间后，将进入等速圆周行驶。一定车轮转角下的等速圆周行驶状态便是一种稳态响应，是评价汽车操纵稳定性的重要特性之一，称为汽车稳态转向特性。汽车稳态转向特性分成三种类型：不足转向、中性转向和过多转向，如图6-10所示。在圆周行驶时，驾驶者使转向盘保持一个固定的转角，令汽车以不同固定车速行驶。若行驶车速高时，汽车的转向半径 R 增大，则这种汽车具有不足转向特性。若汽车的转向半径 R 不变，则这种汽车具有中性转向特性。若转向半径越来越小，则这种汽车具有过多转向特性。

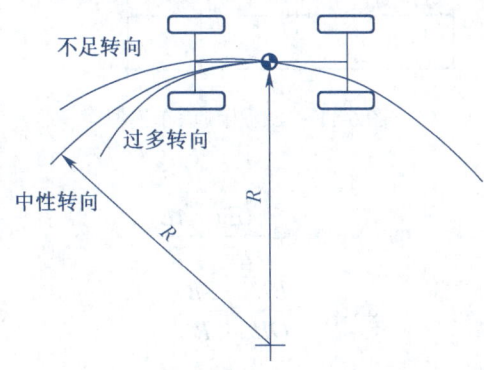

图6-10　汽车的三种稳态转向特性

1. 汽车稳态转向的几何关系

对汽车曲线运动进行初步分析时，把汽车看作平行于路面的平面运动。即汽车没有垂直运动，沿 z 轴的位移为零，绕 y 轴的俯仰角、绕 x 轴的侧倾角均为零。另外假设汽车前进速度不变，即沿 x 轴的汽车（绝对）速度 v 不变。因此汽车只有沿 y 轴的侧向运动与绕 z 轴的横摆运动这样两个自由度。

图 6-11 是一个由前后两个具有侧向弹性的轮胎支承于地面、具有侧向及横摆的二自由度汽车模型。下面分析中令固结于汽车上的动坐标系原点与汽车质心重合。

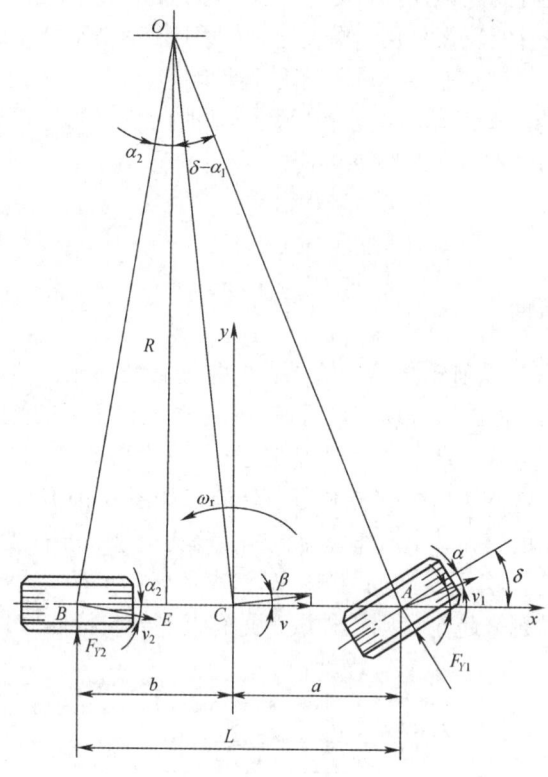

图 6-11 二自由度汽车模型

从运动关系可以求得

$$\tan(\delta - \alpha_1) = \frac{AE}{OE} = \frac{AE}{R}$$

$$\tan \alpha_2 = \frac{BE}{OE} = \frac{BE}{R}$$

则

$$\tan(\delta - \alpha_1) + \tan \alpha_2 = \frac{AE + BE}{R} = \frac{L}{R} \tag{6-18}$$

汽车高速行驶时，转向角 δ 一般不大，侧偏角一般不超过 6°～8°，故式（6-18）可简化为

$$(\delta - \alpha_1) + \alpha_2 = \frac{L}{R}$$

则

$$\delta = \frac{L}{R} + (\alpha_1 - \alpha_2) \tag{6-19}$$

2. 汽车稳态转向特性的表示方法

（1）用汽车稳定性因数表示汽车稳态转向特性

令稳态时单位前轮转角所引起的横摆角速度为稳态横摆角速度增益，用 $\left.\frac{\omega}{\delta}\right|_s$ 表示。则

$$\left.\frac{\omega}{\delta}\right|_s = \frac{v/R}{L/R + (\alpha_1 - \alpha_2)} = \frac{v/L}{1 + (\alpha_1 - \alpha_2)R/L} \tag{6-20}$$

假定汽车在水平路面上作等速圆周运动，则作用在汽车上的侧向力，仅为离心力 F_c 的侧向分力 F_{cy}，其值为

$$F_{cy} = m\frac{v^2}{R}$$

当转角 δ 不大时，前、后轮的侧偏力 F_{Y1}、F_{Y2} 可用下式计算

$$F_{Y1} = m\frac{v^2}{R}\frac{b}{L} \qquad F_{Y2} = m\frac{v^2}{R}\frac{a}{L} \tag{6-21}$$

由 $F_Y = k\alpha$ 知，$\alpha_1 = \frac{F_{Y1}}{k_1}$，$\alpha_2 = \frac{F_{Y2}}{k_2}$，连同式（6-21）代入式（6-20），得

$$\left.\frac{\omega}{\delta}\right|_s = \frac{v/L}{1 + \frac{m}{L^2}\left(\frac{a}{k_2} - \frac{b}{k_1}\right)v^2} = \frac{v/L}{1 + Kv^2} \tag{6-22}$$

令

$$K = \frac{m}{L^2}\left(\frac{a}{k_2} - \frac{b}{k_1}\right) \tag{6-23}$$

式中：k_1、k_2—分别是前、后轴的侧偏刚度，N/rad；a、b—分别是汽车质心至前轴、后轴的距离，m；L—汽车质心高度，m；K—汽车稳定性因数，s²/m²。

从式（6-23）看出，不同的汽车质心位置和不同前、后轴侧偏刚度匹配时，汽车稳定性因数存在三种情况（=0、>0 或<0），如图 6-12 所示。

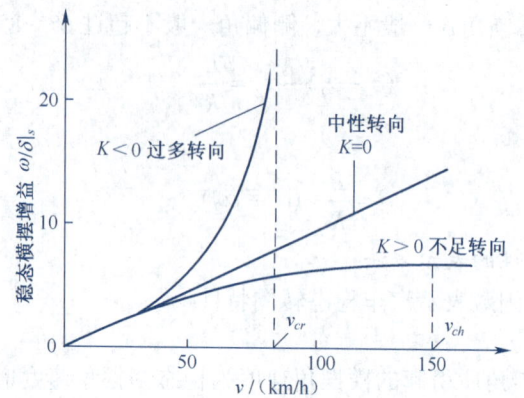

图 6-12 某汽车的稳态横摆角速度增益曲线

1) 当 $K=0$ 时，$\left.\dfrac{\omega}{\delta}\right|_s = \dfrac{v}{L}$，即稳态横摆角速度增益与车速 v 成线性关系。具有这种特性的汽车，称为中性转向汽车。此时，$\delta = \dfrac{L}{R}$。

2) 当 $K>0$ 时，式（6-22）分母大于 1，横摆角速度增益比中性转向时小，即前轮转过相同的角度，汽车横摆角速度 ω 要小些，$\left.\dfrac{\omega}{\delta}\right|_s - V$ 是一条低于中性转向的汽车稳态响应线。具有这样特性的汽车，称为不足转向汽车。K 值越大，不足转向量越大。

3) 当 $K<0$ 时，式（6-22）分母小于 1，横摆角速度增益比中性转向时大，即前轮转过相同的角度，汽车横摆角速度 ω 要大些。具有这样特性的汽车，称为过多转向汽车。随车速增加，$\left.\dfrac{\omega}{\delta}\right|_s - V$ 曲线向上弯曲。K 值越小，过多转向量越大。

（2）用特征车速 v_{ch} 与临界车速 v_{cr} 表示汽车稳态转向特性

1) 对于不足转向的汽车，存在一个特征车速 v_{ch}，即汽车横摆角速度增益达到最大稳定值时所对应的车速。

将式（6-22）对 v 求一阶导数并令其为 0，可求得特征车速 v_{ch}，单位为 m/s。

$$v_{ch} = \sqrt{\dfrac{1}{K}} \tag{6-24}$$

将式（6-24）代入式（6-22），可得 $\delta = 2\dfrac{L}{R}$。可见，在特征车速 v_{ch} 下，绕半径为 R 的圆周行驶，所需的前轮转角 δ，正好是同轴距中性转向汽车所需前轮转角的 2 倍。

2) 对于过多转向的汽车，存在一个临界车速 v_{cr}，即汽车横摆角速度增益为无穷大时所对应的车速，单位为 m/s。式（6-22）分母 $1+Kv^2=0$ 时，$\left.\dfrac{\omega}{\delta}\right|_s \to \infty$。由此可求得

$$v_{cr} = \sqrt{-\frac{1}{K}} \qquad (6\text{-}25)$$

汽车车速达到临界车速 v_{cr} 时，极其微小的前轮转角 δ 都会产生极大的横摆角速度 ω，这时汽车将失去操纵，出现激转现象，进而发生侧滑或翻车事故。

（3）用前、后轮侧偏角绝对值表示汽车稳态转向特性

将式（6-23）右边上下均乘以侧向加速度 a_y，整理后得

$$K = \frac{1}{a_y L}\left(\frac{F_{Y2}}{k_2} - \frac{F_{Y1}}{k_1}\right) \qquad (6\text{-}26)$$

由于侧向加速度 a_y 与前、后轮侧偏角 $\frac{F_{Y1}}{k_1}$、$\frac{F_{Y2}}{k_2}$ 符号相反，当前后轮侧偏角取绝对值时，侧向加速度 a_y 亦取绝对值，上式可写成

$$K = \frac{1}{a_y L}(\alpha_1 - \alpha_2) \qquad (6\text{-}27)$$

由式（6-27）可知，当 $\alpha_1 - \alpha_2 > 0$ 时，$K > 0$，为不足转向；当 $\alpha_1 - \alpha_2 = 0$ 时，$K = 0$，为中性转向；当 $\alpha_1 - \alpha_2 < 0$ 时，$K < 0$ 时，为过多转向。

（4）用转向半径表示汽车稳态转向特性

由式（6-22）可得

$$R = (1 + Kv^2)\frac{L}{\delta} = (1 + Kv^2)R_0 \qquad (6\text{-}28)$$

令

$$R_0 = \frac{L}{\delta}$$

当 $K=0$ 时，$R = R_0$，为中性转向汽车。转向半径不随车速变化，始终等于 R_0。当 $K>0$ 时，$R > R_0$，且 R 随车速增加而加大，为不足转向汽车。当 $K<0$ 时，$R < R_0$，且 R 随车速的增加而减小，为过多转向汽车。

（5）用静态储备系数 S·M 来表征汽车稳态转向特性

静态储备系数 S·M 是和处于汽车纵轴上的中性转向点（使汽车前、后轮产生同一侧偏角的侧向力作用点）相联系的。

可通过力矩平衡找出中性转向点的位置，如图 6-13 所示。当侧向力作用于中性转向点的位置时，前、后轮产生同一侧偏角 α，前、后轴的侧偏力为 $F_{Y1} = k_1\alpha$，$F_{Y2} = k_2\alpha$。因此，中性转向点 c_n 距前轴的距离 a' 为

$$a' = \frac{F_{Y2}L}{F_{Y1} + F_{Y2}} = \frac{k_2}{k_1 + k_2}L \qquad (6\text{-}29)$$

静态储备系数 S·M 就是中性转向点至前轴距离 a' 与汽车质心至前轴距离 a 之差 $(a'-a)$ 与轴距 L 之比值，即

$$S \cdot M = \frac{a'-a}{L} = \frac{k_2}{k_1+k_2} - \frac{a}{L} \qquad (6-30)$$

当中性转向点与质心重合时，$a'=a$，$S \cdot M=0$，在质心位置上作用的侧向力引起前、后轮的侧偏角相等，汽车具有中性转向特性。

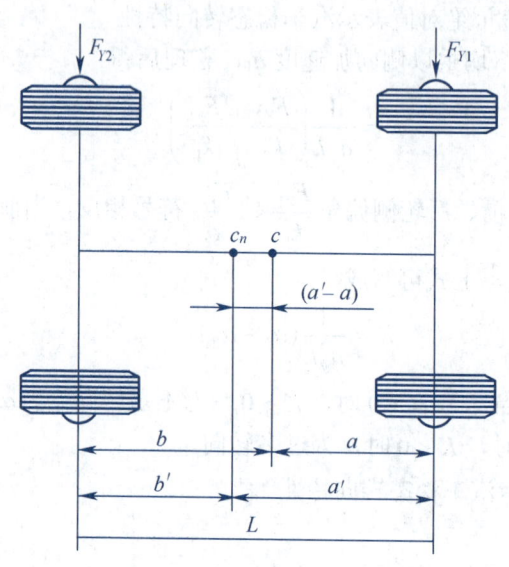

图 6-13　中性转向点位置的确定

当质心在中性转向点之前时，$a'>a$，$S \cdot M>0$，在质心位置上作用的侧向力引起的前轮侧偏角 α_1 大于后轮侧偏角 α_2，汽车具有不足转向特性。

当质心在中性转向点之后时，$a'<a$，$S \cdot M<0$，在质心位置上作用的侧向力引起的前轮侧偏角 α_1 小于后轮侧偏角 α_2，汽车具有过多转向特性。

二、汽车瞬态响应

给等速直线行驶的汽车以前轮角阶跃输入，经过短暂时间后，汽车将进入等速圆周行驶。等速直线行驶与等速圆周行驶的过渡过程便是瞬态，相应的响应称为前轮角阶跃输入引起的汽车瞬态响应。在一般汽车行驶时，实际上驾驶者不断接触到的是汽车的瞬态响应。

一辆直线行驶汽车，驾驶者在 $t=0$ 处突然猛打转向盘，转向盘转过某一角度 δ_{sw} 后，保持转向盘不动，即给汽车一个转向盘角阶跃输入后的瞬态响应曲线，如图 6-14 所示。作为这一过程的评价指标如下：

1. 反应时间

反应时间是指角阶跃转向输入后，横摆角速度第一次达到稳定值 ω_{r0} 所需的时间 τ。τ 值大，则驾驶者感到汽车反应迟钝，τ 值应小些好。

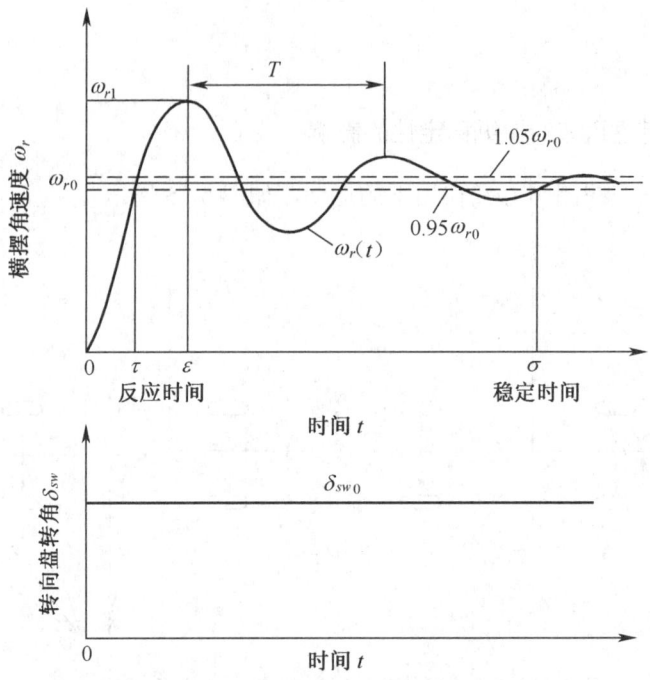

图 6-14　转向盘角阶跃输入时的汽车瞬态响应

2. 峰值反应时间

从时间坐标原点开始，到所测横摆角速度响应达到第一个峰值为止，这段时间称为峰值反应时间，一般用字母 ε 表示。

3. 横摆角速度超调量

在 $t=\varepsilon$ 时，横摆角速度达到最大值 ω_{r1}，ω_{r1} 往往大于 ω_{r0}，ω_{r1}/ω_{r0} 的百分数称为超调量。超调量表明瞬态响应中执行指令误差的大小，超调量越小越好。减小超调量可使横摆角速度波动较快衰减。

4. 横摆角速度波动

在瞬态响应中，横摆角速度值 ω 在 ω_{r0} 上、下波动。车速一定时，ω 的波动表现在转向半径 R 的时大时小，使乘员感到汽车左右摇晃，增加疲劳程度并使驾驶困难。为了减小这种不利影响，希望波动频率提高，现代轿车的波动频率为 1Hz 左右。

5. 稳定时间

横摆角速度达到稳定值 ω_{r0} 的 95%～105%之间的时间，称为稳定时间 σ。这段时间应尽量短些，凡是能使横摆角速度加快衰减的因素，也是使稳定时间缩短的因素。个别汽车可能出现横摆角速度不收敛的情况，即 ω 越来越大，若车速不变即转向半径 R 越来越小，就会急剧增加离心力，汽车将发生侧滑或侧翻等危险情况。

【任务实施】

一、不同转向特性汽车对操纵稳定性的影响

不同转向特性汽车在侧向力 F_y 作用下的运动，如图 6-15 所示。

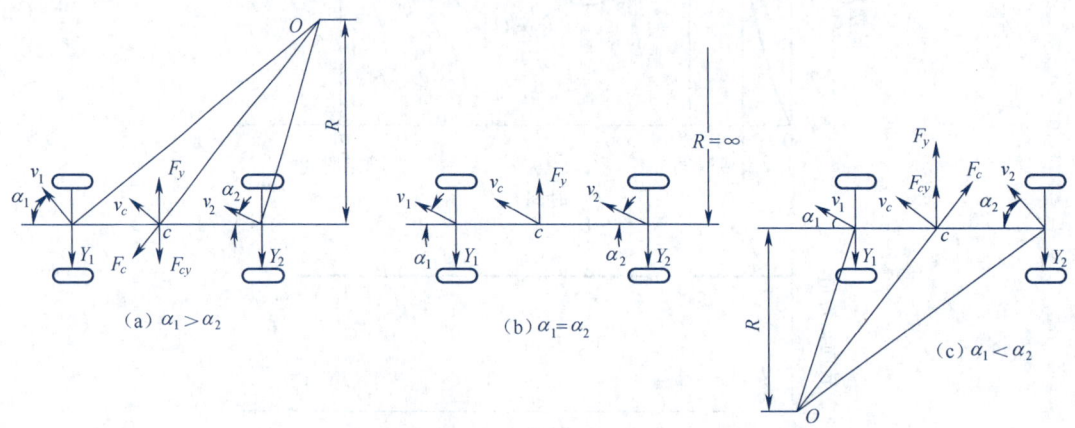

图 6-15　不同转向特性汽车在侧向力 F_y 作用下的运动

1. 不足转向特性的汽车

如图 6-13（a）所示，具有不足转向特性的汽车直行时，在偶发侧向力（如侧向阵风、侧向坡道、路面侧向冲击）F_y 的作用下，前、后轴产生侧偏角 α_1、α_2，且 $\alpha_1 > \alpha_2$，汽车会绕 O 转动，其离心力 F_c 的侧向分力 F_{cy} 的方向总是与侧向力 F_y 的方向相反，起阻止侧偏的作用，产生的侧偏角 α_1、α_2 减小，汽车偏离原直行方向不严重。当偶然产生的侧向力消失后，F_{cy} 有使汽车自动回正的作用。所以不足转向特性的汽车在受到侧向力的干扰时，具有良好的保持直线行驶的能力，汽车具有良好的操纵性。

2. 中性转向特性的汽车

如图 6-13（b）所示，具有中性转向特性的汽车直行时，在偶发侧向力 F_y 的作用下，前、后轴产生侧偏角 α_1、α_2，且 $\alpha_1 = \alpha_2 = \alpha$，汽车将沿侧偏角 α 方向直线行驶，会驶出路面。如欲使汽车沿原直线方向行驶，应将转向盘向侧偏相反方向转动 α 角度，再回正，汽车将保持原直行状态。

3. 多转向特性的汽车

如图 6-13（c）所示，具有过多转向特性的汽车直行时，在偶发侧向力 F_y 的作用下，前、后轴产生侧偏角 α_1、α_2，且 $\alpha_1 < \alpha_2$，汽车会绕 O 转动，其离心力 F_c 的侧向分力 F_{cy} 的方向总是与侧向力 F_y 的方向相同，起加剧侧偏的作用，产生的侧偏角 α_1、α_2 增大，加剧了汽车转向趋势。这将导致汽车转向半径进一步减小。在某个临界车速下，这种恶性循环会不断地进行下

去，汽车出现激转现象，直至发生侧滑或侧翻，汽车完全失去操纵。直行尚且如此，若该车起始时处于稳态转向状态，具有一定的前轮转角，再加上受到来自外侧的侧向力干扰，汽车的操纵性就更差。

综上所述，汽车不能具有过多转向特性。汽车具有中性转向特性也不好，因为汽车本身或外界使用条件的某些变化，中性转向特性的汽车常会转变成过多转向特性而使操纵稳定性变差。由式（6-19）可知，不足转向特性的汽车转向灵敏性较差，汽车的不足转向性不可过大。因此，只有具有适度不足转向特性的汽车，才具有良好的操纵稳定性，才能保持行车安全。《机动车运行安全技术条件》（GB7258—2012）规定，汽车（三轮汽车除外）应具有适度的不足转向特性。

二、汽车稳态转向特性的影响因素

1. 汽车质量在轴间的分配

若汽车质心前移，则前轴轴荷增大，后轴轴荷减小，前轴侧偏角 α_1 增大，后轴侧偏角 α_2 减小，导致不足转向特性增加；若质心后移，则前轴轴荷减小，后轴轴荷增大，前轴侧偏角 α_1 减小，后轴侧偏角 α_2 增大，导致过多转向特性增加。

对载货汽车来说，由于后轮载荷的变化常比前轮载荷变化大 3～4 倍，因而如果在一定的侧向加速度下，空载时前轮侧偏角往往比后轮侧偏角大；那么满载时后轮侧偏角则往往比前轮侧偏角大得多。因此，加大后轴载荷会增大汽车的过多转向的倾向，这可以说是所有汽车的共同特性。而载货汽车由于其后轴载荷变化幅度大，所以重载时往往出现过多转向的倾向。

2. 轮胎

（1）轮胎气压

轮胎侧偏刚度随轮胎气压降低而减小。若前轴轮胎气压降低，则前轴轮胎侧偏刚度减小，前轴侧偏角 α_1 增大，不足转向趋势增加；若后轴轮胎气压降低，则后轴轮胎侧偏刚度减小，后轴侧偏角 α_2 增大，过多转向趋势增加。

在汽车使用中，应特别注意不应使后轴轮胎气压过低，因为前轴轮胎气压低于规定值，仅使汽车不足转向趋势增加，转向灵敏性（横摆角速度增益）下降；而后轴轮胎气压过低，后轮的侧偏角加大，甚至会使原来不足转向性汽车变为过多转向性汽车，对汽车的操纵稳定性造成严重不良影响。

（2）轮胎结构型式

子午线轮胎比斜交轮胎侧偏刚度大。若汽车仅前轴换装子午线轮胎，后轴仍用原斜交轮胎，则前轴侧偏角会减小。如果前轴侧偏角减小至小于后轴侧偏角，则可使原来不足转向汽车变为过多转向汽车。

扁平率小的轮胎，侧偏刚度大。若汽车仅前轴换装扁平率小的轮胎，则前轴侧偏角会减小，有使汽车变为过多转向的趋势。若仅后轴改用扁平率小的轮胎，则会增加汽车不足转向。

因此，使用中不应随意换装不同结构型式的轮胎，因为这有可能使汽车具有过多转向性，对汽车的操纵稳定性造成严重不良影响，加剧安全隐患。

3. 汽车驱动方式

转向时随施加于轮胎上切向力的增加，轮胎的侧偏刚度减小，使汽车产生的侧偏角增大。因此，后轮驱动的汽车转向时施加驱动力，后轮侧偏刚度减小，使后轮侧偏角增加，有减小不足转向、向过多转向转化的趋势。前轮驱动的汽车转向时施加驱动力，前轮侧偏刚度减小，使前轮侧偏角增加，有增加不足转向的作用。

4. 侧倾时左、右车轮垂直载荷的重新分配

在正常工作状态下，汽车左、右车轮的垂直载荷大体上是相等的。

曲线行驶时，由于转弯离心力作用在汽车质心高度处，对车身侧倾轴线形成侧倾力矩，该力矩分摊到轴上的部分，使轴上外侧车轮垂直载荷增加，内侧车轮垂直载荷减小，但内、外车轮垂直载荷的总和不变。由图6-8可知，轮胎的侧偏刚度与它的垂直载荷有关，轮胎的侧偏刚度在某一载荷下达到最大，大于或小于这个载荷时，侧偏刚度均下降。一般情况下，侧偏刚度最大时的垂直载荷约为额定载荷的150%。

就一根车轴而言，在无侧向力作用于汽车时，车轴左、右车轮的垂直载荷均为 W_0（见图6-16），每个车轮的侧偏刚度均为 k_0。在车轴上有侧向力 F_y 时，地面有相应的侧向反力 F_Y 作用于两轮胎。若车身没有侧倾，则轴上左、右车轮垂直载荷没有发生变化，相应的侧偏角为：$\alpha_0 = \dfrac{F_Y}{2k_0}$。

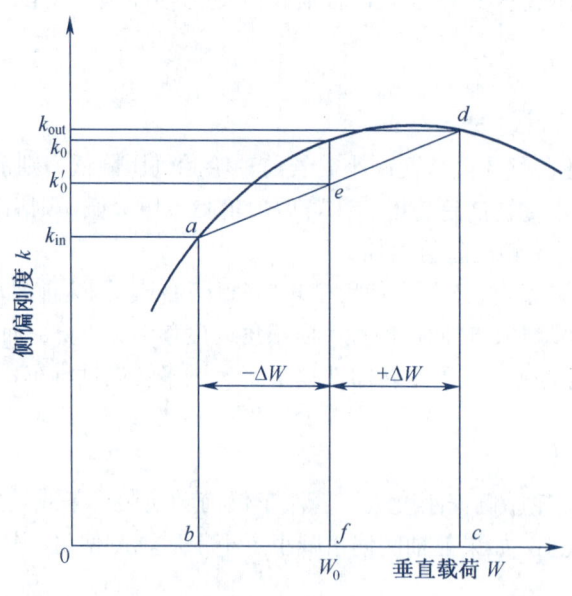

图6-16 左、右车轮垂直载荷重新分配时轮胎的侧偏刚度

实际上，在侧向力 F_Y 作用下，左、右车轮垂直载荷均发生变化。内侧车轮减少 ΔW，外侧车轮增加 ΔW，两个车轮的侧偏刚度随之变为 k_{in}、k_{out}。由于同轴上左、右车轮的侧偏角必然相等，设为 α，故有：$F_Y = k_{in}\alpha + k_{out}\alpha$ 或 $\alpha = F_Y/(k_{in} + k_{out})$。若令 $k_0' = \dfrac{k_{in} + k_{out}}{2}$，$k_0'$ 为垂直载荷重新分配后每个车轮的平均侧偏刚度，则左、右车轮的侧偏角为 $\alpha = \dfrac{F_Y}{2k_0'}$。

由图 6-16 可知，平均侧偏刚度 k_0' 即为梯形 abcd 中线 $\overline{ef}$ 的高度。显然 $k_0 > k_0'$，即 $\alpha > \alpha_0$。进一步分析可知，左、右车轮垂直载荷差别越大，平均侧偏刚度越小。

由此可知，在侧向力作用下，若汽车前轴左、右车轮垂直载荷变动量较大，汽车趋于增加不足转向量；若后轴左、右车轮垂直载荷变动量较大，汽车趋于减少不足转向量。汽车前轴及后轴左、右车轮载荷变动量决定于前、后悬架的侧倾角刚度、悬挂质量、非悬挂质量、质心位置以及前、后悬架侧倾中心位置等一系列参数。

任务四　汽车转向轮的摆振与稳定效应

【任务描述】

汽车在不平路面上行驶时，有的汽车当车速达到某一数值时，前轴将在垂直平面内产生强烈的角振动，同时转向轮在水平平面内绕主销摆振，严重时驾驶者无法扶稳剧烈摆动的转向盘，这对安全行车影响很大，并且容易损坏轮胎与转向系零部件。因此，分析汽车转向轮摆振产生的原因及控制措施，具有十分重要的意义。

【相关知识】

一、汽车转向轮的摆振

1. 前轴角振动引起转向轮摆振

这一现象是汽车在一定车速范围内发生的。这时路面可能较平，但当偶有外激力（如汽车直线行驶车轮遇单凸起或凹坑）作用于前轮时，前轴在横向垂直平面内发生转动（如图 6-17（a））所示。由于陀螺效应，前轮将绕主销在水平平面内偏转。其关系为：如果左前轮升高（或右前轮下降），车轮将向右偏转；如果左前轮下降（或右前轮升高），车轮将向左偏转。由此激发了前轮绕主销的角振动（如图 6-17（b））所示。相应的摆振规律可简记为：左下左、左上右；右下右、右上左。

要消除或至少是减轻这种现象，应减少悬架下前轴系统的转动惯量，提高角振动的固有频率；在采用独立悬架的汽车上，用等长双横杆独立悬挂，如图 6-18（a）所示，可使车轮在上下跳动时其旋转平面作平行移动而无偏转，这样也就避免了前轮绕主销摆振。但这种结构的缺点是当车轮上下跳动时,轮距改变较大,这会加剧轮胎的磨损,所以目前采用不等长的双横杆结构,如图 6-18(b)所示。另外,适当降低轮胎气压和改善路面平整度都有利于减轻摆振。

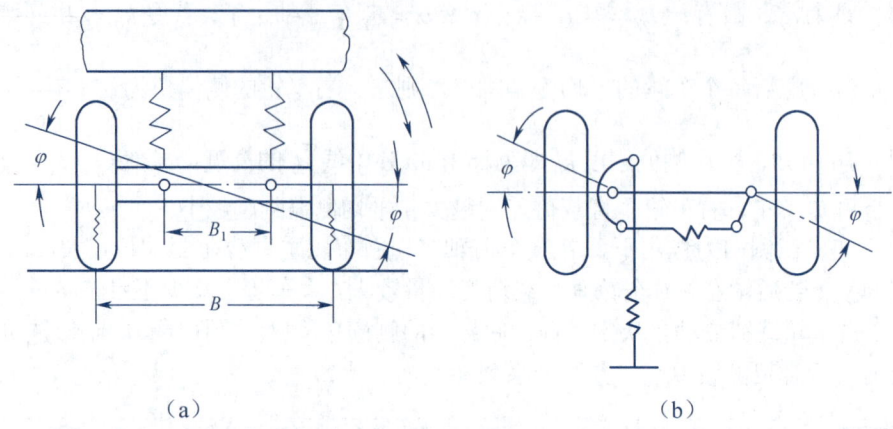

图 6-17 前轮振动系统示意图

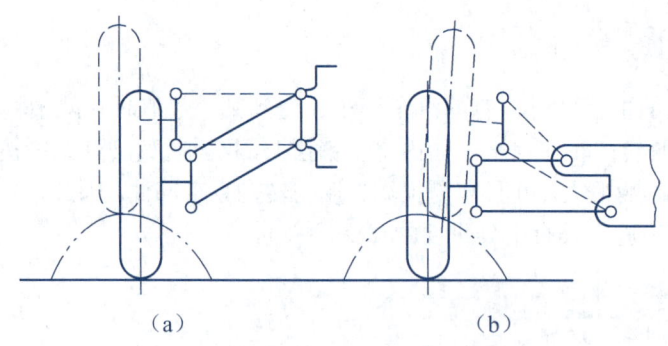

图 6-18 双横杆式独立悬挂运动简图

2. 转向车轮不平衡引起转向轮摆振

车轮的质心如果不在旋转轴上,则称为静态不平衡;如果质心在旋转轴上,但其质量分布不对称于车轮旋转平面,那么离心力引起的合力矩不为零,这时车轮处于动态不平衡状态。

由于车轮不平衡,在旋转时形成对转向主销的力矩,引起转向轮绕主销的摆振。而这一力矩的振幅与车速平方成正比,其频率与车速成正比。

车轮的不平衡可引起周期性的激励,造成转向轮的摆振,如图 6-19 所示。车轮转动时,其不平衡质量所引起的离心力 F_c 的水平分力 F_x 直接引起转向轮绕主销的摆振。此外,离心力 F_c 的垂直分力 F_y 引起车轮的上下跳动,由于陀螺效应前轮将绕主销在水平面内摆振。当左右车轮都不平衡,且不平衡质量处于对称位置时,则摆振更为严重。

为了避免因车轮不平衡引起的摆振,要求无论是新轮胎或经翻修过的轮胎,在装用之前都要进行动平衡检测并消除不平衡因素。

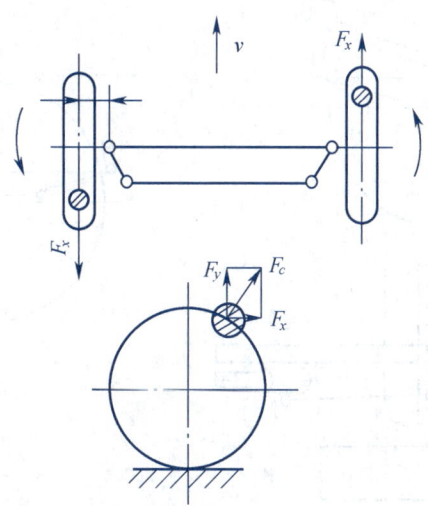

图 6-19　车轮不平衡引起转向轮摆振

3. 前悬架与转向系运动学关系不协调引起转向轮摆振

图 6-20 是一种纵置半椭圆钢板弹簧前悬架与转向系布置简图。钢板弹簧固定吊耳在前轴前面，活动吊耳和转向器在前轴后面。板簧发生变形时，转向节上的球销 c 作为前轴上的一点绕 O_2 点摆动（试验研究结果表明，O_2 点的位置如图 6-20（a）所示），由于 aa 和 bb 不重合，而 C 点只能沿 aa 运动，结果转向节将相对于主销发生转动。这样，行驶在不平道路上时，由于车轮相对于车架的跳动，将同时引起转向轮的摆振。为减少这一振动，应将转向器与固定吊耳尽量靠近，使 aa 与 bb 轨迹贴近，见图 6-20（b）。

二、汽车转向轮的稳定效应

汽车转向轮的稳定效应是指汽车直行时使转向轮保持居中位置和转向后自动回正的能力。汽车转向轮的稳定效应可使转向轮摆振减弱甚至避免，保持汽车具有良好的行驶稳定性。

1. 主销内倾垂直反力产生的稳定效应

在汽车的横向垂直平面内转向主销中心线的上端向内倾斜与铅垂线所成的角度 γ 为主销内倾角，如图 6-21 所示。假设前轴的空间位置不变，当前轮偏转时，车轮与地面的接触点将落在以 OA 为母线、绕主销线 OO 旋转形成的圆锥的底圆上，即接地点将深入到地面之下，实际上接地点还在地面，只是将车轴连同汽车抬起一个高度 h。如果不在转向盘上施加一定力保持这种状态，前轴的重力作用将使车轴高度下降，迫使偏转的转向轮得以回正。其回正力矩分析，如图 6-22 所示。

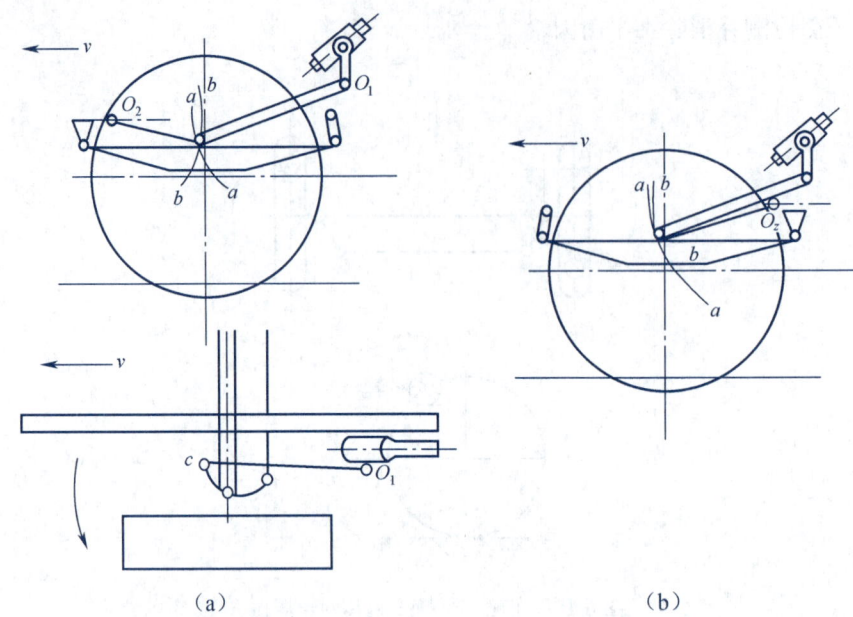

图 6-20 转向系与前悬架运动不协调引起转向车轮摆振

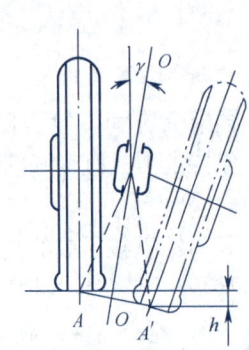

图 6-21 转向轮主销内倾角的作用

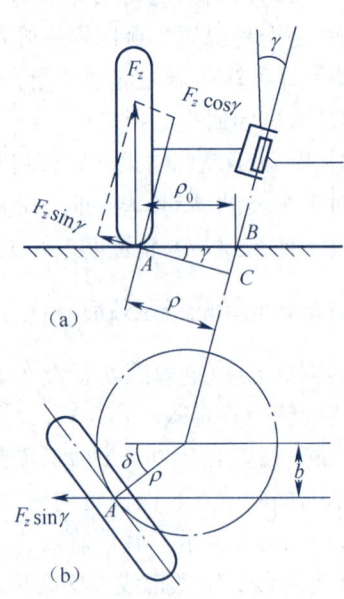

图 6-22 主销内倾垂直反力产生的稳定效应

汽车直行时，地面对车轮的垂直反力 F_z 与主销轴线在同一平面内，F_z 对主销轴线的力矩为零。而当前轮转过某一角度 δ 时，F_z 便产生使转向轮回正的力矩。车轮接地点 A 到主销轴线与地面交点 B 的距离为 ρ_0，A 点到主销轴线的垂直距离为 $\rho = \rho_0 \cos\gamma$。在前轮转过角度 δ

的状态时，将 F_z 分解为沿主销轴线方向分力 $F_z\cos\gamma$ 和与之垂直的另一分力 $F_z\sin\gamma$。分力 $F_z\sin\gamma$ 的作用线与主销轴线之间的距离为 $b = \rho\sin\delta = \rho_0\cos\gamma\sin\delta$，故 F_z 对主销产生的回正力矩为 $T_{z\gamma} = F_z b\sin\gamma = F_z\rho_0\sin\gamma\cos\gamma\sin\delta$（$=\dfrac{1}{2}F_z\rho_0\sin 2\gamma\sin\delta$）且随 γ 和 δ 的增大而增大，阻止前轮偏转，起稳定效应的作用。因此，前轮以某一转角 δ 使汽车转弯时，须在转向盘上施加一个力矩，以克服回正力矩 $T_{z\gamma}$ 使汽车实现稳定的圆周行驶。如果放手，前轮在回正力矩作用下就会自动恢复到直行状态。

2. 主销后倾侧向反力产生的稳定效应

主销后倾侧向反力产生的稳定效应，如图 6-23 所示。在汽车的纵向垂直平面内转向主销中心线上端偏离铅垂线而向后倾斜的角度 β 为主销后倾角。当转向轮偏转时，汽车便处于转向状态，并会有相应的离心力产生，同时转向轮受到地面侧向反力的作用，此侧向反力作用于车轮接地点。由于主销后倾，形成对主销的回正力矩为 $T_{y\beta}$，阻止车轮偏转，促使转向轮回正。当转向轮处于直行状态时，没有离心力产生，$T_{y\beta}$ 也不复存在。

3. 轮胎侧偏侧向反力产生的稳定效应

轮胎所具有的侧偏特性对转向轮也产生稳定效应。由侧偏现象的机理很容易理解，汽车行驶出现侧偏时（如汽车转弯）。轮胎接地印迹的前端离车轮平面近，轮胎的侧向变形小；印迹后端离车轮平面远，轮胎侧向变形大。由力与变形的关系可确定地面对车轮侧向反力的分布，其合力 F_Y 的大小与侧向力 F_y 相等，F_Y 的作用点相对 F_y 后移某一距离 b_a 如图 6-24 所示。产生的回正力矩为 $T_{y\alpha} = F_Y b_a$，其作用也是阻止车轮偏转。

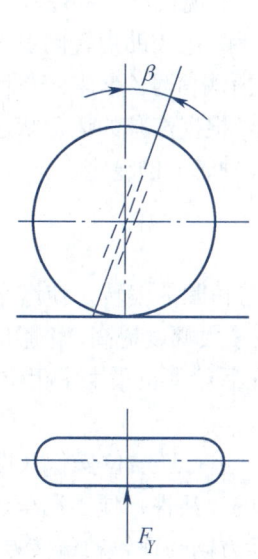

图 6-23 主销后倾侧向反力产生的稳定效应

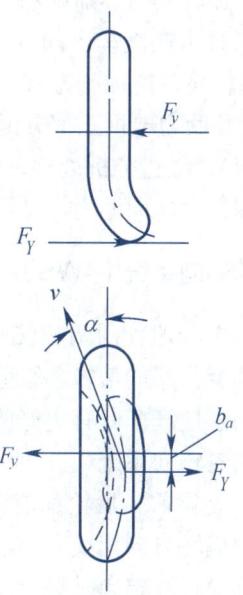

图 6-24 轮胎侧偏侧向反力产生的稳定效应

需要注意的是：对于许多胎压较低的现代轿车，转向行驶时侧偏产生的回正力矩增大。试验表明，转向车轮在侧向力作用下，1°侧偏角所引起的回正力矩相当于主销后倾 5°～6°的回正效果。为不使总回正力矩过大，避免转向过于沉重和转向轮在返回中间位置时过猛，出现回正过量引起转向轮摆振，造成操纵困难。近年来，汽车主销后倾角逐渐减小，有的甚至为负值；还有转向车轮负外倾、车轮负前束、主销大内倾以及后轴车轮的外倾和前束等。

另外，保持汽车稳定效应的车轮定位结构型式在左右轮上都是对称的。如果汽车在使用过程中，因受外界作用而使其对称性遭到破坏，汽车行驶就会出现跑偏。这是由于左、右轮回正力矩不平衡导致的。所以在汽车使用过程中，应注意对汽车左、右轮对称性的检查和调整。

【任务实施】

随着路面条件的改善和汽车速度的提高，行车安全对汽车的操纵稳定性也提出了更高的要求。除了传统的车轮定位对汽车起到稳定效应外，随着支持控制系统的计算机、传感器、执行机构的迅猛发展，改善汽车操纵稳定性的电子控制系统也在不断出现。

一、电控助力转向系统（EAS）

动力转向系统可以有效降低驾驶者的疲劳，而使汽车的操纵性得到改善，以前多用于大型、重型汽车。随着发动机前置前轮驱动汽车的增加，助力转向已成为轿车的标准装备，而且对其性能的要求不再单纯是为了减轻操作力，而是能够根据车速和行驶条件的变化产生相应的、合适的转向作用力。理想的动力转向系统应在停车状态时提供足够的助力，使原地转向容易；当车速增加时助力逐渐减小，进入高速状态时则应无助力，以使操纵者有一定的路感。

随着电子技术在汽车上的推广应用，电控助力转向系统在现代汽车上逐渐得到应用和推广，它能够以较简单的控制方式，可靠而精确地实现理想控制。电控助力转向系统主要由传感器、控制单元和助力电机三部分组成。控制单元接受传感器所测信号（车速、转矩、转向状态、侧向加速度等），经过分析处理，然后由助力电机实现操作。根据汽车的运行状态，随时按照驾驶者的意图提供转向助力，从而提高汽车（特别在高速行驶时）的稳定性。

二、四轮转向系统（4WS）

普通轿车上一般使用两轮转向系统，操纵转向盘控制前轮胎的偏转，使汽车转向。随着高速公路和高架公路的增多，车速增大和车辆并行的机会有了大幅度提高，轮胎侧偏角的影响越显突出。为了使汽车具有更好的操纵稳定性，一些汽车在后轮上也采用了相位可变（转向）系统，形成四轮转向系统。

四轮转向是指前、后轮都能转向，实现低速转向行驶时进行逆相位操作（即后轮的偏转方向与前轮的偏转方向相反），以减小转弯半径，提高汽车的灵活性，便于汽车进出车库和停车场；而中高速行驶转向时进行同相位操作（即后轮的偏转方向与前轮的偏转方向相同），以提高车辆转弯时的操纵稳定性和安全性。同相位操作的实质是靠车轮的偏转来抵消轮胎的侧偏角，如图 6-25 所示。后轮的最大逆相位与同相位转向角一般不是很大，通常为 5°～8°。

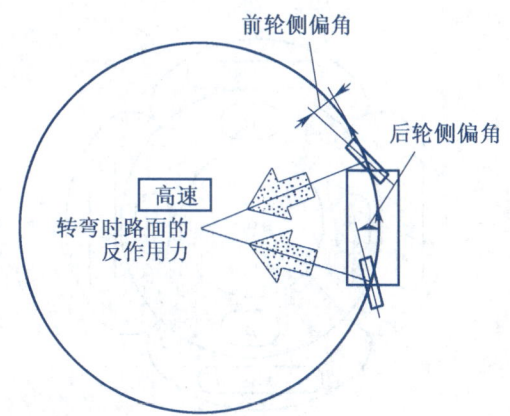

图 6-25　高速转弯时侧偏角变化示意图

电控四轮转向系统主要也是由传感器、控制单元和操作执行机构三部分组成。控制单元接受传感器所测信号（车速、轮速、转向盘转角、油压等），经过分析处理，然后由执行机构实现后轮转向。另外，系统中还有油压系统和电控系统出现异常的失效保护机构。一旦有故障出现，四轮转向系统便自动转换为二轮转向系统，以确保行驶的安全性。同时仪表板上的故障灯会点亮报警，异常情况被存储在控制单元内。

三、稳定性控制系统（VSC）

防抱死制动系统（ABS）和驱动防滑系统（ASR）都是提高汽车操纵稳定性的电子控制装置。汽车稳定性控制系统（VSC）也是在 ABS 基础上发展而成的，包含 ABS 和 ASR 等多个控制系统。主要由传感器、控制单元和控制执行机构三部分组成。控制单元接受传感器所测信号（轮速、横摆角速度、侧向和纵向加速度、转向角、制动油压、节气门开度等），经过控制单元分析处理，将指令传给执行机构而对车轮进行制动或控制节气门开度，使汽车的操纵稳定性得到进一步改善。

稳定性控制系统主要在大侧向加速度、大侧偏角的极限工况下工作，利用左、右两侧制动力之差产生的横摆力偶矩来防止汽车出现难以控制的前、后轴侧滑现象，当前轴要侧滑而使汽车驶离弯道时，对汽车施加适当大小向内侧的横摆力偶矩；当后轴要侧滑发生激转时，对汽车施加向外侧的横摆力偶矩，防止汽车失去转向能力或严重甩尾，在任何行驶状况时更加稳定、灵活和安全。

提高汽车操纵稳定性的各种电子控制系统的有效工作区域，如图 6-26 所示，ASR 是在大驱动力附近的极限区域起作用；ABS 是在大制动力附近的极限区域起作用；VSC 则是在大侧向力附近的极限区域起作用的。此外，近几年在轿车上应用渐多的电子制动力分配系统（EBD）和主动车身控制系统（ABC）都会使汽车的操纵稳定性得到更大程度的提高。

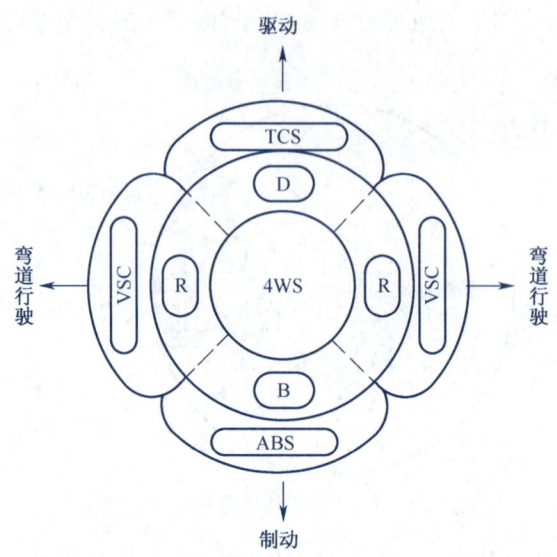

D—驱动力分配控制；R—侧倾刚度分配控制；B—制动力分配控制

图 6-26　提高汽车操纵稳定性的各种电子控制系统的有效工作区域

四、巡航控制系统（CCS）

随着高速公路的发展和汽车运行速度的大幅度提高，控制油门踏板的腿部肌肉疲劳加大，长时间的疲劳驾驶，对汽车的制动和操纵都不利。因此，许多现代轿车上装备了巡航控制系统。当该系统工作时，汽车可按驾驶者选定的速度恒速行驶，驾驶者无需再控制加速踏板，从而减轻了疲劳并提高了汽车行驶的安全控制。

电子巡航控制系统主要由主控开关、车速传感器、巡航控制单元和执行器四部分组成。主控开关实现车速设定、车速调节和巡航取消；车速传感器将车速信号送入控制单元，控制单元对指令车速和实际车速进行比较后，对执行器发出控制信号；执行器调节节气门开度，使其处于最佳状态，实现设定车速的保持与稳定。

任务五　汽车转向盘自由行程与转向力检测

【任务描述】

汽车在使用过程中，会出现转向费力、转向迟钝等故障现象。汽车转向系间隙变大，会使得转向灵敏度下降；汽车转向系部件变形、润滑不良，会导致转向困难。汽车转向盘性能好坏直接影响汽车的行车安全，其技术状况常用转向盘自由行程、转向角、转向力来评价。

【相关知识】

一、转向盘自由行程

转向盘自由行程是指汽车转向轮位于直线行驶位置静止时，转向盘可自由转动的转角。

二、转向盘转向力

转向盘转向力是指汽车在一定的行驶条件下，作用在转向盘外缘的圆周力。

【任务实施】

一、转向盘自由行程检测方法与标准

1. 检测方法

（1）汽车保持直线向前状态，置于平坦、干燥、清洁的硬路面上。
（2）将转向力—角仪安装在转向盘上。
（3）转动转向盘至一侧有阻力止，再转至另一侧有阻力止，测出其最大自由转动量。

2. 检测标准

转向盘最大自由行程（转角）：
最大设计车速大于或等于 100km/h 的汽车：15°
最大设计车速小于 100km/h 的汽车：25°

二、转向盘转向力检测方法与标准

1. 路试检测

（1）将转向力测试仪安装在汽车转向盘上，轮胎气压应符合规定。
（2）汽车空载在平坦、干燥、清洁的硬路面上，以 10km/h 的速度在 5s 之内沿螺旋线从直线行驶过渡到直径为 24m 的圆周行驶。记录过渡时间和施加于转向盘外缘的最大切向力。施加于转向盘外缘最大切向力不得大于 245N（GB7258）。

2. 原地检测

汽车转向力测试仪置于转向盘上，原地转动转向盘，使转向轮达到汽车制造厂规定的最大转角，在此转向的全过程中，用转向力测试仪测量转动转向盘的操纵力。转向盘的最大转向力不得大于 120N（GB18565）。

三、转向轮转角检测

转角仪基本结构由机械台架和控制系统组成，如图 6-27 所示。

图 6-27 转角仪结构

机械台架部分由两个基本测试单元组成，每个测试单元都能在台架轨道上借助电机的正反转而独立地左右移动，以适应不同的汽车轮距。每个测试单元都有一个可以转动的圆盘，圆盘的下方连接有一个角度传感器，用来记录车轮转动的角度，从而实现对转向轮转角的检测。

任务六 汽车车轮侧滑量检测

【任务描述】

汽车车轮外倾角和车轮前束有适当配合，以保证汽车稳定的直线行驶状态，提高汽车的操纵稳定性。当车轮前束值与车轮外倾角匹配不当时，车轮就可能在直线行驶过程中不做纯滚动，而产生侧向滑移现象。不仅不能保持稳定的直线行驶状态，而且行驶阻力增大并导致轮胎的异常磨损。侧向滑移量的大小与方向可用汽车侧滑试验台来检测。

【相关知识】

一、侧滑试验台结构

侧滑试验台是汽车在滑动板上驶过时，用测量滑动板左、右移动量的方法来测量车轮侧滑量的大小和方向，并判断是否合格的一种检测设备。

侧滑试验台有单板侧滑试验台和双板联动式侧滑试验台。双板联动侧滑试验台主要由机械和电气两部分组成，如图 6-28 所示。

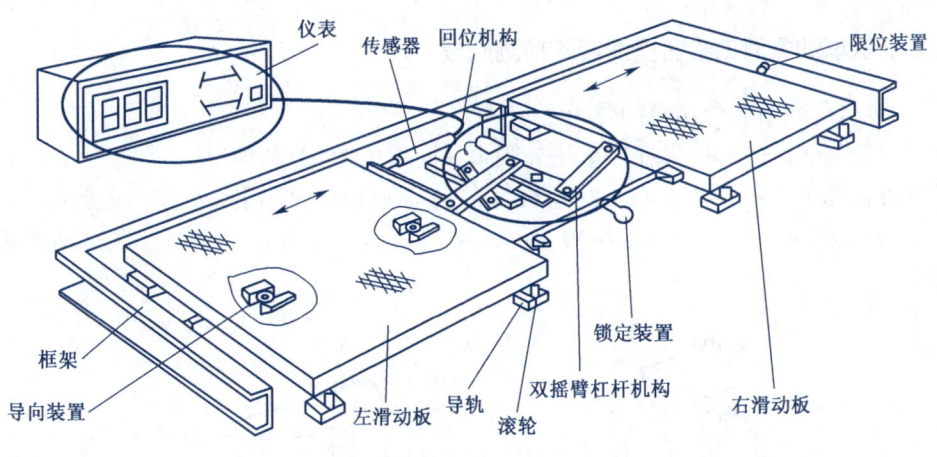

图 6-28 侧滑试验台结构示意图

1. 机械部分

机械部分主要有两块滑板、联动机构、回位机构、滚轮及导向机构、限位装置及锁定装置等组成。

左右两块滑板（长度有 500mm、800mm 和 1000mm 三种）分别支撑在各自的四个滚轮上，每块滑板与其连接的导向轴承在轨道内滚动，保证了滑板只能沿左右方向滑动而限制了其纵向的运动。两块滑板通过中间的联动机构连接起来，从而保证了两块滑板作同时向内或同时向外的运动。相应的位移量通过位移传感器转变成电信号送入仪表。回位机构保证汽车车轮通过侧滑板能够自动回零。限位装置是限制滑板过分移动而超过传感器的允许范围，起保护传感器的作用。锁定装置能在设备空闲或设备运输时保护传感器。

2. 电气部分

电气部分包括位移传感器和电气仪表。

目前常用的位移传感器有电位计式和差动变压器式两种。

（1）电位计式测量装置：其原理非常简单，将一个可调电阻安装在侧滑试验台底座上，其活动触点通过传动机构与滑板相连，电位计两端输入一个固定电压（比如 5V），中间触点随着滑板的内外移动也发生变化，输出电压也随之在 0~5V 之间变化，把 2.5V 左右的位置作为侧滑台的零点，如果滑板向外移动，输出电压大于 2.5V，达到外侧极限位置输出电压为 5V。滑板向内移动，输出电压小于 2.5V，达到内侧极限输出电压为 0V。这样仪表就可以通过 A/D 转换将位移传感器电压转换成数字量，并送入单片机处理，计算出侧滑量。

（2）差动变压器式测量装置：原理与电位计式类似，只是电位计式输出正电压信号，而差动变压器式输出的是正负两种信号。把电压为 0 时的位置作为零点。滑板向外移动输出大于 0V 的电压，向内移动输出小于 0V 的电压。同样，仪表就可以通过 A/D 转换将位移传感器电压转换成数字量，并送入单片机处理，计算出侧滑量。

二、双板联动侧滑试验台侧滑量的检测原理

1. 滑板仅受到车轮外倾角的作用

以右前轮为例,先讨论只存在车轮外倾角(前束角为0)的情况。

具有外倾角的车轮,其中心线的延长线必定与地面在一定距离处有一交点 O,此时的车轮相当于圆锥体的一部分,如图 6-29 所示。在车轮向前或向后运动时,其运动形式均类似于滚锥。

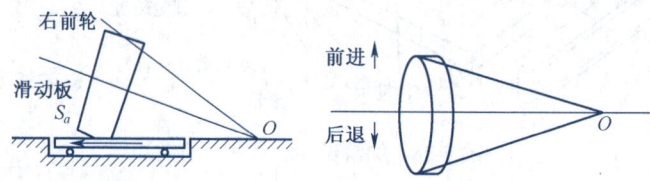

图 6-29　具有外倾角的车轮在滑板上滚动的情况(右轮)

从图 6-29 可以看出,具有外倾角的车轮在滑动板上滚动时,车轮有向外侧滚动的趋势,由于受到车桥的约束,车轮不可能向外移动,从而通过车轮与滑动板间的附着作用带动滑动板向内运动。此时滑动板向内移动的位移量记为 S_a(即由外倾角所引起的侧滑分量)。

2. 滑板仅受到车轮前束角的作用

这里仅讨论车轮只存在前束角,而外倾角为 0 时的情况。

前束角是为了消除具有外倾角的车轮类似于滚锥运动所带来的不良后果而设计的。

具有前束的车轮在前进时,由于车轮有向内滚动的趋势,但因受到车桥的约束作用,在实际前进驶过滑板时,车轮不可能向内侧滑动,从而会通过车轮与滑动板间的附着作用带动滑动板向外侧运动,如图 6-30 所示。此时,车轮在滑动板上做纯滚动,滑动板相对于地面有侧向移动,此时测得的滑动板的横向位移量记为 S_t(即由前束角所引起的侧滑分量)。

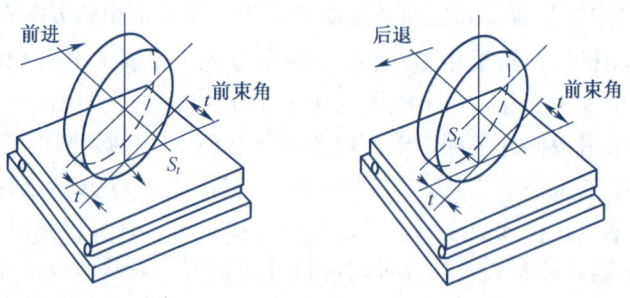

图 6-30　具有前束角的车轮在滑板上滚动的情况(右轮)

3. 滑动板受到车轮外倾角和前束角的同时作用

汽车转向轮同时具有外倾角和前束角,在前进时由外倾角所引起的侧滑分量 S_a 与由前束角所

引起的侧滑分量 S_i 的方向相反,因而两者相互抵消。在后退时两者方向相同,两分量相互叠加。

检测中若滑动板向外移动,表明前束角太大或外倾角为负;若滑动板向内移动,表明前束角为负或外倾角太大;若滑动板不移动,表明前束角与外倾角配合恰到好处。

三、单板侧滑试验台侧滑量的检测原理

单板侧滑试验台仅用一块滑板,如图 6-31 所示。

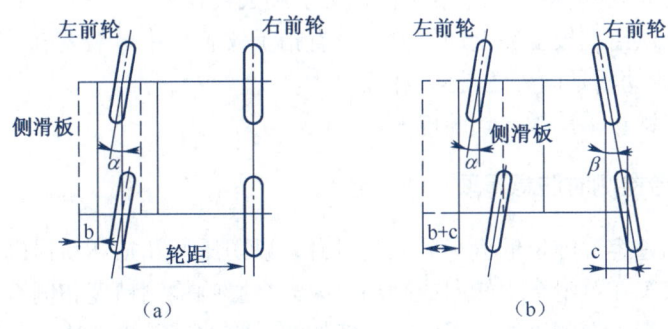

图 6-31 单板侧滑试验台侧滑量的检测原理分析

汽车左前轮从单滑动板上通过,右前轮从地面上行驶。若右前轮正直行驶无侧滑即侧滑角 β 为 0,而左前轮具有侧滑角 α 向内侧滑时,如图 6-30(a),通过车轮与滑动板间的附着作用带动滑动板向左移动距离 b。若右前轮也具有侧滑角 β,同样右前轮相对左前轮也会向内侧滑,此时,滑动板向左移动距离 c,并由于左前轮同时向内侧滑的量为 b,则滑动板的移动距离为两前轮向内侧滑量之和,即 $b+c$,如图 6-30(b)所示。上述 $b+c$ 距离可反映出汽车左右车轮总的侧滑量及侧滑方向。也就是说,采用单板式侧滑台测量汽车的侧滑量时,虽然是一侧车轮从滑动板上通过,但测量的结果并非是单轮的侧滑量,而是左右轮侧滑量的综合反映。根据这一侧滑量可以计算出每一边车轮的侧滑量,即单轮的侧滑量为 $(b+c)/2$。

四、车轮侧滑量检测标准

GB7258—2012《机动车运行安全技术条件》规定:汽车(三轮汽车除外)的车轮定位应与该车型的技术要求一致。对前轴采用非独立悬架的汽车(前轴采用双转向轴时除外),其转向轮的横向滑移量,用侧滑台检验时侧滑量值应在±5m/km 之间。

车轮侧滑检测的是车轮前束和车轮外倾的综合作用,与轮胎的异常磨损、车辆行驶的稳定性和安全性有密切的关系。需要强调的是绝大多数情况下侧滑不合格都可以通过前束调整来解决,但侧滑合格并不一定说明车轮定位符合设计要求,为了保障行车安全建议通过车轮定位调整来解决侧滑不合格问题。

【任务实施】

一、侧滑试验台操作规程

（1）解除滑动板的锁止手柄，接通电源。

（2）汽车以 3~5km/h 的低速垂直地通过滑动板。速度过高会因滑动板的惯性力和仪表的动态响应迟滞而影响检测精度。速度过低也会引起失真误差。

（3）被测车轮从滑动板上完全通过时，查看指示仪表，读出最大值。注意记下滑动板的运动方向，即区别滑动板是向外还是向内滑动。

（4）结束后，锁止滑动板，切断电源。

二、侧滑试验台检测时注意事项

（1）不允许超过容许吨位的汽车驶入侧滑台，以防压坏和损坏易损机件。

（2）不允许汽车在侧滑台上转向或制动，因为会影响检测精度和侧滑台的使用寿命。

（3）前驱动的汽车在测试时，不应该突然加油、收油或踏离合器，这样会改变前轮受力状态和定位角，造成检测误差。

任务七　汽车车轮定位检测

【任务描述】

汽车转向轮定位、汽车四轮定位，统称汽车车轮定位。它主要是指转向轮、转向节、前轴、后轴、后轮，在制造安装时一定的位置关系，包括前轮外倾角、前轮前束、主销后倾角、主销内倾角、后轮外倾角、后轮前束等。通过这些位置关系，达到其应有的作用。

汽车使用过程中，由于转向机构、车轴、车架的变形和磨损，车轮定位会逐渐失准，使汽车操纵性变差、滚动阻力增加、轮胎磨损异常。因此，必须对使用中的汽车适时地进行车轮定位检测，并根据检测结果进行调整，使车轮定位符合该车技术要求，以确保汽车的操纵稳定性和转向轻便性。

【相关知识】

一、车轮定位检测参数

车轮定位是存在于悬架系统和各活动机件间的相对角度。保持正确的车轮定位可确保车辆的行驶稳定性，减少轮胎磨损。汽车车轮定位检测参数主要包括外倾角、前束角、主销后倾角、主销内倾角、转向20°时的前张角等。

1. 车轮外倾角

车轮外倾角为从汽车前方看轮胎的几何中心线与地面铅垂线所形成的角度，向外为正，向内为负，如图 6-32 所示。

车轮外倾角的不同能改变轮胎与地面的接触点及施力点，直接影响轮胎的附着力及磨损状况，并改变车重在车轴上的受力分布，影响车轮轴承的磨损。车轮外倾角的存在也会影响汽车的行进方向，这正如摩托车可利用倾斜车身来转弯。因此左右轮的外倾角必须相等，在力的平衡下不致影响汽车的直行性，再与车轮前束角配合，提高直行稳定性及避免轮胎磨损不均。

2. 车轮前束角

车轮前束角为由上方看左右两个轮胎所形成的角度，向内为正，向外为负，如图 6-33 所示。

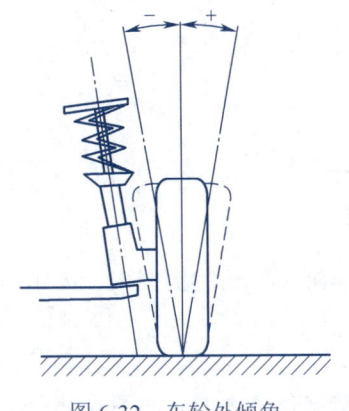

图 6-32 车轮外倾角

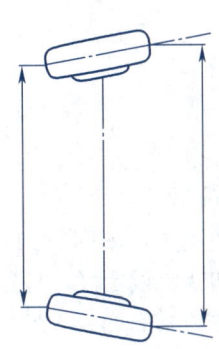

图 6-33 车轮前束角

车轮前束角的功用在于补偿轮胎因车轮外倾角及路面阻力所导致的向内或向外滚动的趋势，确保汽车的直行性。

3. 主销后倾角

主销后倾角为从汽车侧面看主销轴线（转向中心线）与地面铅垂线所形成的夹角，向前为负，向后为正，如图 6-34 所示。

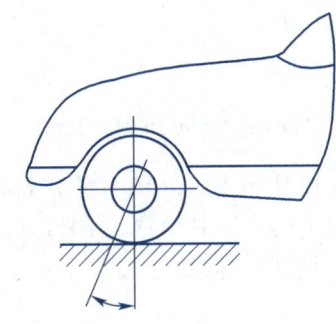

图 6-34 主销后倾角

主销后倾角的存在可使转向轴线与路面的交会点在轮胎接地点的前方,可利用路面对轮胎的阻力让车子保持直行性。主销后倾角越大,汽车的直行性越好,转向后回正能力也越好,但却会使转向变得沉重。一般汽车的主销后倾角大约在1°~2°之间。

4. 主销内倾角

主销内倾角为从汽车前面看主销轴线(转向中心线)与地面铅垂线所形成的角度,如图6-35所示。

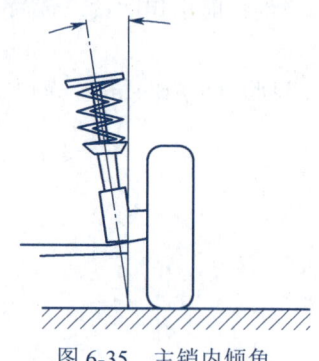

图6-35　主销内倾角

主销内倾角越大,转向轮回正效果越好,但是转向沉重,轮胎磨损大。主销内倾角在汽车悬架设计之初就已设定好,通常是不可调整的。

5. 转向20°时前张角

转向20°时前张角为汽车内轮转向20°时,两前轮转向角度之差,如图6-36所示。

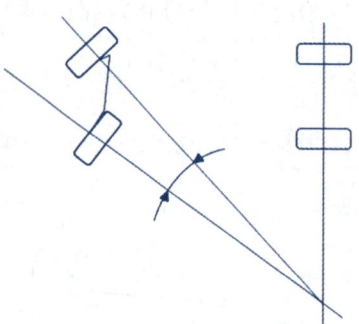

图6-36　转向20°时前张角

汽车转弯时,内轮所转过的角度通常大于外轮,相差在2°左右,其目的是为了在转弯时使汽车能以后轴延伸线的瞬时中心为圆心顺利转弯。此外,当转弯内轮转角较大时,阻力也较大,可使汽车偏向阻力大的一方,使转向容易。

6. 推力角

推力角为后轮总前束的夹角平分线(推进线)和汽车几何中心线的夹角,如图6-37所示。

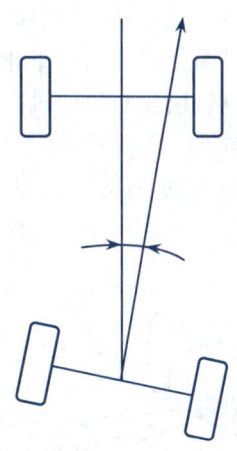

图 6-37　推力角

如果推力角不为 0，汽车存在侧向运动的趋势。如果出现这种情况，需要先对后轮前束角进行调整，然后再对前轮进行调整。

二、车轮定位静态检测原理

车轮定位静态检测是在汽车静止的状态下，根据车轮旋转平面与各车轮定位间存在的直接或间接的几何关系，对车轮定位进行几何角度或尺寸检测。目前车轮定位仪类型很多，但是检测原理是一致的，只是采用的具体方法不同。

1. 车轮前束角的检测原理

测量前束角时，必须保证车体摆正且转向盘位于中间位置。为了提供车轮前束角的测量精度，无论是拉线式、光学式还是电脑式的四轮定位仪，在检测车轮前束角之前，常通过拉线或光线照射或反射的方式形成一封闭的直角四边形。将待检汽车置于此四边形中，通过安装在车轮上的光学镜面或传感器，不仅可以检测前轮前束角、后轮前束角，还可以检测出左右车轮的同轴度（即同一车轴上的左右车轮的同轴度）及推力角等。

因为四轮定位仪系统采用的传感器不同，测量方法亦有所不同，这里仅就光敏三极管式传感器来说明一下车轮前束的测量原理。

光敏三极管为近红外线接收管，是一种光电变换器件。其工作状态为：不加电压，利用 P－N 结在受光照射时产生正向电压的原理，把它作为微型光电池。在光敏三极管后面接一些用于接收信号的元件，以便及时对光敏三极管上所获得的信号进行分析处理。

安装在两前轮和两后轮上的光敏三极管式传感器均有光线的接收和发射（或反射）功能，通过它们间的发射和接收刚好能形成四边形。在传感器的受光面上等距离地将光敏三极管排成一排，在不同位置上的光敏三极管接收到光线照射时，该光敏管产生的电信号就代表了前束角或推力角的大小。

当前束角为 0 时，在同一轴左右轮上的传感器发射（或反射）出的光束应重合。当检测出上述两条光束相平行但不重合时，说明此时左右两车轮不同轴（即车轮发生了错位），可以依据此时光敏管输出偏移量的信息，测量出左右轮的轴距差。

当左右轮存在前束时，在左轮传感器上接收到的光束位置会相对于原来的零点位置有一个偏差值（注意正负号），这一偏差值即表示右侧车轮的前束角；同理，在右传感器上接收到的光束位置相对于原来零点位置的偏差值则表示左侧车轮前束角。其检测原理的简单示意图，如图 6-38 所示。

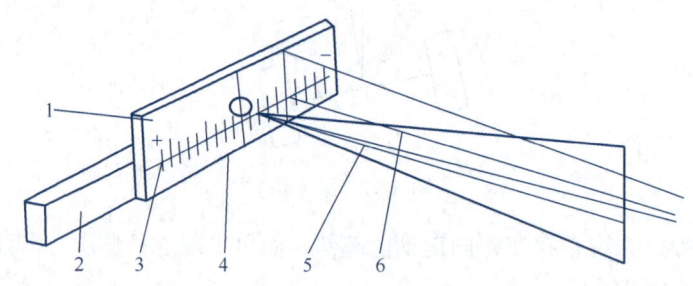

图 6-38 车轮前束角的检测原理

依据上述检测原理，同时可以检测出位于该四边形内的待检车辆前后轴的平行度（即推力角的大小和方向），如图 6-39 所示。

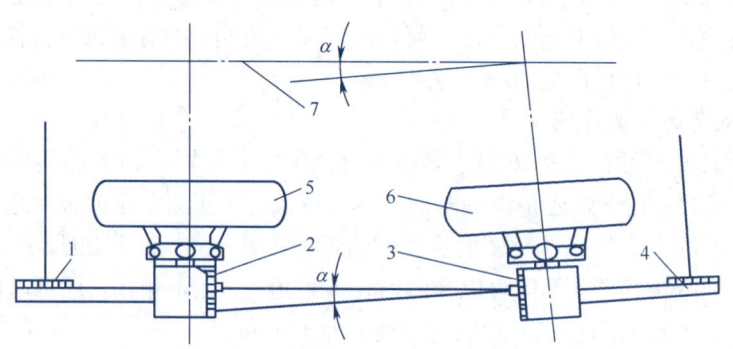

图 6-39 前后轴平行度检测原理

2. 主销后倾角和主销内倾角的检测原理

车轮外倾角、主销后倾角和主销内倾角这三个检测参数都是关于角度的测量。

车轮外倾可以用角度传感器直接测量。

主销后倾角和主销内倾角不能直接测出，只能采用建立在几何关系上的间接测量。

（1）主销后倾角的检测原理

在空间坐标系中，以左前轮为例，主销后倾角检测原理如图 6-40 所示。

气泡位移量：气泡管内的气泡向高处（M' 处）移动。

气泡位移量取决于 ω，ω 取决于 ϕ 和 γ，当 ϕ 为定值时，位移量仅取决于 γ，这样气泡位移量通过标定即可反映 γ 值,从而测得主销后倾角。

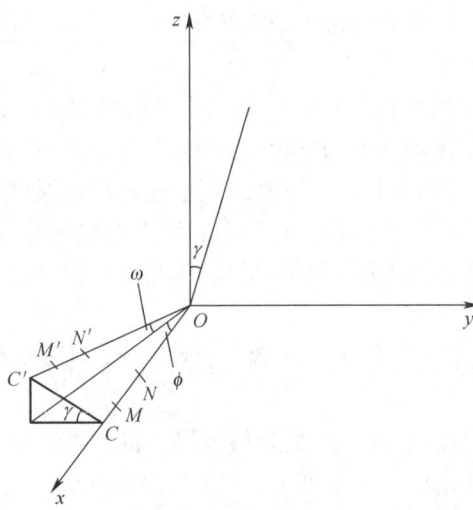

γ—主销后倾角;OC—转向节枢轴;MN—放置在 OC 上的气泡管;ϕ—前轮在水平平面向右转过的角度;COC'—扇形平面;ω—气泡管相对水平平面倾斜的角度

图 6-40　主销后倾角检测原理

（2）主销内倾角的测量原理

在空间坐标系中,以左前轮为例的主销内倾角检测原理如图 6-41 所示。

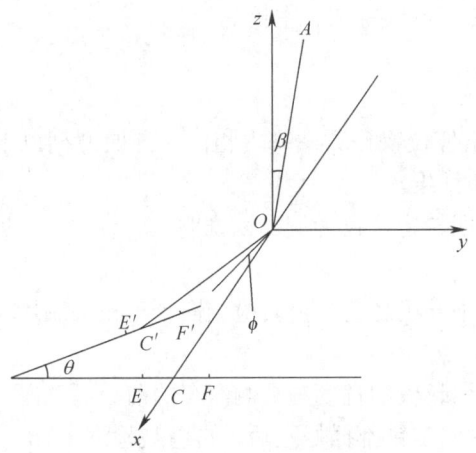

OA—主销中心线;β—主销内倾角;ϕ—前轮在水平平面向右转过的角度;OC—转向节枢轴;OCC'—圆锥面气泡位移量（气泡管内的气泡向高出（F'处）移动）;EF—与 OC 轴线垂直且与水平平面平行、放置在转向节枢轴前端的气泡管;θ—气泡管相对水平平面倾斜的角度

图 6-41　主销内倾角检测原理

气泡位移量取决于 θ，θ 取决于 ϕ 和 β，当 ϕ 为定值时，位移量仅取决于 β，这样气泡位移量通过标定即可反映 β 值，从而测得主销内倾角。

3. 转向 20°时前张角的检测原理

汽车使用时，由于前轮的碰撞冲击、长期在不平的路面上行驶和经常采用紧急刹车，对汽车的冲击作用都可能引起转向梯形的变形，会造成汽车在转向行驶过程中前轮异常磨损，操纵性变差。检测转向 20°时的前张角，可以判断汽车的转向梯形臂与各连杆是否发生变形。其测量方法为：让被检汽车前轮停在转盘中心处，右轮沿直线行驶方向向右转 20°时进行测量；左轮沿直线行驶方向左转动 20°时进行测量（该转向角可直接从转盘上的刻度读出）。

具体方法：

右前轮向右转 20°，读取左前轮下的转盘上的刻度 X，则 20°-X 即为所要检测的转向 20°时的前张角。

一般汽车在出厂时都已给出 20°-X 的合格范围，将测量值与出厂值进行比较即可检测出车辆的转向梯形臂与各连杆是否发生了变形，如果超出标准值或左右转向前张角不一致，则说明该车的转向梯形臂和各连杆已发生了变形，需要进行校正、调整或更换梯形臂和各连杆。

【任务实施】

一、车轮定位仪的结构组成

各厂家生产的车轮定位仪结构组成大致相同，主要包括举升平台、转盘、支架、测量传感器、制动踏板固定架、转向盘固定架、主机等。

二、车轮定位仪的使用

不同厂家生产的车轮定位仪操作方法基本相同，一般遵循以下流程：选取车型—轮辋变形补偿—测量—调整—打印结果。

下面以百斯巴特 CCD 四轮定位仪为例加以说明。

1. 准备工作

（1）在被检汽车开上举升机之前，需要检查四个车轮的胎压是否符合标准胎压，轮胎花纹是否严重磨损。

（2）确定举升机两个承载板的宽度与被测汽车的前、后轴距一致，然后将举升机降至最低点，确保转盘和后滑板的固定销都插好之后，再将被检汽车开上举升机。

（3）汽车在举升机上应处于正前方向，不要使车身歪斜。汽车的两前轮要落在两转角盘的中心上，同时转角盘的圆盘要均匀分布在轮胎的两侧。

（4）汽车熄火后，实施驻车制动，落下左前侧车窗玻璃，离开汽车。

（5）分别用力压车身的前部和后部，以使汽车的悬挂复位。

（6）安装卡具。根据所检汽车的车轮尺寸，对卡具进行调整。首先调整下方两个尼龙爪位置到合适的尺寸位置，然后调节两个卡臂的伸出长度。先将下方的两个尼龙爪顶在钢圈的凸起的外沿，然后再松开上方尼龙爪的旋钮，调整它的位置，使之也顶在钢圈的凸起的外沿，然后再拧紧旋钮。下一步是用两手同时推动卡具上的活动杆，使卡臂能够卡在轮胎沟槽内，挂上安全钩，检查卡具是否安装牢固。

（7）将四个传感器按照对应车轮的位置安装到卡具上。要注意在传感器的定位轴上要涂抹稀的润滑油（不能涂黄油），以防止长时间插拔后造成定位轴磨损，无法准确安装到位，影响测量精度。

（8）连接通讯电缆和转角盘电缆。把电缆插头上的箭头和插座上的箭头标记对好之后，就可以直接插入。四根电缆的差别只是长度不同，两根 6.5 米的电缆是用来连接定位仪和两个前轮上的传感器，两个 4.5 米的电缆是在前后传感器之间互相连接。每个传感器上有 3 个插座，上面两个是完全一样的，最下面的一个用来连接转角盘。

（9）电缆连接好之后，拔掉转角盘和后滑板上的固定销。

（10）将汽车举升后落到举升机最低一格的安全锁止位置，以保证举升平台处在水平状态。

2. 操作定位仪

（1）定位仪开机，传感器上的电源指示灯亮，按 R 键或相应的位置键激活各个传感器，传感器放水平后，拧紧固定旋钮，水平气泡处在大致中央的位置。

（2）开机之后，批处理程序会自动进入测量程序的初始状态，等待用户进行下一步的操作。按 F3 键可前进到下一步。屏幕上出现"TEST"字符，表示系统正在刷新所记忆的上次检测信息。

（3）检测前的准备工作，包括输入登记表格，选择车型和偏位补偿。

1）输入登记表格。包含了各项客户信息，可以任意选择要输入的项目，并且将来可以根据所输入的项目来调出此次检测结果数据。一般以汽车牌号或维修单编号来输入相应条目，以便将来调取。输入信息可以是英文字母或数字，没有汉字输入。

2）选择车型。填完表格之后，按 F3 键进入选择车型界面。选择出对应于检测汽车的车型之后，如果需要做偏位补偿，则按 F3 键前进，否则按 F4 键停止。

3）偏位补偿。如果所使用的卡具是快速卡具，则只有在钢圈损坏程度较严重时，才需要做偏位补偿（对于 Audi A6 或 Passat B5，测量前必须做偏位补偿）；如果所使用的是自定心卡具，则对所有车辆必须做偏位补偿。做偏位补偿的要点：轮胎转动方向应为车辆正常行驶时的转动方向。

（4）调整前检测。

安装好定位仪设备附带的制动踏板固定架。进入调整前检测步骤，屏幕上会出现转向盘对中提示图案。在绿色区域内，表示可以接受的范围，但是在绿色范围的左右两侧的检测结果，会相差 5′左右。因此，最好是将箭头对中绿色区域的中间黑线处。打转向盘的顺序为：先对中，然后向右 20°，再向左 20°，接着对中。此时屏幕上出现检测数据。

按 F3 键进入到检测最大总转角的步骤，使用电子转角盘的定位仪可以通过这个步骤自动检测出最大总转角。先对中转向盘，然后按照屏幕提示，取下两个前部传感器。待屏幕上显示出检测等待画面后，连续向右打转向盘直到打不动为止，然后稳定住不松手。等到检测结束后，再连续向右打转向盘直到打不动为止，然后稳定住不松手。等到检测结束后，屏幕自动显示出所有的检测数据。再装上两个前部传感器，如果检测出的数据中，可调数据有超出允许范围的，则可进入到定位调整的步骤。

（5）定位调整。

做定位调整前，先用转向盘固定架将转向盘固定成水平状，再升起举升机到合适调整的高度，将举升机锁止在水平安全位置。将四个传感器调整为水平状态，再操作定位仪进入定位调整操作。调整程序会先显示车辆后轴参数的检测值，如果车辆后轴参数是可调的（多数车辆的后轴定位参数是不能调整的），则可参照屏幕上显示的数据进行调整，屏幕显示的数据会随时显示当前调整后的参数数据。后轴定位参数调整完后，按 F3 键可进入前轴调整步骤。前轴外倾角的调整按照车辆底盘的结构可分为两种，一种是需要举升前轴使前轴车轮悬空才能调整外倾角；另一种是不需要举升前轴就可调整外倾角。

对于需要举升前轴调整外倾角的车辆，其定位调整的步骤如下：

1）按 F3 键直到屏幕上出现前轴调整画面。此时屏幕上同时显示出前轴的五个定位参数的数据值，他们分别是：左、右轮外倾角，左、右轮前束角，前轮总前束角。然后按 F7 键，屏幕上出现提示语句，提示此时可以用二次举升器将车辆的前轴举起。在用二次举升将车辆前轴举起后，再按 F3 键前进，此时屏幕显示左右轮外倾角的数据。现在就可以按照屏幕显示的数据进行外倾角的调整了。

2）调整完左、右轮的外倾角后，按 F3 键前进，则屏幕上出现"现在可以将二次举升放下"的提示，此时可以放下二次举升，当车辆前轮在举升机平台上落稳之后，拽住车辆前轴的悬架部分，下拉几次，以使车辆前轴的悬挂复位。车辆放好之后，再按 F3 键，此时屏幕显示又重新回到前轴调整画面。

3）现在可以在前轴调整画面下，按照显示的左、右轮前束值调整左右轮前束角。当左右轮前束角和总前束角都调整好后，按 F4 键结束定位调整过程。

4）对于不需要举升前轴调整外倾角的车辆，则可在前轴调整画面下，按照先调外倾角，再调前束角的顺序，参照屏幕上实时显示的各参数值，分别调整左右外倾角、左右前束角。调整好之后，按 F4 键结束定位调整过程。

（6）调整后检测。

将举升机降回到调整前检测时的高度，将举升机锁止在水平安全位置。进入调整后检测步骤，此时屏幕上显示出当前的两前轮的单独前束角。按 F3 键前进，其余步骤与调整前检测的步骤相同。

（7）最后所显示的检测调整结果报表给出了调整前检测值、标准值以及调整后检测值，以调整后检测值为最终结果。因此，如果在调整后检测值中，存在可以调整的参数的数据不合格，则还需要返回到定位调整步骤重新进行调整。将光标移动到检测调整结果报表中的打印机图标位置，然后按回车键确认，就可打印出完整的检测调整结果报表。经过打印，检测结果就被保存下来，以便日后可以调档查询。如果不打印，则检测结果数据就会丢失。如果希望保存检测数据，而又不想打印，则可在打印之前关闭打印机，再进行打印操作。系统会自动生成打印文档，然后调用打印机，如果系统发现打印机处于关闭状态，屏幕上会出现错误提示，不用担心，此时检测结果已经被保存下来。

任务八　汽车车轮平衡检测

【任务描述】

随着道路质量的提高和汽车技术的进步，汽车行驶速度越来越快，对车轮平衡要求越来越严格。车轮不平衡，其高速运转时，不平衡质量将引起车轮跳动和摆振，影响汽车操纵稳定性，使车辆难以控制；加剧轮胎及有关机件（减振器、转向零件）磨损和冲击。

【相关知识】

一、车轮不平衡知识

1. 车轮静不平衡

车轮静不平衡是指车轮质心与车轮回转中心不重合而造成的车轮不平衡，如图 6-42 所示。

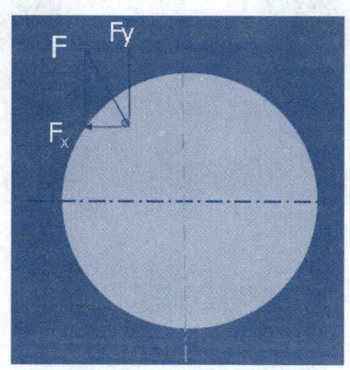

图 6-42　车轮静不平衡

由于静不平衡质量的存在，车轮在旋转时产生离心力 F。

$$F=m\omega^2 r$$

式中：m—不平衡质量，kg；ω—车轮旋转角速度，$\omega=2\pi n/60$；n—车轮转速，r/min；r—不平衡点质量离车轮旋转中心距离，m。

离心力 F 可分解为垂直分力 F_Y 和水平分力 F_X。车轮每旋转一周，垂直分力 F_Y 引起车轮跳动，水平分力 F_X 造成转向轮摆振。若要满足车轮静平衡，则需在不平衡质量作用半径的相反位置上配置相同的质量，以使两者所产生的离心力因大小相等、方向相反而相互抵消。

2. 车轮动不平衡

车轮动不平衡是指车轮质量分布相对车轮纵向中心平面不对称而造成的车轮不平衡。静平衡的车轮，因车轮质量分布相对于车轮纵向中心平面不对称，旋转时会产生方向不断变化的力偶，该力偶的方向反复变化使转向轮绕主销摆振，车轮处于动不平衡状态，如图 6-43 所示。

若要使车轮达到动平衡，则需在不平衡点同一作用半径的相反方向配置相同的质量，如图 6-44 所示。

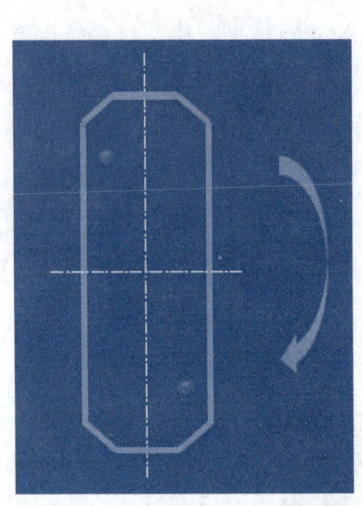 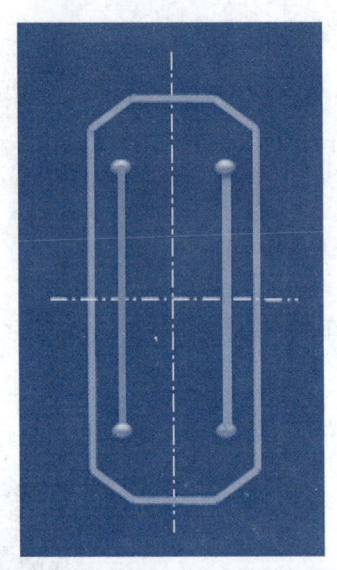

图 6-43 车轮静平衡但动不平衡　　　　图 6-44 车轮动平衡一定静平衡

动平衡的车轮肯定是静平衡的，但静平衡的车轮却不能保证是动平衡的，因此车轮主要应进行动平衡检测。

3. 车轮不平衡原因

（1）轮胎制造过程中密度不均匀使质心偏移。
（2）车轮安装中心与旋转中心不重合。
（3）轮胎使用过程中造成偏磨损或不均匀磨损。
（4）轮辋变形或密度不均匀造成质心偏移。
（5）车轮碰撞造成变形引起质心偏移。

二、车轮平衡机分类

车轮平衡机有多种分类方式。

按功能分：车轮静平衡机和车轮动平衡机。

按测量方式分：就车式车轮平衡机和离车式车轮平衡机。就车式车轮平衡机，在不拆卸车轮的状况下进行测量；离车式车轮平衡机，需要将被测车轮从车上卸下，装到平衡机转轴上进行测量。

按平衡机转轴支承形式分：软式车轮平衡机和硬式车轮平衡机。

凡是可测定车轮左、右两侧的不平衡量及相位的车轮平衡机，称为两面测定式车轮平衡机。

三、车轮平衡机结构

1. 离车式车轮平衡机

离车式车轮平衡机中，目前应用最多的是硬式双面测定车轮动平衡机，如图6-45所示。

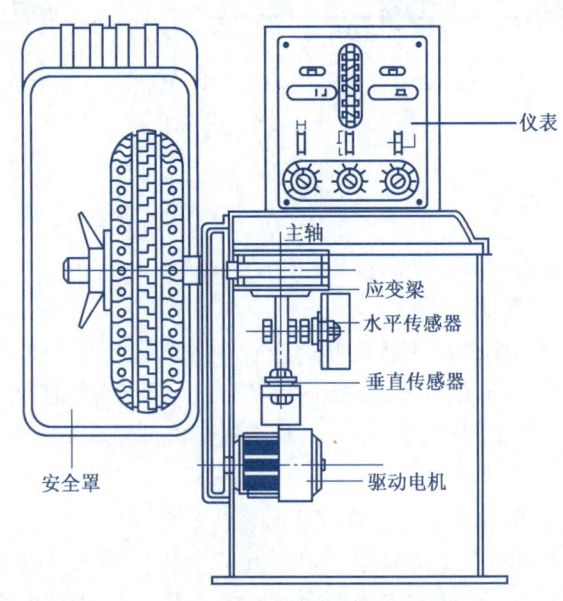

图 6-45　离车式车轮动平衡机

该平衡机主要由驱动装置（驱动电机、传动机构）、转轴与支承装置（轴承）、装卡装置（锥体、快速螺母）、测量装置（传感器、卡尺）、显示与控制装置（能将传感器传来的电信号通过电脑运算、分析、判断后，显示出不平衡量与相位）、制动装置（可使车轮停转）、安全罩（防止车轮旋转时车轮上的平衡块或花纹中的夹杂物飞出）、机箱等组成。

2. 就车式车轮平衡机

就车式车轮平衡机如图6-46所示。该平衡机主要由驱动装置、测量装置、指示与控制装置、制动装置等构成，并装在手推小车上。

其中，驱动装置由驱动电机和转轮构成，转轮贴紧车轮的胎面，带动车轮旋转；测量装置由传感磁头、可调支杆和底座组成。测量时，传感磁头可吸附在独立悬架下臂或非独立悬架的转向节处（静平衡检测）或制动底板上（动平衡检测），通过可调支杆可将不平衡车轮旋转时产生的振动传给底座,装在底座中的传感元件将振动转化为电信号。指示与控制装置由频闪灯和不平衡度表或数字显示屏组成,在接收到传感元件发出的电信号后,不平衡度表根据其强弱指示出不平衡量大小,频闪灯用于测出车轮不平衡点的位置。

1—光电传感器;2—手柄;3—仪表板;4—驱动电机;5—转轮;6—传感器支架;7—被测车轮

图 6-46 就车式车轮平衡机

四、车轮不平衡检测原理

车轮不平衡检测就是要确定不平衡量与相位。

1. 车轮静不平衡检测原理

若车轮存在静不平衡,则在自由转动状态下,车轮将停止于不平衡点处于最低的位置,在相反方向进行配重平衡,当车轮可在转动结束时停止于任一位置时,车轮则处于静平衡状态。利用这一原理即可测得不平衡的质量与相位。对于离车式或就车式车轮平衡机都适用。

2. 车轮动不平衡检测原理

(1) 离车式车轮平衡机检测动不平衡原理

离车式车轮平衡机检测动不平衡原理,如图 6-47 所示。假设不平衡量 m 分别为 m_1、m_2 两部分,集中在轮辋边缘处,旋转时形成两个离心力,F_1、F_2 为这两个离心力在传感器平面上的投影。F_1、F_2 不仅形成不平衡力,还要形成不平衡力矩,因而车轮平衡机必须设置两个相互垂直的传感器 A 和 B,以采集支反力 f_A、f_B。建立系统力学平衡方程式,以求取 F_1 和 F_2,从而计算不平衡量 m_1 和 m_2。

根据平衡条件,有:

$$\sum Y = 0 \quad f_B = F_1 + F_2$$

$$\sum M = 0 \quad f_A \cdot a = F_1(b+c) + F_2 \cdot c$$

可解得:$F_1 = (f_A \cdot a - f_B \cdot c)/b \quad F_2 = [f_B(b+c) - f_A \cdot a]/b$

$$m_1 = F_1/\omega^2 r \quad m_2 = F_2/\omega^2 r$$

由此可见,F_1、F_2 仅取决于支反力 f_A、f_B 及结构尺寸 a、b、c。对于某平衡机和所测车轮而言,结构尺寸可看作常数,可事先输入控制装置;支反力 f_A、f_B 可由传感器测出。据此确定

F_1、F_2 并确定平衡块质量与安装方位。

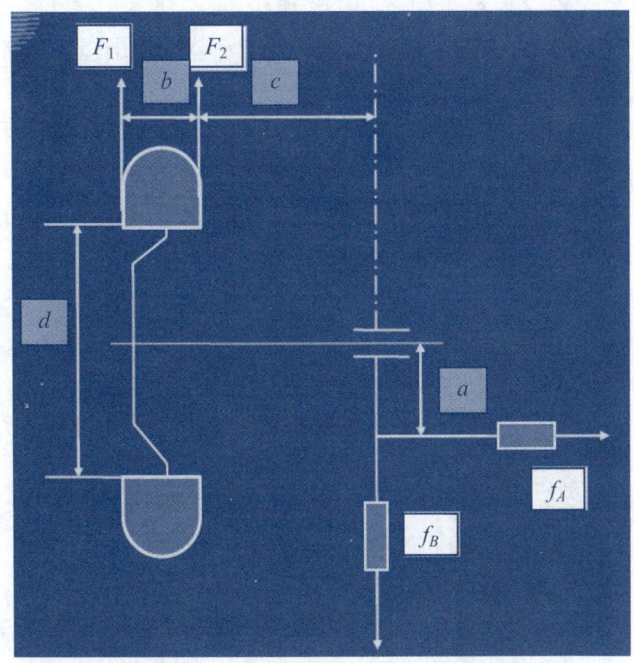

图 6-47　离车式车轮平衡仪检测原理图

（2）就车式车轮平衡机检测动不平衡原理

就车式车轮平衡机检测动不平衡,传感磁头固定在制动底板上。动不平衡车轮高速旋转时,不平衡质量产生离心力使车轮左右摆振,在制动底板上产生横向振动。横向振动通过传感磁头、可调支杆,传给底座中的传感器,振动转化为电信号。电信号控制频闪灯闪光,以指示车轮不平衡点的位置,并由指示装置显示出车轮不平衡量大小。

【任务实施】

一、离车式车轮平衡机使用方法

（1）清除被测车轮上的泥土,石子和旧平衡块。
（2）检查轮胎气压,视必要充至规定值。
（3）根据轮辋中心孔的大小选择锥体,并把车轮装在转轴上,用快速螺母紧固。
（4）打开车轮平衡机电源开关,检查指示与控制装置的面板是否指示正确。
（5）用卡尺测量轮辋宽度、轮辋直径（也可从胎侧读出）,用平衡机上的标尺测量轮辋边缘至机箱距离,并将上述数值输入到指示与控制装置。
（6）放下车轮防护罩,按下起动键,车轮旋转,平衡测试开始,自动采集数据。

（7）测量结束，车轮自动停转或听到"滴"声后按下停止键并操纵制动装置使车轮停转后，从指示装置读取车轮内、外不平衡量和不平衡位置。

（8）抬起车轮防护罩，用手慢慢转动车轮。当指示装置发出指示（音响指示灯亮、制动、显示点阵或显示检测数据等）时停止转动。在轮辋的内侧或外侧的上部（时钟12点位置）加装指示装置显示的该侧平衡块质量。内、外侧要分别进行，平衡块装卡要牢固。

（9）检查平衡结果。安装平衡块后，有可能产生新的不平衡，需要重新进行平衡检测，直到车轮不平衡量小于5g（0.3oz），指示装置显示"00"或"OK"时为止。当不平衡量相差10g左右时，如能沿轮辋边缘前后移动平衡块一定角度，将可获得满意的效果。

（10）测试结束，关闭电源开关，从转轴上取下车轮。

二、车轮平衡机使用注意事项

（1）平衡块有卡夹式和粘贴式两种。卡夹式平衡块适合于轮辋有卷边的车轮；对于铝镁合金轮辋，因无卷边可夹，可使用粘贴式平衡块。

（2）就车式不平衡机支架和离车式不平衡机主轴固定装置都装有精密易碎的压电晶体传感器，严禁冲击和敲打主轴或传感器支架。

（3）检修车轮平衡机时，传感器固定螺栓不得任意松动。

（4）车轮平衡机的机械系统、电子电路都是针对正常车轮使用条件下不平衡失准或轻微受损但仍能使用的车轮而设计的，对因交通事故而严重变形的轮辋或胎面大面积剥离的车轮不能进行平衡作业。

【项目总结】

1. 汽车操纵稳定性是指在驾驶者不感到过分紧张和疲劳的情况下，汽车抵抗各种外界干扰并按照驾驶者通过转向控制机构所给定方向稳定行驶的能力。

2. 汽车在纵坡上行驶，随着坡度的增大，有可能使汽车产生纵翻，也有可能出现驱动轮滑转的现象，这两种情况均会使汽车的稳定性遭到破坏。

3. $\dfrac{B}{2h_g}$称为汽车横向稳定性系数，侧翻只能在附着系数大于横向稳定性系数的道路上才会发生。前轮驱动汽车上坡永远也不会发生纵翻。汽车静态横向稳定性检测在汽车侧倾试验台上进行，用侧倾稳定角来表示。

4. 汽车轮胎侧偏特性主要是指侧偏力、回正力矩与侧偏角的关系，它是研究汽车操纵稳定性理论的基础。弹性轮胎在任何侧向力作用下都会产生侧向变形。即使侧向反力还没有达到侧向附着极限，车轮行驶方向也将偏离车轮平面方向，这就是轮胎的侧偏现象。

5. 汽车稳态转向特性分成三种类型：不足转向、中性转向和过多转向。汽车转向时 $\delta = \dfrac{L}{R} + \alpha_1 - \alpha_2$。汽车稳定性因数 $K = \dfrac{m}{L^2}\left(\dfrac{a}{k_2} - \dfrac{b}{k_1}\right)$。汽车稳态转向特性可用下列参数来表示：

汽车稳定性因数、侧偏角、转向半径、静态储备系数、特征车速、临界车速。

6. 给等速直线行驶的汽车以前轮角阶跃输入，经过短暂时间后，汽车将进入等速圆周行驶。等速直线行驶与等速圆周行驶的过渡过程便是瞬态，相应的响应称为前轮角阶跃输入引起的汽车瞬态响应。

7. 汽车不能具有过多转向特性。汽车具有中性转向特性也不好，因为汽车本身或外界使用条件的某些变化，中性转向特性的汽车常会转变成过多转向特性而使操纵稳定性变差。汽车应具有适度不足转向特性，才具有良好的操纵稳定性，才能保持行车安全。

8. 汽车转向特性的影响因素有：汽车质量分配、轮胎气压与结构型式、汽车驱动方式、侧倾时左右车轮垂直载荷的重新分配。

9. 引起转向轮摆振的主要原因有：路面不平的冲击使前轴产生角振动、前悬架与转向系运动学关系不协调、转向车轮不平衡。汽车转向轮的稳定效应是指汽车直行时使转向轮保持居中位置和转向后自动回正的能力。转向轮的稳定效应可使摆振减弱甚至避免，保持汽车具有良好的行驶稳定性。

10. 提高汽车操纵稳定性的电子控制系统主要有：电控助力转向系统（EAS）、四轮转向系统（4WS）、稳定性控制系统（VSC）和巡航控制系统（CCS）。

11. 汽车转向盘性能好坏直接影响汽车的行车安全，其技术状况常用转向盘自由行程、转向角、转向力来评价。

12. 侧滑试验台是汽车在滑动板上驶过时，用测量滑动板左、右移动量的方法来测量车轮侧滑量的大小和方向，并判断是否合格的一种检测设备。检测中若滑动板向外移动，表明前束太大或负外倾；若滑动板向内移动，表明负前束或外倾太大；若滑动板不移动，表明前束与外倾配合恰到好处。GB7258—2012《机动车运行安全技术条件》规定：汽车（三轮汽车除外）的车轮定位应与该车型的技术要求一致。对前轴采用非独立悬架的汽车（前轴采用双转向轴时除外），其转向轮的横向滑移量，用侧滑台检验时侧滑量值应在±5m/km之间。

13. 车轮定位是存在于悬架系统和各活动机件间的相对角度。保持正确的车轮定位可确保车辆的行驶稳定性，减少轮胎磨损。汽车车轮定位检测参数主要包括外倾角、前束角、主销后倾角、主销内倾角、转向20°时的前张角等。车轮定位静态检测是在汽车静止的状态下，根据车轮旋转平面与各车轮定位间存在的直接或间接的几何关系，对车轮定位进行几何角度或尺寸检测。目前车轮定位仪类型很多，但是检测原理是一致的，只是采用的具体方法不同。各厂家生产的车轮定位仪结构组成大致相同，主要包括举升平台、转盘、支架、测量传感器、制动踏板固定架、转向盘固定架、主机等，一般遵循"选取车型—轮辋变形补偿—测量—调整—打印结果"的检测流程。

14. 车轮静不平衡是指车轮质心与车轮回转中心不重合而造成的车轮不平衡，车轮动不平衡是指车轮质量分布相对车轮纵向中心平面不对称而造成的车轮不平衡。车轮平衡机有多种分类方式。其中，按功能分为车轮静平衡机和车轮动平衡机，按测量方式分为就车式车轮平衡机和离车式车轮平衡机。离车式车轮平衡机中，目前应用最多的是硬式双面测定车轮动平衡机。

车轮不平衡检测就是要确定不平衡量与相位。

【项目训练】

1. 概念题

操纵性、稳定性、操纵稳定性、稳定性系数、稳态响应、瞬态响应、侧偏现象、侧偏特性、侧偏刚度、稳定性因数、中性转向点、静态储备系数、最大侧倾稳定角、车轮静平衡、车轮动平衡、推力角

2. 简答题

（1）汽车稳态转向特性有几种？一般汽车应具有什么性质的转向特性？为什么？

（2）在侧向力的作用下，分析刚性轮和弹性轮胎行驶方向的变化规律（假设驾驶者不对汽车的行驶方向进行干预）。

（3）汽车稳态转向特性的表示方法有哪些？

（4）汽车转向时瞬态响应好坏评价指标有哪些？

（5）汽车左、右轮垂直载荷重新分配，对汽车转向特性有什么影响？为什么？

（6）汽车转向特性的影响因素有哪些？横向稳定杆分别装在前悬架和后悬架对汽车转向特性有什么影响？

【提示：加装横向稳定杆会增加相应悬架的刚度，汽车受侧向力作用时，该轴分配到的侧向力增加，左右轮垂直载荷变动量大，对应的侧偏刚度变小。】

（7）汽车转向轮摆振的原因有哪些？

（8）汽车为什么应具有不足转向特性？

（9）作用在转向轮上的回正力矩有哪些？

（10）电测式车轮平衡机检测车轮不平衡的检测原理。

（11）如何进行车轮动平衡检测？

（12）车轮定位的检测参数主要有哪些？

（13）车轮定位时，进行轮辋变形补偿的原因是什么？

（14）侧滑试验台的检测原理是什么？

（15）简述车轮定位检测的基本流程。

3. 计算题

（1）某汽车轮距 $L=1.4m$，质心高度 $h_g=0.686m$，路面附着系数 $\varphi=0.6$，当汽车沿曲线半径为 40m 无倾斜的道路及有 10°侧倾角的道路上行驶时，求：侧翻在侧滑之前还是在侧滑之后？不发生侧滑的临界车速。

（2）某汽车的总重量为 20100N，$L=3.2m$，静态时前轴轴荷占 55%，后轴轴荷占 45%，$k_1=-38920N/rad$，$k_2=-38300N/rad$，确定该车的稳态转向特性。

（3）在标定时，滑动板有效长度分别为 500mm、1000mm 的双板联动侧滑台在滑板向外移动 1mm 时分别对应的侧滑量（m/km）为多少？

（4）某非独立悬架汽车前轮经过 0.5m 宽（沿前进方向）的双板联动侧滑台时，滑板向外移动了 3mm。问：该车前轮侧滑是否合格？若不合格，请分析造成侧滑超标的原因？

4．有条件的同学自己驾驶汽车在弯道上行驶，体会所驾汽车的转向特性，与其他同学交流。

5．分组收集改善汽车操纵稳定性的新结构，并制作 PPT 汇报。

项目七
汽车平顺性与检测

【项目导读】

　　汽车平顺性是指汽车在一定的速度范围内行驶时，能够保证乘员不致因车身振动而引起不舒服和疲劳的感觉，对于载货汽车还有保持所运货物完整无损的性能。

　　随着科技的进步和人类生活水平的提高，汽车作为最常用的载运工具和"活动房间"的功用正在日益扩大，人们对汽车平顺性的要求也越来越高。汽车在行驶过程中，由于自身及路面不平等激励因素的存在，会使汽车产生振动。这种振动达到一定程度时，将使乘员感到不舒适和疲劳或使运送的货物损坏。因而有必要采取措施来改善汽车的平顺性，即通过各种措施保证乘坐者不舒适的感觉不超过一定界限和货物运输的安全。

　　通过本项目的学习，掌握汽车平顺性的概念与评价指标，了解 ISO2631—1:1997（E）标准规定的人体坐姿受振模型，熟记人体的敏感频率范围，掌握人体对振动的反应及平顺性的评价方法，会进行汽车振动系统的简化，能正确分析影响汽车平顺性的结构因素，会提出改善汽车平顺性的方案，了解汽车悬架性能检测方法，掌握谐振式悬架性能检测台的结构与检测原理，会利用悬架性能检测台进行悬架性能检测与评价。

任务一　人体对振动的反应与平顺性的评价

【任务描述】

机械振动对人体的影响，一方面取决于振动频率、振动强度、振动方向和暴露时间；另一方面也取决于人的心理、生理状态，而且心理品质和身体素质不同的人，对振动敏感程度有很大的差别。

【相关知识】

一、人体对振动的反应

20 世纪 30 年代以来，人们在振动对人体的影响方面进行了许多试验研究工作。1974 年，国际标准化组织（ISO）在综合大量有关人体全身振动研究工作和文献的基础上，制定出了国际标准 ISO2631—1974(E)《人身承受全身振动的评价指南》。该标准的关键是给出了三个不同的感觉界限，即暴露界限、疲劳—降低工效界限和降低舒适性界限。该标准还明确给出了振动频率、振动强度、振动方向以及暴露时间对人体的感觉的影响，提出了用 1/3 倍频带分别评价方法和总加权值方法来计算评价指标，这对全面系统地研究人体对振动的反应有着重大的指导意义。

但是该标准以短时间简谐振动的实验研究成果为基础制定的，把它扩展到汽车行驶过程（长时间的随机振动）以及其他一些冲击比较大的振动环境的适用性仍有争论，因此该标准不断地补充、修正，1997 年又公布了 ISO2631—1:1997(E)《人身承受全身振动评价 第一部分：一般要求》，此标准能与主观感觉更好地符合。

ISO2631—1:1997(E)标准规定的人体坐姿受振模型，如图 7-1 所示。

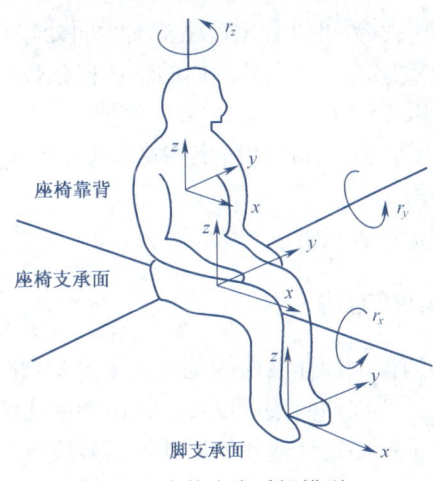

图 7-1　人体坐姿受振模型

模型表明：在进行舒适性评价时，除了考虑座椅支承面处输入点 3 个方向的线振动外，还考虑该点 3 个方向的角振动以及座椅靠背和脚支承面 2 个输入点各 3 个方向的线振动，总共 3 个输入点、12 个轴向的振动。该标准认为人体不仅对不同频率振动的敏感程度不同，而且对不同的输入点振动、不同的轴向振动也有差异。3 个输入点、12 个轴向振动的频率加权函数及相应的轴加权系数，见表 7-1。

表 7-1 频率加权函数及相应的轴加权系数

位置	坐标轴名称	频率加权函数	轴加权系数 k
座椅支承面	x_s	w_d	1.00
	y_s	w_d	1.00
	z_s	w_k	1.00
	γ_x	w_e	0.63
	γ_y	w_e	0.40
	γ_z	w_e	0.20
靠背	x_b	w_c	0.80
	y_b	w_d	0.50
	z_b	w_d	0.40
脚	x_f	w_k	0.25
	y_f	w_k	0.25
	z_f	w_k	0.40

由表 7-1 各轴向的轴加权系数可以看出，座椅支承面处输入点 3 个线振动的轴加权系数 $k=1$，是 12 个轴向中人体最敏感的，其余各轴向的轴加权系数均小于 0.8。标准规定，当评价振动对人体健康的影响时，就考虑 x_s、y_s、z_s 这三个轴向，且 x_s、y_s 两个水平轴向的轴加权系数取 $k=1.4$，比垂直轴向更敏感。标准还规定靠背水平轴向 x_b、y_b 可以由椅面 x_s、y_s 水平轴向代替，此时轴加权系数取 $k=1.4$。

各轴向频率加权函数，如图 7-2 所示。

二、汽车行驶平顺性的评价方法

汽车行驶中，试验所得的振动加速度曲线是一条十分复杂的非周期曲线，如图 7-3 所示。

由数学分析的理论可知：非周期函数可以看作是由频率连续变化的周期函数叠加而成的。所以加速度曲线实际上包含了频率连续变化的周期性函数成分。其中，对人体振动有意义的频率范围是 0.5～80Hz。

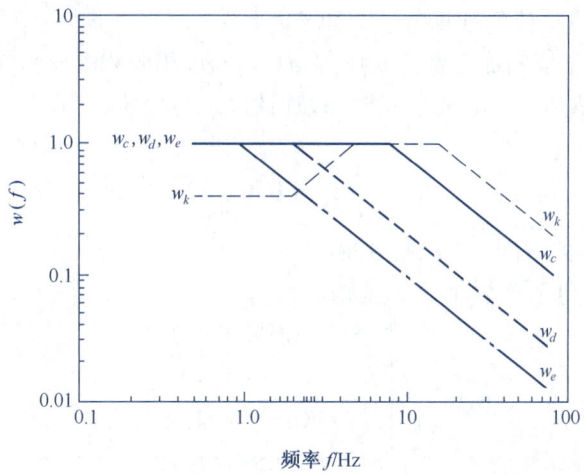

图 7-2　各轴向频率加权函数

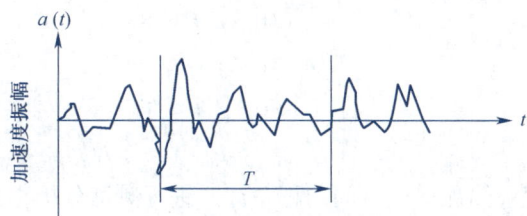

图 7-3　汽车驾驶员座垫处的加速度—时间曲线

【任务实施】

由图 7-2 可以看出，椅面垂直轴向 z_s 的频率加权函数 w_k 最敏感频率范围为 4～12.5Hz。在 4～8Hz 这个频率范围，人的内脏器官产生共振，而 8～12.5Hz 频率范围的振动对人的脊椎系统影响很大。椅面水平轴向 x_s、y_s 的频率加权函数 w_d 最敏感频率范围为 0.5～2Hz，大约在 3Hz 以下，水平振动比垂直振动更敏感，且汽车车身部分系统在此频率范围产生共振，故对水平振动应给予充分重视。

ISO2631—1:1997(E)标准规定，汽车行驶平顺性评价方法包括基本评价方法与辅助评价方法。当汽车振动波形峰值系数（峰值系数是指加权加速度时间历程 $a_w(t)$ 的峰值与加权加速度均方根值 a_w 的比值）≤9 时，采用基本评价方法，即用加权加速度均方根值来评价振动对人体舒适和健康的影响；反之，采用辅助评价方法，即用加权加速度 4 次方根值来评价。

一、基本评价方法

加权加速度均方根值是按振动方向，根据人体对振动频率的敏感程度而进行加权计算的。

各轴向加权加速度均方根值的计算方法有如下两种。

（1）对于图 7-3 记录的加速度时间历程 $a(t)$，通过相应频率权函数 $w(f)$ 的滤波网络得到加权加速度时间函数 $a_w(t)$，按下式计算加权加速度均方根值。

$$a_w = \left[\frac{1}{T}\int_0^T a_w^2(t)\mathrm{d}t\right]^{\frac{1}{2}} \tag{7-1}$$

式中：T—统计持续时间，一般取 120s。

频率加权函数 $w(f)$ 可按以下公式计算。

$$w_k(f) = \begin{cases} 0.5 & (0.5 < f \leqslant 2) \\ f/4 & (2 < f \leqslant 4) \\ 1 & (4 < f \leqslant 12.5) \\ 8/f & (12.5 < f) \end{cases}$$

$$w_d(f) = \begin{cases} 1 & (0.5 < f \leqslant 2) \\ 2/f & (2 < f) \end{cases}$$

$$w_c(f) = \begin{cases} 1 & (0.5 < f \leqslant 8) \\ 2/f & (8 < f) \end{cases}$$

$$w_e(f) = \begin{cases} 1 & (0.5 < f \leqslant 1) \\ 1/f & (1 < f) \end{cases}$$

（2）对于图 7-3 记录的加速度时间历程 $a(t)$，进行频谱分析得到加速度自功率谱密度函数 $G_a(f)$，按下式计算加权加速度均方根值 a_w。

$$a_w = \left[\int_{0.5}^{80} w^2(f)G_a(f)\mathrm{d}f\right]^{\frac{1}{2}} \tag{7-2}$$

（3）当同时考虑椅面 x_s、y_s、z_s 这三个轴向振动时，三个轴向的总加权加速度均方根值 a_{wo} 按下式计算。

$$a_{wo} = \left[(1.4a_{xw})^2 + (1.4a_{yw})^2 + a_{zw}^2\right]^{\frac{1}{2}} \tag{7-3}$$

式中：a_{xw}—前后方向（即 x 轴向）加权加速度均方根值，m/s²；a_{yw}—左右方向（即 y 轴向）加权加速度均方根值，m/s²；a_{zw}—垂直方向（即 z 轴向）加权加速度均方根值，m/s²。

（4）加权振级 L_{eq} 与加权加速度均方根值 a_w 换算。

有些"人体振动测量仪"采用加权振级 L_{eq}，它与加权加速度均方根值 a_w 的关系，按下式换算。

$$L_{eq} = 20\lg\frac{a_w}{a_o} \tag{7-4}$$

式中：L_{eq}——一定测量时间内的加权加速度均方根对数值，即等效均值，dB；a_o—参考加速度均方根值，$a_o = 10^{-6}$ m/s²。a_w 与 L_{eq} 和人的主观感觉之间的关系，见表 7-2。

表 7-2 a_w 与 L_{eq} 和人的主观感觉之间的关系

加权加速度均方根值 a_w（m/s²）	加权振级 L_{eq}（dB）	人的主观感觉
＜0.315	110	没有不舒适
0.315～0.63	110～116	有一些不舒适
0.5～1.0	114～120	相当不舒适
0.8～1.6	118～124	不舒适
1.25～2.5	112～128	很不舒适
＞2.0	126	极不舒适

试验表明，汽车在正常行驶工况下，其平顺性的评价均适合用基本评价方法来评价。

二、辅助评价方法

当峰值系数＞9 时，标准规定用加权加速度 4 次方和根值（即振动剂量值）来评价，它能更好地估计偶尔遇到过大的脉冲引起的高峰值系数振动对人体的影响。振动剂量值（Vibration Dose Valve，VDV）按下式计算，其单位为 m/s$^{1.75}$。

$$\text{VDV} = \left[\int_0^T a_w^4(t) \mathrm{d}t \right]^{\frac{1}{4}} \tag{7-5}$$

任务二 汽车振动系统的振动分析

【任务描述】

汽车是一个复杂的多质量振动系统。在汽车质心处建立的三轴空间坐标系上，汽车有垂直（z 向）、纵向（x 向）与横向（y 向）的线振动和绕 y 轴线颠簸（φ）、绕 x 轴线摇摆（θ）以及绕 z 轴线横摆（γ）的角振动，座位上的驾驶员也承受此 6 个自由度的振动。为了方便分析，需要根据所分析的问题对由多质量组成的汽车振动系统进行简化。

【相关知识】

一、汽车振动系统的简化

1. 汽车 7 自由度振动系统的立体模型

通常，将汽车整车质量 m 分为悬挂质量 m_2 与非悬挂质量 m_1 两部分。悬挂质量是弹簧之上的质量，非悬挂质量是弹簧之下的质量。其他如传动轴、弹簧、直拉杆、减振器等的质量，因一端和弹簧之上质量连接，另一端与弹簧之下质量连接，故将其质量的一半计入悬挂质量，另一半计入非悬挂质量。对于非独立悬架，整个车桥和车轮都属于非悬挂质量。对于独立悬架，只包括车轮质量和悬挂系统中的一部分零件的全部或部分质量，显然比用非独立悬架时的非悬挂质量小得多。车轮经过具有一定弹性和阻尼的轮胎支承在路面上。因此，汽车振动系统的立体模型如图 7-4 所示。在这个模型中，讨论平顺性时主要考虑车身质量垂直、俯仰、侧倾 3 个自由度，4 个车轮质量有 4 个垂直自由度，共 7 个自由度。

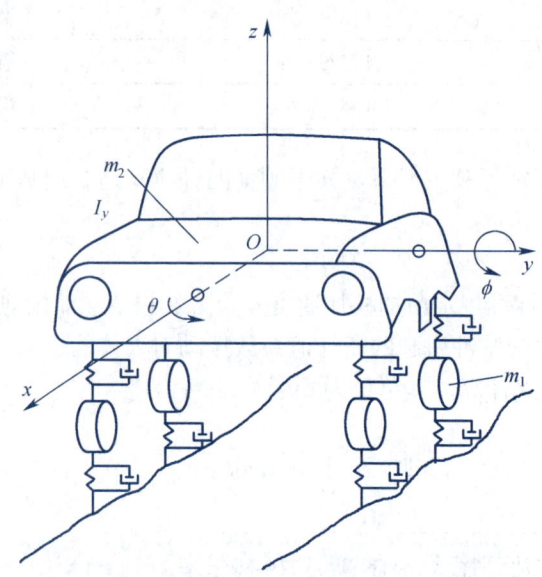

图 7-4 汽车 7 自由度振动系统的立体模型

2. 汽车 4 自由度振动系统的平面模型

假定汽车左右车轮遇到的是对称路面，而且汽车对称于纵向轴线，此时汽车没有横向角振动，只有垂直振动和绕轴的纵向角振动。把悬挂质量 m_2 分解为前轴上的质量 m_{2f}、后轴上的质量 m_{2r} 以及质心上的质量 m_{2c}，这三个质量由无质量的刚性杆连接。轮胎的阻尼较小可以忽略。在此情况下，汽车振动系统可简化为如图 7-5 所示的 4 自由度的平面模型。

前轴上的质量 m_{2f}、后轴上的质量 m_{2r} 以及质心上的质量 m_{2c} 的大小应同时满足 3 个条件：总质量不变、质心位置不变、对通过质心且垂直于汽车纵向平面的 y 轴的转动惯量 I_y 不变。分别表示为：

$$m_2 = m_{2f} + m_{2r} + m_{2c} \tag{7-6}$$

$$m_{2f}a - m_{2r}b = 0 \tag{7-7}$$

$$I_y = m_2\rho_y^2 = m_{2f}a^2 + m_{2r}b^2 \tag{7-8}$$

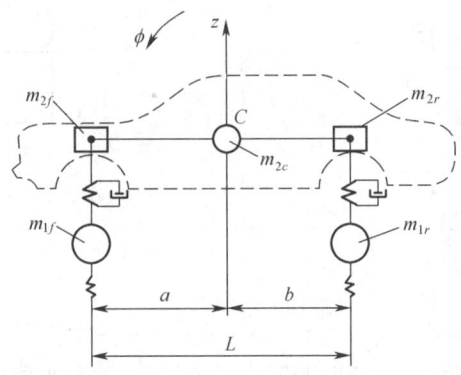

图 7-5 汽车 4 自由度振动系统的平面模型

解上面三式组成的方程组，得：

$$\begin{cases} m_{2f} = m_2 \dfrac{\rho_y^2}{aL} \\ m_{2r} = m_2 \dfrac{\rho_y^2}{bL} \\ m_{2c} = m_2 \left(1 - \dfrac{\rho_y^2}{ab}\right) \end{cases} \quad (7\text{-}9)$$

式中：ρ_y—绕横轴的回转半径，m；a、b—悬挂质量中心（质心）至前、后轴的距离，m；L—轴距，m；

3．汽车双质量（2 自由度）系统的振动模型

令 $\varepsilon = \dfrac{\rho_y^2}{ab}$，称为汽车悬挂质量分配系数。由式（7-9）可以看出，当 $\varepsilon = \dfrac{\rho_y^2}{ab} = 1$ 时，$m_{2c} = 0$。

据统计，大部分汽车 $\varepsilon = 0.8 \sim 1.2$，即接近 1。在 $\varepsilon = 1$ 的情况下，前、后轴上的集中质量 m_{2f}、m_{2r} 在垂直方向上的运动是相互独立、互不相关的。因为 $m_{2c} = 0$ 时，m_{2c} 产生的惯性力为 0。当前轮遇到路面不平而引起振动时，前悬挂质量 m_{2f} 的振动不会引起后悬挂质量 m_{2r} 的振动，反之亦然。在这种特殊情况下，可以分别讨论图 7-5 上 m_{2f} 和 m_{1f} 以及 m_{2r} 和 m_{1r} 所构成的 2 个双质量系统的振动。

双质量系统振动模型，如图 7-6 所示。

4．汽车单质量系统（车身）的振动模型

对于图 7-5 所示的双质量（2 自由度）系统的振动模型，在远离车轮固有频率（10～16Hz）的较低激振频率范围（如 5Hz 以下），轮胎动变形很小，忽略其弹性与车轮质量，得到分析车身垂直振动的最简单的单质量系统，如图 7-7 所示。

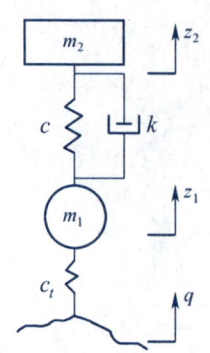 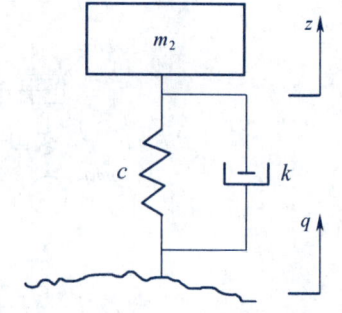

图 7-6　汽车双质量（2 自由度）系统的振动模型　　图 7-7　汽车单质量系统（车身）的振动模型

二、汽车车身单质量振动系统分析

汽车车身振动的单质量系统模型，如图 7-6 所示。车身垂直位移坐标 z 的原点取在静力平衡位置，即已考虑了车身重力引起悬挂的静挠度。令车身质量为 m_2，弹簧刚度为 c，减振器阻尼系数为 k。液力式减振器的阻尼力近似地与振动物体速度的一次方成正比。根据牛顿第二定律，可写出系统运动的微分方程：

$$m_2\ddot{z} = -k\dot{z} - cz \tag{7-10}$$

即

$$m_2\ddot{z} + k\dot{z} + cz = 0 \tag{7-11}$$

令 $2n = k/m_2$，$\omega_o^2 = c/m_2$，则上式可改写成如下的标准形式：

$$\ddot{z} + 2n\dot{z} + \omega_o^2 z = 0 \tag{7-12}$$

这是一个二阶常系数线性齐次微分方程，微分方程的通解为：

$$z = A_1 e^{s_1 t} + A_2 e^{s_2 t} \tag{7-13}$$

$$s_{1,2} = -n \pm \sqrt{n^2 - \omega_o^2} \tag{7-14}$$

阻尼对运动的影响取决于 n 和 ω_o 的比值 ψ，ψ 称为相对阻尼系数，可表示为：

$$\psi = \frac{n}{\omega_o} = \frac{k/(2m_2)}{\sqrt{c/m_2}} = \frac{k}{2\sqrt{cm_2}} \tag{7-15}$$

汽车悬挂系统的 ψ 值通常在 0.25 左右，是属于 $\psi < 1$，即 $n < \omega_o$ 的情形。此时：

$$s_{1,2} = -n \pm j\sqrt{\omega_o^2 - n^2} \tag{7-16}$$

$$z = A_1 e^{-nt+j\sqrt{\omega_o^2 - n^2}\cdot t} + A_2 e^{-nt-j\sqrt{\omega_o^2 - n^2}\cdot t} \tag{7-17}$$

经整理后，得

$$z = A e^{-nt} \sin(\sqrt{\omega_o^2 - n^2}\cdot t + \alpha) \tag{7-18}$$

其中 A 和 α 为两个积分常数，它们由运动的初始条件确定。设在 $t = 0$ 时，$z = z_o$，$\dot{z} = v_o$，

代入上式，可得：

$$A = \sqrt{z_o^2 + \frac{(v_o + nz_o)^2}{\omega_o^2 - n^2}} \quad (7\text{-}19)$$

$$\tan\alpha = \frac{z_o\sqrt{\omega_o^2 - n^2}}{v_o + nz_o} \quad (7\text{-}20)$$

式（7-19）说明，有阻尼时，质量 m_2 以圆周频率 $\omega = \sqrt{\omega_o^2 - n^2}$ 振动，其振幅按 e^{-nt} 衰减，如图 7-8 所示。

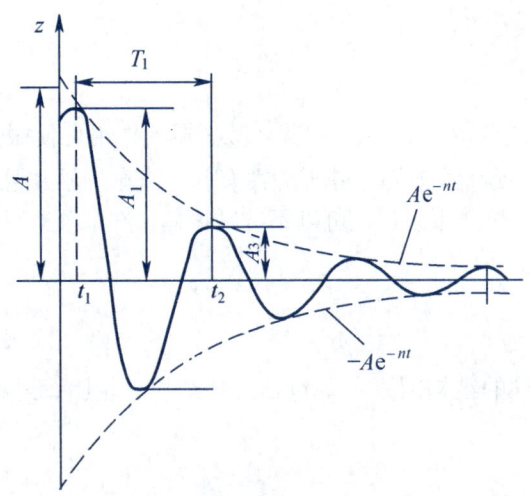

图 7-8　汽车衰减振动曲线

相对阻尼系数 ψ 对衰减振动有以下影响：

1. 使振动圆周频率 ω_d 略有下降

$$\omega_d = \sqrt{\omega_o^2 - n^2} = \omega_o\sqrt{1 - \psi^2} \quad (7\text{-}21)$$

取汽车悬挂系统相对阻尼系数 $\psi = 0.25$，可算得 ω_d 比 ω_o 只下降 3% 左右，即装了减振器后对振动频率无多大影响。故在工程上近似地取 $\omega_d = \omega_o$。

当不计减振器的影响，即阻尼系数 $k=0$，相对阻尼系数 $\psi=0$ 时，则 $\omega_d = \omega_o$。ω_o 为悬挂质量自由振动的固有圆频率，即：

$$\omega_o = \sqrt{\frac{c}{m_2}} \quad (7\text{-}22)$$

振动固有频率为：

$$f_o = \frac{\omega_o}{2\pi} = \frac{1}{2\pi}\sqrt{\frac{c}{m_2}} \quad (7\text{-}23)$$

2. 使振幅快速衰减

图 7-7 上一个整周期两个振幅 A_1、A_3 之比称为衰减率或减幅系数 d。

$$d = \frac{A_1}{A_3} = \frac{Ae^{-nt_1}}{Ae^{-n(t_1+T_1)}} = e^{nT_1} \tag{7-24}$$

此处的 T_1 为衰减振动的周期

$$T_1 = \frac{2\pi}{\omega_d} = \frac{2\pi}{\sqrt{\omega_o^2 - n^2}} = \frac{2\pi}{\omega_o}\frac{1}{\sqrt{1-\psi^2}} \tag{7-25}$$

将上式代入式（7-23），得

$$d = e^{\frac{2\pi\psi}{\sqrt{1-\psi^2}}} \tag{7-26}$$

按 ψ=0.25，代入上式算得 d=5.058。可见，减振器的作用可使振幅依次按等比级数大致为 5 的程度迅速衰减，这对提高汽车的行驶平顺性有利。汽车非独立悬挂多采用多片钢板弹簧，振动中由于叶片间的摩擦而产生阻尼，可以不装减振器。汽车独立悬挂，多利用螺旋弹簧，通常都必须装减振器。

【任务实施】

影响汽车行驶平顺性的结构因素主要包括悬挂结构、轮胎、悬挂质量、非悬挂质量和座椅等方面。

一、悬挂结构

悬挂结构主要指弹性元件、导向装置与减振装置。其中，弹性元件与悬挂系统中的阻尼对汽车平顺性的影响较大。

1. 弹性元件

悬挂上质量振动固有频率的公式（7-24）还可以写成下面的形式：

$$f_o = \frac{1}{2\pi}\sqrt{\frac{cg}{m_2 g}} = \frac{1}{2\pi}\sqrt{\frac{c}{G_2} \cdot g} \approx \frac{5}{\sqrt{f_s}} \tag{7-27}$$

式中：c—悬架刚度，N/cm；G_2—悬架重力，$G_2 = m_2 g$，N；g—重力加速度，981cm/s²；f_s—悬挂重力 G_2 作用下的悬挂的静挠度，$f_s = \frac{G_2}{c}$，cm。

悬挂静挠度，对于刚度不变的悬挂，是指在静载荷作用下的变形量；对于变刚度悬挂，则是指悬挂上的静载荷和与此相应的瞬时刚度之比。

悬挂系统振动固有频率 f_o 降低，可以减小由于不平路面的激励而引起乘员承受的加速度，是改善汽车平顺性的基本措施。这要求悬挂刚度 c 小，悬挂静挠度 f_s 增大，即采用软弹簧及低的轮胎气压，但弹簧过软在不平路面上行驶的动挠度 f_d 增大。为了防止汽车在不平路面上行驶时缓冲块经常冲击车架（这种现象常称为"悬架击穿"）而降低行驶平顺性，悬架还必须有足够的限位动行程$[f_d]$（由悬挂静平衡位置起至悬挂与缓冲块处相碰为止，悬挂允许的最大压缩行程）。但限位动行程$[f_d]$受汽车结构布置限制，不能太大，所以降低f_o是有限度的。

表7-3是目前大多数汽车悬挂系统的固有频率f_o、静挠度f_d、限位动行程$[f_d]$和阻尼比ψ的实用范围。

表7-3　悬挂系统f_o、f_d、$[f_d]$、ψ的实用范围

车型	f_o（Hz）	f_d（cm）	$[f_d]$（cm）	ψ
轿车	1.2～1.1	15～30	7～9	0.2～0.4
货车	2～1.5	6～11	6～9	
大客车	1.8～1.2	7～15	5～8	
越野汽车	2～1.3	6～13	7～13	

此外，弹簧过软，会使悬挂下质量高频振动的振幅加大。轿车在不平路面上某速度下行驶时，车身很平稳而车轮急速跳动即是这种现象。大幅度的车轮振动，会使车轮离开地面，车轮定位角也会发生显著变化；在紧急制动时，汽车"点头"现象严重；在转弯时，因悬架侧倾刚度的降低，车身容易产生较大的侧倾角。

汽车前后悬架系统刚度的匹配对汽车平顺性也有较大的影响。一般希望前、后悬架系统的固有频率接近相等，这可以通过选择前、后悬架刚度来实现。为了减小车身纵向角振动，通常将前悬架的固有频率选得略低于后悬架的固有频率。

对于刚度不变的悬架（线性悬架），其车身振动固有频率将随装载质量的变化而改变，尤其是后悬架载质量变化较大的货车和大客车。这种变化使汽车空载或部分载荷时前、后悬架振动固有频率过高，导致车身剧烈颠簸，平顺性变差。为此，可采用变刚度悬架（非线性悬架），即悬架的刚度可随载荷的改变而改变，以保证汽车在各种载荷情况下，车身振动的固有频率基本不变或变化不大，从而明显地改善汽车的行驶平顺性。例如，某货车在满载时，后悬架的载荷约为空车的4倍多，假定悬架刚度不变，若满载时的静挠度等于10cm时，则空车时的静挠度将不到2.5cm。不难算出，满载时的振动频率为1.6Hz，而空车时的频率则为3.2Hz。显然，空车时的振动频率过高，已接近人最容易感到疲劳的频率范围（4～8Hz），使平顺性变差。如果采用变刚度悬架，使空车时的刚度比满载时的低，就会降低空车的振动频率而改善汽车行驶的平顺性。现代货车在后悬架上采用钢板弹簧加副簧即为此种最简易的办法。在载荷变动量较大的货车和大客车上，采用可以自动调节车身高度的变刚度悬架，如空气悬架等是比较理想的。其载荷—变形曲线如图7-9所示。

图7-9画出了有代表性的三条曲线。曲线1、2和3分别表示静载荷值为空载、半载和满载时的情况。由于不同静载荷下，悬架可沿不同的特性曲线工作，虽然载荷发生了变化，但静变形、静挠度均保持不变，因而车身高度不变，且各种载荷下的固有频率不变。

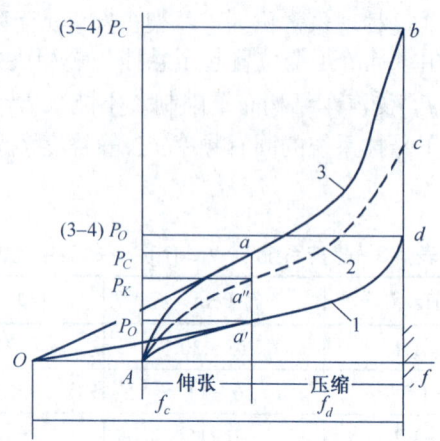

1—静载荷为空载；2—静载荷为半载；3—静载荷为满载
图7-9 变刚度悬架特性曲线

这些曲线在悬架行程中各点的斜率也是不同的，即悬架刚度还随行程而变化。一般是在静载时（行程中间位置）刚度小，而在离静载荷较远的两端，如在压缩行程 b、c、d 处和伸张行程的 A 点处的刚度就较大。这样，悬架从静载荷位置起，变形到缓冲块与车架接触为止的有限的限位动行程范围内，曲线之下的面积较大，吸收的功多，悬架的动容量较大，缓冲块发生碰撞的可能性减小。

2. 悬挂系统的阻尼

悬架系统应具有适当的阻尼。其作用是衰减车身自由振动，减小车身、车轮的共振，以减小车身垂直振动的加速度、减小车轮的振幅、减小车轮对地面压力的变化、防止车轮跳离地面，可以提高汽车的行驶平顺性，改善汽车的操纵稳定性，有利于行车安全。因此，使用中应防止减振器不起作用。在行驶一段路程后，用手摸减振器外壳，应感到外壳温度高于环境温度，否则减振器已经工作不正常，应及时维修。

悬架系统阻尼的来源有相对运动的摩擦副中的摩擦、轮胎变形时橡胶分子间的摩擦、减振器的阻尼。

对于各种悬架结构，以钢板弹簧悬架的干摩擦最大，钢板弹簧叶片数目越多，摩擦越大。所以，有的汽车采用钢板弹簧悬架时，可以不装减振器，但阻尼力的数值很不稳定，钢板生锈后阻力过大，不易控制。而采用其他内摩擦很小的弹性元件（如单片钢板弹簧、螺旋弹簧、扭杆弹簧等）的悬架，必须使用减振器，以吸收振动能量，使振动迅速得到衰减。

为了使减振器阻尼效果好，又不传递较大的冲击力，常把压缩行程的阻尼和伸张行程的阻尼取得不同。在悬架压缩行程内，减振器阻尼力应较小，以便充分利用弹性元件的弹性，减少减振器传递的路面冲击力，应选择较小的相对阻尼系数 ψ_c；在悬架伸张行程内，减振器阻尼力应较大，以求迅速衰减振动，应选择较大的相对阻尼系数 ψ_e。一般减振器的 ψ_c 与 ψ_e 之间的关系为：

$$\psi_c = (0.25 \sim 0.5)\psi_e \qquad (7\text{-}28)$$

单向作用减振器时，减振器压缩行程无阻尼，只在伸张行程有阻尼作用。

对于不同的悬架固有频率及不同的使用条件，满足平顺性要求的相对阻尼系数应有所不同。当固有频率较低，路面又较差时，动挠度会相当大，为减少悬架撞击限位块的概率，相对阻尼系数应取偏大值。

二、轮胎

轮胎对行驶平顺性的影响取决于轮胎的径向刚度、轮胎的展平能力以及轮胎内摩擦所引起的阻尼作用。

轮胎也是一个弹性元件，由于轮胎的作用，悬架刚度比弹簧刚度减小 10%～15%。在弹簧刚度不变的情况下，减少轮胎的径向刚度，悬架刚度下降，悬架的固有频率下降，从而提高行驶平顺性。

当汽车在不平路面上行驶时，由于轮胎变形的影响，轮胎位移曲线较道路断面轮廓要圆滑平整，其长度较道路坎坷不平处的实际长度大，而曲线的高度则较道路不平的实际高度小，这就是轮胎的展平能力。轮胎的径向刚度越小，这种展平作用越明显。展平作用大，可使车身的振动减小，并可使车轮的高频共振在更高的车速下才会发生。

减小轮胎的径向刚度，轮胎的径向变形较大，轮胎的接地面积增加，这对提高轮胎对路面的附着能力有利，此外还使轮胎内摩擦消耗的功多，使悬架对振动的衰减作用增强。

需要注意的是，不应通过随意地降低轮胎气压来减小轮胎的径向刚度。因为这样会使车轮的侧偏角加大，可能导致汽车操纵稳定性变差。同时，还使滚动阻力增加，轮胎寿命降低。

三、悬挂质量

一般来说，汽车的悬挂质量越大，汽车行驶的平顺性越好，这是由于车身振动和加速度降低的缘故。

减少公共汽车和载货汽车的悬挂质量。由于车身的低频振动加速度增加，会大大降低行驶平顺性。在此情况下，为了保持良好的行驶平顺性，应采用等挠度悬架，使悬架刚度随悬挂质量的减小而减小。

另外，悬挂质量的布置应尽量使悬挂质量分配系数 $\varepsilon = 1$，以减少前、后悬挂质量振动的联系。

四、非悬挂质量

减小非悬挂质量可降低车身的振动频率，增高车轮的振动频率。这样就使低频共振与高频共振区域的振动减小，而将高频共振移向更高的行驶速度，对行驶平顺性有利。

其次减小非悬挂质量，还将引起高频振动的相对阻尼系数增加，因而减振器所吸收的能量减少，工作条件可以获得改善。非悬挂质量可因悬架导向装置型式而改变，采用独立悬架，可使非悬挂质量减小。

常用非悬挂质量与悬挂质量之比评价非悬挂质量对行驶平顺性的影响。比值越小，行驶平顺性越好。对于现代轿车该比值为 10.5%～14.5%，可以保证良好的行驶平顺性。

五、座椅

悬挂、轮胎、座椅的弹性与阻尼的 3 自由度振动简化模型，如图 7-10 所示。

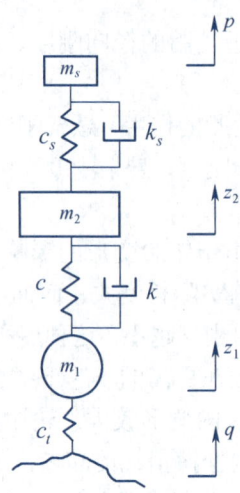

图 7-10　在"车身－车轮"双质量系统上附加的"人体－座椅"子系统的振动模型

座椅的布置对乘员的疲劳程度有很大的影响。实际感受和试验表明：座椅接近车身的中部，越接近于质心，乘员感到的振动越小。座椅位置常由它与汽车质心间的距离来确定，用座椅到汽车质心距离与汽车质心到前（后）轴的距离之比评价座位的舒适性。该比值越小，车身振动对乘客的影响越小。

对载货汽车和公共汽车，座椅在高度上的布置也是重要的。为了减小水平纵向振动的振幅，应尽量减小座椅与汽车质心在高度上的差别。

弹簧座椅刚度的选择要适当，使人-座椅系统的固有频率不在最敏感的频率范围（4～12.5Hz）内，又要尽量不与车身的振动频率重合，以减小共振，一般可控制约为 3Hz。

人-座椅系统的相对阻尼系数希望达到 0.2 才有较好的减振效果，用高阻尼材料制成的泡沫坐垫相对阻尼系数可达 0.3～0.4。

座椅阻尼有减少乘员振动固有频率的作用。如果再把人体本身的减振效果考虑进去，固有频率还会降低。为避免与车身的振动频率重合，人-座椅系统无阻尼时的固有频率可以再高一些。例如用泡沫制成的坐垫，该固有频率取 5～6Hz。

对于具有较硬悬架的汽车，可采用较软的坐垫。对于具有较软悬架的汽车，可采用较硬的坐垫。

总之，影响行驶平顺性的结构参数很多，且其关系错综复杂，必须对这些参数进行综合分析，以便正确选择参数，提高汽车行驶的平顺性。

任务三　汽车悬架性能检测

【任务描述】

汽车悬架主要由弹簧（钢板弹簧、螺旋弹簧、扭杆、油气弹簧、空气弹簧）、减振器、导向机构三部分组成。汽车悬架实现了车身与车轮之间的弹性支承，其功能是传力、缓和并迅速衰减车身与车轮之间的冲击和振动。汽车悬架装置是保持汽车平顺性的重要总成。

【相关知识】

一、汽车悬架性能检测方法

汽车悬架装置工作性能的检测方法有经验法、按压车体法和检测台检测法三种类型。

1. 经验法

经验法是通过人工外观检视的方法，主要从外部检查悬架装置的弹簧是否有裂纹、弹簧和导向装置的连接螺栓是否松动、减振器是否漏油、缺油和损坏等。

2. 按压车体法

按压车体法既可以人工按压车体，也可以用试验台动力按压车体。按压使车体上下运动，观察并对悬架装置减振器和各部件的工作情况等进行评价。

3. 检测台检测法

检测台检测法能快速检测、诊断悬架装置工作性能，并能进行定量评价。

二、汽车悬架性能检测台分类与检测原理

汽车悬架性能检测台，根据其结构型式，可分为跌落式悬架性能检测台、谐振式悬架性能检测台、平板式悬架性能检测台三类。

1. 跌落式悬架性能检测台

举升装置将汽车升起一定高度，然后突然松开支撑机构，车辆自由振动。
用测量装置测量车辆振幅，或者用压力传感器测量车轮对台面的冲击力，对压力波形进行分析，以评价悬架装置的性能。

2. 谐振式悬架性能检测台

谐振式悬架性能检测台，如图 7-11 所示。

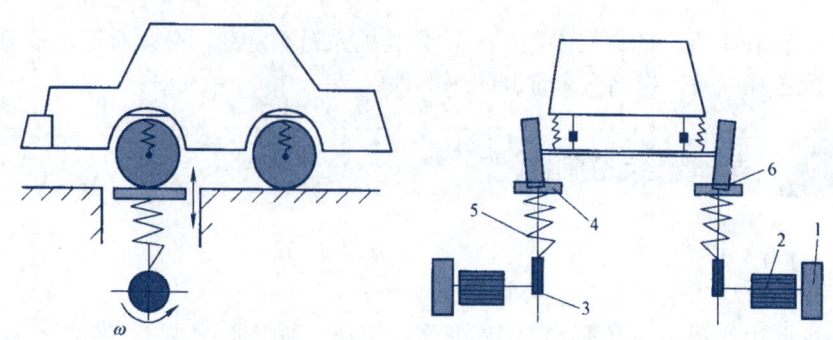

1—蓄能飞轮；2—电动机；3—凸轮；4—台面；5—激振弹簧；6—测量装置

图 7-11　谐振式悬架性能检测台

谐振式悬架性能检测台通过电机、偏心轮、储能飞轮、弹簧组成的激振源，迫使汽车悬架装置产生振动，在开始数秒后断开电源，从而储能飞轮产生扫频振动，当飞轮逐渐减速的扫频激振过程总可以扫到车轮固有的频率处，就会产生共振。测量此振动频率、振幅、输出振动波形曲线，评价汽车悬架装置性能。

3．平板式悬架性能检测台

平板式悬架性能检测台，如图 7-12 所示。汽车在平板式悬架性能检测台上紧急制动，车轮处动态负荷的变化引起车身振动、悬架衰减振动，据此评价汽车悬架装置性能。

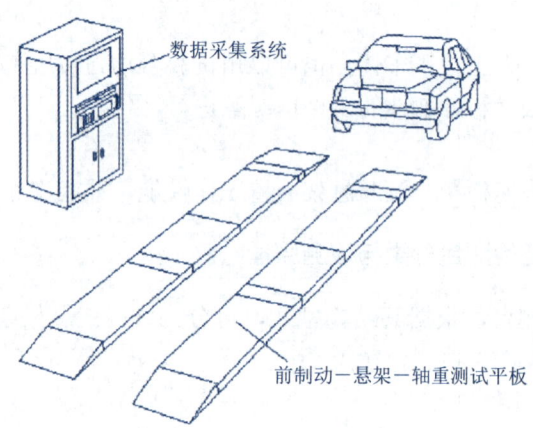

图 7-12　平板式悬架性能检测台

三、悬架性能检测参数

1．吸收率

吸收率是指在悬架性能检测台上，受检汽车的车轮在受外界激励振动下，被测汽车共振时最小动态车轮垂直载荷与静止车轮垂直载荷的百分比值。

2. 悬架效率

平板式悬架装置检测台，悬架性能用悬架效率评价。

平板式悬架装置检测台上测得的车轮负重变化曲线，如图 7-13 所示。

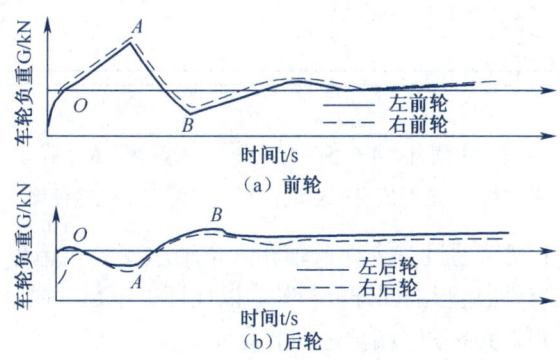

图 7-13　车轮负重变化曲线

$$\eta = 1 - \left| \frac{G_B - G_O}{G_A - G_O} \right|$$

式中：η — 悬架效率；G_O — 车轮的静态负荷；G_A — A 点的绝对坐标值（负荷值）；G_B — B 点的绝对坐标值（负荷值）。

四、悬架性能检测诊断标准

对最高设计车速≥100km/h 且轴载质量≤1500kg 的乘用车提出悬架性能要求。

（1）用悬架性能检测台检测时，受检车辆的车轮在受外界激励振动下测得的吸收率（车轮接地性指数）应不小于 40%，同轴左右轮吸收率之差不得大于 15%。

（2）用平板式悬架性能检测台检测时，受检车辆制动时测得的悬架效率应不小于 45%，同轴左右轮悬架效率之差不得大于 20%。

【任务实施】

一、谐振式悬架性能检测台结构

谐振式悬架性能检测台一般由机械部分和电控部分组成。

1. 机械部分

机械部分，由箱体和左右两套相同的振动系统构成，如图 7-14 所示。每套振动系统由上摆臂、中摆臂、下摆臂、支承台面、激振弹簧、驱动电机、蓄能飞轮和传感器等构成。传感器一端固定在箱体上，另一端固定在台面上。

汽车性能与检测技术

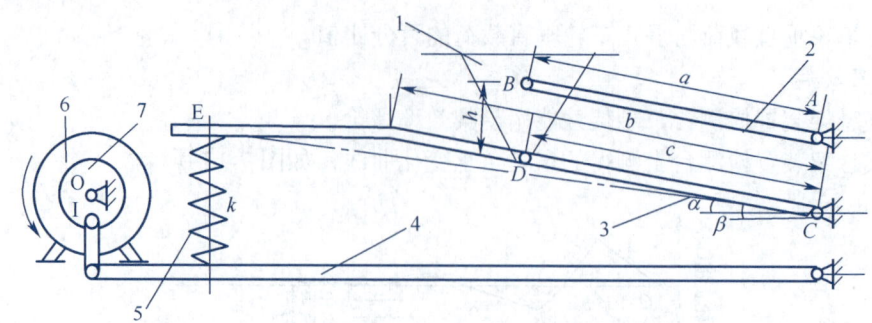

1—支承台面；2—上摆臂；3—中摆臂；4—下摆臂；5—激振弹簧；6—驱动电机；7—偏心惯性结构

图 7-14 谐振式悬架性能检测台单轮支承结构简图

上摆臂、中摆臂和下摆臂通过三个摆臂轴和六个轴承安装在箱体上。上摆臂和中摆臂与支承台面连接，并构成平行四边形的四连杆机构，以保证上下运动时能平行移动，以及台面受载时始终保持水平。中摆臂和下摆臂端部之间装有弹簧。

驱动电机的一端装有蓄能飞轮，另一端装有凸缘，凸缘上有偏心轴。连接杆一端通过轴承和偏心轴连接，另一端和下摆臂端部连接。

2. 电控部分

电控部分，主要由微机、传感器、A/D 转换器、电磁继电器及控制软件等组成。控制软件是悬架装置试验台电控部分与机械部分联系的桥梁。软件不仅实现对悬架性能检测台测试过程的控制，同时也对悬架性能检测台所采集的数据进行分析和处理，并最终将检测结果显示和打印出来。

二、悬架性能检测台使用方法

1. 谐振式悬架性能检测台使用方法

（1）汽车轮胎规格、气压应符合规定值，车辆空载，不乘人（含驾驶员）。

（2）将车辆每轴车轮驶上悬架装置检测台，使轮胎位于台面的中央位置。

（3）起动检测台，使激振器迫使汽车悬架装置产生振动，使振动频率增加，超过振动的共振频率。

（4）在共振点过后，将激振电源关断，振动频率减少，并将通过共振点。

（5）记录衰减振动曲线，纵坐标为动态轮荷，横坐标为时间。测量共振时动态轮荷、计算并显示动态轮荷与静态轮荷的百分比及其同轴左右轮百分比的差值。

2. 平板式悬架性能检测台使用方法

（1）检测台平板表面应干燥，没有松散物质及油污。

（2）驾驶员将汽车对正平板台以 5～10km/h 的速度驶上平板，置变速器于空挡，急踩制动，使车辆停住。

（3）连续测量并记录制动时的动态轮荷的变化；记录动态轮荷的衰减曲线。

(4) 计算并显示悬架效率和同轴左右轮悬架效率之差值。
(5) 打印检测报告及车轮振动衰减曲线图。

【知识拓展】

悬架、转向间隙检测台示意图，如图 7-15 所示。检测时，车上人把紧转向盘并踩住制动踏板，进行良好的定位。车下人用手控开关，通过平板下的液压油缸，上下、前后、左右地快速促动位移，给车轮各个方向的作用力，模拟汽车在颠簸路面上运动，以此发现各种铰接点松旷和异响故障部位。配合静态四轮定位仪，可以解决转向盘抖振、行驶跑偏、摇摆行驶、轮胎偏磨损、行驶噪声等故障。

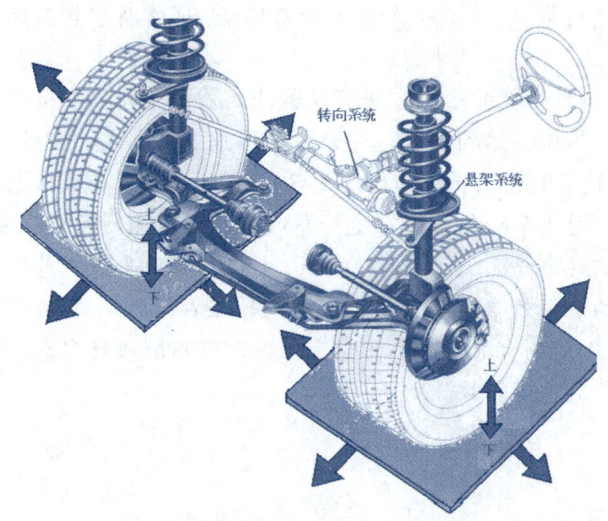

图 7-15　悬架、转向间隙检测台示意图

【项目总结】

1. 汽车平顺性是指汽车在一定的速度范围内行驶时，能够保证乘员不致因车身振动而引起不舒服和疲劳的感觉，对于载货汽车还有保持所运货物完整无损的性能。

2. ISO2631－1:1997(E)《人身承受全身振动评价 第一部分：一般要求》，此标准能与主观感觉更好地符合。许多国家都参照它进行汽车平顺性的评价，我国参照相应标准制定了 GB/T4970—1996《汽车平顺性随机输入行驶试验方法》，建立了自己的汽车平顺性评价标准。对于人体振动用加权加速度均方根值 a_w 评价，并分别用 a_{zw}、a_{yw}、a_{xw} 表示垂直方向、左右方向和前后方向振动的加权加速度均方根值，用三轴向加权加速度均方根的矢量和总加权加速度均方根值，用 a_{wo} 表示。对货车车厢振动用加速度均方根值 $a_{r.m.s}$ 和加速度功率谱密度函数 $G_a(f)$ 评价。在良好路面上行驶时，座垫上人体主要承受的振动是垂直振动。对于垂直振动，人体最敏感的频率是 4～12.5Hz，即在同样感觉界限、同样暴露时间的情况下，频率为 4～

12.5Hz 时允许的加速度均方根值最小。

3. 汽车振动系统根据研究问题的需要可分别简化为 7 自由度、4 自由度、2 自由度等振动模型。通常，汽车整车质量 m 分为悬挂质量 m_2 与非悬挂质量 m_1 两部分。减振器的主要作用是使车身自由振动很快地衰减，在受到不平路面激励时，能减少车轮及车身的共振，提高平顺性。

4. 影响汽车行驶平顺性的结构因素主要包括悬挂结构、轮胎、悬挂质量、非悬挂质量和座椅等方面。悬挂上质量振动固有频率的公式 $f_o = \dfrac{5}{\sqrt{f_s}}$。悬挂静挠度 f_s，对于刚度不变的悬挂，是指在静载荷作用下的变形量；对于变刚度悬挂，则是指悬挂上的静载荷和与此相应的瞬时刚度之比。汽车前后悬架系统刚度的匹配对汽车平顺性也有较大的影响。一般希望前、后悬架系统的固有频率接近相等。为了减小车身纵向角振动，通常将前悬架的固有频率选得略低于后悬架的固有频率。

5. 汽车悬架装置工作性能的检测方法有经验法、按压车体法和检测台检测法三种类型。汽车悬架性能检测台，根据其结构型式，可分为跌落式、谐振式、平板式三类。

6. 对最高设计车速 ≥100km/h 且轴载质量 ≤1500kg 的乘用车提出悬架性能要求：①用悬架性能检测台检测时，受检车辆的车轮在受外界激励振动下测得的吸收率（车轮接地性指数）应不小于 40%，同轴左右轮吸收率之差不得大于 15%。②用平板式悬架性能检测台检测时，受检车辆制动时测得的悬架效率应不小于 45%，同轴左右轮悬架效率之差不得大于 20%。

7. 悬架、转向间隙检测台配合静态四轮定位仪，可以解决转向盘抖振、行驶跑偏、摇摆行驶、轮胎偏磨损、行驶噪声等故障。

【项目训练】

1. 什么是汽车平顺性？
2. 人体对振动的评价指标是什么？
3. 人体对垂直振动、水平振动的敏感频率范围是多少？
4. 简述汽车振动系统的简化原则，通常可将汽车作怎样的简化？
5. 解释线性悬挂、非线性悬挂、悬挂静挠度、悬挂质量分配系数的含义。
6. 简述汽车减振器的作用。
7. 汽车悬挂系统振动频率如何计算？
8. 简述悬挂结构、悬挂系统的阻尼及轮胎对汽车行驶平顺性的影响。
9. 汽车悬架性能检测方法有哪些？
10. 简述谐振式悬架装置检测台检测原理。
11. 汽车悬架性能检测诊断参数与标准是什么？
12. 分组讨论汽车行驶平顺性对汽车其他使用性能的影响。

项目八
汽车通过性与检测

【项目导读】

　　汽车通过性（亦称越野性）是指在一定载质量下，汽车能以足够高的平均车速通过各种坏路和无路地带以及克服各种障碍的能力。坏路和无路地带，是指松软土壤、沙漠、雪地、沼泽等松软地面和坎坷不平地段；各种障碍，是指陡坡、侧坡、台阶、壕沟等。

　　汽车通过性可分为牵引支承通过性和几何通过性。牵引支承通过性反映汽车通过松软土壤、沙漠、雪地、冰面、沼泽等地面的能力；几何通过性反映汽车通过坎坷不平路段和障碍（如陡坡、侧坡、台阶、壕沟等）的能力。

　　汽车在松软地面上行驶时，一方面驱动轮对地面施加向后的水平作用力，使地面发生剪切变形，相应的剪切变形所构成的地面水平反作用力，称为土壤推力。它常比在一般硬路面上的附着力要小得多。另一方面，由于轮胎对土壤的压实、推移作用产生压实阻力、推土阻力，以及弹性轮胎变形产生迟滞损失阻力。它要比在硬路面上的滚动阻力大得多。汽车往往不能满足行驶附着条件的要求，这是松软地面影响汽车通过性的主要原因。汽车在陡坡、侧坡、台阶、壕沟等障碍路段行驶时，由于汽车越障能力不足而影响汽车的通过性。军用汽车、农用汽车以及在建筑工地、林区使用的汽车，经常行驶在坏路和无路地面以及有障碍的路段上。因此，要求这些汽车应具有良好的通过性。

　　通过本项目的学习，掌握汽车通过性的概念、汽车通过性的评价指标，能说出汽车通过性的结构参数、尺寸参数对汽车通过性的影响，能提出改善汽车通过性的措施，具有对汽车几何通过性参数检测的能力。

任务一　汽车通过性与改善措施

【任务描述】

汽车通过性的评价指标分为汽车牵引支承通过性评价指标和汽车几何通过性评价指标两类。分析汽车通过性的评价指标，进而提出改善汽车通过性的措施。

【相关知识】

一、汽车牵引支承通过性的评价指标

汽车牵引支承通过性的主要评价指标包括附着质量、附着质量系数与接地比压。

1. 附着质量和附着质量系数

附着质量是指汽车驱动轴载质量。

附着质量系数是指汽车附着质量与汽车总质量之比。

很显然，附着质量、附着质量系数越大，汽车在附着系数小的路上行驶，有利于汽车最大驱动力的发挥，减少车轮滑转的可能性，能提高汽车的通过性。为了提高汽车的通过性，应对汽车附着质量系数有明确的要求。如意大利对 4×2 牵引车组成的汽车列车的附着质量系数规定为 0.27，英国规定为 0.263。

2. 接地比压

接地比压是指车轮对地面的单位压力，即车轮上的负荷与轮胎接地面积之比。

汽车在松软地面上行驶的滚动阻力系数和附着系数都与接地比压有关。接地比压小，轮辙深度小，汽车的行驶阻力就小。同样，当汽车行驶在黏性土壤和松软雪地上时，降低接地比压，可使得车轮接地面积增加，提高地面承受的剪切力，附着系数可以提高，使车轮不易滑转，提高汽车的通过性。

二、汽车几何通过性的评价指标

汽车与不规则地面的间隙不足，可能会出现汽车被托住而无法通过的现象，称为间隙失效。间隙失效主要有"触头失效""托尾失效""顶起失效"等形式。触头失效是汽车前端触及地面的间隙失效。托尾失效是汽车车尾触及地面的间隙失效。顶起失效是汽车中间底部的零件碰到地面，而被顶住的间隙失效。

汽车几何通过性的评价指标是与防止间隙失效有关的汽车本身的几何参数，主要包括最小离地间隙、接近角、离去角、纵向通过角、汽车的最小转弯直径和内轮差、转弯通道圆及车轮半径。

1. 汽车最小离地间隙 h_{min}

汽车满载时，汽车中间区域内的最低点到汽车支承平面（地面）的距离，称为汽车最小离地间隙。中间区域是指平行于汽车纵向对称平面且与其等距离的两平面之间所包含的部分，两平面之间的距离为同一轴上两端车轮内缘最小距离的 80%，如图 8-1 所示。

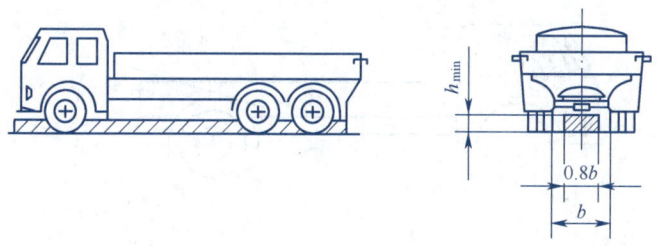

图 8-1　汽车最小离地间隙 h_{min}

汽车最小离地间隙表示汽车无碰撞地越过石块、树桩等低矮障碍物的能力。汽车的发动机油底壳、驱动桥壳或前悬架的下摆臂等部位通常有较小的离地间隙，一旦与地面相碰造成损坏，不仅无法继续行驶，而且损失巨大。越野汽车一般有较大的最小离地间隙。

2. 汽车接近角 α 与汽车离去角 β

汽车接近角是指切于静载前轮轮胎外缘且垂直于汽车纵向对称平面的平面与汽车支承平面之间所夹的最大锐角，前轴前方任何固定在汽车上的刚性部件均在此平面的上方，如图 8-2（a）所示。

汽车离近角是指切于静载汽车最后车轮轮胎外缘且垂直于汽车纵向对称平面的平面与汽车支承平面之间所夹的最大锐角，位于最后车轴后方的任何固定在汽车上的刚性部件均在此平面的上方，如图 8-2（b）所示。

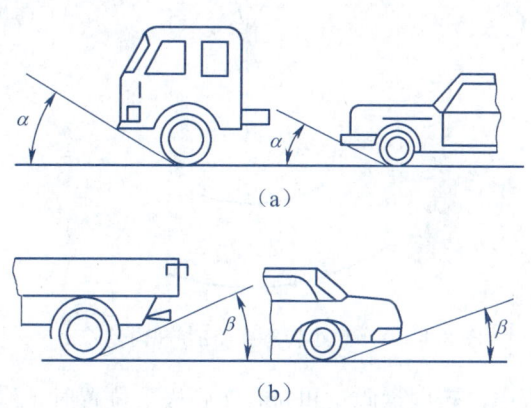

图 8-2　汽车接近角 α 与汽车离去角 β

汽车的接近角与离去角表示汽车接近或离开障碍物（如地面凸起物、沟洼地）或陡坡时不发生碰撞的可能性。汽车的接近角与离去角越大，汽车通过性就越好。

3. **汽车纵向通过角 θ**

当分别切于静载车轮前后轮胎外缘且垂直于汽车纵向对称平面的两平面交于车体下部较低位置时，车轮外缘两切面之间所夹的最小锐角，称为汽车纵向通过角，如图 8-3 所示。

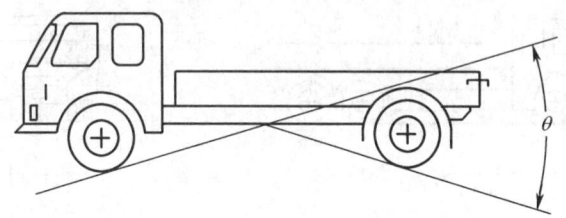

图 8-3　汽车纵向通过角 θ

汽车纵向通过角表示汽车无碰撞地越过小丘、拱桥等障碍物的能力。汽车纵向通过角越大，汽车通过性就越好。

4. **汽车最小转弯直径 d_H 和内轮差 d**

如图 8-4 所示。

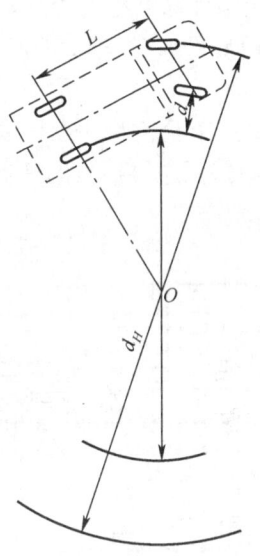

图 8-4　汽车最小转弯直径 d_H 和内轮差 d

汽车在转向行驶过程中，转向盘向左和向右转到极限位置时，汽车外转向轮印迹中心在汽车支承平面上的轨迹圆直径中的较大者，称为汽车的最小转弯直径，它表示汽车在最小面积内的回转能力和通过狭窄弯曲地带或绕过障碍物的能力。

前转向轴和末轴的内轮印迹中心在汽车支承平面上的轨迹圆半径之差，称为内轮差。

《机动车运行安全技术条件》（GB7258—2012）规定：机动车辆的最小转弯直径，以前外轮轨迹中心线为基线，测量其值不得大于 24m。当转弯直径为 24m 时，前转向轴和末轴的内轮差（以两内轮轨迹中心线计）不得大于 3.5m。

5. 汽车转弯通道圆

汽车的转向盘转至极限位置时，下述两圆之间的通道为汽车转弯通道圆：汽车所有点在汽车支承平面上的投影均位于圆外的最大内圆和包含汽车所有点在汽车支承平面上的投影均位于圆内的最小外圆，如图 8-5 所示。

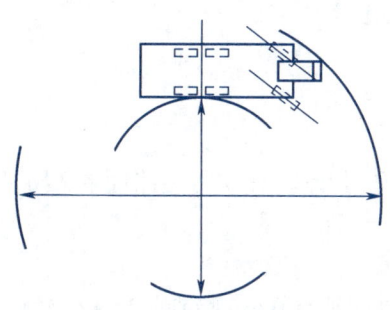

图 8-5 汽车转弯通道圆

汽车有左转弯通道圆和右转弯通道圆。汽车转弯通道圆的最大内圆直径越大，最小外圆直径越小，汽车所需的通道宽度越窄，通过性就越好。

6. 汽车车轮半径 r

汽车克服垂直障碍物（台阶、壕沟）的能力与车轮半径有关。对于后轮驱动的汽车，在驱动力和附着力足够的条件下，能克服垂直障碍物的最大高度为 $h = \frac{2}{3}r$，如图 8-6（a）所示；对于双轴驱动的汽车，$h \approx r$，如图 8-6（b）所示。

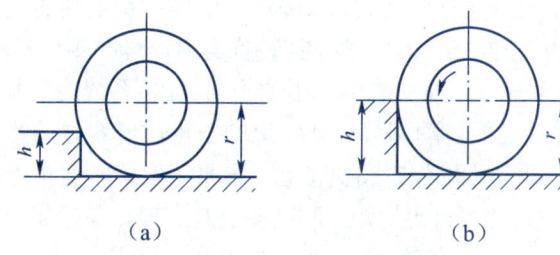

图 8-6 汽车克服垂直障碍物高度 h

如图 8-7 所示。若壕沟的边缘足够结实，一般结构的双轴汽车所能越过的壕沟宽度 $b=r$；对于双轴驱动的汽车，这个数值大约为 $1.2r$。

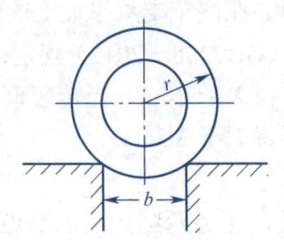

图 8-7　汽车越过壕沟宽度 b

【任务实施】

一、改进汽车结构

1. 采用驱动防滑系统

汽车在泥泞路段或冰雪路面上行驶时，常因路面的附着系数较小，出现驱动轮滑转的现象。

（1）驱动轮滑转的危害

汽车驱动轮滑转时，产生的驱动力很小，特别是当驱动轮原地空转时，产生的驱动力为 0，汽车不能前进（汽车驱动轮陷入泥坑时）。汽车驱动轮（一侧或两侧）滑转后，汽车总的驱动力不足以克服行驶阻力，使汽车通过坏路的行驶能力受到限制，影响汽车动力性的发挥。汽车驱动轮滑转时，抵抗侧向力的能力下降，当遇有侧向风或横向斜坡时，极易使汽车发生侧滑，影响汽车的横向稳定性。驱动轮滑转增加了轮胎的磨损，降低了轮胎的使用寿命。

（2）驱动防滑系统的工作原理

随着汽车电子技术的发展，汽车驱动防滑系统（Acceleration Slip Regulation，ASR）在现代汽车上得到应用。汽车驱动防滑系统 ASR 是电子防抱系统 ABS 的延伸。ABS 可保证汽车制动过程中的稳定性和转向性，ASR 则可保证汽车驱动过程中的稳定性和转向性。因此，ASR 是保证驱动—附着条件，充分发挥驱动力，保障汽车的驱动稳定性的装置。在现代汽车的 ABS 系统中，电子控制装置设有与 ASR 的电子控制装置交换信号的接口电路，为 ASR 系统的应用提供了便利条件。ASR 系统也可独立装车使用，不受 ABS 系统的限制。

ASR 系统的主要功能是能自动调节驱动轮上的力矩，使驾驶员的工作强度得到减小，稳定性及操纵性得到保障，驱动力的发挥得到改善。该系统保持驱动轮处于最佳滑转范围内的控制方式有以下几种：调节发动机输出转矩、制动驱动轮、锁止差速器。上述控制方式的最终效果均使驱动轮上的驱动力矩得到有效调节。

1）发动机转矩的控制。

如果驱动过程中左右驱动轮同时滑转，ASR 系统的控制系统可从前、后车轮速度传感器传来的转速差极大的信息中，判断出左右车轮均在空转。于是，减小发动机供油量，相应降低其输出转矩，使得驱动轮的转速降低，直到驱动轮停止滑转。

2）驱动轮制动控制。

汽车行驶中若出现一侧车轮滑转超过规定值时，控制系统向差速制动阀和制动压力调节器发出控制指令，对滑转的车轮施加制动，使得滑转的车轮减速，当其减速至规定值后，停止对其控制。若又开始滑转，则重复上述循环过程。在整个过程中，一方面对滑转的车轮施加制动，另一方面又对另一侧无滑转车轮却施加正常的驱动力，其效果相当于差速锁的作用，汽车在滑路上的方向稳定性和起步能力得到改善。

3）发动机输出转矩与驱动轮制动综合控制。

当汽车在滑路段转弯行驶时，如果驱动力过大，会引起驱动轮空转，使汽车在离心力的作用下甩尾侧滑。遇到这类情况，控制系统会自动控制驱动轮制动和调节发动机输出转矩，使二者同时或单独工作，确保汽车稳定行驶。

此外，在驱动轮滑转时，ASR 系统自动向驾驶员发出警报（报警灯），以提示驾驶员不要猛踩加速踏板，注意转向盘操作。

2. 合理设计汽车结构

当汽车在松软路面上行驶时，若汽车前、后轮轮距相等并有相同的轮胎宽度时，后轮沿已被前轮压实的轮辙行驶，使行驶阻力减少；增多轴数可以减少对地面的单位压力，减少轮辙深度，也可减少行驶阻力。因而，越野车应广泛采用等轮距、单胎布置、增多驱动轴数的措施，提高汽车的通过性。

为了减少汽车在松软路面上的行驶阻力，提高通过性，应使前轮的单位压力比后轮小约 20%～30%，这要靠汽车设计或改装中对轴荷的合理分配来保证。

行驶车速降低、土壤的抗剪切能力较强，可以提高附着系数。因此，用低速行驶去克服困难地段，可改善汽车的通过性。越野汽车要求的最低稳定车速，见表 8-1。

表 8-1 越野汽车的最低稳定车速

汽车总重（kN）	<19.6	<63.7	<78.4	>78.4
最低稳定车速（km/h）	≤5	≤2～3	≤1.5～2.5	≤0.5～1

装有液力变矩器或液力偶合器的汽车可以提高在松软路面上的通过能力。这种汽车在起步时驱动轮的转矩增加缓慢，因而可以避免汽车起步时驱动轮转矩急剧增长而产生的对路面的冲击，避免因土壤破坏，轮辙深度增加，而导致车轮滑转。液力传动的汽车可以长时间稳定地以低速（0.5～1.5km/h）行驶，从而避免了机械式有级变速器的汽车在坏路上行驶所产生的问题，即换挡动力中断，惯性力不足以克服较大的行驶阻力，导致停车；重新起步时，又可能因破坏土壤而造成起步困难的问题。

汽车采用普通锥齿轮式差速器时，转矩在左、右轮上是平均分配的。当一侧车轮滑转时，另一侧车轮只能产生与滑转车轮相等的驱动力，使总驱动力不能克服行驶阻力，汽车不能前进。

为此，越野车上采用高摩擦差速器，可以使转得慢的车轮得到较大的驱动力，从而使总的驱动力增加，有利于提高通过性。当装有差速锁时，两边车轮的驱动力可以按各自的附着力来分配，这可使总驱动力增加，改善通过性的作用比高摩擦差速器更明显。

为了提高汽车的涉水能力，应注意发动机的配电器、火花塞、蓄电池、曲轴箱通风口、油尺等处的水密封问题。空气滤清器应保证不会进水。

二、合理选择和使用轮胎

1. 适当调整轮胎气压

在松软路面上行驶，降低轮胎气压，可以使轮胎对地面接触面积增加，降低汽车对路面的单位压力，使汽车滚动阻力系数减少，附着系数增加。例如，轮胎气压从 294kPa 降至 49kPa 时，附着系数可由 0.17 增加到 0.48。而在坚硬的路面上，适当提高轮胎气压，可以减少轮胎变形，使滚动阻力系数减小。越野汽车常装有中央充气系统，驾驶员在驾驶室内可随时根据路面情况调整轮胎气压，以提高汽车的通过性。

2. 使用通过性好的轮胎

为了提高汽车在坏路和无路条件下的通过性，可使用通过性高的轮胎。轮胎花纹如图 8-8 所示。

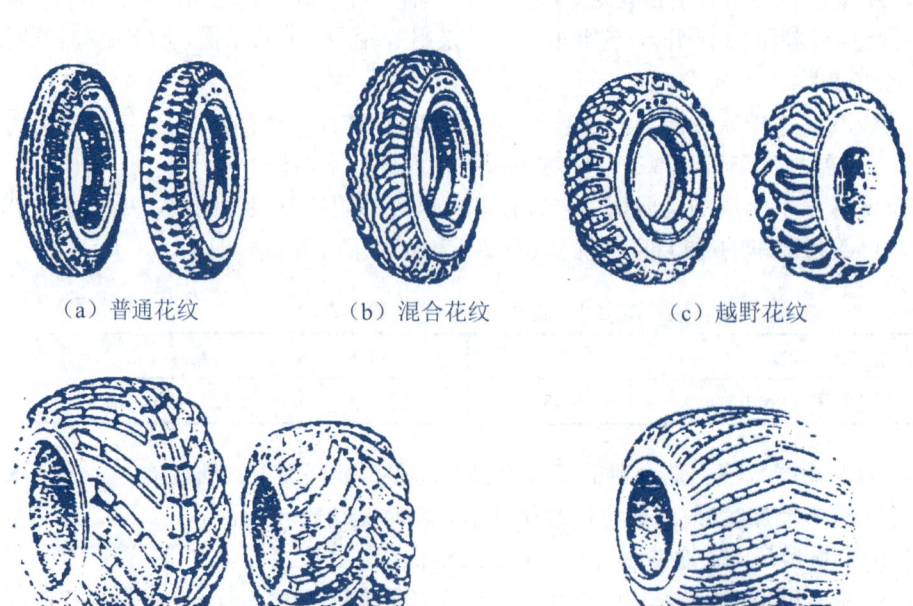

(a) 普通花纹　　(b) 混合花纹　　(c) 越野花纹

(d) 拱形胎花纹　　(e) 低压特种轮胎

图 8-8　汽车轮胎花纹

越野轮胎花纹沟槽深，凸出面积小，汽车在松软路面行驶，轮胎花纹可嵌入土壤中，起抓地作用，使附着系数增大。汽车在潮湿硬路面上行驶，只有花纹的凸起部分与路面接触，提高了单位压力，有利于挤出轮胎与路面间的水层，增大附着系数。越野花纹轮胎的汽车适于在泥泞道路、冰雪道路和松软的土路上行驶。

拱形轮胎和低压特种轮胎的断面比普通轮胎的断面宽，在专用越野汽车上得到较广泛的使用。如拱形轮胎，在相同轮辋直径的情况下，其断面宽度要比普通轮胎大 2~2.5 倍，轮胎气压很低（29.4~83.3kPa）。拱形轮胎的汽车在沙漠、雪地、沼泽、田间行驶有较好的通过性。但它不能在硬路面上行驶，否则轮胎将过早损坏并增加行驶阻力。

三、提高驾驶技术

驾驶技术对汽车通过性的发挥有很大的影响。

汽车在通过泥泞地、砂地、雪地等松软路面时，应该用低速挡，以保证汽车有较大的驱动力和较低的行驶车速。在行驶中应避免换挡、加速，尽量保持直线行驶，否则将难于通过。

后轮安装双胎的汽车，常会在两胎之间夹杂泥石，或使车轮表面黏附一层很厚的泥，因此使附着系数下降，车轮滑转趋势增加。遇到这种情况，驾驶员可适当提高车速，将车轮上的泥甩掉。

当汽车传动系装有差速锁时，汽车进入可能滑转区前，驾驶员就应将差速锁锁住。因为车轮一旦滑移后，土壤表面就会被破坏，附着系数下降，再锁住差速锁不会起显著作用。汽车在驶离坏路后，驾驶员应将差速锁脱开，以免转向困难。

在由于冰冻等原因形成的滑路面上，为防止车轮滑转，应增加车轮与路面的附着力或减少车轮对路面的压力。有效的防滑措施是在汽车驱动轮上装防滑链，以提高通过性。

任务二　汽车几何通过性的检测

【任务描述】

汽车在行驶过程中出现触头失效、拖尾失效、顶起失效等间隙失效，是由汽车几何通过性的参数所决定的。汽车本身的几何参数，主要包括最小离地间隙、接近角、离去角、纵向通过角、汽车的最小转弯直径和内轮差、转弯通道圆及车轮半径。

【相关知识】

关于汽车几何通过性的参数，在本项目任务一中已有详细介绍，在此不再赘述。

【任务实施】

一、检测条件

（1）检测场地应具有水平坚硬覆盖层的支承表面，其大小应允许汽车进行全圆周行驶。

（2）汽车转向轮应以直线前进状态置于检测场地上。
（3）汽车轮胎气压应符合设计要求。
（4）汽车前轮最大转角应符合该车的技术条件规定。

二、检测仪器、设备

（1）高度尺：量程 0～1000mm，最小刻度 0.5mm。
（2）离地间隙仪：量程 0～500mm，最小刻度 0.5mm。
（3）钢卷尺：量程 0～20m，最小刻度 1mm。
（4）角度尺：量程 0～18°，最小刻度 1°。
（5）水平仪。
（6）行驶轨迹显示装置。

三、检测方法

1. 最小离地间隙的检测

最小离地间隙的检测，用离地间隙仪检测汽车支承平面与汽车中间部分最低点的距离，且指明最低点部件，检测时的载荷状况为满载，如图 8-1 所示。

2. 接近角、离去角、纵向通过角的检测

接近角、离去角、纵向通过角的检测，检测部位分别如图 8-2、图 8-3 所示。检测时分别检测汽车空载与满载两种情况。

3. 汽车最小转弯直径、内轮差、转弯通道圆的检测

汽车转弯直径、内轮差、转弯通道圆的检测，分别如图 8-4、图 8-5 所示。检测步骤如下：

（1）在前轮和后轮胎面中心的上方，在车体离转向中心最远点和最近点垂直地面方向，分别装置行驶轨迹显示装置。

（2）汽车以低速行驶，转向盘转至极限位置，保持不动，待车速稳定后起动显示装置，使各检测点分别在地面上显示出封闭的运动轨迹之后，将汽车开出轨迹外。

（3）用钢卷尺测量各检测点在地面上形成的轨迹圆直径，应在相互垂直的两个方向测量，取算术平均值作为检测结果。

（4）汽车向左转和向右转各检测一次。

【项目总结】

1. 汽车的通过性（亦称越野性），是指在一定载质量下，汽车能以足够高的平均车速通过各种坏路和无路地带以及克服各种障碍的能力。

2. 汽车通过性可分为牵引支承通过性和几何通过性。汽车通过性的评价指标分为汽车牵引支承通过性评价指标和汽车几何通过性评价指标两类。

3. 汽车牵引支承通过性的主要评价指标包括附着质量、附着质量系数及接地比压。

4. 间隙失效主要有"触头失效""托尾失效""顶起失效"等形式。触头失效是汽车前端触及地面的间隙失效。托尾失效是汽车车尾触及地面的间隙失效。顶起失效是汽车中间底部的零件碰到地面，而被顶住的间隙失效。

5. 汽车几何通过性的评价指标是与防止间隙失效有关的汽车本身的几何参数，主要包括最小离地间隙、接近角、离去角、纵向通过角、汽车的最小转弯直径和内轮差、转弯通道圆及车轮半径。

6. 合理设计汽车结构（采用合理的轴荷分配及等轮距、降低汽车的最低稳定车速、装差速锁和防滑链等）、合理选择和使用轮胎（合适的轮胎气压、高通过性轮胎）、提高汽车驾驶技术等措施均可提高汽车的通过性。

【项目训练】

1. 什么是汽车通过性？
2. 什么是汽车间隙失效？
3. 汽车几何通过性的评价指标有哪些？
4. 汽车牵引支承通过性的评价指标有哪些？
5. 针对汽车不同驱动方式对通过性的影响撰写论文并 PPT 展示。
6. 分小组讨论改善汽车通过性的方案。
7. 简述汽车几何通过性参数的检测方法。

项目九
汽车车速表与前照灯检测

【项目导读】

　　汽车整车性能不解体的检测，通常是在检测站进行的，为此本项目将介绍汽车检测站基础知识。同时，前面八个项目安排主要针对汽车性能与其直接相关的检测项目。汽车车速表、前照灯的技术状况，直接影响汽车的行车安全性，故本项目重点讲授汽车车速表、前照灯的检测。一般知识，以及汽车车速表与前照灯检测的技能。通过本项目学习，掌握汽车检测站任务、类型、组成、工位布置，熟悉检测工艺流程、检测线检测项目以及主要设备，了解汽车检测站计算机控制系统，熟悉汽车车速表、前照灯的一般知识，掌握汽车车速表与前照灯检测的技能。

任务一　汽车检测站基础

【任务描述】

汽车检测站是指综合运用现代检测技术，对车辆技术状况进行监督检测和技术服务的机构。它采用现代化的检测设备，按照规定的程序与方法，不解体检测汽车的各种参数，诊断汽车可能出现的故障，为全面、准确评价汽车的使用性能和技术状况提供可靠依据。

【相关知识】

一、汽车检测站的任务

（1）对在用运输车辆的技术状况进行检测诊断。
（2）对车辆维修质量进行检测。
（3）接受委托，对车辆改装、改造、报废及其有关的新工艺、新技术、新产品、科研成果等项目进行检测，提供检测结果。
（4）接受公安、环保、商检、计量、保险和司法机关等部门委托，为其进行有关项目的检测，提供检测结果。

目前，国家公安部要求公路上行驶的汽车必须定期到检测站进行安全环保性能检测；交通运输部要求运营中的汽车必须定期到检测站进行综合性能检测。

二、汽车检测站的类型

按不同的分类方法，汽车检测站可分为不同的类型。

1. 按服务功能分类

按服务功能分类，汽车检测站可分为安全检测站、维修检测站、综合检测站三种。

（1）安全检测站

安全检测站是国家的执法机构。它根据国家的有关法规，定期检测车辆中与安全和环境有关的项目，以保证汽车安全行驶，并将污染降低到允许的限度。它一般是针对汽车行驶安全和对环境的污染程度进行总体检测，并与国家有关标准比较，给出"合格"或"不合格"的结果，而不进行具体的故障诊断和分析。检测合格的车辆可凭检测报告单办理年审签证，在有效期内准予车辆行驶。安全检测站一般由一条或数条安全环保检测线组成。

（2）维修检测站

维修检测站通常由汽车运输企业或维修企业建立，其作用是为车辆维修部门服务。它以汽车性能检测与故障诊断为主要内容。汽车维修前，通过对汽车技术状态的检测与故障诊断，确定汽车维护的附加作业、小修项目以及车辆是否需要大修；汽车维修后，通过对汽车的技术性能检测，可以监控汽车的维修质量。维修检测站一般由一条或数条综合检测线组成。

（3）综合检测站

综合检测站设备较多而且配套，功能齐全，自动化程度高，数据处理迅速准确，检测项目多而且全面，因此它既可以进行车辆管理方面的安全环保检测，又可以进行车辆维修方面的技术状况检测，还可以承接科研或教学方面的性能试验和参数测试，为科研、教学、设计、制造和维修等部门提供可靠的依据。这种检测站的检测结果既可作为交通运输管理部门发放或吊扣车辆营运证的依据，也可作为维修单位车辆维修质量的凭证。综合检测站安全环保检测线和综合检测线组成，可以各为一条，也可以各为数条。

2. 按规模大小分类

按规模大小分类，汽车检测站可分为大、中、小三种类型。

大型检测站检测线多，自动化程度高，年检能力大，且能检测多种车型。

中型检测站至少有两条检测线。

小型检测站主要指那些服务对象单一的检测站，如规模不大的安全检测站和维修检测站。

3. 按自动化程度分类

按检测线的自动化程度分类，汽车检测站可分为手动式、全自动式和半自动式三种类型。

手动检测站，由人工手动控制检测过程，从各单机配备的指示装置上读数，笔录或由单机设备打印机打印检测结果。因而工作人员多，检测效率低，多适用于维修检测站。

全自动检测站，车辆除外观检查工位外，其他所有工位能利用微机控制系统自动控制检测过程，使设备的启动与运转、数据采集、分析判断、存储、显示和集中打印报表等全过程实现自动化。由于全自动检测站自动化程度高，检测效率高，因而获得广泛应用。目前国内外的安全环保检测站多采用这种型式。

半自动检测站，一般是在原手动检测站的基础上将部分检测设备与微机联网以实现自动控制，而另一部分检测设备仍然手动操作。当微机联网的检测设备因故不能进行自动控制时，各检测设备仍可手动使用。半自动检测站自动化程度或范围介于手动和全自动之间。

4. 按工作职能分类

按检测站的工作职能分类，汽车检测站可分 A 级检测站、B 级检测站和 C 级检测站三种类型。

A 级检测站，能全面承担检测站的任务。它能检测车辆的制动、侧滑、灯光、转向、前轮定位、车速、车轮动平衡、底盘输出功率、燃料消耗、发动机功率、点火系统状况以及异响、磨损、变形、裂纹、噪声、废气排放等状况。

B 级检测站，能承担在用车辆技术状况与车辆维修质量检测的任务。它能检测车辆的制动、侧滑、灯光、转向、车轮动平衡、燃料消耗、发动机功率、点火系统状况以及异响、变形、噪声、废气排放等状况。

C 级检测站，能承担在用车辆技术状况检测的任务。它能检测车辆的制动、侧滑、灯光、转向、车轮动平衡、燃料消耗、发动机功率以及异响、噪声、废气排放等状况。C 级站已逐渐被淘汰。

三、汽车检测站的组成

汽车检测站主要由检测车间、业务大厅、停车场、试车道、辅助设施等组成。

1. 检测车间

检测车间是检测站的核心，检测线设置于其内。检测车间根据检测站的检测纲领、承担的检测项目及执行的技术标准，一般设有一条、两条或多条自动检测线。

有的检测站设置有多个检测车间，如安全环保检测车间、综合性能检测车间、外观检测车间、测功车间、调试车间等，可对汽车进行分门别类的检测。

2. 业务大厅

业务大厅是检测站的办公场地，车辆的报检、打印报表、办证等都在业务大厅内完成。业务大厅是体现其企业文化、服务质量的窗口。因此，业务大厅应宽敞、明亮。大厅内的业务办理台和色调应给客户一种亲近感，以充分体现客户至上的服务理念；大厅墙上一般设置有检测站的检测工作程序、员工工作守则、服务质量承诺、检测收费标准以及其他信息资料，以充分显示企业的服务特色。有的业务大厅设置车辆检测动态显示装置，增加检测工作的透明度，以充分展示检测的公正性。大厅内通常还设置车主休息区，以供车主休息等待。

3. 停车场

停车场是被检车辆停车的场地。停车场一般分为待检停车区、已检停车区，它们分开设置，并有明显的标识加以区分。在待检停车区、已检停车区通常有专职人员对车辆进行指挥和调度，以充分保证场内车辆安全、有序、不会发生拥堵和瓶颈现象，从而确保检测线高效运行。

4. 试车道

试车道用于汽车的道路试验，它主要用于受检汽车的委托性检测或争议仲裁性检测。从安全角度考虑，试车道一般设置在检测车间的后面，试车方向最好与检测线车辆行进方向一致，以免出现交叉和会车现象。同时，在试车道进出口区域应有明显的警示标志，防止非工作人员和非试车车辆自行进入，以免引起安全事故。另外，根据检测要求还应设置驻车坡道，用于驻车制动试验，通常驻车坡道设置在试车道尽头。

5. 辅助设施

检测站的辅助设施是为车辆检测提供服务和保障的各种设施的总称。一般包括检测所需的能源供给设施、办公设施、职工休息生活设施以及车辆调修设施等。

四、汽车检测线的组成与工位布置

不管是安全环保检测线，还是综合检测线，都由多个检测工位组成，布置型式多为直线通道式，检测工位则是按照一定顺序分布在直线通道上，有利于流水作业。

1. 安全环保检测线及其工位布置

汽车安全环保检测线检测的内容基本一致，包括侧滑、轴重、制动、前照灯、喇叭、车速表、尾气等，通常设置 3~5 个工位。

外部检视工位设置在室外，属于人工检验，主要进行车辆唯一性确认、整车装备完整有效性检查等。把外检放在第一工位，是为其他检测项目打好基础，如遇有外检关键项不合格的，将不得进入下一工位的检测。

排放、车速表工位检测项目是排放检测、车速表检测、车底外观检查、汽车底盘间隙检测、汽车使用可靠性检查等。本工位配置的主要设备有不分光红外线分析仪、不透光烟度计、车速表校验试验台、汽车底盘间隙检测台等，另外还配有地沟，用于车底外观及可靠性检查。

轴重、制动工位检测项目是轴重检测、制动力检测、制动力平衡检测、车轮阻滞力检测、驻车制动力检测、制动协调时间检测等。本工位配置的主要设备有轴重仪、制动试验台，或带有轴重检测功能的制动试验台。

前照灯、噪声、侧滑工位检测项目是前照灯发光强度与光束照射位置检测、喇叭声级检测、车轮侧滑量检测等。本工位配置的主要设备有汽车前照灯检测仪、声级计和侧滑试验台。

也有的安全环保检测线将车轮侧滑量检测、制动检测和车速表检测安排在同一工位，简称 ABS 工位。

这种检测线工位布置的主要特点是：各工位检测项目搭配恰当，工艺节拍性好，工位停留时间短，检测效率高；各工位布局合理，将污染严重的排放项目、噪声较大的排放检测与车速表检测都放在检测线入口处，有利于向外传播，以减小对检测车间内的尾气排放和噪声污染。

2. 综合检测线及其工位布置

综合检测线有全能综合检测线、一般综合检测线两种类型。

全能综合检测线设有包括安全环保检测线在内的比较齐全的工位，通常的工位设置及布局是：外部检视工位、车轮定位工位、制动工位、底盘测功工位。其中，外部检视工位设置在室外，主要进行车辆唯一性确认、整车装备完整有效性检查；车轮定位工位的主要检测项目有车轮动平衡检测、车轮定位检测、车轮侧滑量检测、底盘间隙检测、传动系游动间隙检测、转向系检测、悬架检测；制动工位的主要检测项目有轴重检测、制动力检测、制动力平衡检测、车轮阻滞力检测、驻车制动力检测、制动协调时间检测；底盘测功工位的主要检测项目有驱动轮输出功率检测、车速表检测、油耗检测、排放检测、电气检测、发动机各大系统综合检测、前照灯检测、噪声检测等。

一般综合检测线工位设置不包括安全环保检测线的主要检测项目，主要由底盘测功工位、发动机综合检测工位、车轮定位及转向检测工位组成。

综合检测线上各工位的车辆，由于检测项目不一，检测深度不同，很难在相同的时间内检测完毕，容易造成检测堵车现象。为此，可在各工位横向布置成尽头式、穿过式或其他型式，以适应检测的需要，提高检测效率。

【任务实施】

一、汽车检测站的检测工艺流程

对于一个独立而完整的检测站，汽车进站后的检测工艺流程，如图 9-1 所示。

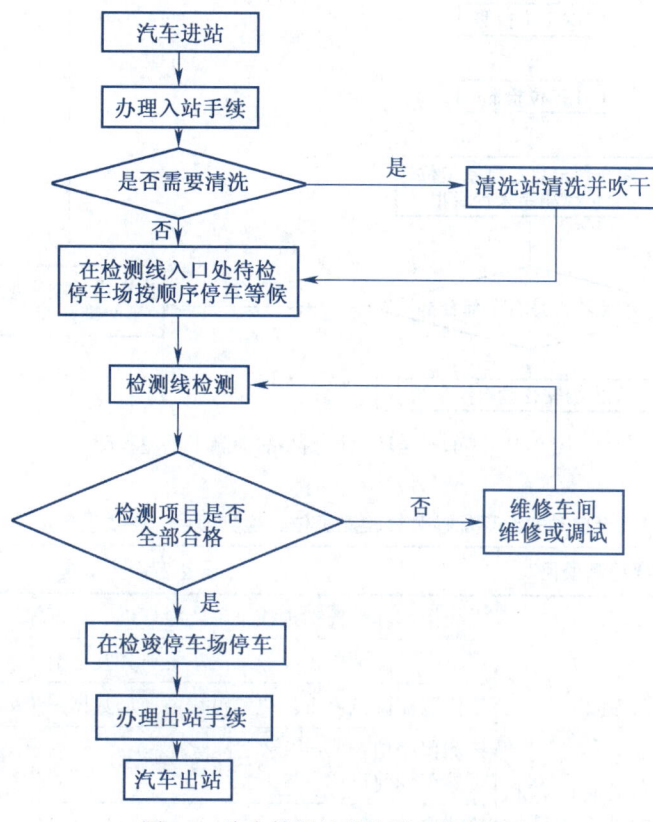

图 9-1　汽车检测站的检测工艺流程图

二、汽车检测线的检测工艺流程

汽车检测线的工位布置是固定的，进线检测的汽车按工位顺序流水作业。以五工位安全环保检测线为例，说明其检测的工艺流程。其工艺流程如图 9-2 所示。

三、安全环保检测线检测项目、主要设备及其用途

五工位全自动安全环保检测线，见表 9-1。

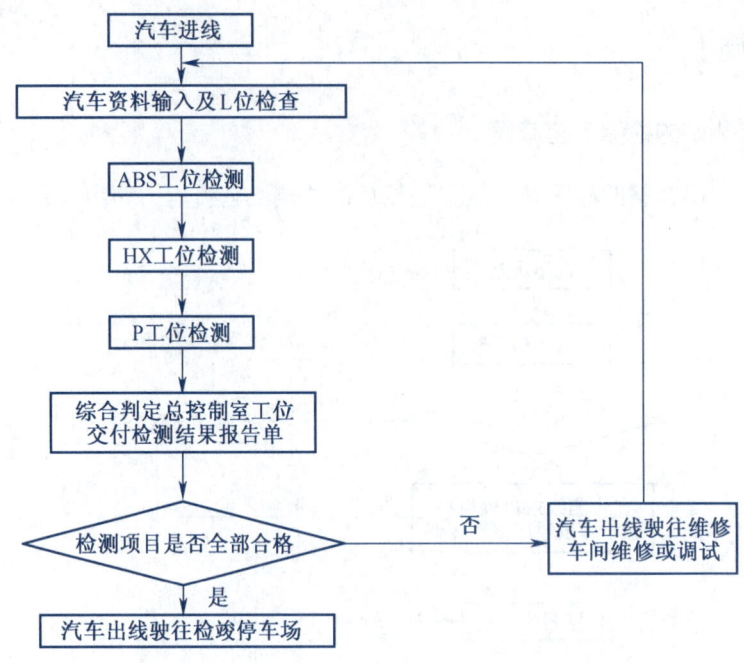

图 9-2 汽车安全环保检测线的检测工艺流程图

表 9-1 全自动安全环保检测线检测工位、检测项目、主要设备及其用途

检测工位	主要检测项目	设备名称及用途
汽车资料输入及安全装置检查工位（L工位）	汽车上部的灯光和安全装置等项目的外观检测	进线指示灯：控制进线车辆、绿灯进、红灯停
		汽车资料登录微机：登录汽车资料并发送给主控微机
		工位测控微机：工位检测过程监控、数据采集处理等项工作
		检测程序指示器：指示工位检测程序、下达操作指令、显示检测结果、引导车辆前进
		轮胎自动充气机：按设定的轮胎气压自动充气
		轮胎花纹测量器：测量轮胎花纹深度
		检测手锤：检查各连接件、车架等是否松动或开裂
		不合格项目输入键盘：将车上、车下外观检查中的不合格项目报告主控制微机
		监控电视及摄像机：供主控制室监察地沟及整个检测线的工作情况
侧滑制动车速表工位（ABS工位）	侧滑检测、轴重检测、制动检测、车速表检测	侧滑试验台：检测转向轮侧滑量
		轴重计或轮重仪：检测各轴轴重
		制动试验台：检测各轮阻滞力、制动力和驻车制动力
		车速表试验台：检测车速表指示误差

续表

检测工位	主要检测项目	设备名称及用途
		车速表检测申报开关或遥控器：当试验车速达 40km/h 时按下此开关或遥控器，微机采集此时的实际车速数据
		光电开关：当车轮遮挡光电开关时，光电开关产生的信号输入微机，报告车辆到位，微机安排检测开始
		反光镜：供驾驶员观察车轮到达试验台或停车线的位置
灯光尾气工位 （HX 工位）	前照灯检测、喇叭声级检测、排气检测	前照灯检测仪：检测前照灯发光强度和光轴偏斜量
		声级计：检测喇叭声级
		排气分析仪：检测汽油车排气中 CO、HC 等浓度
		烟度计：检测柴油车排气中自由加速烟度
		停车位置指示器：指引汽车在灯光尾气工位停车线上准确停车
车底检查工位 （P 工位）	车辆底部外观检查	地沟内举升平台：使地沟内的检测人员在高度上处于较有利的工作位置
		对讲话筒及扬声器：用于地沟上下的通话联系
		地沟内报警灯或报警器：报告车辆到达车底检查工位
综合判定 及主控室工位	对各工位检测结果进行综合判定后，打印检测结果报告单	主控制微机：安排检测程序，对照检测标准综合判定并存储、打印检测结果
		打印机：打印检测结果报告单
		控制台：主控制微机、键盘、显示器、打印机、监控电视等均安放在控制台上，是全线的控制中心
		主控制键盘：当微机系统出现故障不能使用时，可通过主控制键盘对各工位实施控制，以不间断检测工作
		稳压电源及不间断电源：稳定电压、不间断供电

在表 9-1 所列设备中，侧滑试验台、轴重仪或轮重仪、制动试验台、车速表试验台、前照灯检测仪、排气分析仪、烟度计、声级计、轮胎花纹测量器和检测手锤为检测设备。

四、综合检测线检测项目、主要设备

以外观检查及车轮定位工位、制动工位、底盘测功工位组成的三工位全能综合检测线为例。

1. 外观检查及车轮定位工位

主要设备：轮胎自动充气机、轮胎花纹测量器、检测手锤、地沟内举升平台、地沟上举升器、就车式车轮平衡机、声发射探伤仪、侧滑试验台、车轮定位仪、转向盘自由转动量检测仪、转向盘转向力检测仪、传动系游动角度检测仪、底盘间隙检测仪。

检测项目：车上车底外观检查、车轮不平衡量就车检测、转向节等安全机件探伤检查、

前轮侧滑量和最大转向角检测、前轮和后轮定位参数检测、转向盘自由转动量和转向盘转向力检测、传动系游动角度检测、轮毂轴承等处松旷量检测等。

2. 制动工位

主要设备：轴重计或轮重仪、制动试验台等。

检测项目：轴重检测、制动力检测、制动力平衡检测、车轮阻滞力检测、驻车制动力检测、制动协调时间检测等。

3. 底盘测功工位

主要设备：底盘测功试验台、发动机综合分析仪、电控系统检测仪、电器综合测试仪、气缸压力测试仪或气缸压力表、气缸漏气量（率）测试仪、真空表或真空测试仪、油耗计、五气体分析仪、烟度计、前照灯检测仪、声级计、机油清净性分析仪、发动机无负荷测功仪、发动机异响分析仪、传动系异响分析仪、温度计等。

检测项目：驱动轮输出功率检测、车速表检测、油耗检测、排放检测、电气检测、发动机各大系统综合检测、前照灯检测、噪声检测等。

五、汽车检测站计算机控制系统

现在，汽车检测站已普遍采用计算机控制系统。全自动汽车检测线上，计算机控制系统通过控制各检测设备，能自动完成检测线相应检测项目的检测。

1. 汽车检测站计算机控制系统的组成

汽车检测站计算机控制系统通常由登录子系统、测控子系统、监控子系统、管理子系统、财务子系统、维护子系统等组成。

2. 汽车检测站计算机控制系统的功能

（1）登录子系统

登录子系统用于输入登录报检车辆的基本信息，如车牌号码、厂牌型号、车辆类别、车牌颜色、检测类别、检测项目等。根据这些数据，系统将安排测控系统进行检测。

目前，登录子系统有手工输入和 IC 卡输入两种方法。对于首次登录的车辆必须用手工的方法进行输入。所不同的是，首次登录完成输入后，数据存储介质不同。前者是把车辆信息自动存储在检测系统的注册信息数据库内，后者是把车辆信息存储到 IC 卡上。另外，对于老车主再次登录时的处理方法也不同。前者需先输入车牌号和牌照类别（或车辆类别），然后自动从注册信息库里调出车辆信息，再补充检测项目。后者需要插入 IC 卡，按下读卡键，车辆信息自动从 IC 卡中调出，再补充检测项目。

（2）测控子系统

测控子系统是对安全环保、动力性、经济性、可靠性等检测工位上的检测设备进行联网，按照检测要求进行检测。

（3）监控子系统

监控子系统用于监视测控子系统各工位的工作情况、在线车辆的检测状况和所在位置。

（4）管理子系统

管理子系统可接受登录子系统的车辆资料和测控子系统的检测结果，送至系统的信息管理数据库。应用该数据库资料可实现检测数据、车辆资料、送检单位、检测人员和检测设备的档案化管理、快速查询以及有关的统计功能，从而实现系统档案资料"无纸化"管理。

（5）财务子系统

财务子系统可将财务收费和检测业务结合起来，根据登录资料和检测结果自动计算检测费用并打印发票，并可以自动统计年、季、月的收支情况，实现汽车检测站的财务电算化。

（6）维护子系统

维护子系统是为了保证汽车检测站计算机控制系统的正常运行而设置的，可以实现网络系统数据、用户权限、检测标准等管理功能。

任务二　汽车车速表检测

【任务描述】

汽车在行驶过程中，驾驶员依靠汽车车速表指示值，控制汽车车速。若汽车车速表不准，难以正确控制，极易因判断失误造成事故。汽车车速表快，实际车速低，影响汽车超车与运输效率；汽车车速表慢，实际车速高，汽车会发生超速，不安全。

【相关知识】

一、汽车车速表误差形成原因

多数汽车车速表转速信号取自变速器或分动器输出端，即取自汽车驱动系统，也有一些取自汽车从动系统。

车速表误差主要是由使用原因所致，一般有两个方面，一是车速表传动或本身机件损坏；二是轮胎磨损或气压不符合规定引起的误差。

二、汽车车速表误差检测原理

（1）与车速表有传动关系的车轮在滚筒上运转，测出滚筒线速度，即汽车真实车速 V_2（km/h）。它与滚筒直径 D（mm）和转速 n（r/min）之间的关系：

$$V_2 = \pi \times D \times n \times 60 \times 10^{-6}$$

（2）车上车速表显示车速 V_1。

V_2、V_1 相比较，即可求出车速表误差。

三、汽车车速表误差检测标准

《机动车运行安全技术条件》GB7258—2012 规定：

$$0 \leqslant V_1 - V_2 \leqslant \frac{V_2}{10} + 4$$

式中：V_1—汽车车速表指示车速，km/h；V_2—汽车真实车速，km/h。

🐂【任务实施】

一、汽车车速表试验台类型与结构原理

1. 类型

（1）标准型：无驱动装置，车轮带动滚筒旋转。

（2）驱动型：有驱动装置，电动机带动车轮旋转，车轮带动滚筒旋转。

（3）综合型：车速表试验台与制动试验台或底盘测功试验台组合在一起。

2. 结构原理

标准型车速表试验台由速度测量装置、速度指示装置和速度报警装置组成，如图 9-3 所示。

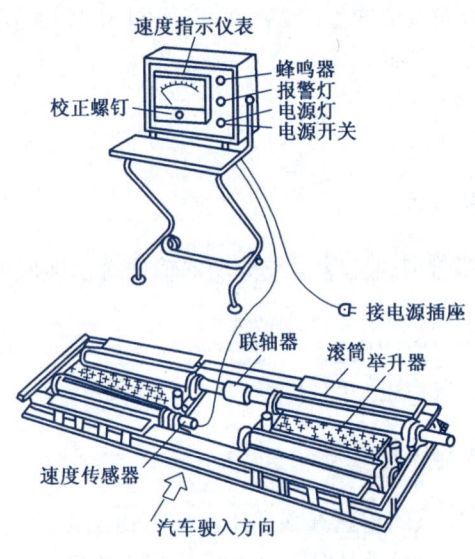

图 9-3　标准型车速表试验台

（1）速度测量装置

速度测量装置主要由滚筒、速度传感器和举升器等组成。滚筒一般为 4 个，通过滚动轴承安装在框架上。速度传感器一般采用测速发电机，装在滚筒的一端，其输出电压信号幅度即表征实际车速的大小。在前、后滚筒之间设有举升器，以便汽车进出试验台。举升器与滚筒制

动装置联动，举升器升起时，滚筒不会转动。试验时，为防止汽车差速器齿轮的滑转，试验台的两前滚筒用联轴器连在一起。

（2）速度指示装置

速度指示装置根据速度传感器传来的电信号（即转速）与滚筒外圆周长等参数，计算出其线速度，以 km/h 为单位在速度指示仪表上显示车速。

（3）速度报警装置

在测量时，速度报警装置可以声音、灯光或色标的形式报告车速表误差是否在合格范围之内，或提醒检测车速已达到，一般有三种形式：

1）用试验台报警装置指示检测车速：当汽车实际车速达到某一规定值（如 40km/h）时，报警装置的报警灯亮或蜂鸣器响，提醒驾驶员已到达检测车速，注意观察驾驶室内车速表的指示车速值。

2）将试验台指示仪表上某一合格范围涂成绿色区域。

3）同时具备上述两种装置的报警装置。

驱动型车速表试验台，其结构如图 9-4 所示。这种试验台在滚筒的一端装有电动机，由它来驱动滚筒旋转。此外，这种试验台在滚筒与电动机之间装有离合器，若试验时将离合器分离，又可作为标准型试验台使用。

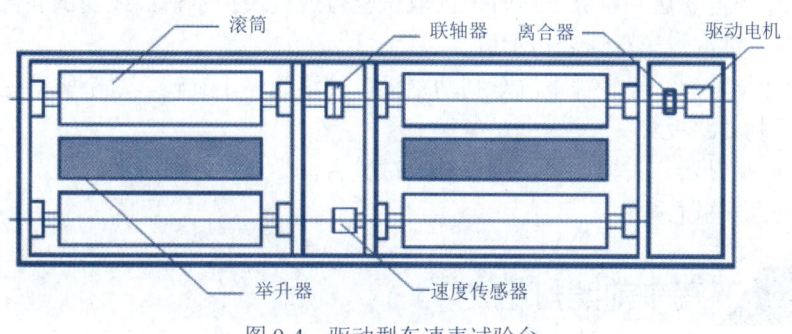

图 9-4　驱动型车速表试验台

二、汽车车速表试验台使用方法

1. 检测前准备

（1）试验台准备

滚筒处于静止状态下，检查指示仪表的零点位置，若有偏差予以调整；检查滚筒是否沾有油污、水、泥等杂物，若有应予清除；检查举升器动作是否自如或有无漏气（或漏油）部位。否则予以修理；检查导线连接情况。若有接触不良或断路应予以修复。

（2）被检车辆准备

按制造厂的规定调整好轮胎气压；清除轮胎上沾有的水、油、泥和嵌入轮胎花纹槽内的石子等杂物。

2. 检测方法

（1）接通试验台电源。

（2）升起滚筒间举升器。

（3）被测车辆从其纵向中心线与滚筒轴线垂直的方向驶入试验台，使具有车速信号的车轮置于滚筒上。

（4）降下举升器，至轮胎与举升器托板完全脱离为止。

（5）为安全起见，在车辆前方不得站有人员，并用挡块抵住处于试验台滚筒外的车轮。

（6）对于标准型车速表试验台：

1）起动汽车，待汽车驱动轮在滚筒上稳定后，挂最高挡，踏下加速踏板使驱动轮平稳地加速运转。

2）当汽车车速表的指示值达到规定的检测车速（40km/h）时，读取试验台速度指示值或当试验台速度表的指示值达到检测车速时，读取汽车车速表指示值。

（7）对于驱动型车速表试验台：

1）试验台离合器接合，使滚筒轴与电动机枢轴相连接。

2）汽车变速器置于空挡，接通试验台电源，让电动机驱动滚筒旋转。

3）当汽车车速表达到检测车速时，读取试验台速度表指示值；或当试验台速度指示值达到检测车速时，读取汽车车速表指示值。

（8）检测结束后，轻轻踩下汽车制动踏板，使滚筒停止旋转。对于驱动型试验台必须先切断电源再踩制动踏板。

（9）升起举升器，去掉挡块，汽车驶离试验台。

（10）切断试验台电源。

任务三　汽车前照灯检测

【任务描述】

汽车前照灯（俗称大灯），保证汽车在夜间或者能见度低的情况下，安全行车并保持较高车速。前照灯在长期使用过程中，灯泡会逐渐老化，反射镜面也会逐渐变黑，前照灯发光光线暗，使发光强度达不到要求，造成驾驶员不易辨清前方情况；行车过程中，前照灯随汽车在路面上颠簸振动，有可能导致前照灯的安装位置发生变动，前照灯的光轴就会发生变化，前照灯光束照射方向不当（偏斜），容易造成对面来车驾驶员眩目。因此对汽车前照灯检测是非常必要的。

【相关知识】

一、汽车前照灯组成

汽车前照灯由灯泡、反射镜和配光镜组成，如图 9-5 所示。

前照灯　　　反射镜　　　配光镜　　　灯泡

图 9-5　前照灯组成

汽车前照灯在汽车上安装数量一般为二灯制或四灯制。

二灯制前照灯均为远近光双光束灯，对称安装在汽车前部两侧。

四灯制前照灯每侧两只，装在外侧的两只是远近光双光束灯，装在内侧的两只是远光单光束灯。

二、汽车前照灯特性

1. 发光强度

光源在给定方向上发光强弱的物理量，称为发光强度，单位：坎德拉（cd）。

2. 照度

照度是指受光物体（不发光物体）被光源照亮的程度，单位：勒克斯（lx）。照度与发光强度成正比、与受光物体（不发光物体）离开光源距离的平方成反比，如图 9-6 所示。

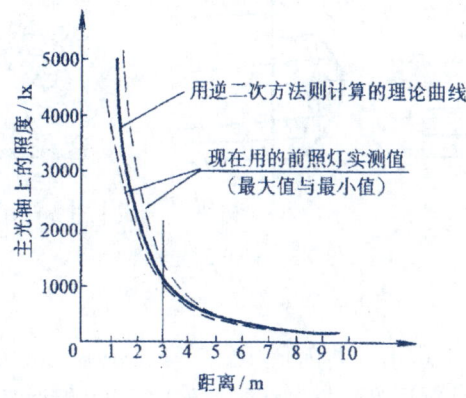

图 9-6　照度与受光物体离开光源距离的关系

3. 照射位置

把汽车前照灯光线最亮的地方作为光束中心，常以光束中心偏离前照灯几何中心水平、垂直坐标轴的距离或角度来表示，如图 9-7 所示。

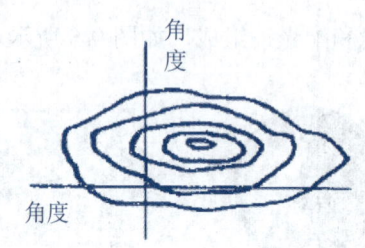

图 9-7　汽车前照灯照射位置

4. 配光特性

汽车前照灯远光，当无迎面来车或不尾随其他车辆时，希望灯光照得远并使路面有足够亮度（良好照明）。汽车前照灯近光，是会车用的，希望光束倾向路面右侧，以避免对面来车驾驶员眩目（足够照明和不眩目）。因此，前照灯发出的光线应满足一定的分布。配光特性是指用等照度曲线表示的明亮度分布特征（光形分布特征）。

前照灯配光有 SAE 配光标准、ECE 配光标准两种。

（1）SAE 配光标准

SAE 配光标准，如图 9-8 所示。远光灯丝位于反射镜焦点处，所发出的光线经反射后沿光学轴线平行射向远方；近光灯丝位于反射镜焦点之上，所发出的光线经反射后，大部分向下倾斜，从而下部较亮而上部较暗，所形成的光形分布水平方向宽、垂直方向窄。若等照度曲线左右对称，不偏向一边，上下扩展不太宽，就是好的配光特性。SAE 配光的近光照射在屏幕上的光斑没有明显的明暗截止线。

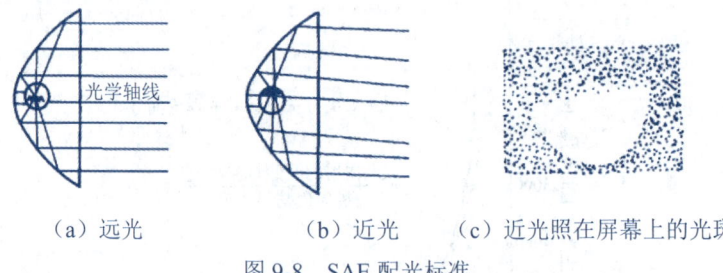

(a) 远光　　　　(b) 近光　　　(c) 近光照在屏幕上的光斑

图 9-8　SAE 配光标准

（2）ECE 配光标准

ECE 配光标准，如图 9-9 所示。其远光灯配光与 SAE 配光标准相同，远光灯丝位于反射镜焦点处，所发出的光线经反射后沿光学轴线平行射向远方；但近光灯丝位于反射镜焦点之前，且在灯丝下设一遮光屏。近光光线只落在反射镜上半部分而向下倾斜反射。近光照射到屏幕上时，可看到具有明显的明暗截止线和明暗截止线转角点的光斑。

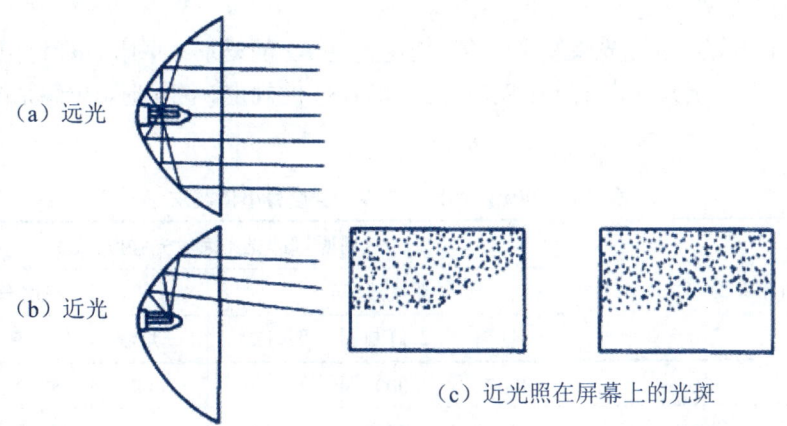

图 9-9　ECE 配光标准

ECE 近光配光标准有两种：

一种称为之形配光，如图 9-10（a）所示。在配光屏幕上，明暗截止线的水平部分在 V-V（即汽车纵向中心平面在屏幕上的投影线）的左半边，右半边为与前照灯基准中心高度水平线 h-h 成 15°斜线向上偏斜。

另一种称为 Z 形配光，如图 9-10（b）所示。在配光屏幕上，明暗截止线的左半部分在前照灯基准中心高度水平线 h-h 下 250mm 处，右半部分则与水平线成 45°向上倾斜，至与 h-h 线重合后成为水平线，明暗截止线在屏幕上成 Z 字形。

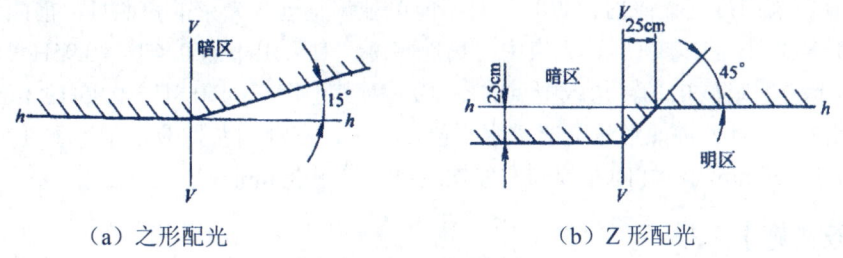

图 9-10　ECE 近光配光标准

三、汽车前照灯检测标准

1. 基本要求

（1）汽车装备的前照灯应有远、近光变换功能；当远光变为近光时，所有远光应能同时熄灭。同一辆车上的前照灯不得左、右的远、近光灯交叉开亮。

（2）所有前照灯的近光均不应眩目。

（3）前照灯光束照射位置在正常使用条件下应保持稳定。

2. 远光光束发光强度

汽车每只前照灯的远光光束发光强度，应达到表 9-2 的要求；并且，同时打开所有前照灯（远光）时，其总的远光光束发光强度应符合 GB4785 的规定。测试时，电源系统应处于充电状态。

表 9-2 前照灯远光光束发光强度最小值要求

汽车类型	前照灯远光光束发光强度，cd					
	新注册车			在用车		
	一灯制	二灯制	四灯制	一灯制	二灯制	四灯制
三轮汽车	8000	6000	—	6000	5000	—
最大设计车速小于 70km/h 的汽车	—	10000	8000	—	8000	6000
其他汽车	—	18000	15000	—	15000	12000
四灯制是指前照灯具有四个远光光束；采用四灯制的汽车其中两只对称的灯达到两灯制的要求时视为合格。						

3. 光束照射位置

（1）检测前照灯近光光束照射位置时，前照灯照射在距离 10m 的屏幕上，乘用车前照灯近光光束明暗截止线转角或中点的高度应为 0.7H～0.9H（H 为前照灯基准中心高度，下同），其他汽车应为 0.6H～0.8H。汽车（装用一只前照灯的汽车除外）前照灯近光光束水平方向位置向左偏应小于等于 170mm，向右偏应小于等于 350mm。

（2）检测前照灯远光照射位置时，对于能单独调整远光光束的前照灯，前照灯照射在距离 10m 的屏幕上时，要求在屏幕光束中心离地高度，对乘用车为 0.85H～0.95H（但不得低于前照灯近光光束明暗截止线转角或中点的高度），对其他汽车为 0.8H～0.95H；汽车（装用一只前照灯的汽车除外）前照灯远光光束水平位置要求，左灯向左偏应小于等于 170mm，向右偏应小于等于 350mm，右灯向左或向右偏均应小于等于 350mm。

【任务实施】

一、汽车前照灯检测原理

1. 屏幕法检测前照灯光束照射位置原理

屏幕法，即用屏幕进行检测的方法。检测场地应平整，屏幕与场地应垂直，汽车空载，轮胎气压正常，乘坐一名驾驶人。汽车停于屏幕前，汽车纵轴线与屏幕垂直，使前照灯基准中心距屏幕 10m。屏幕法检测前照灯光束照射位置，如图 9-11 所示。屏幕上画有 3 条垂直线和

3 条水平线。垂线 V-V 与汽车纵向中心线对齐，两侧垂线 $V_左$-$V_左$ 和 $V_右$-$V_右$ 分别与左右前照灯中心线对齐。水平线 h-h 与被检汽车前照灯基准中心等高，距地面高度为 H。其下第一条水平线与被检汽车前照灯远光光束中心的上限值等高，距地面高度为 H_1。第二条水平线与被检汽车前照灯近光光束中心的上限值等高，距地面高度为 H_2。

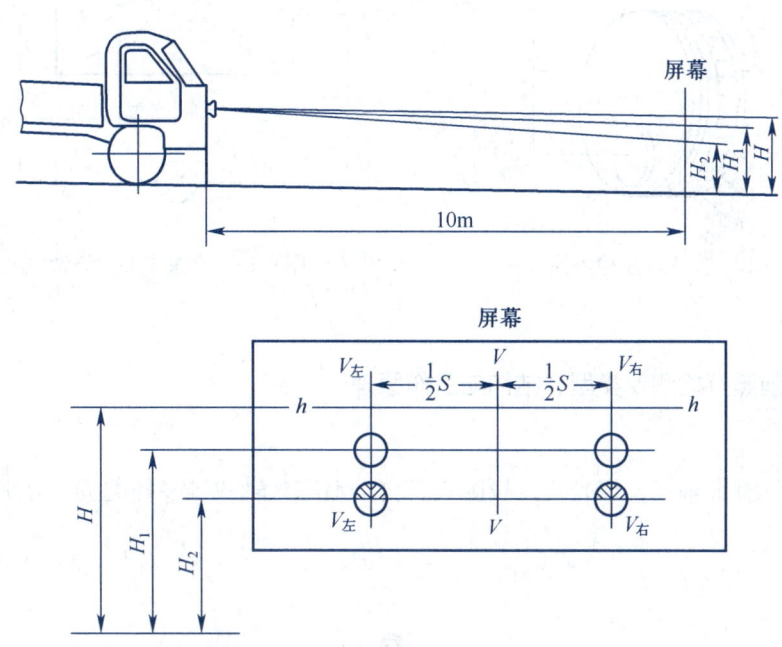

图 9-11 屏幕法检测前照灯光束照射位置

检测时，前照灯发光照射在屏幕上，即可确定前照灯光束照射位置。屏幕法简便易行，有一定的实用价值。但只能检测光束照射位置，且占用场地，故常用检测仪对汽车前照灯进行检测。

2. 仪器法检测原理

（1）发光强度检测原理

按规定距离使前照灯照射光电池，前照灯发光，光照到光电池上，光电池吸收光能转化为电能，产生光电流，如图 9-12 所示。光电流大小代表前照灯发光强度。

（2）光束中心偏斜量检测原理

受光器上有四块光电池，$S_上$ 和 $S_下$ 之间接有上下偏斜指示计，$S_左$ 和 $S_右$ 之间接有左右偏斜指示计，如图 9-13 所示。

当前照灯光束照射光电池后，如果光束照射方向偏斜，将使四块光电池的受光面不一致，因而产生的电流大小也不一致。根据 $S_上$ 和 $S_下$、$S_左$ 与 $S_右$ 的电流差值，分别使上下偏斜指示计及左右偏斜指示计的指针摆动，从而检测出光轴的偏斜方向和偏斜量。

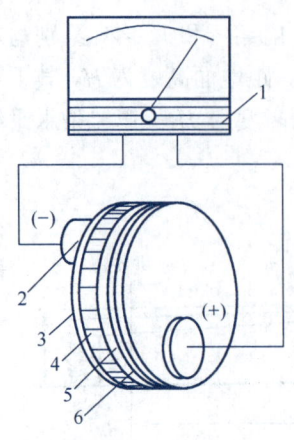 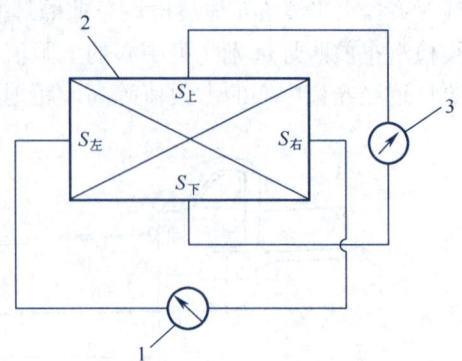

图 9-12　发光强度检测原理　　　　图 9-13　光束中心偏斜量检测原理

二、汽车前照灯检测仪类型、结构与工作原理

1. 类型

汽车前照灯有屏幕式、聚光式、投影式、自动追踪光轴式等多种类型，分别如图 9-14 至图 9-17 所示。

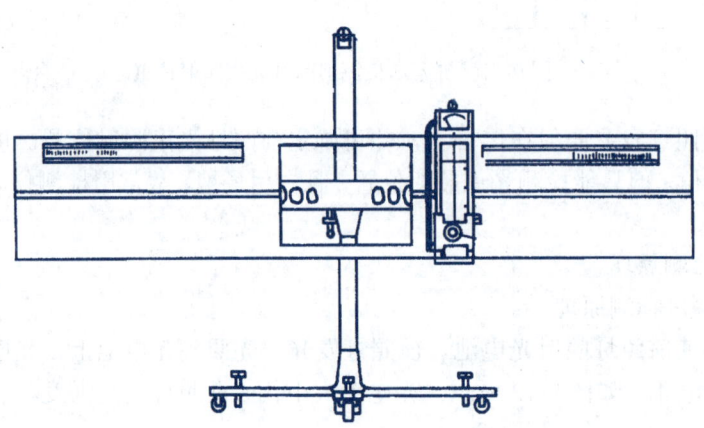

图 9-14　屏幕式前照灯检测仪

2. 结构与工作原理

下面以自动追踪光轴式前照灯检测仪为例加以介绍。

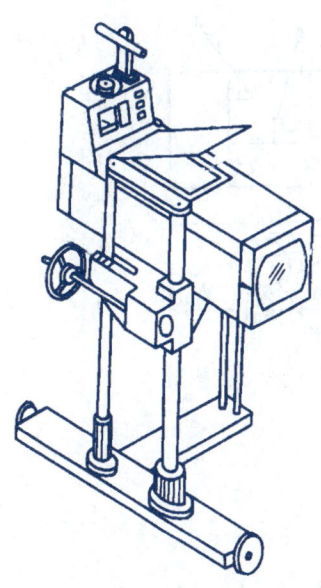

图 9-15　聚光式前照灯检测仪

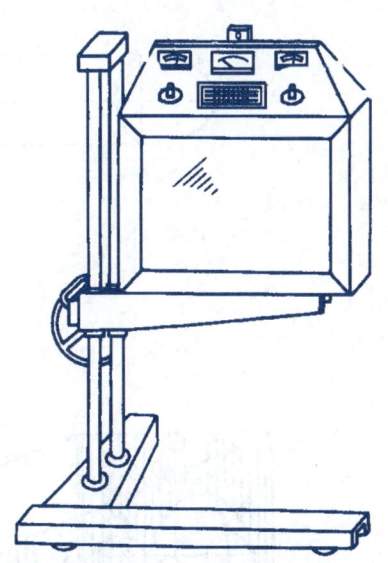

图 9-16　投影式前照灯检测仪

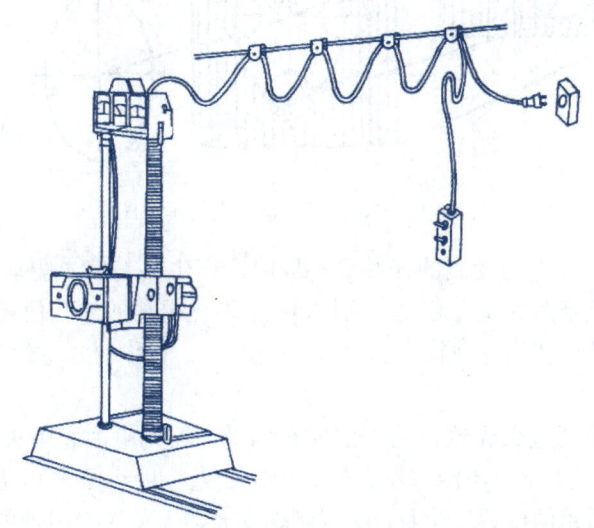

图 9-17　自动追踪光轴式前照灯检测仪

自动追踪光轴式前照灯检测仪采用受光器自动追踪光轴的方法检测汽车前照灯的发光强度和光束照射位置。

自动追踪光轴式前照灯检测仪受光器的构造，如图 9-18 所示。在受光器聚光透镜上、下与左、右装有四个光电池，受光器内部也装有上、下与左、右四个光电池，分别构成主、副受光器，如图 9-19 所示。透镜后中央部位装有中央光电池。

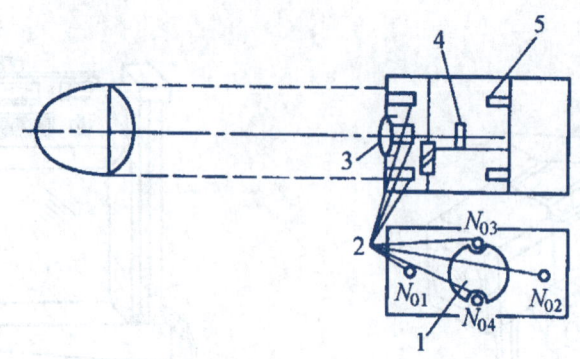

图 9-18　自动追踪光轴式前照灯检测仪受光器的构造

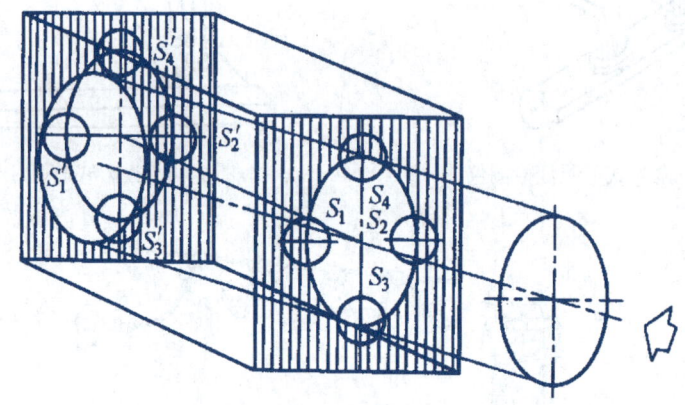

图 9-19　主、副受光器光电池示意图

若主受光器上、下光电池受到的光照度不同时,产生偏差信号驱动上、下传动部件中的电机牵引受光器向光照平衡的位置移动。同样,左、右光电池的偏差信号将驱动左、右传动部件中的电机,使检测仪台架沿导轨横向移动(受光器左、右移动),直到光轴位置偏差信号为零,完成光轴追踪。

同时,前照灯光束通过聚光透镜后,照射在副受光器光电池和中央光电池上。若前照灯光束偏斜时,副受光器上、下光电池与左、右光电池的受光也产生差别,从而产生相应的电流,控制副受光器或聚光透镜的位置发生移动,直到副受光器上每对光电池的受光强度一致,输出电流为0。该位置移动量反映了前照灯的光束偏斜量,由光轴偏斜指示器指示。此时,中央光电池上受光强度最强,其输出电流大小反映了前照灯发光强度,并由光度计指示。

三、汽车前照灯检测仪使用方法

1. 被检测汽车的准备

(1) 清除前照灯上的污垢。

（2）轮胎气压符合规定。

（3）蓄电池处于充足电状态。

（4）被检测汽车空载，允许乘坐一名驾驶人。

2. 检测仪的准备

（1）在不受光的条件下，检查检测仪光强和光轴偏斜角指示表的显示是否为零。否则，应首先调零。

（2）检查聚光透镜的镜面上有无污物。若有，可用镜头纸或柔软的布清洁。

（3）检查水准器的技术状况，若水准器无气泡，应按说明书要求调整。

（4）检测导轨是否沾有泥土等杂物。若有，应清洁。

3. 检测步骤

下面以自动追踪光轴式前照灯检测仪为例加以介绍。

（1）将汽车驶近检测仪，并使汽车纵轴线尽可能与导轨保持垂直，使前照灯与光接收器保持规定的距离。

（2）用汽车摆正瞄准器使检测仪与汽车对正。

（3）使汽车发动机处于怠速状态，变速器置于空挡，电源处于充电状态。

（4）开启前照灯，接通检测仪电源，通过操纵开关调整光接收器的上、下与左、右位置，使前照灯光照射到光接收器上。

（5）按下控制盒上的检测开关，测定指示灯亮，仪器进入测试状态，光接收器随即追踪前照灯光轴，仪器将自动测定光轴偏斜量和发光强度，并由各指示仪表直接显示检测结果。

（6）按控制开关使检测仪退出测试状态。

【项目总结】

1. 汽车检测站是指综合运用现代检测技术，对车辆技术状况进行监督检测和技术服务的机构。它采用现代化的检测设备，按照规定的程序与方法，不解体检测汽车的各种参数，诊断汽车可能出现的故障，为全面、准确评价汽车的使用性能和技术状况提供可靠依据。

2. 汽车检测站按不同的分类方法可分为不同的类型，其中按服务功能分类可分为安全检测站、维修检测站、综合检测站三种。汽车检测站主要由检测车间、业务大厅、停车场、试车道路、辅助设施等组成。不管是安全环保检测线，还是综合检测线，都由多个检测工位组成，布置型式多为直线通道式，检测工位则是按照一定顺序分布在直线通道上，有利于流水作业。一般综合检测线工位设置不包括安全环保检测线的主要检测项目，主要由底盘测功工位、发动机综合检测工位、车轮定位及转向检测工位组成。

3. 汽车进入检测站后，只有按照规定的检测工艺路线和程序流程，才能完成整个检测过程。汽车检测站计算机控制系统包括登录子系统、测控子系统、监控子系统、管理子系统、财务子系统、维护子系统等。

4. 车速表误差主要是由使用原因所致，一般有两个方面，一是车速表传动或本身机件损坏；二是轮胎磨损或气压不符合规定引起的误差。《机动车运行安全技术条件》GB7258—2012规定：

$$0 \leqslant V_1 - V_2 \leqslant \frac{V_2}{10} + 4$$

式中：V_1—汽车车速表指示车速，km/h；V_2—汽车真实车速，km/h。

5. 汽车车速表试验台类型有标准型、驱动型、综合型。标准型车速表试验台由速度测量装置、速度指示装置和速度报警装置组成。驱动型车速表试验台在滚筒的一端装有电动机，由它来驱动滚筒旋转。此外，这种试验台在滚筒与电动机之间装有离合器，若试验时将离合器分离，又可作为标准型试验台使用。

6. 汽车前照灯由灯泡、反射镜和配光镜组成。汽车前照灯特性包括发光强度、照度、照射位置、配光特性。前照灯配光有 SAE 配光标准、ECE 配光标准两种。汽车前照灯检测标准对发光强度和光束照射位置有明确的要求。

7. 汽车前照灯有屏幕式、聚光式、投影式、自动追踪光轴式等多种类型。自动追踪光轴式前照灯检测仪采用受光器自动追踪光轴的方法检测汽车前照灯的发光强度和光束照射位置。前照灯检验仪检测时要求保证汽车纵向轴线与其导轨垂直，并使前照灯与之保持标准距离。若偏移 1°，会使光轴偏移量变化 175mm/10m；若偏移 2°，会使光轴偏移量变化 350mm/10m。

【项目训练】

1. 汽车检测站的任务是什么？
2. 简述汽车检测线的组成和工位布置。
3. 汽车综合性能检测站的检测项目有哪些？
4. 简述汽车检测站的检测流程。
5. 简述汽车车速表检测原理。
6. 汽车车速表检测标准是什么？
7. 分析汽车车速表误差形成原因。
8. 前照灯检测仪发光强度和光束照射位置的检测原理。
9. 自动追踪光轴式前照灯的工作原理。

参考文献

[1] 刁立福．汽车性能与使用技术．北京：中国水利水电出版社，2010．
[2] 高延龄．汽车运用工程（第3版）．北京：人民交通出版社，2004．
[3] 吴光强．汽车理论．北京：人民交通出版社，2007．
[4] 刘玉梅．汽车节能技术与原理．北京：机械工业出版社，2003．
[5] 陈焕江．汽车检测与诊断（上册）．北京：机械工业出版社，2012．
[6] 董敬，庄志，常思勤．汽车拖拉机发动机．北京：机械工业出版社，1998．
[7] 余志生．汽车理论（第5版）．北京：机械工业出版社，2009．
[8] 王维，刘建农，何光里．汽车制动性检测．北京：人民交通出版社，2005．
[9] 余志生．汽车理论（第5版）教学光盘．北京：机械工业出版社，2009．
[10] 方泳龙．汽车制动理论与设计．北京：国防工业出版社，2005．
[11] 田国华，张学利，何勇，何光里．汽车动力性检测．北京：人民交通出版社，2001．
[12] 李岳林．汽车排放与噪声控制．北京：人民交通出版社，2007．
[13] 交通运输部职业资格中心．机动车检测评估与运用技术（检测维修工程师）．北京：人民交通出版社，2012．